Diario de una Misión en Washington

Bernardo Vega

Diario de una Misión en Washington

Fundación Cultural Dominicana
Santo Domingo, República Dominicana
2002

© Fundación Cultural Dominicana
   Apartado Postal 1265,
   Santo Domingo, República Dominicana
   Teléfono: 566-3232

ISBN 99934-27-02-0
Impreso en la República Dominicana
Amigo del Hogar
Enero 2002

DIARIO DE UNA MISIÓN
   EN WASHINGTON
   Bernardo Vega

La Fundación Cultural Dominicana,
establecida en virtud del decreto No. 1047 de fecha 30 de junio de 1979,
es una organización sin fines de lucro
cuyo objetivo principal es la promoción de actividades
que tiendan a un mayor conocimiento de la cultura dominicana.
Su fundador y presidente lo es el Lic. Bernardo Vega.

Digitación
Fundación Cultural Dominicana

Índice Onomástico
Paula Vega Guerra y Mónica Vega de Geraldes

Diseño y arte de portada
Irina Miolán

Diseño y arte final
Ninón León de Saleme

Impresión
Amigo del Hogar

Santo Domingo, República Dominicana

Contenido

LAS PRIORIDADES DESDE EL PUNTO DE VISTA NORTEAMERICANO

ANEXOS

Introducción

¿Por qué escribir unas Memorias sobre mis dos años y medio como embajador dominicano ante la Casa Blanca?

Primero, porque como historiador siento la necesidad de ayudar a mis colegas a entender ciertos aspectos del gobierno del Dr. Leonel Fernández en sus relaciones con el de Washington. Con esto ayudo a que esa historia se escriba antes de que pasen unos veinticinco a treinta años y los archivos norteamericanos y dominicanos sean abiertos. Por otro lado, la tendencia moderna, por lo menos en Norteamérica y Europa, es que personas que desempeñaron ciertos cargos de importancia narren sus vivencias poco después de haber dejado su función. En lo personal y por las mismas razones, lamento no haber escrito sobre mis experiencias como Gobernador del Banco Central entre 1982 y 1984 en una forma más amplia que como lo hice en un breve ensayo.

Tercero y más importante, porque con las conclusiones a que he llegado basadas en mi experiencia, y al hacer éstas públicas, espero ayudar a fortalecer y mejorar la forma en que futuros gobiernos dominicanos conduzcan sus relaciones con los Estados Unidos. Existe un consenso, dentro y fuera del país y aun dentro del liderazgo político opuesto al partido del Dr. Leonel Fernández Reyna, en el sentido de que la conducción de la política externa durante ese gobierno fue muy acertada, y logró sacar al país de un aislamiento prácticamente auto-impuesto. Pero esto no significa que la forma en que se ejecutó esa política, en el caso específico de las relaciones con los Estados Unidos, no pueda mejorar.

Este libro no es, ni pretende ser, una historia sobre el gobierno del Dr. Leonel Fernández, por la sencilla razón de que su autor vivió el grueso de ese período fuera del país, en Washington, por lo que estaba muy mal situado para poder luego acometer esa tarea. Tan sólo aspiramos a escribir la historia de las relaciones entre el gobierno dominicano y el norteamericano entre enero de 1997 y junio de 1999, período durante el cual desempeñamos el cargo de Embajador ante la Casa Blanca. Nuestro compromiso original con el Presidente Fernández fue de durar dos años en la posición, pero, a solicitud suya y también del Canciller Eduardo Latorre, nos quedamos por seis meses más.

El método utilizado para escribir estas memorias fue bien sencillo. De tiempo en tiempo, antes de acostarme, grababa, en mi habitación en Washington, los pensamientos, preocupaciones y experiencias del día. A veces incluí mis reacciones a la lectura de varios días de prensa dominicana, la cual me llegaba algo atrasada y también se acumulaba. Esos comentarios llegaron a cubrir unas seis cintas, que fueron transcritas en el año 2000. Consecuentemente, estas memorias conservan la espontaneidad de los diferentes momentos en que fueron dictadas. Por fidelidad, no excluí repeticiones normales del que no se acuerda lo que dictó antes. Los únicos cambios corresponden a modificaciones por cuestiones gramaticales y de estilo. Sin embargo, he querido aprovechar este volumen para hacer ciertas recomendaciones bien específicas sobre cómo mejorar la conducción de la política externa hacia Washington. Por eso escribí en el año 2000 el trabajo que sigue a esas memorias. Incluye un análisis sobre los principales puntos de la agenda bilateral, tanto desde el punto de vista dominicano como del norteamericano. El lector puede perfectamente invertir el orden y leer primero ese estudio sobre las debilidades en la conducción de nuestra política externa frente a Washington y cómo mejorarla. Eso le permitiría, además, conocer cuáles son los temas prioritarios, tanto desde el punto de vista dominicano, como del norteamericano, de la agenda bilateral. Así entenderá mejor el diario, pues trata sobre esos mismos temas, pero no en la forma amplia y profunda que caracteriza el análisis. Pero de haber colocado ese trabajo primero le hubiese restado prioridad a la labor más personal, íntima y espontánea representada por "El Diario". Los anexos están constituidos principalmente por las conferencias más importantes que dicté durante mi misión como embajador.

Son muchas las personas a quienes el autor debe agradecer. Primero, al ex Presidente Leonel Fernández, quien, ante la pérdida de mi esposa Cynthia, en septiembre de 1996, me estimuló a que aceptara salir del país por algún tiempo. Nunca antes había desempeñado un cargo diplomático, aunque sí había escrito muchos libros de historia sobre las relaciones diplomáticas entre Santo Domingo y Washington en el siglo veinte. Desde mis días de estudiante tampoco había residido fuera del país. También debo agradecer al personal de nuestra Secretaría de Estado de Relaciones Exteriores de entonces, sobre todo al Canciller Eduardo Latorre y a la Vicecanciller, Minou Tavárez Mirabal. En Washington conté con la ayuda y cooperación de las seis personas que constituyeron nuestra representación ante la Casa Blanca, así como del personal del Consulado, la Agregaduría Militar y de la Misión Permanente ante la Organización de Estados Americanos (OEA). En la transcripción de las cintas y en la redacción del libro debo agradecer a Eunice Lara, Rosmina Valdés de Cassá, Paula Vega Guerra y Mónica Vega de Geraldes.

Bernardo Vega
Washington, D. C. (1997-1999)
Santo Domingo, año 2000

EL DIARIO

Nota aclaratoria

Como hemos dicho, a mi llegada a Washington, tal vez dos veces a la semana, o con menos frecuencia, dependiendo de la importancia de los acontecimientos, por la noche, antes de irme a la cama, dictaba en una grabadora mis inquietudes sobre lo que había tenido lugar ese día y en los días inmediatamente anteriores.

Esas cintas fueron transcritas varios meses después de mi regreso a Santo Domingo. Sin embargo, deseo aclarar que las primeras entradas son una excepción, pues cubren acontecimientos que tuvieron lugar durante los años 1995 y 1996, es decir antes de mi llegada a Washington el 2 de enero de 1997. Esos textos fueron dictados por mí en Washington, tan pronto llegué allí. Las fechas aludidas son, pues, aproximaciones. El propósito es describir brevemente mis contactos previos con el Dr. Leonel Fernández, mi papel durante la campaña electoral de 1995-96, así como durante la transición política de junio-agosto de 1996 y durante los meses previos a mi llegada a Washington.

En algunos casos, a través de llamadas al pie he incluido comentarios hechos durante el proceso de redacción de este libro, y que generalmente se refieren a sucesos que tuvieron lugar con posterioridad a la entrada de ese día, los cuales buscan orientar al lector sobre cómo culminaron ciertos acontecimientos.

Con estas dos excepciones, el diario refleja fielmente las opiniones y preocupaciones del autor durante el día del comentario.

El diario

AÑOS 1995-1996

VERANO DE 1995. Sin dudas, uno de los sitios más bellos de la ciudad de Santo Domingo, especialmente durante una noche de luna, es el interior de las ruinas del Convento de San Francisco.

Llegué allí esa noche, invitado por los Jaycees, los que escogen a grupos de jóvenes sobresalientes, para participar en una conferencia sobre las relaciones económicas y políticas contemporáneas entre Estados Unidos y República Dominicana. Como siempre, llegué a la hora señalada y, como casi siempre, no encontré a nadie. No hay forma de quitarme de encima el hábito de la puntualidad que durante mi adolescencia adquirí en un austero colegio de Inglaterra, a pesar de haber vivido toda mi vida adulta en Santo Domingo. La soledad hizo más imponente la belleza de esas ruinas.

Vi a una segunda persona acercarse. Lo reconocí. Era el segundo conferencista: el Dr. Leonel Fernández, quien había sido candidato a la Vicepresidencia, en la boleta junto con Juan Bosch, en las elecciones de 1994, es decir el año anterior. Aunque nos habíamos visto antes, esa fue la primera vez que conversamos detenidamente.

En la conferencia me tocó hablar primero. Al llegar su turno, Fernández dijo que se le hacía difícil agregar algo más, ya que coincidía conmigo tanto en los temas como en las soluciones. Amplió algunos aspectos y resultó que yo también coincidía con lo dicho por él. En fin, que sin saberlo previamente ambos pensábamos igual sobre cómo deberían ser nuestras relaciones con el coloso del Norte.

AGOSTO 1995. Se me acercó uno de los más allegados políticos de Leonel Fernández para preguntarme si la firma de encuestadores que yo representaba en Santo Domingo desde hacía catorce años, Penn & Schoen, tenía un contrato de exclusividad con el Partido Revolucionario Dominicano (PRD), partido al que le había hecho encuestas desde 1981. Le contesté lo mismo que le había dicho meses atrás a Carlos Morales Troncoso, del Partido Reformista: las firmas encuestadoras trabajan para quien los contrate, y Penn & Schoen a veces había trabajado para los socialcristianos y otras veces para los Adecos en Venezuela, y en Estados Unidos tanto para los demócratas como para los republicanos. Lo que no puede hacer es trabajar para grupos antagónicos al mismo tiempo.

Le hice saber a José Francisco Peña Gómez, en forma directa y también a través de otros, que si quería utilizar a Penn & Schoen en la campaña de 1996 debería formalizar el asunto por escrito. Me dijeron que sí..., pero no enviaron la carta.

OCTUBRE 1995. Un representante del Partido de la Liberación Dominicana (PLD) visitó directamente a Penn & Schoen en Nueva York, preguntando si podían asesorar a su partido. Mark Penn, Presidente de la firma, me llamó desde Washington para explicarme que estaba residiendo allí a tiempo completo, pues tenía que reunirse cada miércoles con Bill Clinton y su equipo en la Casa Blanca, pues Penn & Schoen era ya la principal encuestadora de su gobierno. Personalmente no podría viajar a Santo Domingo, pero su empresa seguía interesada en trabajar en el país. Me preguntó por el PRD. Le expliqué que todos me decían que sí, pero la carta no aparecía. Le informé lo que ya era de conocimiento público: El PRD había contratado una firma encuestadora chilena. Mark Penn explotó: "¡No es verdad que la principal firma encuestadora de Clinton va a jugar un segundo papel para el PRD en Santo Domingo!". Me preguntó quiénes eran los candidatos del PRD y le expliqué que eran los mismos dos de la campaña de 1994, durante la cual poco caso hicieron a las recomendaciones de Penn. Esa última información lo decidió: trabajaría para el PLD.

NOVIEMBRE 1995. La primera encuesta de Penn & Schoen colocó a Leonel Fernández en una posición ventajosa. La de la revista "Rumbo" y otras le otorgaban aún más ventaja. Se decidió, correctamente, no hacer públicos los datos de Penn & Schoen. La empresa sugirió anuncios políticos para la televisión que se prepararon bajo su supervisión.

DICIEMBRE 1995. Leonel Fernández y un grupo de acompañantes visitaron la oficina de Penn & Schoen en Nueva York. Las encuestas indicaban que el tema de la corrupción preocupaba a los votantes dominicanos. Los peledeístas insistieron en que no era un tema que interesaba a América Latina, y Doug Schoen les señaló las fotografías en la pared de la sala de varios candidatos latinoamericanos que habían sido clientes de la firma (Alan García, Carlos Andrés Pérez, Salvador Jorge Blanco, etc.), acusados todos de corrupción. "¿Cómo no puede ser éste un tema electoral en Santo Domingo?", les preguntó Schoen. Aceptaron, a regañadientes, un anuncio político sobre un vaso de leche escolar que "desaparece" debido a la corrupción. Más de eso sería ofender a Balaguer, a quien se necesitaba para la segunda vuelta, la cual evidentemente tendrá lugar.

FEBRERO 23, 1996. En éste, el día de mi cumpleaños, mi esposa salió de la clínica en Nueva York, después de una operación para extirparle un cáncer en un pulmón, pero se descubrió una metástasis en el cerebro que es inoperable. Todos los médicos consultados me informaron que tenía entre cinco y ocho meses de vida.

MAYO 16, 1996. La última encuesta de Penn & Schoen para la primera vuelta pronosticó un 41% para Peña, 39% para Leonel Fernández, 18% para Peynado y 2% de indecisos. El resultado de esa vuelta fue 46%, 39% y 15%, respectivamente.

JUNIO 25, 1996. La última encuesta de Penn & Schoen para la segunda vuelta arrojó un 51% para Leonel Fernández y un 48% para Peña. Como otras encuestas hechas públicas arrojaron una mayor ventaja para Leonel Fernández, se decidió no publicarla. Le pregunté al candidato si ya le podía decir "Presidente" y el antiguo muchacho del Bronx me citó a Yogi Berra: "It aint over till its over".

JULIO 1996. Estamos ya en la transición. Leonel Fernández me preguntó qué cargo en el gabinete pensaba yo que podría desempeñar. Le expliqué que ninguno, pues yo no podría estar en el gabinete a partir del 16 de agosto, dado el estado terminal de mi esposa. Entonces me sugirió la Embajada en Washington. La acepté, pues ese cargo no tiene fecha fija para comenzar.

PRINCIPIOS DE AGOSTO, 1996. Penn & Schoen entregó los resultados de una encuesta que le permitió al Presidente electo preparar un discurso de gran aceptación, pues muchos temas apropiados para ese discurso ya habían sido investigados en el sondeo. Terminada la reunión, Leonel Fernández me explicó que un paquete económico preparado por Andrés Dauhajre hijo, y que recientemente le había sido entregado, era "ultra radical"; y que encontraba más razonables las ideas del ex-Ministro de Hacienda de España Carlos Solchaga. Le comenté que esa persona también podría servir de puente con el PRD, por ser una persona cercana a Felipe González, y así ayudar a que las propuestas fuesen aceptadas en el Congreso. Le sugerí que la unificación cambiaria se hiciese en diciembre, junto con la presentación del presupuesto, momento en que, además, la tasa de cambio está en baja, lo que facilita el asunto. Se quejó de que el barril de petróleo estaba a US$16.00. Lo consolé recordándole que cuando fui Gobernador del Banco Central (1982-84) estuvo en US$32.00.*

SEPTIEMBRE 30, 1996. Murió Cynthia. Ese es el momento en que la familia cuenta y se comportó de forma extraordinaria, como era anticipable. Ese es el apoyo que se necesita en los momentos más difíciles de la vida. Lo que sí me sorprendió y me dejó anonadado fue la gran cantidad de gente que fue a darnos el pésame. No sólo familia, sino amigos tanto de ella, como míos y de nuestras hijas y de la madre de Cynthia. Además, el Presidente, el Vicepresidente y el grueso de su gabinete estuvieron allí. Por cierto, la primera

---

*Durante los últimos meses de la gestión del Dr. Fernández el barril llegó a estar a US$32.00.

llamada que recibí al regresar del Cementerio fue de Peña Gómez, quien me dijo que era la primera que hacía desde su salida de la clínica.

OCTUBRE 1996. Preparé un borrador sobre los Términos de Referencia de mi futura misión en Washington. Leyendo los documentos históricos norteamericanos del Departamento de Estado me había enterado de que era una iniciativa rutinaria en el servicio diplomático de ese país para todo nuevo jefe de misión. El documento indica los objetivos a lograr y los temas que deben ser tratados. Sirve, además, para medir el éxito o fracaso de toda misión. En el texto hice constar que si no se me decía lo contrario, consideraría el documento como mis términos de referencia. El Canciller Eduardo Latorre, por escrito, me felicitó por mi iniciativa, pero agregó que mi deber sería cumplir las instrucciones de la Cancillería. La realidad es que ya ha pasado el momento para un Embajador economista en Washington, pues los temas económicos han perdido importancia. La ayuda bilateral, el tema azucarero, etc., ya no tiene el peso de antes, y a pesar del ALCA, la paridad y la promoción de inversiones, los temas fundamentales ahora son políticos, o más bien policíacos. Por otro lado, la agenda de ayer era alcanzable con cierta facilidad: más ayuda bilateral y más cuota azucarera. Hoy día los objetivos que realmente interesan al país son muy difíciles de lograr porque forman parte de la política interna norteamericana y requieren sanción congresional.

Llamé a un abogado en Nueva York para que me excluya de la demanda que, junto con otros, iniciamos contra la CIA, amparados en la ley de libertad de información, para tratar de obtener algunos documentos aún clasificados sobre el papel de la CIA en la muerte de Trujillo.* No podía ser embajador ante un gobierno que estaba demandando ante la justicia.

---

*El juicio continuó y se perdió, aunque el autor encontró el grueso de los documentos en los Archivos Nacionales en Washington, en 1999 y los incorporó en su libro *Los Estados Unidos y Trujillo. Los días finales. 1960-61.*

DICIEMBRE 1996. Para mi sorpresa, se me invitó a una reunión para discutir la reforma arancelaria, primera y única reunión sobre asuntos económicos a la que se me convocó. La presidió el Secretario Técnico Eduardo Selman, y estaban presentes también el Secretario de Finanzas Daniel Toribio y Miguel Cocco, Director de Aduanas. Noté que estaba ausente el Gobernador del Banco Central, pues lo que se discutió realmente fue un paquete económico preparado por Andy Dauhajre, presente en la reunión. Todos los que allí se encontraban, incluyendo al Director de Aduanas y sus técnicos, se opusieron a la reforma arancelaria que propuso, y a otros aspectos del "paquete". Expresé la opinión de que lo peor que puede tener un gobierno es un equipo económico totalmente dividido, experiencia que sufrí entre 1982 y 1983. En cuanto a la reforma arancelaria, expresé mi oposición a la que se me describió verbalmente, por ser demasiado radical y veloz, pues implicaba, a mi entender, una devaluación demasiado fuerte de la moneda, que rompería con el equilibrio macroeconómico. La reducción de los precios de todas las importaciones provocaría un aumento tan rápido en su volumen, dada la elasticidad de la demanda, que las divisas adicionales requeridas tan rápidamente no aparecerían. El crecimiento de las exportaciones de bienes y servicios, beneficiado por la reducción arancelaria, sería mucho más lento. Señalé que el Presidente Fernández era contrario a que se rompiera ese equilibrio. A mí mismo me había dicho que se había sorprendido por el consenso que existía sobre ese objetivo. Dauhajre me negó que las rápidas reducciones arancelarias provocarían una fuerte devaluación. Pocos días después, vi que el padre de Dauhajre publicó, a través de la asociación empresarial que preside, un trabajo que hasta ese momento era desconocido para mí, preparado por el Prof. Harberger, quien había sido traído por la Embajada norteamericana semanas antes. Allí, en blanco y negro, el profesor norteamericano sugirió una fuerte devaluación del peso dominicano para estimular las exportaciones. Obviamente, el plan era provocar la devaluación a través de una reforma arancelaria brusca, sin decirle al

Presidente Fernández que ese es un efecto de esa reforma. No es que una devaluación sea necesariamente mala, pero en más de una ocasión el Presidente Fernández me había expresado que su principal objetivo era preservar el equilibrio macroeconómico y la estabilidad del tipo de cambio. ¡Y le estaban vendiendo un paquete devaluatorio sin decirle que lo era! En la reunión Selman me dijo que la reforma arancelaria que se proponía era igual "a mi" proyecto de reforma arancelaria, documento que era público desde hacía más de un año. Le refuté, explicando las grandes diferencias entre ambos proyectos. Después hice llegar una nota al Presidente sobre el asunto, pues no quería que lo engañasen diciéndole que lo que se estaba proponiendo era "mi" proyecto, cuando era otro muy diferente. En esa nota le advertí que esa otra reforma implicaba una muy fuerte devaluación. Muchos días después fue que me enteré de que el proyecto de ley de reforma arancelaria contemplaba no sólo una primera etapa, sino etapas adicionales que en muy poco tiempo conducirían a un arancel único, cosa que no se mencionó durante esa reunión.

DICIEMBRE 5, 1996. Reunión con una comisión del Senado para confirmar la designación de cinco embajadores. Un abogado que dice ser economista, asesor del Senado, con quien mantengo divergencias desde hace años, escribió un reporte negativo sobre mi candidatura. Supe que algunos senadores perredeístas se oponían.

DICIEMBRE 8-10, 1996. Fui con el Presidente, en avión privado, a la Conferencia Anual Caribeña y Centro Americana en Miami. Su abrazo público con el Presidente René Preval fue uno de los momentos más dramáticos de esa reunión. Me aseguré que siempre se refirieran a mí como "Embajador designado", pues el Senado todavía no me había confirmado. Allí me enteré de que había por lo menos tres personas que aspiraban a sustituir a la Embajadora Donna Hrinak, quien probablemente será relevada en marzo, cuando vencen sus tres años. Como en los Estados Unidos acababan de pasar unas elecciones, había muchos contribuyentes a la campaña que deseaban ser premiados con una embajada en un país tranquilo. Por lo menos un cubano-americano aspiraba al cargo. Ya antes había recibido instrucciones del Presidente para tratar de que la Embajadora Hrinak se quedara por algún tiempo más en Santo Domingo, labor que me será ahora mucho más difícil, pues habrá que cabildear en la Casa Blanca su estadía y no en el Departamento de Estado. De todas maneras los embajadores norteamericanos de carrera son designados por un plazo, usualmente de tres años, difícilmente prorrogable.

DICIEMBRE 20, 1996. Fui al Palacio a juramentarme como Embajador en Washington. El día anterior la Embajada japonesa en Lima fue tomada por guerrilleros que han capturado a más de cien rehenes, la mayoría de ellos diplomáticos. Le hice un chiste al Presidente antes de juramentarme, diciéndole que no sabía que la carrera diplomática era tan peligrosa, y que tal vez no debería aceptar. Me dijo que si no aceptaba podía terminar en su gabinete económico. Nunca antes había levantado la mano derecha con tanto alivio. Me juramenté con cinco otros escritores, también nombrados embajadores.

DICIEMBRE 26, 1996. Pasé las fiestas navideñas en Nueva York con mis hijas, antes de seguir para Washington. Me mandé a hacer un "frac". Me reuní con ejecutivos de una compañía norteamericana cuyos productos están siendo pirateados en Santo Domingo. Guillermo Linares fue quien me pidió el contacto, pues esos ejecutivos lo apoyan políticamente. Este Concejal de la Alcaldía de Nueva York, junto con Adriano Espaillat, es uno de los pocos norteamericanos de origen dominicano que ya ha sido electo a un cargo político en Estados Unidos. Ojalá sea el inicio de lo que espero sea una presencia cada día mayor de personalidades de origen dominicano en el sistema político norteamericano. Tenemos que imitar a los cubanos y los haitianos, quienes han logrado que su diáspora tenga peso político específico en la política interna norteamericana, lo que se refleja en la conducción de la política externa hacia sus países de origen. El gobierno de Balaguer no eliminó este pirateo y resulta que esta empresa tiene tremenda influencia política en

Washington, sobre todo con los congresistas que tienen que ver con el asunto de la paridad textil. Llamo a dos personas en Santo Domingo y me prometen que tratarán de que el fiscal otorgue la fuerza pública para ejecutar una sentencia que beneficia a esa empresa norteamericana. El "pirata" ni siquiera es dominicano. Compruebo lo que había afirmado ya anteriormente: el principal obstáculo a la inversión extranjera en la República Dominicana es la corrupción, sobre todo la corrupción dentro de nuestro sistema judicial.

DICIEMBRE 30, 1996. Me entero de que traen a José Francisco Peña Gómez desde Venezuela a Nueva York, muy enfermo. Deseo ir a verlo, y decido que sea como representante del gobierno. Llamo al Canciller, pero está en Centroamérica. Hablo con la Vicecanciller, Minou Tavares Mirabal, quien me autoriza a hacerlo. Visito a Peña Gómez tres días corridos y logro verlo las tres veces. Le explico que lo visito no sólo a título personal, sino también en representación del Presidente y el Canciller. Para mi sorpresa lo encuentro de buen humor y con buen espíritu y voz fuerte. Me pide excusas porque un importante Senador de su partido, violando sus instrucciones, se opuso a mi confirmación como Embajador. Me pide conseguirle en los archivos históricos de Washington el texto de sus discursos durante la revolución de abril de 1965. Se lo prometo, a sabiendas de que será bien difícil lograrlo. En la segunda ocasión, deambulando por un pasillo, lo encuentro solo en una camilla. Pronto será operado. Está leyendo la Biblia y por respeto y prudencia reduzco mi presencia a un mínimo.

AÑO 1997
Enero
ENERO 2. Llegué hoy a Washington. Me recibió en el aeropuerto la Asistente del Jefe de Protocolo del Departamento de Estado, una señora de origen griego. Se sorprendió de mis conocimientos sobre cocina y vinos griegos y quedó en invitarme a cenar manjares

de ese país en su casa. De algo sirven ciertas cosas que uno aprende durante el ocio. Para mi sorpresa, me dijo que es casi seguro que presentaré credenciales antes de 18 días, es decir antes del 20 de enero, para así poder participar en las fiestas de toma de posesión del segundo período de Clinton.

En la Embajada hay un reducido equipo: J. M. Prida Bustos, Ministro Consejero, es un economista del Banco Central y poeta, con dos años en el cargo en Washington. Ángel Garrido, recién nombrado Ministro Consejero y Encargado de Asuntos Consulares, fue representante, durante varios años, del PLD en Washington. Es traductor y me dice que está escribiendo una novela. Tiene el problema de que como es residente, el Departamento de Estado tan sólo lo reconocerá como Cónsul si entrega la residencia, cosa que por supuesto, no hará.* Será, pues, diplomático y encargado de asuntos consulares tan sólo para fines de consumo en Santo Domingo, pero aquí en Washington no podrá firmar nada ni hacer ninguna representación diplomática frente al Departamento de Estado. La Primera Secretaria es doña Germania de Gaskill, la "memoria viviente" de la Embajada, donde ha trabajado durante por lo menos quince años. No existiendo el cargo de recepcionista-mecanógrafa, tuve que autorizar a que se contratara en Washington a una dominicana para ese cargo, pagándole yo su sueldo de mis gastos de representación. Juan Antonio López ("Jaime") es el gran "utility" de la Embajada, pues hace de todo: chofer, mensajero, mozo, etc. Vive en el sótano de la oficina, por lo que también funge de sereno. Ese es todo el personal. Como Garrido y doña Germania se ocupan exclusivamente de asuntos consulares, tan sólo tengo para trabajar conmigo a Prida, una recepcionista y un chofer. Eunice Lara, mi Asistente Personal durante muchos años, llegará dentro de dos semanas.

ENERO 3. Primer día de trabajo. Llamo por teléfono a Oscar de la Renta. Es nuestro mejor aliado, un verdadero Embajador en el

---

*Meses después entregaría su tarjeta de residencia y sería reconocido por el Departamento de Estado como diplomático.

mejor sentido de la palabra. Conoce a la gente más importante de Washington. El objetivo principal a corto plazo es lograr que el Presidente Clinton, en su viaje a América Latina anunciado para dentro de tres o cuatro meses, pase por Santo Domingo y, desde allí, tal vez invite al Presidente Fernández a visitarlo a Washington. Hace tres meses preparé un cuadrito que indica que la República Dominicana y Bolivia, son los únicos países de América Latina que nunca han sido visitados por un Presidente de Estados Unidos. En ese cuadro muestro que F. D. Roosevelt (en 1934) y Clinton (en 1995) visitaron Haití y cómo tres países caribeños que tienen menos de 36 años de ser independientes, Jamaica, Barbados y Grenada, fueron visitados por Reagan, mientras que la República Dominicana tiene más de 120 años de relaciones diplomáticas con Washington, y nada de visitas. Explico también que el primer Jefe de misión diplomática norteamericana en Santo Domingo fue nada menos que Frederick Douglass, un famoso líder negro, en cuya memoria un importante puente de la ciudad de Washington lleva su nombre. En realidad creo que fue el segundo Jefe de misión y estuvo en Puerto Príncipe, pero concurrente en Santo Domingo, y ni siquiera sé si llegó a visitar alguna vez a Santo Domingo cuando era Ministro. Mientras tanto, me imagino que esta cita sobre Frederick Douglass impresiona, y que le será bien difícil a los historiadores del Departamento de Estado contradecirme, a no ser que pasen largas horas averiguando el asunto. Aquí el historiador riguroso cede ante el diplomático práctico. Ya desde Santo Domingo he estado repartiendo este cuadro entre funcionarios norteamericanos y, a través de un intermediario sé que ya lo tienen por lo menos dos personas en la Casa Blanca, incluyendo una dama.

Otro argumento que he estado utilizando es que después de los mexicanos y cubanos los domínico-americanos son el grupo de votantes de origen latinoamericano más importante en Estados Unidos, y de más rápido crecimiento. Agrego que en noviembre pasado un 90% de estos domínico-americanos votaron a favor de Clinton. Dado que, lamentablemente, la política externa norteamericana está cada vez más determinada por su política interna, estos "toques" domésticos creo que nos ayudan. Por supuesto, no menciono que el voto de nuestros compatriotas está concentrado en lugares donde los demócratas ya ganan por seguro. ¡Qué pena que nuestra comunidad no está mejor distribuida geográficamente, sobre todo en Estados "bisagra" como la Florida, tan estratégicos para fines electorales!

ENERO 6, Lunes. Día de Reyes. Aunque es un día no laborable en Santo Domingo, aquí sí se trabaja, excepto, por supuesto, en la Embajada dominicana, por lo que he pasado el día entero en la residencia. Con éste son cuatro días los que he pasado en ella, solito, pues dada la congestión navideña en las líneas aéreas, la cocinera y el jardinero no llegarán hasta dentro de cinco días. Cuatro días absolutamente solo en esta mansión, comprada en tiempos de "El Jefe", que tiene ocho habitaciones, ocho baños más todos sus salones, comedores, jardines y zonas subterráneas. ¡La factura de la calefacción del mes de diciembre ascendió nada menos que a US$1,020.00! ¡Nunca me había sentido tan solo! Como todavía no he comprado el carro, estoy a pie, por lo que prefiero no salir, optando por comenzar a escribir este diario y comer tan sólo yogurt tres veces al día, pues mi médico me dice que debo de rebajar. Además, no hay quien cocine. Si sigo así no dudo que rebajaré, pero también si sigo así dudo que aguante los dos años que me he auto-impuesto como límite para este cargo, plazo que negocié con el Presidente Fernández.

Estoy convencido de que dada la composición más conservadora del nuevo Congreso norteamericano, es bien difícil que se logre la paridad textil. Clinton tampoco conseguirá autorización bajo el carril expedito ("fast track") para incorporar a Chile y otros países al NAFTA. Se sigue hablando del 2005, incluso en Santo Domingo y de los compromisos de Miami, pero creo que para esa fecha lo que habrá será integración entre países latinoamericanos y del Caribe, pero no con Estados Unidos. Sigo creyendo que las recomendaciones que ofrecí junto con Carlos Despradel hace dos años, sobre nuestra política de integración económica, siguen siendo las correctas: acuerdos de libre comercio con Centroamérica, CARICOM y, luego, con el G-3. No procede actuar bajo la premisa de que seremos miembros de NAFTA en el 2005.

ENERO 7. Visita a la OEA para estar presente en la juramentación de nuestro Embajador Flavio Darío Espinal como Presidente de la Comisión Permanente de la OEA durante tres meses. Conocí a César Gaviria y saludé a viejos amigos. Aproveché para que me presentaran a Estela Villagrán, quien es una persona clave en la biblioteca de la OEA para fines de encontrar documentos históricos sobre la dictadura de Trujillo.* Almorcé con Flavio Darío, Roberto Álvarez, un dominicano con muchos años de residencia aquí, y Ernesto Selman, hijo de Eduardo Selman el Secretario Técnico de la Presidencia, y quien es nuestro Director Ejecutivo Alterno ante el Banco Interamericano de Desarrollo (BID). Me preocupó saber que el dominicano acusado de la muerte de una niña por una explosión de una bomba en el Instituto Cultural Domínico Americano, hace unos siete años, y que recientemente escapó de la cárcel de Najayo, es uno de los casos que ha sido sometido a la comisión de derechos humanos de la OEA. Si la Policía dominicana lo mata en el proceso de capturarlo, provocará un escándalo perjudicial al gobierno. Roberto Álvarez, quien acaba de regresar de Santo Domingo, es de opinión de que fue soltado por los militares adeptos a Balaguer para crearle un problema internacional al nuevo gobierno. Exhorté a Flavio Darío a que ponga al gobierno dominicano en conocimiento de esta situación, para que las Fuerzas Armadas reciban instrucciones de no matarlo en el proceso de captura. Ernesto Selman compartió conmigo la preocupación por un posible préstamo mexicano por la astronómica suma de US$100 millones de dólares para adquirir autobuses para el transporte público dominicano. Ambos coincidimos en que se trata de un esfuerzo por sobornar a los sindicatos de transporte, en base a un gran incremento

---

*Tan sólo tendría tiempo para visitar esa biblioteca en julio de 1998.

en la deuda externa dominicana. Ojalá que el Congreso no apruebe ese préstamo.*

El congresista cubano-americano Lincoln Díaz Balard ha solicitado una visa para ir a Santo Domingo. Averigüé que va para una reunión auspiciada por elementos de la extrema derecha dominicana, a la que se está acercando la extrema derecha cubana. Esto me preocupa más aún debido al rumor de que un cubano-americano quiere ser el sustituto de la Embajadora norteamericana en Santo Domingo, quien es casi seguro que a partir de marzo será transferida como Embajadora a otro país.** Como recién pasaron unas elecciones, muchos contribuyentes al partido demócrata aspiran a cargos de embajadores. Desde el caso de John Bartlow Martin en 1962, todos los embajadores norteamericanos en Santo Domingo han sido de carrera, y el caso de Bartlow Martin muestra lo peligroso y perjudicial de un embajador no profesional. El Presidente Fernández ha insinuado directamente a los norteamericanos que quiere que la Embajadora se quede, pero dudo que esto pueda ocurrir. Lo peor sería que nombraran a un cubano-americano. Uno de ellos, Simon Ferro, con inversiones en una industria de la zona franca de San Pedro de Macorís, aspira a ser Embajador,*** así como una norteamericana pura, la esposa de un prominente contribuyente al partido, un millonario de Cincinatti. Veo difícil que pueda tener éxito en mis dos principales funciones a corto plazo: que Clinton vaya a Santo Domingo y que un político no sea nombrado en Santo Domingo. Leonel Fernández y yo hablamos con un muy alto ejecutivo del Comité de Recaudación del Partido Demócrata, quien estuvo por Santo Domingo, y Oscar de la Renta con el propio "Mac" MacLarty, Encargado de Asuntos Latinoamericanos en la Casa Blanca, para impedir el nombramiento de un político, pero dudo que tengan

---

*No se aprobó, pero a finales del gobierno del Dr. Fernández se traerían los taxis "pollitos". También se adquirieron autobuses en Brasil, ambos a crédito.
**Fue trasladada en diciembre.
***Luego sería designado Embajador en Panamá.

éxito.* En Miami le expliqué a una persona cercana a la Casa Blanca que en orden de preferencia considerábamos, primero que debía de quedarse Donna Hrinak; luego, si eso no era posible, que se nombrara a un embajador de carrera; y si eso tampoco era posible, que el nombramiento político no cayese en un cubano-americano. Pienso reunirme esta semana con esta misma persona para reiterarle ese deseo del gobierno dominicano.

Hoy salió un excelente artículo en el "New York Times" sobre la forma en que Leonel Fernández enfrenta los problemas del barrio que rodea el Faro del Almirante, en contraste con lo que sobre el mismo asunto hacía Balaguer. Se lo envié temprano al Presidente, felicitándolo.

ENERO 9, Jueves. Presenté copia de mis cartas credenciales a la segunda persona de mayor rango en el Departamento de Estado, Peter Tarnoff. Dado que el Canciller Warren Christopher ha renunciado, y su sustituta, la Sra. Madeleine Albright, todavía no ha sido confirmada por el Senado, de hecho es la persona más importante. Aunque se trataba de un acto puramente protocolar, en el cual no se deben tratar asuntos de sustancia, hice referencia a que la República Dominicana era (con una excepción) el único país de América Latina no visitado por un Presidente de Estados Unidos, y le entregué copia de un pequeño memorándum al respecto. Tarnoff estuvo en Santo Domingo poco antes de las elecciones del año pasado y habló con los tres candidatos. Su visita fue muy callada y la gente no se dio cuenta del alto nivel de este funcionario.

Ayer almorcé con Alexander Kafka, Director Ejecutivo del Fondo Monetario Internacional, a quien conozco desde los años sesenta. Los años le han caído encima. Me dijo que en Washington se considera que la economía dominicana anda bien, y que Héctor Valdez Albizu es altamente respetado. Quedó en conseguirme información

---

*MacLarty encabezó la delegación norteamericana a la juramentación de Leonel Fernández y allí conoció a De la Renta. Originalmente era Janet Reno quien la iba a encabezar, pero, con razón, Leonel Fernández pensó que se vería feo que la encabezara la persona encargada de asuntos policíacos. Un dominicano llamó a Hillary Clinton y logró el cambio.

sobre cómo el tema de la deuda con el Commodity Credit Corpora-
tion (CCC) ha sido tratado en otros países, con el objetivo de que los
dominicanos podamos hacer una propuesta al respecto. Le envié al
Presidente un breve artículo, preparado por los economistas del BID,
que demuestra (y por lo menos a mí me convence) que las reformas
estructurales tan sólo pueden llevarse a cabo en América Latina en
momentos de crisis, pues es la crisis misma lo que mueve a los diferentes actores de la sociedad a buscar una solución. Oigo rumores
de que la única parada que hará Clinton en el Caribe durante su
viaje de marzo o abril será en Puerto Príncipe, y apenas una parada
técnica. Tal vez la solución es que vaya a Santo Domingo y que Leonel Fernández invite a René Preval a estar en allí para cuando llegue
Clinton. Existe el antecedente de que cuando Clinton estuvo en Puerto Príncipe, en 1995, Aristide invitó a Balaguer a estar presente. Éste
no fue, pero envió al Vicepresidente Carlos Morales Troncoso.

Hoy llegaron la cocinera y el mayordomo y cayó la primera
gran nevada del año. Todo el patio de la Embajada está blanco. Sin
embargo, a las seis de la tarde, mientras dicto estas notas, se escu-
cha la llamada a oración desde la mezquita, ubicada a pocas cua-
dras de la residencia. Tan sólo en Washington se puede concebir
esta combinación de nieve de países fríos con la llamada a oración
musulmana, típica del desierto arábico.

ENERO 10, Viernes. Recibí la visita de un ex-Congresista y luego
de un cabildero. Ambos quieren que los contrate el gobierno dominicano como cabilderos, y el segundo habló del primero. Ninguno
de los dos me impresionó para nada. Me imagino que son los dos
primeros de una larga lista de aspirantes a un contrato que probablemente el gobierno no necesita. Por otro lado, ya oigo rumores de
que el Palacio quiere contratar directamente a un cubano-americano
para las funciones de cabildeo. El ex-Congresista me dijo que probablemente recibiría una llamada de un alto diplomático norteamericano recomendándole como cabildero.*

*En efecto, pocos días después llamó. Luego pasaría a ser miembro del gabinete del
Presidente Clinton.

ENERO 13, Lunes. Hablé con Peter Hakim, del Diálogo Interamericano, para preparar un seminario en Santo Domingo en el que se discutiría la transición política y la actitud de Washington hacia América Latina. La fecha sería el 24 de febrero. Me prometió personalidades de primer orden como Abraham Lowenthal, Jorge Domínguez y hasta al propio "Mac" MacLarty. Si esa gente va, la reunión sería "un palo". Falta que el Presidente apruebe la fecha. Me sugirió que escribiera un artículo sobre el significado de la Presidencia de Leonel Fernández para publicarlo en una revista o un periódico importante. Pienso hacerlo.

Luego recibí la visita del Subsecretario Asistente de Estado, John Hamilton. Siguió la línea oficial de que el Departamento de Estado quiere que Clinton visite en el Caribe a un país angloparlante. Me insistió en el tema de las extradiciones y yo le riposté con el tema de las deportaciones de criminales y la posibilidad de negociar un asunto con el otro. Luego fui a ver a Mark Penn, quien hablará con MacLarty sobre la posibilidad de que Clinton pase por Santo Domingo. Utilizaremos el argumento de que el mayor número de latinoamericanos que se naturalizan norteamericanos son los dominicanos, después de los mexicanos, lo que implica un aumento en los votos de dominicanos en elecciones norteamericanas. ¡La política interna predominando sobre los principios de la política internacional! Llegó Eunice Lara, la Primera Secretaria, y quien ha trabajado conmigo durante años. Ahora tengo a quien dictar y en quien delegar muchas cosas.

ENERO 15. Por una persona que llegó de Santo Domingo me enteré por fin de los detalles de la propuesta económica del Presidente Fernández, el famoso "paquete". Entiendo el por qué de la gran oposición de los empresarios porque, en efecto, es un paquete preparado para beneficiar a un grupo empresarial a expensas de otro. Beneficia a las telefónicas, a los bancos y a los aseguradores. Contiene propuestas que, según consulté aquí con expertos, nunca habían sido puestas en ejecución en ningún país, como la no aceptación de los costos por intereses y depreciación para fines del impuesto sobre la renta. El Presidente me ha hablado de privatizar la energía, pero ¿quién invertiría en plantas termoeléctricas si no puede deducir ni intereses ni depreciación?

La gente de la Smith-Enron me pidió una cita para el mismo día de hoy. Se la di y no se aparecieron. Les hice saber mi inconformidad por tal procedimiento. Coloqué una llamada al Encargado del Escritorio Dominicano, y ni siquiera tuvo la cortesía de contestármela. Recibí la visita de un cabildero azucarero y almorcé con un cabildero sobre asuntos comerciales.

ENERO 17. Cena anoche de frac en el Waldorf Astoria de Nueva York, con el Cardenal O´Connor y los principales Obispos católicos norteamericanos con motivo de una reunión de la directiva de la Orden de Malta. Conversé con el Cardenal para pedirle que la Iglesia ayude a orientar a la comunidad dominicana con sus consejos sobre temas migratorios, pues muchos caen víctima de timadores, supuestos abogados que no lo son. Me puso en contacto con uno de sus ayudantes. Los discursos durante la cena fueron muy conservadores.

ENERO 18. Fui a una recepción en el Departamento de Estado con motivo de la toma de posesión de Clinton. Saludé al Presidente, así como a su esposa Hillary, y a ésta última la felicité por escoger a Oscar de la Renta como su diseñador para el acto de toma de posesión. Me junté con mi viejo amigo Jesús ("Chucho") Silva Herzog, hoy Embajador mexicano ante la Casa Blanca. Estaba todo el Cuerpo Diplomático y la verdad es que no me impresionó. Tal vez a medida que los vaya conociendo cambiaré de parecer.

Saludé también al Canciller saliente Warren Christopher, quien me felicitó por las cosas buenas que estaba haciendo el nuevo gobierno dominicano. No sé si fue una frase rutinaria, o si realmente sabe lo que está ocurriendo en el país. Conocí en la recepción al Subsecretario Strobe Talbott, quien se queda. Me lució muy inteligente.

China ha bloqueado en las Naciones Unidas la participación de observadores en el proceso de paz en Guatemala, debido a que ese país mantiene relaciones políticas con Taiwan. Le hizo un memorándum a la Cancillería dominicana advirtiéndole sobre la necesidad de hacer un estudio sobre las ventajas y desventajas de seguir manteniendo relaciones diplomáticas con Taiwán. Obviamente esto perjudicaría nuestras posibilidades de ser miembros, por primera vez, del Consejo de Seguridad. Dudo que me hagan caso. Son demasiados los políticos dominicanos que han sido festejados en Taiwán. Creo que no pasan de ocho los países en nuestro continente que mantienen relaciones con la isla, y todos son centroamericanos o caribeños, es decir pequeños.

El asunto de la paridad comienza a moverse. El plan de la industria doméstica es que el proyecto de ley no tenga nada que ver con política internacional, sino que sea un proyecto para reestructurar a la industria, y así pueda enfrentar la eliminación de las cuotas y la competencia china a partir del 2005. Me parece que es una buena idea, pues obviamente lo de la paridad ha fracasado como un proyecto de política externa. Hay que hacer un proyecto de ley que no mencione ni a Centroamérica, ni al Caribe, ni a NAFTA.

ENERO 19, Domingo. Logré que unos cien dominicanos residentes en el área de Washington fueran a una misa en honor de la Virgen de Altagracia, y luego les ofrecí un almuerzo en la Embajada. Me dicen que es la primera vez que la Embajada hace algo exclusivamente para la comunidad dominicana del área de Washington y Baltimore. Les expliqué que siendo el Presidente Fernández una persona que pasó parte de su niñez y adolescencia residiendo en Estados Unidos, tenía sumo interés en que la diáspora dominicana participara en la política interna de Estados Unidos, tomando ventaja del hecho de que la constitución dominicana de 1994 permite la doble nacionalidad. Agregué que, según las estadísticas oficiales norteamericanas, después de los mexicanos los dominicanos somos el segundo grupo más numeroso que está obteniendo la ciudadanía norteamericana, lo que implica que cada día podrá votar más en las elecciones de este país. Al igual que los cubanos y los haitianos, para no decir los judíos, debemos influir sobre la política externa norteamericana hacia la República Dominicana a través de la participación de la comunidad en la política norteamericana. Un grupo de empresarios dominicanos residentes en Nueva York estuvo presente en el almuerzo.

ENERO 20. Fui a la juramentación del Presidente Clinton. Con un frío horroroso escuché uno de los discursos más insípidos. Cerca de mí estaba Antonio Banderas y su esposa Melanie. Clinton investiga, a través de encuestas, cuál es la forma de pensar del ciudadano promedio norteamericano y en sus discursos repite esos puntos de vista. En ningún momento en su discurso inaugural trató nada que tuviese que ver con política externa. Es ya un Presidente saliente a pesar de que le quedan tres años, y en el desfile los gritos eran "¡Gore 2000!". La recepción posterior en Union Station fue caótica. Gracias a Dios que dejé el abrigo en el carro, pues nunca lo hubiese recuperado.

El Embajador de México, Jesús Silva Herzog, a quien conozco desde hace más de treinta años, me informó que tenía entendido que el viaje de Clinton a México será un viaje exclusivo y que en el viaje subsiguiente irá a Costa Rica, Argentina y Brasil, y luego a Trinidad & Tobago. De ser esto cierto, confirmaría el interés del Departamento de Estado de que el paso por el Caribe sea a una isla angloparlante, para que no se piense que se trata exclusivamente de un viaje a Hispanoamérica. La selección de Trinidad me imagino se debe a la muy mala relación que hay hoy día entre Washington y Jamaica, ya que no permite que guardacostas norteamericanos entren a sus aguas territoriales para perseguir a barcos que se presume llevan drogas (los llamados acuerdos "shiprider" o "con gente a bordo"). Estoy tratando, a través de Mark Penn, que Mac MacLarty, en la Casa Blanca, eche para atrás la selección de Trinidad & Tobago y opte por la dominicana, en base a la entrega que le hice a Mark de estadísticas del censo norteamericano que pedí y obtuve a través de Guillermo Linares, que muestran que después de los mexicanos, los dominicanos somos el segundo grupo del hemisferio que en mayor volumen está obteniendo la ciudadanía norteamericana y, consecuentemente, votando en Estados Unidos. Como todo aquí, cuando se trata de política externa se está decidiendo en base a asuntos de política interna, creo que el único argumento convincente sería éste. Hablando de acuerdos "shiprider" me dijeron los de la Embajada norteamericana en Santo Domingo que el ex-Canciller Morales Troncoso había firmado uno en 1995. En la Cancillería no apareció, por más que lo busqué. Luce que fue secreto y sin sanción congresional. Bajo la excusa de que está en un baúl que no me ha llegado, lo pedí al Departamento de Estado. Ayer me lo enviaron y hoy lo mandé a la Cancillería. Mientras éste es un tema controversial y de gran debate público en los países caribeños y centroamericanos, nosotros lo consentimos secretamente, y me imagino que a cambio de nada.

El Presidente Eduardo Frei estará en Washington el 27 de febrero, por lo que tal vez no tendré oportunidad de ofrecer una recepción en esa fecha.

El pleito entre la CDE y la Smith Enron se ha puesto más difícil, y no dudo que un día de éstos reciba la llamada de algún congresista importante presionándome sobre el asunto. Me visitó un representante del "Washington Times", el periódico ultra derechista que pertenece al Reverendo Moon. En septiembre de 1995 lograron que se preparase una edición especial, después de una visita del Reverendo a la República Dominicana, donde vio al propio Balaguer. Ahora quieren repetir el suplemento. No los estimulé.*

En el asunto de la paridad textil, el sector textilero norteamericano quiere preparar él mismo una ley de reconstrucción de la industria textil, para que el asunto aparezca como un proyecto totalmente doméstico y que no haga referencia ni a la Iniciativa de la Cuenca del Caribe, ni a la paridad. Dicen que se ha fracasado durante varios años en presentar el proyecto como un asunto de política externa, y que tiene más posibilidades como proyecto puramente doméstico.

*Un representante se trasladó a Santo Domingo y, a pesar de mis objeciones, el gobierno y el sector privado le dieron suficientes anuncios para poder sacar el suplemento.

El Departamento de Estado, y sobre todo la Oficina del Representante Especial de Comercio, se oponen a esta idea y están preparando un proyecto de ellos mismos. En Santo Domingo todo el mundo me prometió enviar folletería, panfletos y videos de promoción, y hasta la fecha no he recibido absolutamente nada. Ni la Asociación de Hoteles, ni la Secretaría de Turismo, ni las firmas de abogados me han enviado el material.*

ENERO 22. Fui a una recepción que el ex-Congresista Bob García ofreció a Javier Becerra, quien ha sido nombrado Jefe del "caucus" hispano en la Cámara de Diputados. Mientras hace pocos años apenas había dos o tres congresistas de origen hispano, ya suman más de veinte. Aunque todavía no tiene este grupo mucha influencia política, irá creciendo a medida que más latinos sean congresistas. Estoy seguro de que es correcto que los dominicanos los cultivemos. Tanto Becerra como Loretta Sánchez, una recién electa congresista de California, me impresionaron muchísimo. Es gente joven, de origen mexicano, que se están metiendo de lleno en la política. Es una pena que dos de los tres latinos de origen cubano abandonaran el "caucus" por el hecho de que Becerra hubiese viajado a Cuba. Trataré de que el Diálogo Interamericano se reúna con Becerra para organizar reuniones de los embajadores latinoamericanos con el "caucus" hispano.**

Hoy visité el Departamento de Comercio y luego me reuní con cabilderos de los productores de tela. Fui al almuerzo mensual de los Embajadores latinoamericanos, esta vez en la Embajada de Argentina. Conocí a mis colegas. Uno de ellos se llevó mi abrigo por equivocación.***

ENERO 23. Fui a una reunión entre varios embajadores centroamericanos y el de Jamaica, con el sector empresarial textil norteamericano. Estos han contratado a un importante cabildero y quieren preparar su propia ley de paridad textil con el apoyo de los

*Llegarían semanas después.
**Aceptaron mi propuesta y la reunión tuvo lugar, pero no fue muy provechosa.
***Lo recuperé tres días después.

embajadores, pero sin decirnos qué es lo que dirá ese proyecto. Los embajadores nos negamos a comprometernos, sin saber primero en qué consistiría. En lo que sí tienen razón los empresarios es que tiene que ser un proyecto de ley vinculado a la ayuda de la industria textil americana, y no tanto como justificación de la ayuda para los países del Caribe y Centroamérica, pues después de la guerra fría esto ha perdido importancia. El buen amigo y compatriota Roberto Álvarez ofreció a mí y al Embajador Flavio Darío Espinal una cena en su muy bueno y exitoso restaurante "Café Atlántico" para conocer a importantes corresponsales de prensa. Roberto ha vivido años aquí y tiene excelentes contactos.

ENERO 26. Acabo de regresar de Palm Beach, del baile anual de la Cruz Roja, de frac, condecoraciones y hasta tiaras. Es un esfuerzo de lo más alto de la sociedad norteamericana, retirada en la Florida, por lucir europeos. Hasta invitan a miembros de la realeza del Viejo Mundo. A los Embajadores invitados, europeos y algunos latinoamericanos (nadie del Caribe angloparlante, Africa o Asia), los llevan en un avión privado y los hospedan en residencias de millonarios. En fin, que somos algo así como parte de la decoración del baile. Saludamos formalmente a una fila interminable de gente, y al mencionar mi país varios de los más viejos me dijeron, con orgullo, que habían conocido a Trujillo. Cuando a una señora muy mayor y algo sorda le dije que era de "Dominican Republic", me contestó con una sonrisa angelical: "por supuesto, aquí todos somos republicanos". Estos ancianos de Palm Beach, como están retirados, no son inversionistas potenciales, aunque sí sus hijos. La gran mayoría son republicanos y de ideas muy conservadoras. El orador principal fue, precisamente, Vernon Walters. Esta gente ha influido sobre la historia dominicana, pues una de las esposas de Joseph ("Joe") Davies, el principal cabildero de Trujillo durante los años treinta y cuarenta, fue, precisamente, la fundadora de este baile de la Cruz Roja: Marjorie Merriweather Post, y allí también se trasladó Porfirio Rubirosa, a principios de 1961, para cabildear al padre del Presidente Kennedy a favor de un Trujillo sancionado por la OEA. Muchos de los Embajadores norteamericanos en La Habana, como Arthur Gardner ante Fulgencio Batista, procedían de estos elementos conservadores de la alta sociedad. En la fiesta me tocó bailar con la señora que lucía de más edad. Era un inocente vals que luego devino en "la macarena". Nos tomaron fotos. Espero que no salgan. Este oficio luce más complicado de lo que anticipaba.

ENERO 28. Conozco, por fin, en persona, a Henry Dearborn, el Cónsul norteamericano cuando ajusticiaron a Trujillo. Promete cooperar conmigo en mis investigaciones históricas sobre los años 1960-1961.* Hoy salió un artículo, que envié al Presidente, sobre la influencia que ejercen en la Casa Blanca Mark Penn y Douglas Schoen, los que hicieron encuestas al PLD el año pasado. También envié al Presidente Fernández una carta del presidente de la Universidad de Harvard invitándole a dar una conferencia. Esto lo logré a través de un académico amigo. Sin embargo, le he sugerido al Presidente que no venga a los Estados Unidos a dar conferencias, aunque sea en la Universidad de Harvard, a no ser que sea parte de una visita a Washington, auspiciada por la Casa Blanca.

ENERO 29. Visité al principal ejecutivo del National Democratic Institute (NDI), organismo que estuvo en Santo Domingo durante las elecciones de 1994 y 1996. Le agradecí su cooperación en esos momentos de crisis en mi país.

Ha corrido la voz de que el nuevo Embajador dominicano es viudo y escritor y me invitaron a una cena en honor de una escritora, en una mansión perteneciente a una de las parejas más conocidas de la alta sociedad de Washington. Pero la autora resultó ser de esos libros que se venden en los aeropuertos. Era tejana y mucha gente llevó sombreros y botas de ese Estado. Casi todos eran republicanos. No fue exactamente una tertulia literaria, pero agradecí el gesto. Trataron de asignarme una dama. Su principal interés es montar a caballo y cazar faisanes. No creo que tengamos mucho en común.

---

*Pasarían seis meses antes de poder hacer mi primera visita a los archivos americanos para proseguir esas investigaciones, dado lo mucho del trabajo rutinario.

ENERO 30. Llegó mi colección de cuadros de autores dominicanos, los cuales, con la ayuda del compatriota y artista Aurelio Grisanty colocaré en las paredes de la Embajada, que hoy lucen muy tristes con unas serigrafías. El jefe de la Policía, Camilo Antonio Nazir Tejada, declaró a nuestra prensa que tiene datos computarizados sobre la cantidad de criminales deportados que han sido apresados por reincidir en crímenes una vez han regresado a Santo Domingo. Son unos 1,772 casos. Ese dato es importante, pues prueba el impacto negativo de las deportaciones. Le escribí hoy al Canciller pidiéndole que le solicite a la Policía esas estadísticas, para yo repartirlas en Washington.* La prensa dominicana, que me llega con varios días de atraso, trae noticias poco estimulantes. Norge Botello, el Secretario de Interior y Policía, no comparte la idea de extraditar a los dominicanos solicitados por las autoridades norteamericanas por haber violado las leyes de este país, y el tema de la extradición es prioritario para los norteamericanos.** Si esa declaración es parte de una estrategia para ligar el tema al de los deportados, está bien, pero dudo que así sea. El "paquetazo" económico tiene problemas en el Congreso. Ramón Alburquerque lo criticó porque su autor, Andrés Dauhajre hijo, ha dicho que la oposición condicionó la aprobación del presupuesto a que el gobierno entregase los contratos de Obras Públicas a los legisladores. Pero nuestro Presidente dice que su esfuerzo de concertación con los empresarios avanza, aunque el sector turismo también ataca el "paquetazo" por el impuesto a los activos brutos de los hoteles. El gabinete económico, por su lado, hace mutis. Se ve que no comparte los proyectos. Me preocupa la propuesta del Presidente de un debate sobre la reelección y otras enmiendas constitucionales, en el marco de una asamblea constituyente. Suena a la tragedia de los tiempos de Horacio Vásquez. ¡La reelección hay que proscribirla

*Las estadísticas nunca llegaron.
**El gobierno de Leonel Fernández claudicaría y, al final de su gestión, había extraditado unas 19 personas, en comparación con dos, por parte de Colombia, y ninguna por parte de México.

para siempre! Eso lo declaré públicamente en 1982 y lo sigo enfatizando más que nunca. Una buena noticia es que parece que se le va a hacer caso a la Academia de la Historia y se nombrará un Consejo de Asesores en el Archivo General de la Nación. La Academia ha pedido al Presidente que designe allí nuevas autoridades y también un Consejo de Asesores.* Eso es importante, más cuando se están entregando los archivos del Palacio al Archivo General de la Nación. El Presidente está en Venezuela y ya estuvo en Nicaragua ¡Bien! Curiosa la propuesta de Salvador Jorge Blanco de una alianza del PRD con los reformistas para las elecciones congresionales del año que viene. Ante los rumores, el Canciller Latorre ha aclarado que no es inminente el restablecimiento de relaciones con Cuba. Nadie me ha tratado ese tema aquí.

Febrero

FEBRERO 3. Hoy los Embajadores fuimos invitados al Departamento de Estado para oír una explicación sobre la visita del nuevo Secretario General de las Naciones Unidas a esta ciudad y la actitud de Washington con relación al pago de sus atrasos financieros con las Naciones Unidas y sus planes para repartir el costo de operación de la institución. Fue algo verdaderamente patético porque la política externa norteamericana al respecto está dominada totalmente por el Senador Jesse Helms y su comité.

FEBRERO 4. Oí a Alberto Fujimori exponer ante la OEA y almorcé con los representantes dominicanos ante la OEA, el Fondo Monetario, el Banco Mundial y el BID. He promovido estas reuniones mensuales de coordinación que no se hacían antes. Creo que deben continuarse. También me reuní con los textileros privados del Caribe y Centroamérica (el CACTAD), para coordinar el cabildeo sobre la paridad. Recibí la visita de Eddy Martínez, recién encargado de promover la inversión extranjera en Santo Domingo a través de la

*Nunca se hizo.

OPI. Fue una reunión fructífera, pues coincidimos en la prioridad del ensamblaje de la alta tecnología en Santo Domingo, los "call centers", las operaciones de "back office" etc. Acordamos tratar de que uno de sus funcionarios se traslade a vivir a Washington, con oficina en la Embajada, para apoyar mis esfuerzos de promover la inversión norteamericana, pues saldría mucho más barato que ellos abrir oficina aparte. También recibí a los representantes del B´Nai B´rith. Hay que cultivar a los judíos por su influencia en Washington. No sólo está lo de Sosúa, sino también nuestro voto a favor de Israel en las Naciones Unidas. Les pedí que me ayudaran a conseguir una cita con el Embajador de ese país y apoyar la paridad textil, pero como Israel ya tiene un acuerdo de libre comercio con los norteamericanos, y son exportadores de textiles, dudo que cumplan.

Esta noche fui a oír a Clinton pronunciar su discurso sobre "El Estado de la Unión", ante todo el Congreso.

FEBRERO 6. Se rumora que el viaje de Clinton será sólo a Barbados y Costa Rica. Me da la impresión de que se han incluido dos países sobre los cuales la prensa norteamericana no tendría que hacer ninguna pregunta sobre un asunto que distraiga la atención de la propia imagen de Clinton. Debió haber ido a Guatemala, por haberse firmado allí el acuerdo de paz, pero está el tema del apoyo de la CIA a militares que asesinaron a un ciudadano americano. En El Salvador está el problema de haber dado dinero a salvadoreños guerrilleros que mataron a militares norteamericanos. Se buscan los dos países más tranquilos, Barbados y Costa Rica, para que la prensa de Washington tan sólo hable de Clinton. Mis esfuerzos porque fuese a Santo Domingo han fracasado. Jamaica probablemente fracasó por su negativa a firmar un acuerdo "shiprider", que permite a buques norteamericanos penetrar a sus aguas territoriales. No somos un país "puente" entre el Caribe y Centroamérica, que permita a Clinton con una visita a Santo Domingo "matar a dos pájaros de un tiro". Si ya lo fuéramos, le propondría eso a Clinton cuando presente mis credenciales en unos días. Si ya perteneciéramos al

Mercado Común Centroamericano o a CARICOM, como he venido propugnando desde hace treinta y un años, nuestro país podría actuar como sede regional. Mientras exista la posibilidad de la visita de Clinton a Santo Domingo, no estamos empujando la visita de Leonel Fernández a Washington.

Clinton se reunirá con los Presidentes de los países que conforman el Mercado Común Centroamericano en Costa Rica y con los Jefes de Estado de CARICOM en Barbados. La República Dominicana, a pesar de mis libros que comencé a escribir hace más de treinta años, sobre la necesidad de su integración, al mantenerse aislada no puede ser sede de una reunión regional, pues no tiene poder de convocatoria sobre el resto de los Presidentes de la región. Mi labor ahora será tratar de que Leonel Fernández sea invitado a venir a Washington. Presentaré credenciales el 11 de febrero y pienso que ese sea el tema principal de mi conversación con Clinton. Mientras tanto, ¿dónde irá Leonel Fernández, a Costa Rica o a Barbados? ¿Dónde invitarán a Preval? Pues Haití, Cuba y Panamá son los otros países no integrados.

Creo que he logrado convencer al Diálogo Interamericano de preocuparse por el tema de los criminales dominicanos deportados a su país de origen, auspiciando seminarios y publicaciones sobre el tema.*

Asistí a un desayuno multitudinario auspiciado por grupos protestantes, y que es presidido cada año por el Presidente de Estados Unidos. Esos grupos traen invitados de todo el mundo para "desayunar con el Presidente". Fuimos unos 3,000, colocados en varios salones de un mismo hotel. Por la tarde me reuní con Abraham Lowenthal en el Carnegie Endownment, donde intercambié con muchos cientistas políticos muy conocidos y saludé a otros viejos amigos. Luego fui a una cena en el "National Press Club", de promoción de los cigarros "Fuentes", de Santiago de los Caballeros. Me sorprendió la cantidad y calidad de los comensales, todos fumadores de cigarros, pues hasta incluía a congresistas y jueces de

*En efecto, organizaron el primer seminario y la primera publicación sobre el asunto.

la Suprema Corte. Pronuncié un discursito sobre el tabaco en Santo Domingo, desde los taínos en adelante. Me propongo organizar cenas en la Embajada de promoción de cigarros dominicanos, y conseguir una lista de fumadores importantes en Washington. ¡El humo será mi cabildero!

FEBRERO 7. Envié al Presidente una publicación sobre el grupo de políticos latinoamericanos que encabeza Jorge Castañeda, y que está sugiriendo una "tercera vía", diferente al "consenso de Washington" y al populismo. Creo que ese movimiento, al cual ya pertenecen importantes políticos latinoamericanos, tiene futuro.

FEBRERO 9. Bajo una gran nevada manejé ayer mi nuevo carro a Annapolis, a una reunión sobre relaciones con el Caribe y Centroamérica. Hice mi primera intervención pública sobre temas regionales. Durante la cena me preguntó el Subsecretario John Hamilton a dónde creía yo que Leonel Fernández preferiría que lo invitasen, si a Barbados o a Costa Rica. Le respondí, de inmediato, que a San José. Con cara triste me dijo que eso mismo había pensado él. ¿Cómo lograr que los norteamericanos cambien de parecer y lo inviten a San José?

Esta noche cené donde Janet Lowenthal, la ex-esposa de Abraham, con gente importante de diferentes "Tanques de Cerebro". Fue una cena de bienvenida en mi honor. ¡Qué bueno es contar aquí con viejas amistades!

FEBRERO 10. Hablé con el Presidente Fernández y le mencioné lo de la invitación a Barbados. Me dijo textualmente: "somos un país chiquito, pero no tan chiquito", exhortándome a tratar de que lo invitasen a San José. Ya el Canciller me había advertido que al Presidente no le gustaría el asunto y tiene toda la razón.

Esta mañana desayuné en el Brookins Institute, donde tuvo lugar una discusión sobre las implicaciones de la ley Helms Burton, y luego almorcé con el Subsecretario Jeffrey Davidow, el más alto oficial en el Departamento de Estado en el área latinoamericana. Me pidió que diese una conferencia a su personal sobre la política norteamericana hacia Trujillo. Por la noche participé en una discusión auspiciada por el Diálogo Interamericano sobre Haití, en unos de los salones del Congreso. Veo que ya nadie del gobierno califica a la política hacia Haití como uno de los éxitos de Clinton.

FEBRERO 12. Ayer presenté credenciales a Clinton. Me acompañaron mis tres hijas y una sobrina. Conocí minutos antes del acto a un alto funcionario del Consejo Nacional de Seguridad. Me dijo que en cuanto a la paridad, consideraban que la ley de la Iniciativa de la Cuenca del Caribe era un vestigio de la guerra fría y de las guerras en Centroamérica, y querían ahora una ley que fuera como una especie de pre-entrada al NAFTA y con nuevas condicionalidades, como la lucha contra la corrupción. Esa ley la están preparando gente de la Oficina del Representante Especial de Comercio (USTR), y estos están interesados principalmente en abrir el mercado a las exportaciones americanas. Le hablé a Clinton sobre la paridad y me dijo que la estaba negociando con los líderes congresionales. Le insistí sobre la necesidad de que invitara a Leonel Fernández a Washington, a una visita de Estado, pero ya tengo las estadísticas de los últimos dos años y son muy pocas las invitaciones que ha hecho la Casa Blanca a Jefes de Estados extranjeros. También le traté sobre el impacto negativo de la amenaza de huelga de American Airlines sobre el Caribe y Centroamérica. Al funcionario del Consejo de Seguridad le hablé sobre los problemas de los mexicanos querer cogerse desde ahora todo el incremento en el consumo del azúcar en los Estados Unidos en base a una interpretación equivocada del acuerdo NAFTA. Pareció no saber sobre el asunto. Los argumentos que utilicé con Clinton para la visita del Presidente Fernández fueron que teníamos 120 años de relaciones diplomáticas, iniciadas nada menos que por Frederick Douglass, Ministro norteamericano en Santo Domingo, y que tan sólo un Presidente de la República Dominicana había sido invitado a una visita de Estado a Washington. Le agregué que en términos económicos, nuestro país es el octavo principal importador de productos norteamericanos en el hemisferio, y en términos de política interna, los dominicanos, después de los mexicanos, somos el segundo grupo que en mayor volumen se están nacionalizando norteamericanos y votando en las elecciones en los Estados Unidos. Ya hay 200,000 que pueden votar.

Sin embargo, antes de entrar a la reunión, el representante del Consejo de Seguridad me avanzó que Clinton me diría que anticipaba juntarse con Leonel Fernández en Barbados. Obviamente un burócrata ha decidido que es más conveniente que la República Dominicana esté hablando con Clinton junto con los Jefes de Estado de CARICOM y no con los Jefes de Estado de Centroamérica. En esto creo que predomina la política hacia Haití, pues es lógico que Preval esté con CARICOM y no con los centroamericanos, y los dos compartimos una misma isla. Tomaron esa decisión, a pesar de mi consejo a Hamilton, y a sabiendas de que dentro de diez días Leonel Fernández va a Antigua a juntarse con el Presidente Preval y con los Jefes de Estado de CARICOM, por lo que no tiene que reunirse dos veces con ellos. Esto pasa por no haber todavía definido nuestra política de integración y por no tener acuerdos de libre comercio, ni con CARICOM ni con Centroamérica, aunque ahora estamos negociando ambos a la vez. Oscar de la Renta me había confirmado que había hablado con la Primera Dama y que ésta pensaba viajar a Santo Domingo, Jamaica y Haití durante el otoño. El viaje queda confirmado por dos fuentes, pues ya me lo había dicho un asistente de MacLarty. La visita con Clinton fue breve, pero muy cordial. Luego, el funcionario del Consejo de Seguridad habló con el Departamento de Estado, y desde allí me llamaron para decirme que éste había dicho que de todas las presentaciones de credenciales de Embajadores que había presenciado, la mía había sido la más eficiente y efectiva. Mis hijas hicieron algunos chistes que pusieron al Presidente de buen humor. Cuando las presenté le mencioné las dos universidades donde habían ido en Estados Unidos, pues sabía que su esposa había ido a una de ellas, y entonces me dijo que su hija Chelsea precisamente estaba aplicando a ambas. Una de mis hijas le ripostó que con gusto, como ex-alumnas, enviarían a su Alma Mater cartas de recomendación sobre Chelsea.

El discurso del Presidente, en respuesta al mío, habló muy bien tanto de la República Dominicana como de Leonel Fernández. Espero que lo publique la prensa dominicana. Clinton expresó su respaldo a las medidas económicas tomadas por el Dr. Fernández, saludando su decisión y coraje político. También elogió su lucha contra el narcotráfico y la corrupción. Felicitó al país por la forma en que se llevaron a cabo las elecciones de 1996 y por haber escogido como Embajador a una persona tan prominente.*

Esta fue la tercera vez que entré en la oficina oval. Las otras dos veces fue con Jorge Blanco cuando Ronald Reagan, primero con él como Presidente Electo y luego durante la visita de Estado de 1984.

Hablé con el Canciller al salir de la presentación de credenciales. Me dijo que la imagen del Presidente Fernández quedaría muy mal, primero porque Clinton no va a la República Dominicana, y segundo porque definitivamente su imagen se reduce si se junta con los Jefes de Estado de CARICOM y no con los de Centroamérica. El Presidente, en otra conversación, me mostró también mucha preocupación porque la OEA y la comunidad internacional en general, en el asunto de la deposición por el Congreso ecuatoriano la semana pasada de Abdalá Bucarám Ortiz, Presidente de Ecuador, no se adhirió plenamente a los principios del Pacto de Santiago de Chile. Me imagino que le preocupa que lo mismo le pueda ocurrir a él, pues no tiene ningún control sobre nuestro Congreso. Le expliqué al Presidente que siendo ese un tema de la OEA, lo compartiría con el Embajador Espinal. Cuando hablé con el Canciller le pregunté si quería que yo hiciera algo desde aquí para lograr que Costa Rica, por "iniciativa propia", invitase a nuestro Presidente y así presentar a los norteamericanos un "fait accompli". Mientras tanto, daríamos largas a responder a la invitación de Barbados, cuando ésta llegase. Quedó en avisarme. Pienso que lo peor sería que nuestro Presidente no fuese a ninguno de los dos países, pues en Santo

*La prensa dominicana reprodujo el texto de Clinton.

Domingo se pensaría que está en desgracia con los Estados Unidos y con ambas regiones. Tal vez sería interesante que nos mostremos ofendidos por no haber ido Clinton a Santo Domingo y que nuestro Presidente no vaya a ninguno de los dos países, y que a cambio de eso logremos que sea invitado a Washington. Cuando le comenté a Oscar de la Renta que era a Barbados donde iba a ser invitado nuestro Presidente, se sintió muy molesto y hoy habló con MacLarty y le dijo que no solamente se sentía apenado porque Clinton no iba a la República Dominicana, sino por el hecho de que a nuestro Presidente lo habían juntado con el Caribe angloparlante y no con Centroamérica, cuando nuestra afinidad mayor es con esa región.

Nuestro Presidente quiere que los norteamericanos le donen un avión para poder viajar al extranjero, sin tener que pedírselo a empresarios dominicanos, o tener que volar en American Airlines. Está pensando en uno de los que confiscan a los que están en el narcotráfico. A mí me preocupa que el Presidente y su gabinete vuelen en un avión que pudiese recibir muy poco mantenimiento. Hoy en día los aviones de bandera dominicana no pueden entrar a los Estados Unidos, porque desde 1994 hemos sido colocados por la Administración Federal de Aviación (FAA) en la llamada "categoría 3".

FEBRERO 13. Un día muy ajetreado. Recibí a un reportero del "Washington Post" y almorcé en el Departamento de Estado con el encargado de programar el ALCA para el año 2005. Luce poco entusiasmado con las perspectivas de su proyecto, a pesar de que la semana pasada de nuevo el Presidente Clinton reclamó del Congreso la autorización para el "fast track". Luego viajé a Nueva York donde cené en el Waldorf Astoria con Oscar de la Renta y otros, promoviendo inversiones en Santo Domingo. Regresé de inmediato a Washington. Hace poco visité al Embajador de México, el viejo amigo "Chucho" Silva, y a solicitud mía me mostró en su computadora cómo, para cada distrito de un congresista norteamericano, tienen la lista de todas las instituciones de mexicanos-americanos en ese distrito. Desde que ese congresista dice o hace algo que perjudica a México, la Embajada pide a esos clubes, asociaciones profesionales, culturales, deportivas, etc., que manden faxes al congresista, quejándose. Los dominicanos tenemos que preparar nuestra propia lista y estimular a esas organizaciones para que cabildeen.* Me quejé de que México cabildea sus asuntos de migración solo, cuando coincide con las causas que interesan a los dominicanos, caribeños y centroamericanos. Me admitió el error y quedamos en ver cómo podríamos trabajar juntos. Me dijo que pronto regresaría a México a escribir libros. Me le reí. Regresará, pero para hacer política.**

FEBRERO 14. Desayuné con el Secretario de la Cámara de Comercio norteamericana. ¡Esa organización tiene un archivo de datos increíble! Fui a un campamento militar para presenciar la toma de posesión de William S. Cohen, el nuevo Secretario de Estado de Defensa de los Estados Unidos. Resulta que es un senador de origen judío, casado con una mulata, y quien por muchos años ha bregado en asuntos de defensa. Además es buen poeta. Imaginémonos a un senador dominicano de Secretario de Estado de las Fuerzas Armadas. El militar de más alto rango en los Estados Unidos también estuvo en el acto y habló. Tiene un fuerte acento polaco. ¡Qué país! Cené con otro aspirante a ser cabildero para los dominicanos. Envié hoy un artículo del "New York Times" al Presidente Fernández, donde se menciona como tanto el Partido Demócrata como el propio Presidente Clinton usan los servicios de Penn & Schoen.

FEBRERO 15. Por la prensa dominicana veo que el Presidente Fernández está jugando un papel importante en las negociaciones para soltar a los rehenes en Lima. Fujimori hasta pasó por Santo Domingo, al regresar de Washington, y se rumora que los guerrilleros tal vez encuentren refugio en Santo Domingo. Ojalá que no nos vaya tan mal como con los etarras, a quienes dejamos ir, provocando la ira de los españoles, aunque también oigo decir que los dejamos ir a solicitud

*Hice preparar la lista y se usó.
**En efecto, en el año 2000 fue candidato perdedor a la Alcaldía de Ciudad México.

de ellos. Nuestro Canciller se reunió en la frontera con el de Haití. ¡Por fin jugamos un papel positivo en la política internacional!

No todas las noticias son buenas. El Presidente Fernández sigue favoreciendo un plebiscito para reformar la Constitución. ¿Buscará la reelección? Dios nos libre. Estaría en contra de la reelección, aún cuando se tratase del mismo Juan Pablo Duarte. Antonio Isa Conde, Director del CEA, reveló que la contratación de braceros haitianos estaba a cargo de una mafia que cobraba por cada obrero, y otra los estafaba en el peaje. Nada de eso es nuevo, pero lo nuevo es que por primera vez lo admita el propio Director del CEA. Cuando se privaticen los ingenios, ¿se aprovechará ese momento para dominicanizar el corte, como hicieron los cubanos en 1933, pues ya los aumentos en los costos de producir caña no afectarán el presupuesto nacional? Marino Vinicio ("Vincho") Castillo, por su lado, insiste en utilizar el tema de las drogas para fines políticos internos. Ahora dice que los narcotraficantes planean insertarse en el Congreso durante las elecciones congresionales y municipales del año que viene. Por supuesto, ¡ni los congresistas peledeístas ni los reformistas tendrán que ver con eso!

Veo que CDA será operada por una empresa venezolana, ¿pero cómo será viable, si no podemos volar a Estados Unidos porque todavía estamos en la categoría 3?

Donna Hrinak ha hecho su trabajo y ha logrado que el senador perredeísta Darío Gómez Martínez, a nombre del bloque de su partido, presente una ley que modificaría la ley de 1969 sobre extradición. Con esa ley el Presidente podría extraditar si el delito se refiere a drogas. Inteligente la jugada, pues el PRD tiene más votos congresionales que el gobierno. ¿Cómo lo consiguió Donna?

FEBRERO 16. Fui a oír a Julia Alvarez promocionando su libro sobre las hermanas Mirabal en una importante librería de Washington.

FEBRERO 20. Mi estrategia para lograr que el Presidente sea invitado a Costa Rica está progresando. Recibí una llamada de Emilio Weinberg, el dominicano representante del BID en Costa Rica.

A solicitud mía había hablado muy privadamente con Fernando Naranjo, el Canciller de Costa Rica. Éste le informó que con gusto llamaría al Canciller Latorre para preguntarle si el Presidente Fernández aceptaría ir a Costa Rica cuando Clinton vaya a ese país. Esos canales informales son los mejores. Oficialmente yo no he estimulado nada. Otra persona que me está ayudando es Sonia Picado, la Embajadora de Costa Rica ante la Casa Blanca. Una vez la invitación haya sido hecha y aceptada, dudo que Washington pueda oponerse al cambio. Después de todo, oficialmente Clinton ha sido "invitado" a ir a Costa Rica, y son los costarricenses quienes deciden quién más debe de estar allí: esa es por lo menos la teoría. También recibí una llamada de la Secretaria de Turismo de Haití, preocupada por el rápido deterioro en las relaciones entre los dos países por el asunto de las deportaciones, preguntándome cuáles sugerencias yo tenía sobre qué se podría hacer. Había llamado a Rubén Silié para que me pusiera al día sobre la situación, pero mientras tanto, hoy mismo se supone que Leonel Fernández y el Presidente de Haití se están reuniendo en Antigua. Le dije a la Secretaria que estaba seguro que mi Presidente no rehusaría reunirse con el suyo en Antigua.*

En un almuerzo hoy con los Embajadores latinoamericanos en la Embajada de Bolivia, fue muy deprimente oír los comentarios sobre los Estados Unidos, principalmente del Embajador de Chile. En esencia dice que Clinton va a ir con las manos vacías en su viaje por Centro y Sur América y el Caribe, y que no se conseguirá la entrada de Chile a NAFTA, ni la paridad. Clinton irá a Mérida, Yucatán, por miedo al recibimiento hostil que tendría en Ciudad México. En una reunión con representantes de la industria textil norteamericana me enteré de que el Proyecto de Ley de Paridad que prepara la oficina del Representante de Comercio (USTR) tendrá una condicionalidad extrema, incluyendo la implementación de medidas contra la migración ilegal y las drogas, asuntos que por

*Así fue, se juntaron.

no ser comerciales no deben de ser parte de la condicionalidad, así como un mecanismo que haría que la región eventualmente pertenezca a NAFTA, sin ésta poder negociar en nada el acceso a ese esquema. Eso sería un desastre. ¡Miembros de NAFTA por adhesión! También fui a la IFC, subsidiaria del Banco Mundial, con un importante grupo de inversionistas dominicanos. Cené con Rafael Camilo, nuestro Director de Planificación.

FEBRERO 21. Reunión en el Departamento de Estado sobre la agenda económica y luego almuerzo en el Instituto Brookins.

FEBRERO 25. Viajé a Santo Domingo acompañando al Diálogo Interamericano, organización percibida en Santo Domingo como vinculada a la figura de Peña Gómez, pero que nunca se había reunido en el país, a pesar de las múltiples menciones que el líder del PRD ha hecho de la misma. Fueron personas de primera categoría, como el Profesor Jorge Domínguez, de Harvard; el Profesor Sydney Weintraub y Robert Bach, un alto funcionario del Departamento de Migración. El Presidente inauguró el acto con comentarios muy apropiados. Dijo que en su gobierno no habría ni "fujimorazos", pero tampoco "bucaramazos". Es decir, no se convertirá en dictador, pero tampoco se dejará tumbar. Hizo un chiste muy bueno: cuando iba a Washington como candidato le decía a Peter Hakim, Director del Diálogo, que no valía la pena celebrar elecciones en Santo Domingo, pues el otro candidato, Peña Gómez, pertenecía al Diálogo y ya eso era razón suficiente para descartar la posibilidad de que otros, como Leonel Fernández, ganaran. Agregó que la respuesta de Peter Hakim a ese chiste fue que todos los miembros del Diálogo que habían sido candidatos a la presidencia habían perdido, como el caso de Mario Vargas Llosa, entre muchos otros. El público, compuesto principalmente por perredeístas, tomó el chiste de buena gana. Sin embargo, el Presidente canceló a último minuto su reunión en el Palacio con los visitantes, por lo que la cita que tenía conmigo también quedó cancelada. Al día siguiente presenté mi libro "La Agenda Pendiente" y el Presidente canceló su presencia dos horas antes del acto. En fin, que me fui de Santo

Domingo sin haber hablado a solas con él. En estos dos primeros meses en Washington he tenido pocas conversaciones telefónicas con él. Me temo que mi eficiencia está siendo afectada por el poco contacto directo con el Presidente, pero si hablo mucho con él estoy restándole importancia al Canciller. Por otro lado no sé si el Presidente está leyendo todos los faxes que le mando casi a diario, dirigidos tanto a él como al Canciller. A éste último nunca "le paso por encima". Con quienes tuve largas conversaciones fue con el Canciller y con la Embajadora norteamericana.

FEBRERO 26. Celebré la fiesta nacional con unos 150 invitados. Entre ellos estaba nada menos que Francisco ("Pancho") Aguirre, el principal contacto de Donald Reid Cabral en Washington. También vinieron los dos principales contactos que tiene el PRD en Washington, por lo que creo que logré que asistieran los representantes de todo nuestro espectro político. Los dos últimos me admitieron que era la primera vez que asistían a una recepción en la Embajada. Me considero Embajador de todos los dominicanos y actúo en base a ese principio. También asistió una señora que no había sido invitada desde los tiempos del Embajador José Antonio ("Toño") Bonilla Atiles, es decir desde 1965. El tema entre los embajadores fue la "certificación" sobre drogas, que acababa de hacer público el gobierno norteamericano. El caso más conflictivo es el de México, pues algunos congresistas quieren echar esa "certificación" para atrás. Todos queremos que ese mecanismo sea sustituido por un reporte de la OEA. Así, por lo menos, alguien también "certificaría" al actual "certificador", el país que consume la droga. La "certificación" dominicana salió bastante bien. A Colombia sí se la negaron y las relaciones del Presidente Ernesto Samper aquí son muy malas.

FEBRERO 27. Había adelantado la recepción dominicana, pues el día 27 estaría Frei, el Presidente de Chile, en Washington, en una de las pocas visitas de Estado en la administración de Clinton de un Presidente latinoamericano. Habló ante el Congreso. Noté que mientras el "gallinero" estaba lleno de cientos de chilenos, había muy pocos congresistas en sus asientos, y para que no se notase, los encargados de organizar el acto llenaron los asientos de los congresistas con cientos de estudiantes y empleados del Congreso. Frei habló muy bien, al igual que lo hizo durante un almuerzo en el Banco Interamericano de Desarrollo. También fui a la Universidad de Georgetown, donde recibió un Honoris Causa, y a una recepción que dio su Embajador en el Museo Nacional sobre Artes Femeninas. Allí hablé con importantes congresistas.

He podido leer la prensa dominicana de los últimos días. Veo que Mario Vargas Llosa está allí y que nuestro Presidente se pudo reunir con Preval en Antigua para hablar sobre el problema de las deportaciones. También que, por fin, la República Dominicana y CARICOM van a negociar un acuerdo de libre comercio, algo que yo propuse en 1966 en mi primer libro, y que trataba precisamente sobre el tema de integración económica. El gobierno dominicano ha confirmado lo que ya había dicho Preval, en el sentido de que el Presidente Fernández acordó suspender las repatriaciones, pero de forma temporal. Nuestro Presidente defendió públicamente nuestro derecho a deportar. Sorprendentemente, Vincho Castillo, miembro del Gabinete, contradijo a su propio Presidente, diciendo públicamente que el Presidente Fernández no acordó nada con el Presidente Preval. Mientras el gobierno dominicano, por los canales correctos, la Cancillería, dice una cosa, un miembro del Gabinete contradice a la Cancillería y al propio Presidente. Castillo también ataca a otro funcionario público, al fiscal Guillermo Moreno. Obviamente es un pleito por el Poder Judicial. La prensa también recoge mis declaraciones mientras estuve allá, en el sentido de que estoy tratando de que Estados Unidos aumente la ayuda bilateral, el número de visas de inmigrantes, y que se reverse la legislación que ha disminuido el acceso a los recursos sociales para los inmigrantes legales. También hace énfasis en cómo estoy tratando (¡vaya ilusión!) de que la política antidrogas norteamericana se concentre más en una reducción de la demanda, pues la lucha por el control de la oferta no es realista, si se mantiene esa demanda. Veo también que el

Presidente ha dicho ya públicamente lo que me expresó en privado en el sentido de que deplora el silencio de la OEA, y de los gobiernos ante la caída del Presidente Bucaram, de Ecuador.

Una buena noticia es que el Presidente ha reintroducido en el
Congreso la ley de privatización, la cual había perimido en la pasada legislatura.

FEBRERO 28. Me reuní con Mark Penn.

Marzo

MARZO 1. Resulta ser que James ("Jim") Dobbins, Encargado de
Asuntos Latinoamericanos en el Consejo Nacional de Seguridad fue
el que decidió que el Presidente Fernández fuera a Barbados, y no a
Costa Rica. Su experiencia en Latinoamérica se limita a las crisis
haitianas. Ahora que hemos recibido la invitación del Presidente
José María Figueres, tengo instrucciones de acercarme a los centroamericanos y participar en sus discusiones y reuniones de coordinación para la visita a Costa Rica y la agenda a discutir. Sin embargo,
esas reuniones se están haciendo en el Departamento de Estado, y
para eso se requiere que yo sea invitado. Cuando hablé con el Subsecretario Hamilton y le informé de cómo, "por casualidad", el Presidente de Costa Rica ya había invitado al dominicano, y la invitación de Barbados todavía no había llegado (le había dicho a mi viejo
amigo de Barbados, el Embajador Courtney Blackman, que iríamos
a San José, por lo que deberían dar largas a la invitación a Barbados)
éste se alarmó muchísimo y hasta habló con Jeffrey Davidow y terminaron sugiriéndome que tratara el asunto con el propio Dobbins,
para que éste entendiera por qué habíamos contrariado su decisión.
Pienso pedirle una cita, tanto a él como a MacLarty, para explicar-
les a todos por qué a la República Dominicana le conviene y le es
más natural reunirse con los centroamericanos y no con los caribeños. Sucede que el Presidente Clinton me había dicho que vería a
Leonel Fernández en Bridgetown, y yo he conseguido, informalmente, que el Canciller de Costa Rica lo invitase a San José. Mi

objetivo ahora es que seamos invitados tanto a Barbados como a Costa Rica.

Me llamaron de la "Voz de las Américas" para que conteste unas quejas de un grupo de derechos humanos pro-haitiano por las deportaciones. Consideré mi obligación aceptar el derecho a réplica y así lo hice, pero realmente dado que esas deportaciones se están haciendo precisamente de la forma que yo públicamente he criticado, me fue muy cuesta arriba defender los aspectos relativos a violaciones de los derechos humanos que conformaron realmente la denuncia del grupo de Nueva York. En mi visita a Santo Domingo repartí mi artículo de hace dos años, titulado "Deportaciones civilizadas", para ver si el gobierno me hace caso y utiliza ese modelo para el futuro. Asistí a otra cena de fumadores de cigarros, con mucha gente importante. Indudablemente que esta es una oportunidad que hay que explotar.

MARZO 3. Discusión con Ángela Ruemlad sobre una posible película sobre las hermanas Mirabal. Almuerzo mensual con los representantes dominicanos en la OEA, BID, Banco Mundial y el Fondo Monetario. Reunión con los Embajadores de CARICOM, quienes a diferencia de los latinoamericanos están acreditados tanto ante la Casa Blanca como ante la OEA. Cena en la Embajada Argentina, con lecciones de tango incluidas.

MARZO 4. Recibí a Bonnie Richardson, para oír su protesta por la piratería en nuestros canales de televisión y cable. Me citó los canales más culpables. Llegó el Vicecanciller Guido ("Yuyo") D´Alessandro para la reunión del ALCA, en la cual participé. Muy aburrida, por cierto.

MARZO 6. Reunión sobre la paridad en la Embajada de El Salvador. Almorcé con el Profesor Arturo Valenzuela de la Universidad de Georgetown.* Hay que tener cuidado con la prensa de esta ciudad. Sin tener un lápiz o grabadora en mano, un señor, quien

---

*En 1999 sustituiría a James Dobbins como Encargado de Asuntos Latinoamericanos ante el Consejo Nacional de Seguridad.

luego supe que es periodista, me preguntó durante la bailadera de tango, hace tres noches en la Embajada de Argentina, si en mi país se bailaba tango. Le dije que lo que se bailaba era el merengue. Luego me preguntó que cómo se bailaba el merengue. Le dije que de la cintura para arriba como si uno fuera un Cadillac y de la cintura para abajo como si uno fuera un jeep. Luego me preguntó qué era para mí el tango y le dije que era sexo, pero con el cerebro. Ambas citas salieron ayer, tal cual, en el "Washington Times" de esta ciudad. Menos mal que la Embajadora de Argentina me llamó para coincidir conmigo en mis definiciones.

MARZO 7. Continúo con las visitas de presentación. Vi al Embajador Peter Lamport, de Guatemala, y a John Biehl, de Chile. Ambos me impresionan mucho. Reunión con un cabildero de los productores de tela. Ordené abrir todas las cajas que hay en el sótano de la oficina de la Embajada, que contienen viejos archivos que llevan muchos años cerrados.*

MARZO 10. Visita de presentación, en este caso a un viejo amigo, el intelectual haitiano y ahora Embajador Jean Casimir. Las oficinas de la Embajada haitiana están en lo que antes era la antigua Embajada de Taiwán, pues cuando Washington reconoció a China Continental y los taiwaneses tuvieron que cerrar su Embajada, se la regalaron a la dictadura de Duvalier, a cambio de éste seguir reconociéndolos. Es un edificio muy superior al que ocupan las oficinas dominicanas. Almuerzo privado en el Georgetown Club (fundado por Ton Sung Park, el coreano que ahora vive en La Romana, y de los escándalos en Washington) con don Pancho Aguirre, la segunda persona más influyente en nuestro Triunvirato de 1964, después de Donald Reid Cabral, tan influyente que estaba prohibido mencionar su nombre en nuestra prensa. En 1961 participó en el "Plan Altagracia", de los cívicos exilados contra el gobierno de

*Eventualmente se pudo hacer un inventario de estos archivos y un estimado del costo de enviarlos a la Cancillería. El grueso del material es de los años cincuenta y sesenta. Nunca apareció la plata para mandarlos. Sí se envió una película de 1960, al Museo de Historia y Geografía.

Balaguer. En su época fue un extraordinario cabildero y con excelentes contactos con los organismos de seguridad de esta ciudad. Me asesoró a su manera.

MARZO 11. Recibí a la Sra. Anne Willem Blylevelt, de la Comisión de Refugiados de las Naciones Unidas, para tratar el tema de los ya muy pocos refugiados políticos haitianos en Santo Domingo. Van a cerrar la oficina allí, por falta de trabajo. Luego visité a Jeffrey Davidow en el Departamento de Estado, y al Encargado de Asuntos Haitianos en ese Departamento. Resulta que cuando en los años sesenta visité el Departamento de Estado por primera vez, los "escritorios" dominicano y haitiano estaban en una misma pequeña oficina, uno frente al otro, con una persona encargada del haitiano y otra del dominicano, compartiendo una pequeña biblioteca de libros sobre temas de los dos países. Hoy día me imagino que el "escritorio" dominicano está en ese mismo lugar, pero el haitiano ha sido colocado en la puerta de al lado del despacho de Davidow, y está compuesto por una gran cantidad de personas. Obviamente Haití sigue siendo una gran prioridad. El Encargado de Asuntos Haitianos, Joseph Sullivan, me explicó que la Embajada norteamericana, tanto en Santo Domingo como en Puerto Príncipe, estaba dispuesta a financiar los gastos de la Organización Mundial de Migración para que las deportaciones dominicanas fuesen "civilizadas". Pasé esa información a mi gobierno, pero realmente esa organización sólo trata temas de refugiados políticos, no de refugiados económicos.

MARZO 12. Visita al Dr. John R. Hebert, en la Biblioteca del Congreso. Se niegan a ayudar a nuestra Biblioteca Nacional pues hace pocos meses tuvieron la mala experiencia de ver como su cooperación era usada como propaganda peledeísta. Almuerzo muy importante en la Embajada de Costa Rica con Charlene Barschesky, quien encabeza la oficina del Representante Comercial de Estados Unidos (USTR). Fue una conversación sobre paridad textil al más alto nivel. Cena donde un importante empresario privado norteamericano. Fue un grupo pequeño y pude hablar bastante tiempo, en privado, con James Wolfensohn, Presidente del Banco Mundial.

MARZO 13. Hice mi primera visita desde que soy Embajador a la Biblioteca del Congreso, para buscar un par de libros, pues luego tenía que marchar a oír una conferencia en el Banco Riggs. Allí me enteré que los Embajadores gozan del privilegio de poder pedir libros y llevárselos a su casa. ¡Ya tengo qué hacer los sábados y domingos! Durante la noche fui a una exposición en el Instituto Cultural Mexicano. El Presidente Clinton se fracturó una pierna. Eso reducirá su itinerario en Centroamérica y el Caribe.

MARZO 14. Hoy di mi primera conferencia en Washington. Fue en el Centro de Estudios Estratégicos Internacionales (CSIS). Hablé sobre el gobierno de Leonel Fernández y las implicaciones de esa transición política, la agenda domínico-americana y las relaciones de nuestro país con Haití. La presencia allí del congresista Charles Rangel causó sensación, pues es muy poco usual que congresistas vayan a oír a embajadores de países pequeños, y mucho menos uno de la categoría de Rangel, quien es el más antiguo en el Comité de Medios y Arbitrios por el Partido Demócrata. A Charlie lo conozco desde principio de los años ochenta, y creo que ha sido esa amistad lo que ha hecho que vaya a oírme, además de que en su distrito de Harlem hay muchos dominicanos con capacidad de voto. Es un ejemplo de cómo los dominicanos ya tenemos un poco de peso en la política interna norteamericana. Rangel comentó mis palabras.

Por la tarde fui al Consejo Nacional de Seguridad, que queda al lado de la Casa Blanca, a ver al Embajador Dobbins, quien fue quien tomó la decisión de que a nuestro Presidente lo invitaran a Barbados. Me felicitó por la presencia de Rangel, pues ya se lo habían informado. Le entregué un "non paper"* de cinco páginas (Anexo 8), que empieza con un poema y explica por qué a los dominicanos les interesa más ver a Clinton en Centroamérica y no en Barbados. Sin su aprobación, el asunto no se arreglaba. Le dije que

---

*Documento cuya autoría no puede admitirse públicamente y que tampoco puede ser citado. ¡Existe, pero no existe!

por supuesto también queríamos estar en Barbados, y le cité el caso de Belice, país que está físicamente en Centroamérica, cuyo Presidente estará tanto en San José como en Bridgetown. Creo que citar ese antecedente lo convenció. Ahora mi Canciller y yo podremos ir a las reuniones preparativas con mis colegas centroamericanos, y también con los de CARICOM. Voy a ver si es posible que mi Presidente tome un avión en San José y pueda llegar a Barbados. Dobbins me explicó tres razones tras la ubicación de los dominicanos en Barbados:

1. La agenda centroamericana tenía como tema común las recién terminadas guerras civiles, mientras que el Caribe era estable. Me abstuve de citarle los casos del inestable Haití en el Caribe y la tranquila Costa Rica en Centroamérica.

2. Las drogas como factor común al Caribe. Está claro que ese es el tema número uno para los norteamericanos.

3. Estábamos físicamente en el Caribe.

Hablé con el Embajador de Barbados, otro ex-gobernador de Banco Central y a quien conozco desde hace años. Le expliqué que iremos a Costa Rica, pero que también queremos ser "invitados" a Barbados.

Recibo información de que un dominicano residente en Estados Unidos ha sido nombrado en la Embajada, en lugar del economista Prida del Banco Central. Este es el segundo dominicano residente en los Estados Unidos que me nombran, y va a desempeñarse con el mismo problema. Por tener residencia en los Estados Unidos no puede ser acreditado como diplomático. Esta medida, en vez de fortalecer la Embajada la debilita aún más, pues ahora los únicos con acreditación diplomática ante el gobierno norteamericano somos yo, mi secretaria privada Eunice Lara, quien apenas ostenta el rango de Primera Secretaria, y la Encargada de Asuntos Consulares, quien es Primera Secretaria. Hace varios días yo había tratado de conseguir a un economista del Banco Central, y ahora lo que se hace es utilizar el dinero de esa partida para poner a un dominicano quien ni siquiera puede ostentar funciones diplomáticas.

No podrá visitar ninguna oficina pública. Estoy tratando desesperadamente de que el gobierno dominicano me nombre un Encargado de Negocios de categoría, para que por lo menos otra persona, además de mí mismo, pueda asistir a actos y reuniones. Por compromiso, están llenando las Embajadas de personas del partido de gobierno, lo que debilita la situación. Me temo que todos esos nombramientos van a causar problemas.

Una noticia buena es que por fin nombraron a un Agregado Militar, Naval y Aéreo, y es prácticamente el único militar a quien conozco personalmente y a quien le escribí la introducción a uno de sus libros, el General José Miguel Soto Jiménez.* Preveo que tendré buenas relaciones con él, pues es el único militar intelectual que conozco, además del General retirado Ramiro Matos González. Pero tal vez su nombramiento signifique para él un paso atrás, pues ostentaba el alto cargo de Subsecretario de las Fuerzas Armadas. También será nuestro representante permanente ante la Junta Interamericana de Defensa. A los pocos días de mi llegada, viendo la "lista diplomática" noté que de todos los países del hemisferio, tan sólo los de CARICOM, Costa Rica y Panamá no tenían agregados militares. Estos países no tienen ejércitos. Los dominicanos dejamos de tener agregados militares hace diez años. Entonces le escribí al Presidente y al Canciller urgiéndoles al nombramiento de un Agregado Militar. También sabía que los norteamericanos querían uno, pues no estábamos aprovechando muchos cursos. Un problema es el poco espacio físico de que disponemos para su oficina.

Esta noche me puse otra vez el frac y asistí al Baile de Ópera de Viena, uno de los más importantes del año. El Jefe del Ejército norteamericano será un gran estratega, pero ¡qué mal baila! Fue una fiesta muy bonita, para la cual la Embajada de Austria gastó cientos de miles de dólares. Trataré de que parte de las flores, el año que viene, sean dominicanas y no colombianas, como hoy.

*Llegaría a Washington a mediados de abril.

MARZO 17. Reunión con Joseph Tulchin, Encargado de Asuntos Latinoamericanos en el Centro de Estudios Woodrow Wilson. Tenía la mayoría de mis libros en su pequeña biblioteca. Discutimos posibilidades de reuniones en Santo Domingo.* Almuerzo con otro aspirante a ser cabildero del gobierno dominicano, que me presentó al columnista diplomático de uno de los periódicos de Washington, quien prometió escribir una columna sobre mi persona. Recepción promoviendo cigarros en el "Grand Habana". Hay que organizar pronto algo parecido en la Embajada dominicana.

MARZO 18. El Departamento de Estado hizo que yo fuera a ver a Janet Reno, la Procuradora General, con el propósito de ella cabildearme y presionarme para que el gobierno dominicano firme un tratado de extradición. Eso lo hizo un día antes de la llegada del Procurador General dominicano, Abel Rodríguez del Orbe, quien pasará dos días en Washington, pues el gobierno norteamericano sabe que se opone a la extradición y trata de convencerlo. La Sra. Reno mide seis pies y se ve obviamente que está sufriendo de Parkinson. A la salida de la reunión le dije que admiraba mucho el sistema político norteamericano por su independencia, citando el caso de un juez que logró que un Presidente norteamericano tuviera que dejar el poder, refiriéndome, sin decirlo, al caso de Nixon. Dije eso precisamente en un momento en que la Sra. Reno tiene una enorme presión para que apunte su dedo acusador contra altas figuras del gobierno de Clinton, por haber recibido dinero de extranjeros para la campaña electoral.** Esa visita de Abel Rodríguez del Orbe, sobre la cual nuestra Cancillería no sabe nada, y yo tampoco sabía, creo que será un error de los norteamericanos, pues ante la presión creo que reaccionará de una forma poco diplomática.

MARZO 22. No estuve presente en la reunión del Procurador, pues tenía el compromiso previo de dar una conferencia en Miami

---

*Se daría una en Santo Domingo , sobre seguridad y relaciones entre civiles y militares.

**Luego supe que la gente del Departamento de Justicia no estuvo contenta con la forma en que ella llevó la reunión, pues dejó que yo tomara la iniciativa en toda la discusión.

y otra en Atlanta. Allí me enteré que el Presidente Fernández había aceptado, sin que yo lo supiese, una invitación de Jimmy Carter, quien lo llamó personalmente para que esté presente a finales de abril, en una reunión en Atlanta. También me enteré que un excelente diplomático es el candidato del Departamento de Estado para sustituir a Donna Hrinak. La visita del Procurador General Rodríguez del Orbe fue un fracaso, tal y como me lo temí cuando supe que había sido invitado por el gobierno norteamericano, sin consultarme y enterándome sobre el asunto apenas pocos días antes de su llegada, lo que me impidió estar presente en su reunión con la Procuradora General Janet Reno. Vino junto con el Director del DNI, y por el hotel donde lo hospedaron me di cuenta de que la visita no fue programada por el Departamento de Estado, sino probablemente por el Departamento de Justicia, o la CIA. El Secretario Asistente Hamilton me describió la reunión como una de las más desagradables de las cuales había sido testigo, y el Subsecretario Jeffrey Davidow, Encargado de toda América Latina, ahora quiere verme para que yo le pase un mensaje al Presidente, cuando yo llevo más de un mes y medio tratando de obtener una cita con él. Me ha adelantado la cita y ahora en vez de estar yo a la ofensiva, tratándole temas de interés de los dominicanos, lamentablemente estaré a la defensiva, oyendo las críticas que me hará. No es que otra persona no hubiese dicho lo mismo que dijo Abel Rodríguez del Orbe, sencillamente creo que fue un asunto de forma, pues Rodríguez del Orbe no es diplomático en su forma de hablar. El Consultor Jurídico del Poder Ejecutivo, César Pina Toribio, por ejemplo, hubiera sido una persona que podría haber planteado el mismo asunto, pero de una forma menos agresiva. Sí pude estar presente en la reunión de Rodríguez del Orbe con Hamilton, previo a la cita con Janet Reno. El hombre amenazó con retirarse de la reunión cuando le negaron unas computadoras. Esto le pasa a los norteamericanos por no consultar ni a nuestra Cancillería, ni a mí, y por ni siquiera decirle a Rodríguez del Orbe cuáles serían los temas a tratar. En la agenda del Procurador estaba la solicitud de computadoras, cuando el tema era la extradición, y no avisó previamente lo de las computadoras.

Viajé a Atlanta para cumplir el compromiso previo de dar una conferencia promotora de la inversión dominicana en las zonas francas textileras, durante el "Bobbing Show", donde se reúnen los grandes productores textiles de todo el mundo. Es una feria muy importante y me impresionó la profesionalidad de los empresarios dominicanos de zonas francas. En Miami di una conferencia sobre la paridad textil, ante un grupo de empresarios, muchos de los cuales eran dominicanos y en presencia de la Embajadora Hrinak. Expliqué, en detalle, cómo diferentes fuerzas favorecen y se oponen a la paridad textil. Allí pude acercar a ciertos empresarios santiagueros a la Embajadora Hrinak, buscando demitificar ciertas acusaciones falsas sobre involucramiento de empresarios dominicanos en el lavado de dinero.

MARZO 26. Estuve en Santo Domingo para la Semana Santa. Reporté al Presidente que el próximo embajador norteamericano en Santo Domingo será un muy competente diplomático de carrera. Por lo menos eso es lo que ha solicitado el Departamento de Estado. Veamos qué piensa la Casa Blanca. Con la presencia de Jeffrey Davidow di mi conferencia en el Departamento de Estado sobre la política norteamericana hacia el régimen de Trujillo. No me trató el tema de la visita a Costa Rica. El día 22 salió un artículo en el "Herald" de Miami denunciando que cuatro miembros del PRD están siendo investigados en Estados Unidos acusados de ser narcotraficantes. La fuente, sin embargo, es un oscuro periódico de Puerto Rico: "El Vocero", el cual plantea que la información provino de organismos oficiales antidrogas norteamericanos. El alegato es que dinero de la droga financió las recaudaciones del PRD en Estados Unidos, durante la campaña electoral del año pasado.

El propio Peña Gómez ya había declarado al periódico puertorriqueño que cuando surgieron esas acusaciones, durante las elecciones de 1996, el PRD proveyó al DEA de una lista de todos los líderes de su partido en Estados Unidos, y que el DEA no le identificó ningún

nombre. Peña Gómez también citó cómo el DEA trató de sobornarlo en Nueva York, en marzo de 1996, a través de dos agentes que se
hicieron pasar como miembros del cartel de drogas colombiano.
Estos le ofrecieron US$250,000.00 mensuales a cambio de permitir
que sus aviones pudiesen aterrizar en Santo Domingo. El DEA, según el periódico, confirma que Peña rechazó el soborno. El periódico cita específicamente a Bernardo Páez, un líder del PRD en
Worcester, como ligado a la droga. También menciona a Pedro Cor-
porán, del comité de Nueva York del PRD, a Daniel Crousset de
Philadelphia y a Simón A. Díaz, Vicepresidente del PRD en Nueva
York. El DEA no suelta esos documentos a la prensa sin un propósito. Hace mes y medio el mismo PRD, estimulado por la Embajada
norteamericana, propuso una ley de extradición. ¿Será éste un elemento de presión para que ese partido apruebe la ley? ¿Una presión para que salga de esos miembros del partido en la diáspora?
A mí los norteamericanos no me han dicho nada.

El día 24, en la columna sobre temas diplomáticos del "Washington Times", salió la entrevista que me hicieron hace algunos días.
Es muy elogiosa. Dice: "desde su llegada en enero el Embajador soltero ha sido un éxito". Luego se refiere a mi promoción de cigarros
dominicanos y cómo eso me ayuda a tener acceso a personas importantes. También me cita diciendo que la nueva misión de un embajador en este período posterior al fin de la Guerra Fría es promover
exportaciones y estimular inversiones norteamericanas. También dice
que represento al gobierno de un joven Leonel Fernández, después
de seis décadas (!) de gobiernos de caudillos y hombres fuertes, y
que ahora queremos jugar un papel en asuntos geopolíticos, después de tantos años de un aislamiento auto-impuesto.

MARZO 31. Después de una reunión protocolar con el Embajador de Brasil, Paulo-Tarso Flecha de Lima, quien me ha impresionado muchísimo y quien sigue siendo tremendamente efectivo, a
pesar de haber sufrido un derrame cerebral, me trasladé al aeropuerto a recibir al Canciller Latorre, quien se reunirá con los Cancilleres de Centroamérica y funcionarios del Departamento de

Estado para discutir el texto del documento que firmarán los Presidentes en San José. Con el Canciller pude discutir la situación dominicana. Muy positiva nuestra participación en los esfuerzos por resolver lo de la Embajada japonesa en Lima, que hasta ahora ha incluido dos visitas relámpago de Fujimori a Santo Domingo. Seis días antes de Rodríguez del Orbe salir hacia Washington, la Embajadora Hrinak, siguiendo una estrategia muy inteligente desde su punto de vista, logró que el Senador perredeísta Darío Gómez presentase un proyecto de ley de extradición para modificar la ley de 1969, y que por supuesto es hechura de los norteamericanos. Buscan la extradición estimulando a los líderes de la oposición en el Congreso y presionando, a través de visitas a Washington, a los funcionarios del gobierno del PLD.

El funcionario norteamericano de más alto rango en visitar Santo Domingo, desde que el Dr. Fernández tomó posesión, es el General Clark, Jefe del Comando Sur, quien estuvo allí a principios de este mes. Eso refleja lo que he estado llamando la "segunda guerra fría", característico de las relaciones actuales entre el Caribe y Estados Unidos. Me imagino que se habló de narcotráfico, armas ilegales y reducción de la migración ilegal. En un país como México, donde la Constitución garantiza el derecho a viajar al extranjero, ni las autoridades civiles y mucho menos las militares hacen nada para impedir que el mexicano viaje a Estados Unidos, aún en forma ilegal. Nosotros, en vez de darles salvavidas a los que toman la yola, paramos su salida en un momento en que, precisamente, la legislación norteamericana de 1996 está reduciendo sustancialmente la migración legal.

Admiro el esfuerzo del Presidente Fernández de apelar a Balaguer y a Peña Gómez para la aprobación de la ley de privatización, así como su convocatoria del Consejo Nacional de la Magistratura para seleccionar los jueces de la Suprema Corte, pero me preocupa que aunque dice que no está promoviendo su propia reelección, expresa que él no tiene la culpa de que "todos los días me estén reeligiendo en el corazón de los dominicanos".

También parece que el gobierno ha decidido abandonar la lucha contra la corrupción. El Consultor Jurídico, César Pina Toribio, ha dicho que no se perseguirán los actos de corrupción ocurridos en el pasado, y que nuestro Presidente no se prestará a atraer la atención del pueblo con un circo judicial. En Nueva York, Fernando Mateo parece que está pensando seriamente en postularse como candidato a Alcalde de dicha ciudad, pues considera vencible a Rudolf Giuliani, y lo va a enfrentar en la convención del Partido Republicano, el próximo septiembre. ¡Qué hombre iluso! ¡Cómo una persona razonable deja de serlo luego de haber estado saliendo en los principales programas de televisión por varias semanas, por haber tenido la brillante idea de intercambiar armas por juguetes!

Otras malas noticias: Amable Aristy dice que el país no aguanta más con la Suprema Corte. Una Corte Federal condenó a la CDA al pago de US$12 millones. Peña Gómez, reaccionando muy tardíamente, ha iniciado una acción para neutralizar el esfuerzo de ligarlo al narcotráfico, que tuvo lugar en Nueva York durante las elecciones de 1996. En aquella ocasión dos agentes encubiertos del DEA le ofrecieron, a través de un amigo, sumas millonarias ($250,000.00 semanales y un aporte inicial de RD$50,000.00) para financiar su campaña, y ahora anuncia que intenta incoar una demanda contra el DEA y que se ha quejado ante el Departamento de Estado por haber consentido que ese organismo urdiera esa trama para perjudicar sus aspiraciones presidenciales. El Dr. Rafael Lantigua, quien fue la persona a quien directamente trataron de sobornar en ese entonces, denunció el caso inmediatamente a sus superiores en el Hospital de la Universidad de Columbia y días después Peña Gómez hizo el asunto público durante una concentración en Santo Domingo. ¿Por qué reaccionan ahora y no en 1996? Lo que sí es positivo es la declaración de Peña Gómez de que impartió instrucciones precisas para que los involucrados en el narcotráfico no puedan figurar en ningún organismo de dirección del PRD, tanto en el país como en el extranjero. Nadie aquí en Washington me ha hablado de esa solicitud del PRD para que se aclare el asunto.

Me ha sorprendido que Jottin Cury haya dicho que constitucionalmente Leonel Fernández puede gobernar por decreto. Algo inteligente es el inicio de negociaciones con el gobierno cubano para establecer una política migratoria. Si no deportamos a los cubanos que llegan a Santo Domingo en sus balsas, alegando persecución política, pero esencialmente siendo refugiados económicos, ¿cómo podemos entonces deportar a los haitianos? La deportación tendría que establecerse para ambos, a no ser que sean claramente casos de persecución política.

Abril

ABRIL 1. Asistí a las reuniones del Canciller Latorre con César Gaviria, Secretario General de la OEA, con el personal de la Embajada, con el Diálogo Interamericano, con funcionarios del gobierno norteamericano y con los cancilleres centroamericanos en Blair House, frente a la Casa Blanca. Hubo poco progreso en la negociación del texto del documento que firmarán los Presidentes en Costa Rica. La prensa centroamericana cree que va a lograrse algo importante en el tema de la migración, lo cual no es cierto, pero en Santo Domingo ni siquiera se percibe que pueda ser un tema de interés para los dominicanos. Esta noche cenamos en la Embajada de Nicaragua. Un par de Cancilleres evidenciaron su talento como pianistas y declamadores de poesía. Los centroamericanos están contentos de que hayamos logrado que nos "inviten" a Costa Rica.

ABRIL 2. A través del Departamento de Comercio me llega la queja de un grupo cubano-americano, encabezado por Diego Suárez, quienes en el pasado alquilaron una serie de equipos y vehículos al CEA; pero según ellos, para evitarse impuestos de aduanas esos equipos vinieron consignados al CEA y las placas son del CEA. El nuevo Director del Consorcio, al ver esos vehículos con placas de la institución considera, muy razonablemente, que pertenecen al CEA. Ya había visto algo sobre eso en la prensa dominicana de hace unos diez días. Se trata de treinta camiones importados en 1989. Surgen las usuales amenazas de que un congresista norteamericano tomará interés en el asunto y hará las denuncias de lugar, por tratarse de una "expropiación". Si me llaman preguntaré a la persona si un vehículo con placa oficial norteamericana pertenece al gobierno norteamericano o a una empresa privada, y si la placa no es el documento que precisamente define quién es el dueño de un vehículo.

ABRIL 3. Almuerzo de los Embajadores latinoamericanos en la Embajada de Panamá y reunión en la tarde con Jeffrey Davidow, seguido por un acto de conmemoración por la muerte del Secretario de Comercio Ron Brown, en el accidente aéreo en Yugoslavia.

ABRIL 4. Otra reunión con Davidow y reunión en la tarde con Diego Suárez para el tema de los vehículos del CEA.

ABRIL 5. Este sábado tuve el placer de reunirme con Guillermina Medrano, mi maestra de niñez en el Instituto Escuela, y quien emigró de España en 1939, junto con otros republicanos. Fue muy emotiva. Tiene una excelente colección de cuadros de José Vela Zanetti y Eugenio Granell, que adquirió en Santo Domingo en los años cuarenta.

ABRIL 6. Domingo. Visita y cena en Baltimore con el Dr. Pedro Pablo Purcell y señora. ¡Unas siricas memorables!

ABRIL 7. Visité el Departamento de Estado para adelantar las negociaciones para que Santo Domingo también firme un acuerdo de cielos abiertos, al igual que lo harán los países centroamericanos, durante la Cumbre en San José. Luego fui a la Fundación Internacional para Sistemas de Elecciones (IFES) para agradecerle a Richard Suodriette por su papel en las elecciones dominicanas de 1994 y 1996, momentos difíciles para el país. Esta noche tuvo lugar en el Diálogo Interamericano un seminario que yo había sugerido sobre el tema de las deportaciones de criminales. Se distribuyó el primer documento sobre este tema, redactado por abogados expertos. No salieron a relucir soluciones fáciles, dado que todas requerirían sanción congresional norteamericana.

ABRIL 8. Almuerzo con William ("Bill") Shlaudeman, quien fuera la mano derecha del Embajador Bartlow Martin en 1962-63. Intercambiamos recuerdos históricos sobre su papel durante los años críticos dominicanos de 1963-1965. Por la noche asistí a una reunión en el Capitolio, promovida por el Diálogo Interamericano.

ABRIL 9. Hice la presentación de la película "Nueva Yol" ante el personal del BID. Me dicen que tuve una buena intervención. Seguí a una recepción en la Embajada de Guatemala.

ABRIL 10. Desayuné con el grupo de cabilderos azucareros y luego almorcé con un abogado experto en asuntos de migración, para ver qué se puede hacer para mejorar la situación tanto de los dominicanos que quieren migrar legalmente, como de los que ya están aquí, incluyendo los indocumentados (léase "ilegales"). Cumplí con lo que me pidió un prominente congresista y le envié una lista de seis buenas razones por las cuales el Presidente Clinton debería de invitar a Leonel Fernández a visitarlo en Washington. ¡Hasta yo mismo quedé convencido!

ABRIL 11. Este viernes por la tarde hice mi segunda visita a la Biblioteca del Congreso. Por la mañana envié al Presidente y a tres ministros mis sugerencias de que se presente una ley gravando las computadoras con sólo un 3%.*

ABRIL 12. Hoy sábado fui llevado por el chofer a una cena a la Universidad de George Washington y en el camino otro carro chocó ligeramente el automóvil. Cuando salí del auto me di cuenta de que estábamos exactamente en el mismo lugar donde explotó la bomba colocada en un automóvil y que asesinó a Orlando Latelier. ¡Vaya coincidencia!

ABRIL 14. Visité al Embajador de Israel. Las medidas de seguridad alrededor de su Embajada son impresionantes. Al final me acompañó hasta la calle y vi cómo convergían hacia nosotros una cantidad de discretos agentes de seguridad. Luego recibí a la Profesora

---

*Tiempo después esta idea se convirtió en ley, pero por iniciativa de un congresista, no del Poder Ejecutivo, por lo que el crédito no lo obtuvo el Presidente.

Gillian Gunn Clissold de la Universidad de Georgetown, experta en asuntos caribeños. Esta noche participé en una función de recaudación de fondos extraordinariamente interesante. El grupo partió en tren desde Union Station hacia Baltimore y se nos asignaba un vagón según la cantidad de dinero donado. Fue como estar en una película, pues uno vio gente como el Gobernador del Banco Central, Alan Greenspan, e importantes congresistas. Una vez llegamos a Baltimore cenamos en el mismo estadio de pelota a donde había llegado directamente el tren y luego vimos el juego, pasando de palco en palco, saludando a la gente. Casi en el octavo inning me saludó un señor bajito quien me dijo que a mi país son llevados muchos carros robados. Puse cara de muy ofendido, pero luego de preguntarle su nombre me di cuenta de que era Louie Free, el Director del FBI. Por supuesto, le ofrecí toda mi cooperación y pasé inmediatamente hacia otro palco.

ABRIL 15. Intensas negociaciones, tanto en la Embajada de Costa Rica como en el Departamento de Estado, para lograr el texto de la bendita declaración de los Presidentes. Los norteamericanos no quieren o no pueden comprometerse a nada.

ABRIL 16. Invité a almorzar a la residencia al ex-Embajador Michael Skol, el de los "dardos de los partos" de Balaguer. Está jubilado y trabaja en la lucha contra la corrupción. Luego tomé otra vez el tren a Baltimore para dar una conferencia en su acuario.

ABRIL 17. Almorcé con la gente de Tito Colorado para luego seguir a la Embajada de Costa Rica a negociar la declaración. Cené con otro que aspira a ser cabildero para los dominicanos. Allí me junté con George Ann Geyer, conocida y veterana periodista, amiga de Peña Gómez, Sasha Volman y otros.

ABRIL 18. Otra reunión en el Departamento de Estado para discutir el bendito comunicado de los Presidentes que ya sabemos no dirá nada importante.

ABRIL 19. Por la tarde hice mi tercera visita a la Biblioteca del Congreso.

ABRIL 21. Otra reunión en la Embajada de Costa Rica y luego en el Departamento de Estado para la negociación del texto de los Presidentes.

ABRIL 22. Visita a la oficina del historiador en el Departamento de Estado, para conocer el avance de las publicaciones de sus documentos históricos.

ABRIL 23. Ahora resulta que la Ley de Extradición introducida por el PRD, y que aparentemente es apoyada en el Senado también por los reformistas, ha sido atacada públicamente por el Procurador Abel Rodríguez del Orbe, quien declaró que fue preparada en la Embajada norteamericana. Tiene razón. Ahora la oposición está con los norteamericanos y el gobierno, o parte de él, en contra, ¡precisamente sobre el tema que más interesa a Washington!

Llevo dos semanas con los Embajadores de Centroamérica y el Departamento de Estado redactando el texto que firmarán los Presidentes en San José. Es lo más aburrido del mundo porque estamos tratando de que los Estados Unidos cambie su política hacia la región y ellos no quieren o no pueden cambiar. Los cancilleres centroamericanos no están contentos con el texto que preparamos los embajadores, y ahora ellos están redactando otro ellos mismos, pero tampoco se ponen de acuerdo entre sí. Veremos qué pasa.

Luce que el documento se acordará y firmará apenas la noche antes del acto de la firma. Los centroamericanos quieren un acuerdo de libre comercio inmediato con los Estados Unidos, y no la paridad. Los norteamericanos dicen claramente que no están en condiciones de negociar un acuerdo de libre comercio. Los dominicanos queremos la paridad y no estamos listos para un acuerdo de libre comercio. Todos queremos un mejor tratamiento para la migración, mientras que Estados Unidos no quiere eso sino la extradición y medidas contra robos de vehículos, crímenes, drogas, lavado de dinero, etc. He logrado ver el texto que se está negociando con los países de CARICOM y Haití y me alegro mucho de que la República Dominicana haya logrado ser invitada a Costa Rica, aunque nuestro Vicepresidente irá a Barbados, porque la verdad es que da pena el texto de los países de CARICOM, preparado por los Estados Unidos y aceptado por ellos, pues sólo trata los temas de drogas, migración ilegal, crimen, etc y no temas de desarrollo, democracia y migración legal.

El fin de semana que viene me reúno con el Presidente Fernández en el Carter Center. Hace algunos días Robert ("Bob") Pastor me preguntó si éste aceptaría que el Centro invitara a Peña Gómez, quien está en Miami, recuperándose, para estar presente y allí recibir un homenaje público. Todos sabemos que va a morir pronto. Se lo informé al Canciller, pero éste tal vez preocupado de que lo acusen de perredeísta, reaccionó de forma extraña diciéndome que por qué yo no le trataba ese tema al Presidente. No debo ser yo quien le pase por encima y hable con el Presidente. De todos modos es un asunto de política interna, no de diplomacia. Sin embargo, me enteré después que el Presidente Fernández va a pararse en Miami a ver a Peña Gómez, y cuando así se lo informé a Eduardo Latorre entonces decidió informarle sobre la propuesta al Presidente. Mientras tanto, parece que Pastor está hablando directamente con nuestro Presidente, por lo que en este momento no sé si el Dr. Fernández va a llevar a Peña Gómez en el avión privado en que viene a la reunión de Atlanta, y ni siquiera sé si Peña Gómez está en condiciones físicas para poder viajar algunas horas. El Presidente de Bolivia fue invitado a la reunión de Jimmy Carter y va a seguir hacia Washington, pues según me informó su Embajador tiene una cita con Clinton, aunque no sabe ni el día ni la hora. Ese es el dilema de los Presidentes latinoamericanos que quieren ser recibidos por Clinton en Washington. La Casa Blanca hace poquísimas invitaciones, por lo que algunos optan por viajar con cualquier excusa a los Estados Unidos, y una vez aquí presionan para que Clinton los reciba. Algunos lo logran y otros pasan por el fracaso de estar en Washington y no ver a Clinton. Me he enterado que Julio M. Sanguinetti, el Presidente de Uruguay, simplemente rehúsa venir a los Estados Unidos a no ser que sea invitado oficialmente por Clinton.

Los dominicanos estamos buscando la invitación de Clinton y por eso nuestro Presidente no viaja a Washington, pero llegará el momento en que, si no se obtiene la invitación, me imagino que vendrá de todas maneras.

Panamá no va a la reunión con Clinton en Centroamérica porque, según ellos, su agenda no es centroamericana; pero me he enterado de que lo que realmente están buscando es que Clinton se pare en Panamá, rumbo a Santiago de Chile, en marzo de 1998. Los dominicanos trataremos de lograr lo mismo: ver si pasa por Santo Domingo en esa fecha. Nuestra competencia sería Ecuador, Perú, Uruguay, Paraguay y Bolivia, pues ya en este viaje Clinton va a visitar a Centroamérica y a los países de CARICOM. Por supuesto, Haití siempre es competencia.

James Dobbins, del Consejo Nacional de Seguridad, fue el que decidió que la República Dominicana se reuniera con Clinton en Barbados, pero ahora que los centroamericanos han anunciado públicamente su aspiración de un acuerdo de libre comercio, me imagino que se da cuenta de que, aún desde el punto de vista norteamericano, convenía que la República Dominicana estuviese en la reunión de San José y no en la de Barbados. He logrado que seamos invitados a ambas, pero a no ser que Clinton se lleve al Dr. Fernández en su propio avión, el Presidente no llegará a tiempo a Barbados. Por eso se planea que esté allí nuestro Vicepresidente. El Presidente de Belice, por las mismas razones, no podrá estar en los dos sitios.

ABRIL 24. Visité al Senador Christopher Dodd en su oficina. Le llevé casabe de Monción, lugar donde vivió durante dos años, cuando era miembro del Cuerpo de Paz. Le encantó, aunque tuve que soportar los chistes en el ascensor de unas turistas que comentaban que alguien le estaba llevando galletitas a su congresista favorito. Tuvimos una discusión muy seria sobre política internacional. Es un hombre extraordinario y estoy tratando de que visite nuevamente Santo Domingo. Discutimos el voto de los dominicano-americanos en Connecticut, entre otros temas. Luego pasé a visitar al Congresista Patrick Kennedy. En esos momentos tenía serios problemas familiares que salieron en la prensa al otro día, y estaba muy ocupado en el teléfono, pero me recibió con cortesía y obviamente está muy interesado en el voto dominicano en su Estado de Rhode Island. En la Embajada luego recibí la visita del abogado experto en asuntos migratorios, para ver hasta dónde podemos utilizar sus servicios.

Peña Gómez ha reaccionado, a través de la prensa, ante el ataque del periódico puertorriqueño y del "Herald". Describió el intento de soborno por agentes encubiertos del DEA como una "trampa" en la que no cayó, pues no sólo se negaron a la propuesta sino que también la denunciaron. Desde entonces ha prohibido que se integre al PRD a personas supuestamente vinculadas al narcotráfico. El Dr. Lantígua, a quien los agentes encubiertos del DEA hicieron la propuesta, declaró que el DEA será demandado por el PRD, y que ese partido logró que dos congresistas norteamericanos, uno de Nueva York y otro de Missouri, escribieran a Clinton para que ordene una investigación, y así se sepa quién instruyó al DEA a preparar esa trampa. Lantigua también dijo que Peña se quejó ante el Departamento de Estado. Sobre esto tan sólo sé lo que he leído en la prensa. Peña también escribió una carta a Clinton, la cual salió en la prensa dominicana el día 24. Allí le dice que en octubre de 1995 entregó a la Embajada norteamericana una lista de sus dirigentes, para que la embajada le informase cuál de ellos estaría violando la ley, y que la embajada no contestó.

ABRIL 29. Acabo de regresar del viaje a Atlanta, al Carter Center. La visita de nuestro Presidente creo que fue exitosa pues pudo conocer mucha gente importante. Allí estaban Ernesto Zedillo, el Presidente de México, el ex-Presidente Gerald Ford, el Presidente de la Cámara de Diputados Newt Gingrich, la líder laboral Linda Chavez (hija del de las uvas), "Mac" MacLarty, el General MacCaffrey, y otros. Al momento de la cena indagué con amigos si podía sentarme junto al Presidente de México, para hablarle sobre temas de migración. Trataron, pero Zedillo ya había dicho que quería hablar de béisbol con Juan Marichal. ¡Qué iba a hacer! El Dr. Fernández impresionó mucho con su discurso. Yo fui el único otro dominicano que habló. Tanto el Vicepresidente de los Estados Unidos, Al Gore, como MacLarty, en sus dos reuniones privadas con nuestro Presidente, le insistieron en el tema de la extradición. Tan pronto regresó a Santo Domingo, el Dr. Fernández nombró una comisión para negociar un texto al respecto, que ya está en nuestro Senado. Me imagino que se trata del proyecto introducido por los perredeístas hace un tiempo.

Durante la reunión me extrañó que el Presidente, al momento del café, en vez de mezclarse con todos los visitantes importantes se iba a una habitación separada para reunirse con los ocho miembros de su gobierno que llevó a la reunión. Esa es una actitud extraña, pero pienso que tal vez lo hace para que no se sientan solos en la reunión, pues no son muy dados a mezclarse. Algunos ni hablan inglés. Tal vez los llevó para la reunión con Peña Gómez en Miami, pero siguió con ellos a Atlanta. De todas maneras creo que desperdició un tiempo importante, que podría haber dedicado a conversar con las personalidades presentes. Tal vez utilizaba el momento para explicar a los miembros de su gabinete por qué había dicho ciertas cosas y para retroalimentarse de sus opiniones sobre esos temas. Su discurso fue excelente y, por comentarios que recibí, sé que cayó muy bien. Cuando me tocó hablar, una súbita granizada hizo tanto ruido contra las ventanas que tuve que interrumpir mi comentario. Cuando lo reinicié dije que en el Caribe, gracias a CNN (basada en Atlanta) nos enterábamos, con días de antelación, sobre la llegada de fenómenos meteorológicos adversos.

Para mi sorpresa, el Presidente Fernández no se interesó mucho por la idea de pedir que Clinton pasase por la República Dominicana rumbo a Chile, en marzo del año que viene. Le expliqué lo difícil de lograr que el Presidente dominicano fuese invitado a venir a Washington, pero sí estuvo de acuerdo en que convendría que él viniese por su cuenta, y que una vez aquí tratase de ver a Clinton, como hacen otros presidentes. Nuestro Presidente terminó haciendo una parada en Miami para ver a Peña Gómez, pero no lo llevó a Atlanta. Una pena, pues creo que el gesto le hubiese ayudado a conseguir la aprobación de algunas leyes en el Congreso, y la opinión pública lo hubiese visto como algo de mucha altura.

Ahora mismo yo me hago la pregunta de si realmente existen grandes ventajas políticas de que nuestro Presidente sea invitado por Clinton a visitarlo en Washington, para luego regresar a Santo Domingo con las manos vacías, porque realmente Clinton no tiene nada que ofrecer al país. ¿El resultado neto de esa visita sería positivo o negativo políticamente para nuestro Presidente? Otros Embajadores me dicen que ellos no están promoviendo esas visitas, porque volver con las manos vacías resulta más negativo que positivo.

Aquí en Washington, después de larguísimas horas discutiendo textos, por fin acordamos el documento que firmarán los Presidentes con Clinton en San José. En realidad, no se logró que Estados Unidos modificase su política hacia la región ni que ofreciese nada nuevo importante, que no sea el compromiso de la Canciller de los Estados Unidos de reunirse una vez al año con los cancilleres centroamericanos y de Santo Domingo, y de CARICOM y Santo Domingo, así como el compromiso de Clinton de pedir unas modificaciones a la Ley de Migración, que más bien beneficiará a los refugiados políticos de El Salvador y Nicaragua, residentes en Estados Unidos.

Algo interesante que hice junto con los embajadores centroamericanos fue visitar y conversar en las oficinas de los editores del "New York Times" y del "Wall Street Journal" en Nueva York, y del "Washington Post" y del "Washington Times" en Washington.

ABRIL 30. Participé en el coctel que ofrece cada año aquí la Cámara Americana de Comercio de Santo Domingo. Al otro día salí hacia Miami para dar una conferencia. El lío de la extradición continúa en Santo Domingo. No solamente Abel Rodríguez del Orbe dice que el proyecto en el Congreso (auspiciado por los norteamericanos) contradice la Ley 489, sino que la Cancillería trasmite a la Procuraduría las solicitudes de extradición que hace la Embajada, mientras el gobierno mantiene su decisión de no concederlas hasta que el Congreso apruebe esa nueva ley. Peña Gómez, desde Miami, ha dado a conocer los textos de sus cartas a Clinton, a Barry McCaffrey y a Donna Hrinak, sobre los alegados propósitos del DEA de vincular, en 1996, a su partido y a su persona con el narco-tráfico. Peña Gómez dijo: "la maledicencia y la propaganda de nuestros adversarios logró penetrar la credibilidad de algunos y manipular a funcionarios dominicanos y sus asesores extranjeros, dedicados a la persecución del tráfico de drogas, con el propósito de causarnos daños en las pasadas elecciones". ¿Quiénes estuvieron tras eso en 1996 y por qué? ¿Para asustar y desacreditar a Peña?

Los salarios de los diplomáticos se mantienen atrasados y ya la prensa dominicana menciona la situación. Sigo prestando dinero sin cobrar intereses. El Cónsul Honorario dominicano en Atlanta, Horace Sibley, es abogado y socio de la firma más importante de la ciudad y conoce allí a todo el mundo que es importante. Le organizó a al Presidente Fernández una recepción para la comunidad dominicana, y durante la cena le presentó a la crema y nata de los políticos y empresarios norteamericanos de esa ciudad. Recibí instrucciones del Presidente Fernández de ubicar personas como Sibley en otras ciudades importantes de Estados Unidos, donde no hay una comunidad dominicana de consideración, para lograr que actúen también como cónsules honorarios, estimulando las inversiones.

Me preocupa mucho que se continúe discutiendo el tema de la reelección, pues Amable Aristy Castro denunció la existencia de un movimiento de senadores y diputados que procura la extensión de su propio período constitucional, más allá de agosto de 1998, mediante una reforma a la Constitución que, además, daría paso a la reelección del Dr. Fernández en el 2000. En estos últimos días en una entrevista con el Director Ejecutivo del "Miami Herald", nuestro Presidente dijo que no descartaba la posibilidad de optar por la reelección, alegando que no sería él quien lo determinaría sino más bien el Congreso, si es que sus miembros consideraban que podía hacer un buen trabajo. En Atlanta, refiriéndose al tema de la reelección, declaró a la prensa que todos los políticos eran instrumentos del destino.

Nuestro gobierno no podrá firmar en San José el Acuerdo de Cielos Abiertos que firmarán todos los otros países centroamericanos, pues a un funcionario de la Embajada norteamericana en Santo Domingo se le ocurrió exigir que el texto dijese que entraba en vigencia tan pronto fuese firmado y no, como establece nuestra Constitución, tan pronto lo apruebe nuestro Congreso. Nuestra Cancillería, lógicamente, se opuso. Me acabo de enterar del asunto y no creo que lograré que el Departamento de Estado envíe instrucciones contrarias antes de la Cumbre. Trataré de hacerlo después, pero consciente de que la presión política para esa firma habrá disminuido considerablemente.*

Siguiendo mis sugerencias, tanto nuestra Cancillería como la propia Donna Hrinak han instado recientemente, a través de la prensa, a los dominicanos residentes en Estados Unidos que estén en condiciones de hacerlo a que traten de obtener la ciudadanía norteamericana. Donna Hrinak, siguiendo la línea oficial de Washington aplicable a toda la región, está diciendo que no habrá deportaciones masivas de ilegales de Estados Unidos, pero sí habrá énfasis en la deportación de criminales. Eso es lo que ha decidido Clinton para complacer a los centroamericanos, pero también al ala derecha republicana. También siguiendo instrucciones, está insistiendo en nuestras presuntas violaciones a los derechos de propiedad intelectual. Por la prensa también me he enterado de que el gobierno dominicano ya no contratará a Booz Allen, una importante firma de Washington, para tratar de lograr salir de la categoría III, sino a la Organización de Aviación Civil Internacional (OACI), una dependencia de las Naciones Unidas. Esto tal vez indica que mi gobierno, o por lo menos Aviación Civil, piensa que el problema es puramente técnico, mientras que yo creo que hay un

---

*Fue firmado a principios del 2000 y enviado al Congreso, donde, a la fecha, la mayoría perredeísta ni siquiera lo ha discutido. Unos pocos empresarios, que aspiran a poseer líneas aéreas propias con vuelos internacionales, se oponen a algo que beneficiaría a todos los dominicanos que viajan al extranjero, a los dominicanos residentes en el exterior y a nuestro sector turístico.

ingrediente político y/o comercial. Para ayudar, un importante empresario dominicano había sugerido a nuestras autoridades de aviación civil que contratasen a esa firma, y yo había conversado por teléfono con uno de sus representantes para coordinar la estrategia. Creo que se ha cometido un error.*

Nuestro Presidente hizo una interesante propuesta, que sigue mis ideas, de negociar un tema en el campo internacional, a cambio de otro. Propuso que Europa y Estados Unidos condonasen la deuda externa y aprobasen la paridad textil para que nuestros países estuviesen en mejores condiciones para luchar contra las drogas.

Veo que el Presidente ha nombrado una comisión que irá a Nueva York para presentar el primer proyecto habitacional para los dominicanos residentes en esa urbe. Ni en esta Embajada ni en el Consulado sabemos nada al respecto, y me pregunto quién se encargará de cubrir el riesgo cambiario. Donna Hrinak por lo menos ha logrado que los dos gobiernos conformen una comisión para discutir un nuevo tratado de extradición para sustituir el de 1910, así como la ley de 1969. Pero si lo que se busca ahora es un tratado, ¿por qué empujó ella el proyecto de ley de extradición que actualmente está en el Congreso y que fue presentado por el PRD?

Mayo

MAYO 1. Llegó la Directora de Migración, Taína Gautreau. No la pude ver, pues salí hacia Miami para dar una conferencia en el Hyatt Regency y regresar el mismo día. Por la prensa dominicana me enteré que venía invitada por el Departamento de Migración. Le había pedido por fax que no dejara de verme, pues quería advertirle sobre los peligros de negociar bilateralmente, sin consultar al Canciller o al Presidente. La Cancillería tampoco sabe nada sobre su viaje.

*El gobierno pagó unos US$12 millones en asesoría a la OACI y aun así no salimos de la categoría.

MAYO 2. Fui invitado a una cena en la mansión de Katharine Graham, dueña del "Washington Post", donde van muy pocos diplomáticos. Es el lugar donde todo el mundo quisiera ser invitado, pues la señora ostenta verdadero poder, no importa quién sea Presidente. Allí se congregó un núcleo de gente realmente importante. El homenajeado era Kofi Annan, el nuevo Secretario General de las Naciones Unidas. Aproveché para agradecerle a la Sra. Graham los ataques de ese periódico a la dictadura de Trujillo. Me comentó que cada vez que ellos sacaban un editorial contra Somoza, Luis Sevilla Sacaza, el decano del Cuerpo Diplomático y Embajador de Nicaragua, borracho, la llamaba quejándose, bien tarde en la noche. Otro contacto importante con la prensa fue mi viaje de ayer a Miami, donde di una conferencia sobre el tema de las deportaciones de criminales, delante de la gran mayoría de los corresponsales latinoamericanos de periódicos norteamericanos. No conozco otra forma más eficaz de abrir los ojos sobre este tema. Espero que resulte en varios artículos.*

Hoy, el "Washington Times" publica un artículo comentando lo que dijimos hace pocos días los embajadores centroamericanos y yo, cuando nos reunimos con su consejo editorial. De las ocho citas directas, cinco fueron atribuidas a mí. Me imagino que mis colegas centroamericanos estarán celosos. Me citaron dudando que el Congreso le dé a Clinton la autorización "fast track", así como mis quejas sobre la nueva ley de migración.

Después de prácticamente tres meses sin actuar, el Congreso norteamericano por fin está pasando leyes importantes, gracias a que la administración de Clinton ya comenzó a concentrarse en ciertos temas. Se logró la ratificación del convenio sobre armas químicas y el presupuesto balanceado. Se corre el riesgo de que la paridad y el "carril expedito" tenga que negociarse a cambio de lograr el mantenimiento del tratamiento de nación más favorecida a China continental.** Cada vez que Clinton logra una aprobación

---

*En efecto salieron varios sobre el tema, escritos por participantes en la reunión.
**Así fue, a principios del 2000, pero tan sólo en lo referente a la paridad.

en el Congreso es a cambio de ceder en otros asuntos. Lo de la ratificación del convenio sobre armas químicas fue a cambio de darle a Helms prácticamente el control sobre cómo pagar la deuda a Naciones Unidas y cómo reestructurar el Departamento de Estado.

MAYO 6. Por la prensa me entero de que por su cuenta Taína Gautreau llegó a un "gran acuerdo" sobre temas de deportaciones y otros asuntos migratorios, durante su visita a Washington. No llamó a nadie en la Embajada cuando estuvo aquí.

MAYO 8-13. (Notas escritas en San José y Barcelona y luego dictadas en Washington.) Como era previsible, en la reunión de San José de Costa Rica, Centroamérica y la República Dominicana no consiguieron nada de importancia de los Estados Unidos, excepto que hubo muy buena química entre nuestro Presidente y Clinton, quienes estuvieron sentados uno al lado del otro en las mesas de la reunión. Dado su buen inglés, nuestro Presidente sirvió de puente en las conversaciones íntimas entre los Presidentes. Como ya nos tiene acostumbrado, el Dr. Fernández, en vez de llevar una delegación de cinco personas, que era la permitida para la reunión, llevó cerca de doce. Parece ser que utiliza los viajes como premios políticos, pero, por supuesto, tan sólo cinco personas podían ir a las reuniones con los Presidentes y solamente había cinco membretes de seguridad que tenían que ser utilizados para tener acceso. Como yo era bien conocido por la seguridad, en la reunión del primer día con los Presidentes centroamericanos se me ocurrió que mi dispositivo de seguridad, mi membrete, fuese utilizado por uno de los otros delegados dominicanos, para que así estuviésemos seis personas reunidas oyendo a los Presidentes centroamericanos, pero la persona que lo usó lo devolvió a un miembro de la seguridad de Leonel Fernández, a quien se le ocurrió entregárselo a Virgilio Alcántara, Encargado de Prensa, y éste, a su vez, tuvo la ocurrencia de entregárselo a un periodista dominicano. Al otro día, cuando fui a la reunión con el Presidente Clinton, resulta que no había membrete para yo poder acercarme al lugar de la reunión, y tuve que esperar media hora en lo que localizaban al periodista y éste devolvía el membrete. Por suerte todo esto ocurrió antes de que Clinton entrara a la sala. Nuestro Presidente le planteó a Clinton la posibilidad de que pasase por Santo Domingo en ruta hacia Santiago de Chile. Clinton, por su lado, no le contestó nada cuando éste habló, a nombre de todos, sobre la deuda externa. El Dr. Fernández consiguió que los Presidentes de América Central celebren una próxima reunión en Santo Domingo. En Atlanta yo le había sugerido que iniciase una negociación de un Acuerdo de Libre Comercio con América Central, y aparentemente algo hubo sobre eso, pues el Presidente de Nicaragua declaró que los centroamericanos iniciarán las negociaciones de ese acuerdo. Eso apareció en la prensa de Costa Rica, mas no en la dominicana. En 1966, hace 31 años, en mi primer libro, que trata sobre integración económica, propuse un acuerdo de libre comercio con Centroamérica, cosa que he repetido siempre desde entonces. Ahora luce que estamos cerca. ¡Por fin!

En San José nuestro Presidente tuvo un éxito extraordinario, pues Clinton lo llevó de la mano donde los periodistas y les dijo que la política migratoria norteamericana no podía ser tan mala si un inmigrante dominicano, con años de residencia en Estados Unidos, llegaba a ser Presidente de su país. Cuando Clinton lo llevó frente a los periodistas, otros funcionarios norteamericanos a mi alrededor susurraron "¡hemos perdido el control sobre nuestro Presidente!". Nuestro Vicepresidente estuvo en Barbados.

Desde Costa Rica volé a Barcelona a dar una conferencia de carácter cultural e histórico que me había sido solicitada por la Fundación de la Caixa. Aunque apenas pude estar tres noches, me encantó estar allí de nuevo. Considero esa ciudad más interesante que Madrid.

MAYO 15. De regreso a Washington visité el Museo del Holocausto. Por supuesto, salí deprimido. La central telefónica de la Embajada está congestionada de llamadas de personas que quieren saber si es verdad que ahora se necesita pasaporte para viajar a Santo Domingo. Averiguo que ¡es verdad! Los norteamericanos convencieron a Taína de hacer eso cuando estuvo por aquí. ¡Qué barbaridad! El día 13 ella declaró a la prensa que firmó un acuerdo con los norteamericanos sobre la deportación de criminales y, además, que lo de los pasaportes era "una tormenta en un vaso de agua". Sí admitió que el problema es con los norteamericanos y puertorriqueños y el uso de sus documentos por dominicanos, incluyendo el uso de documentos falsos, como actas de nacimiento.

MAYO 16, domingo. Acompañé a mi cuñado, el Dr. Erasmo Sturla, a una exhibición de aviones de guerra en la Base Aérea Andrews, en las afueras de la ciudad. Me trataron a cuerpo de rey pues es raro que un Embajador asista. Hasta hablé por la radio.

MAYO 18. Un importante columnista de la prensa de Washington anunció hoy que la sustituta de Donna Hrinak como Embajadora en Santo Domingo será Mari Carmen Aponte. Se trata de una puertorriqueña, de unos cincuenta años, abogada, que, desde el principio ayudó a Clinton en su campaña electoral. Desde hace meses yo sabía que ese cargo podía resultar en un nombramiento político. Uno de mis objetivos en esta misión era lograr que la Hrinak fuera sustituida por alguien conveniente para el país. Los principales candidatos políticos eran cubano-americanos, e hice saber a todo el que pude que ese tipo de nombramiento no convendría al país. El reciente escándalo sobre las contribuciones a las campañas electorales hace difícil que se nombren como embajadores a contribuyentes, pero en este caso no se trata de un contribuyente sino de una persona que colaboró con su tiempo a la campaña electoral, y refleja las presiones de los hispanos para que Clinton coloque más de los suyos en cargos públicos. Si es verdad que ella tiene influencia en la Casa Blanca, tal vez sea un nombramiento que nos convenga, aunque es una persona que no sabe nada de diplomacia. Por otro lado, el hecho de que sea puertorriqueña creo que caerá mal en Santo Domingo.

No puede haber una correcta política externa dominicana hacia los Estados Unidos si cada departamento de la administración pública dominicana negocia directamente con el gobierno norteamericano, sin que la Cancillería dominicana ni siquiera se entere.

El mejor caso es el de la Directora de Migración, Taína Gautreau, quien fue invitada por la Embajada y llegó a Washington el día 1ro., aceptó la presión norteamericana para que todo extranjero tenga que ir a Santo Domingo con pasaporte, lo que perjudica extraordinariamente al turismo dominicano pero facilita a los inspectores de migración norteamericanos determinar si un norteamericano de origen dominicano, sobre todo niños, verdaderamente lo es, o está tratando de entrar a los Estados Unidos con documentos falsos, como actas de nacimiento. Ningún otro país del Caribe, ni mucho menos de América Central, ha aceptado esta sugerencia norteamericana. Mientras la Migración norteamericana está deportando mil quinientos delincuentes al año, nosotros la complacemos unilateralmente a cambio de no pedir nada. Si por lo menos la merma de los ingresos del país por menos turistas se compensase con una renegociación de la deuda, algo estaríamos haciendo, pero esas fichas se entregan a los norteamericanos sin ninguna negociación. Le había pedido que me viese antes de negociar en Washington, pero ni siquiera se acercó a la Embajada. La central telefónica sigue congestionada de llamadas preguntando si es cierto lo de los pasaportes.

La vicepresidenta ejecutiva de la AFL-CIO, Linda Chávez (hija del famoso Chávez de las uvas), estuvo en la República Dominicana hace tres semanas, para un Congreso y visitó una empresa de zona franca en San Pedro de Macorís donde habían cancelado al dirigente laboral y ni siquiera la dejaron entrar. Estoy informando de esto al Presidente, para ver si puede hacer algo, pero vamos a tener a los sindicatos de aquí muy en contra por metidas de pata como ésas. El Presidente Fernández conoció a esa señora en la reunión de Atlanta, donde ella debatió con Newt Gingrich.

MAYO 20. Hoy fui a una recepción en la casa de don Pancho Aguirre. Llevo varios días hablando con el Secretario de Turismo sobre el tema de los pasaportes. Me dice que es un golpe mortal para el turismo y me pide que hable con el Presidente. Envié a Leonel Fernández y al Canciller el currículum de Mari Carmen

Aponte, citada en una confiable columna del "Washington Post", el viernes pasado, como la sustituta de Donna Hrinak. Un cubano-americano irá como Embajador a Bruselas. Se rumora que Víctor Marrero, otro puertorriqueño, irá de Embajador a la OEA.*

MAYO 21. Asistí a una recepción en el BID en honor del Presidente de Honduras y recibí la visita de Marilyn Zak, ex-Directora de la AID en Santo Domingo. Discutimos sus éxitos y fracasos en mi país. Luego asistí a una recepción formal en el National Geographic Society, donde conocí a sus principales ejecutivos y discutimos sus experiencias en el Banco de la Plata, las que compartí con algunos de ellos durante mi etapa de miembro de la Comisión de Rescate Arqueológico Submarino, cuando era Director del Museo del Hombre. Envié al Presidente y al Canciller un artículo que demuestra lo que está costando a los republicanos, en término de votos, sus leyes anti migración del año pasado. También subrayé cómo perjudicarán a los dominicanos cuando entren en vigencia ciertas cláusulas de esas leyes, a partir del próximo septiembre. Envié a Peña Gómez, a Miami, los textos de algunos de los discursos que pronunció durante la guerra civil y que los organismos de inteligencia norteamericanos tenían grabados. Cumplo así con una solicitud que me hizo hace algún tiempo.

MAYO 22. Leo en la prensa dominicana que Oscar de la Renta y Theodore ("Ted") Kheel anuncian en Punta Cana el Proyecto Corales. Algún día contaré cómo contribuí a que esos dos amigos, que aunque se conocían hacía tiempo no habían estado recientemente juntos, se hicieran socios. La prensa también trae la noticia de que algunos de nuestros congresistas, que quieren quedarse más allá del 1998, pretenden modificar la Constitución poniendo como carnada la eliminación de la no-reelección, para que Leonel Fernández también pueda optar por reelegirse en el 2000. Me alegra ver que el Presidente Fernández descartó que pueda prosperar el asunto, por violentar la soberanía popular y el régimen democrático. Danilo Medina también

*Ambos fueron nombrados.

respalda esa posición, pues obviamente el partido quiere que tengan lugar elecciones municipales y congresionales en el 1998, para así aumentar su presencia en el Congreso. Sin embargo, Milagros Ortiz Bosch dice que Fernández fue ambiguo en su declaración. Por lo menos el Cardenal se opone públicamente a modificar la Constitución. Ha sido un congresista reformista quien ha propuesto la reelección y la extensión del período de los congresistas actuales. Por suerte también el CONEP y otros grupos empresariales rechazan la reforma constitucional para permitir la reelección.

Alienta que la Cancillería esté negociando con los cubanos un protocolo sobre la migración cubana. Es bueno, porque creo que en lugar de disminuir cada vez más, aumentará el éxodo de balseros cubanos y en la medida en que no encuentren refugio en Estados Unidos optarán por ir a playas dominicanas, y si les damos refugio no tendríamos ningún argumento para negárselo a los haitianos, quienes son igualmente refugiados económicos. Veo también que una auditoría a la empresa Mundogas, hecha por Coopers & Lybrans, muestra una sobrevaluación del subsidio a las importaciones de gas por cerca de RD$92 millones, durante el gobierno de Balaguer. En la Embajada norteamericana en Santo Domingo me dijeron que esa empresa no es norteamericana, aunque me adelantaron que pueden cambiar de parecer en el futuro.

La agenda norteamericana está siendo apoyada por nuestro gobierno, pues veo que hemos "declarado la guerra" a la piratería. La Embajadora Hrinak dice que su país insistirá en la extradición de criminales y dos días después el Senado aprobó, en primera lectura, el proyecto de ley de extradición del Senador perredeísta Darío Gómez, el cual fue preparado por la Embajada norteamericana. Obviamente la Embajadora Hrinak pensó que era más probable conseguir esa ley como iniciativa de los perredeístas, que tratar de que el Poder Ejecutivo la envíe, pues sabe que los asesores del Presidente, sobre todo el Procurador, se oponen a la extradición. Sin embargo, no prospera la agenda dominicana, pues el propio gobierno dominicano declara que la mayoría de los deportados tienen antecedentes criminales, y la prensa también cita cómo la falta de coordinación entre nuestra Cancillería y Aeronáutica Civil impidió que el Presidente firmara con Clinton el Tratado de Cielos Abiertos, firmado por todos los países de Centroamérica en San José. Realmente la responsabilidad recae en un funcionario de la Embajada norteamericana. Tampoco prospera la selección de los jueces de la Suprema Corte, pues el asunto sigue posponiéndose. Advierto también los problemas de la Junta Central Electoral, pues Hatuey Decamps ha dicho que la jueza Aura Celeste Fernández es un "cuadro" del PLD. El asunto se complica, pues su esposo es Fiscal del Distrito. Ayer el gobierno quitó a Julio César Ventura Bayonnet de la DNCD y designó como su sustituto al Mayor General Piloto Juan Folch Hubieral. Tendré que averiguar qué piensan los norteamericanos de ese cambio. También la Embajadora Hrinak se reunió con Leonel Fernández y declaró que avanzan las discusiones para reformar el Tratado de Extradición, pero hoy mismo me han informado por teléfono que el Senado aprobó en segunda lectura la Ley de Extradición. Obviamente mi colega está desplegando sus esfuerzos tanto a nivel congresional como ejecutivo.

Después de casi cinco meses en Washington tuve mi primera cita de trabajo en la Casa Blanca, donde fui a ver hoy a Mac MacLarty. Ambos acordamos que había tenido lugar una buena "química" entre el Dr. Fernández y Clinton en San José, y de chiste me dijo que pocas veces el Presidente de los Estados Unidos actúa como Jefe de Prensa de un Presidente extranjero. Se refiere al hecho de que Clinton, en Costa Rica, llevó a Leonel Fernández frente a los periodistas y les dijo que la política de migración norteamericana no podía ser tan mala si un portador de una tarjeta verde llegaba a ser Presidente de su país de origen. Me agregó que en Barbados no había percibido ningún resentimiento por el hecho de que el Presidente dominicano haya ido a Centroamérica y enviara allí a su Vicepresidente.

Le dije que en San José nuestro Presidente le había planteado a Clinton la posibilidad de que viajase a Santo Domingo, ya sea a la ida o la vuelta de su viaje a Chile, en marzo de 1998. Le reiteré los argumentos que siempre he utilizado: que la República Dominicana es probablemente el único país del hemisferio que nunca ha sido visitado por un Presidente de los Estados Unidos; que somos el séptimo mercado más grande en el hemisferio para las exportaciones norteamericanas; que somos la democracia funcional más grande del Caribe; que los dominicanos ya tenemos peso específico dentro de la política norteamericana por nuestra capacidad de voto, etc. Me dijo que existía una "evidente posibilidad" de que Clinton se parase, a la ida o a la vuelta. Le agregué también que allí podría jugar golf, cosa que, por cierto, no puede hacer ahora por su rodilla rota.

El segundo tema tratado fue el interés expresado por Clinton durante el almuerzo en el Teatro Nacional de San José de que los Presidentes del área lo ayuden a lograr que el Congreso norteamericano pase la Ley de Paridad y la de "Fast Track". En ese sentido le recordé que cuando se estaba discutiendo el proyecto de Ley de la Iniciativa de la Cuenca del Caribe, el Presidente Reagan había invitado al Presidente electo Salvador Jorge Blanco a cabildear con los congresistas a favor de esa ley. Le expliqué que tenía entendido que hoy día la principal oposición a ambos proyectos provenía, extrañamente, de los propios demócratas, y que los dominicanos teníamos buenas relaciones con congresistas como Rangel y Dodd. Agregué que ya nuestro Presidente no podía venir a Washington sin ver a Clinton, y que tal vez podría venir para verse brevemente con él y también para cabildear a favor de la paridad. Aparentemente le gustó la idea, pero me explicó que todavía no se sabía la fecha en que la paridad entraría en discusión congresional.

Le prometí una carta de invitación de nuestro Presidente a Clinton para pasar por el país viniendo de, o viajando hacia Chile. La Cámara de Comercio también enviaría una carta. Cuando le hablé del viaje a Santo Domingo, me hizo énfasis en la importancia que tiene Haití. Yo le dije que tal vez podría hacer una visita a cada uno de los dos países, ya que entendía que le sería difícil ir a Santo Domingo, sin pasar por Haití.

El tercer punto fue preguntarle sobre la visita al Caribe de la Primera Dama, Hillary Clinton. Me dijo que tal vez tendría lugar en el otoño, y le hablé sobre la posibilidad de una entrevista con ella, con el "Listín Diario", previa al viaje. Luego le hablé sobre Mari Carmen Aponte, la puertorriqueña que según el columnista iba a ser la próxima Embajadora norteamericana en Santo Domingo. Se mostró realmente sorprendido, y leyó con calma el recorte de prensa que le enseñé. Dijo que a veces la prensa estaba más enterada que la propia Casa Blanca. Le adelanté lo que le va a decir Oscar de la Renta, en el sentido de que para los dominicanos era un problema la presencia de una persona puertorriqueña en tal alta posición, pues no es lo mismo que un norteamericano. Pareció entender. Le agregué que hacía más de treinta y cuatro años, desde Bartlow Martin, que todos los embajadores norteamericanos en la República Dominicana eran de carrera y de chiste le agregué que tal vez lo de la Aponte significaba que ya no éramos un país "problemático". Estoy convencido de que lo sorprendí, y que no sabía sobre la designación. Luce que la gente de Asuntos Hispanos en la Casa Blanca fue la que logró el nombramiento.

Como punto final le pedí un consejo, pues una dama norteamericana que sé es gran auspiciadora de las causas del Partido Republicano, me había pedido que recibiese a Roger, un medio hermano del Presidente Clinton, que yo sé que es un individuo problemático. Supuestamente quería "invertir" en Santo Domingo. Sospeché que era un plan para crearle problemas al Presidente y le dije a "Mac" que, a no ser que me sugiriese lo contrario, no pensaba recibirlo. Agregué que sabía que otros colegas habían recibido la misma propuesta. Algunos, menos avispados, me plantearon el dilema de si recibirlo en la residencia o en la oficina. El compañero de estudios de Clinton me agradeció efusivamente la información. Creo que logré parar esa movida. Simplemente están tratando de utilizar a ese medio hermano del Presidente de los Estados Unidos para crearle problemas políticos, y yo no iba a caer en ese gancho.

MAYO 24. Recibí una carta de "Mac" MacLarty, de la Casa Blanca, agradeciendo mi visita de anteayer y con frases elogiosas hacia el Presidente Fernández y mi persona. Taína Gautreau fue sustituida hoy como Directora de Migración, tres semanas después de haber pasado por Washington ¡Qué daño ha hecho con el requisito de los pasaportes y que estúpidos los de Migración norteamericana que le pidieron eso!. Después de varios años de los dominicanos quejarse de que NAFTA había provocado una desviación del comercio en textiles a favor de México, los americanos lograron, a través de Taína, una desviación del turismo dominicano hacia terceros países al exigirnos el requisito de un pasaporte para los extranjeros viajar a Santo Domingo. Esto fue un gran error norteamericano, porque era imposible que el sector turístico dominicano lo permitiese. La solución sería un convenio a nivel mundial, a través de Naciones Unidas, de que todo el mundo debe viajar con pasaporte, pero no se puede obligar a un país a expensas de otro. Ahora, ningún Director de Migración se atreverá a hacer lo que quieren los norteamericanos.* Un gran error norteamericano. Contaré esta historia en el próximo almuerzo de Embajadores latinoamericanos, para advertirles, ya sea que los norteamericanos quieran hacer lo mismo en sus países.

El Presidente de Honduras estuvo en Washington. Fue recibido por la OEA, pero no vio al Presidente Clinton.

MAYO 27. Almuerzo privado con el Presidente del Banco Riggs. Realmente fue poco importante.

MAYO 28. Almuerzo con los dominicanos que nos representan en el BID, Banco Mundial, Fondo Monetario, y con el Embajador ante la OEA, Flavio Darío Espinal. Visité al Embajador de México para discutir temas migratorios, advirtiéndole sobre lo que trataron de hacer los norteamericanos en Santo Domingo en cuanto a la exigencia de los pasaportes. Dijo que México nunca aceptaría algo similar, pero convinimos ambos en advertir al resto de nuestros

*Gran error mío de apreciación, como el tiempo mostró.

colegas latinoamericanos durante el almuerzo mensual. Busco el apoyo mexicano en asuntos migratorios, pues nuestra agenda es común. Los centroamericanos, haitianos y cubanos ya consiguieron sus leyes migratorias. Faltan los mexicanos y dominicanos. Avisé al gobierno que Linda Watt será la sustituta de Cristóbal Orozco, como Ministra Consejera norteamericana en Santo Domingo.

MAYO 30. Hoy, aniversario de la muerte de Trujillo, ofrecí una cena en la Embajada en honor de cuatro norteamericanos que estuvieron en 1960 en la Embajada norteamericana en Santo Domingo, y que tuvieron que ver con los complots contra Trujillo. Fueron Henry Dearborn, John Barfield y los dos Agregados Militares: Manuel Chávez y Edwin Simmons. Les di las gracias en nombre del pueblo dominicano por sus acciones contra Trujillo y por el peligro que corrieron. El único que no pudo venir fue el Embajador Joseph Farland, por problemas de salud. Lorenzo Berry ("Wimpy") optó por excusarse.*

MAYO 31, sábado. Cena con el Profesor Sydney Mintz y su esposa. Me encanta conversar con este gran sociólogo, viejo experto en asuntos caribeños.

Junio

JUNIO 3. Reunión de los Embajadores centroamericanos y del Caribe con el subsecretario Peter Romero, en el Departamento de Estado.

JUNIO 4. Viajé ayer a Nueva York a una cena bailable, de smoking, en "Tavern on the Green", auspiciada por el Consejo de las Américas y que fue amenizada por Víctor Víctor y una orquesta dominicana.

JUNIO 5. Reunión en la oficina del Representante Norteamericano del Comercio (USTR) para discutir la paridad. Esta gente son las que quieren poner más condicionalidad al proyecto de ley,

*Visitaría Santo Domingo el 30 de mayo del 2001.

incluyendo asuntos que nada tienen que ver con el comercio. Esta noche di una fiesta bailable en la Embajada con Víctor Víctor y el conjunto dominicano, con la presencia de la Vicecanciller Minou Tavárez. Fue un gran éxito, pues pocas veces se dan fiestas con música bailable en Washington. Mucha gente importante estuvo presente. Muchos me dijeron que hacía tiempo que no habían gozado tanto. Alrededor de las 11:00 p. m. noté que había un policía en la puerta, y cuando me acerqué había nueve carros patrulleros. Por convenios internacionales la Policía no puede entrar a una Embajada, pero estaban todos allí porque habían recibido llamadas de todo el vecindario quejándose por el ruido. Desde hoy invitaré a los vecinos.*

JUNIO 6. Baile de la Opera en la Embajada de Italia, con cena previa en mi residencia para unas doce personalidades. ¡Cuánto dinero se gasta para recaudar fondos para caridad! Minou estuvo presente. Ya está aquí Roberto Despradel, el nuevo Ministro Consejero. Logré convencerlo de que aceptase el cargo. Es un joven economista, hijo del ex-Embajador en Washington Carlos Despradel. Me alegro mucho de que haya aceptado y sé que me será muy útil. Junto a Eunice Lara, son los únicos reconocidos por el Departamento de Estado como diplomáticos y que no trabajan en asuntos consulares.

JUNIO 8. Regresé de Santo Domingo donde fui a participar en un seminario que auspicié, promovido por el Centro Woodrow Wilson, y que tuvo que ver con asuntos regionales de seguridad. Quedé gratamente sorprendido al ver una buena cantidad de militares dominicanos discutiendo esos asuntos junto con civiles de la región caribeña. Tomé una actitud bastante agresiva contra funcionarios del Departamento de Estado en temas como la deportación de criminales, etc. Tendré luego que pasarle la mano a Jonathan Winer. También me reuní con el Presidente. El Coronel Soto Jiménez

---

*Luego el embajador de Canadá, cuyo patio colinda con el nuestro, me informó que recibió varias llamadas con quejas. ¡A todos explicaron que por la música deberían darse cuenta que no se trataba de canadienses!

recibió información de que los militares dominicanos presentes se sorprendieron por mi agresividad. Los norteamericanos se salieron del salón, pero fue cuando habló el cubano.

JUNIO 12. Adriano Espaillat vino desde Nueva York y tuve una interesante reunión con él donde tratamos temas como los controles de alquileres en Manhattan y cómo afectan a nuestra gente. Entiende muy bien la necesidad de que la comunidad dominicana mantenga una oficina en Washington que represente sus intereses. Luego almorcé en el BID con Muni Figueres, entre otros, y sin descansar fui directo al Departamento de Estado a una discusión sobre deportación de criminales que por poco me corta la digestión. Esta noche fui a una recepción en el Banco Mundial.

JUNIO 13. Viajé hoy a Nueva York para reunirme con el Presidente de la empresa textilera Liz Claiborne. Le pregunté qué haría si estuvieran en mi caso, ante la inminente competencia de China a partir del 2005, cuando expire el acuerdo multifibras y cómo va a afectar a las zonas francas dominicanas. Su respuesta fue que los empresarios dominicanos deberían conocer las tecnologías que se están desarrollando en China. Como sé que tienen contratos con varias compañías chinas, le pregunté si aceptaría que algunos empresarios dominicanos fuesen a visitar esas fábricas, con las cuales tienen relaciones. Aceptó.* Luego me reuní con el ex-Embajador en Washington, Eduardo León.

JUNIO 14. Rehusé ir hoy a una reunión de intelectuales latinoamericanos promovida por el periódico del Reverendo Moon, a pesar de que por lo menos un intelectual dominicano estaba allí. Esa gente está casi controlando Uruguay y representan un punto de vista de extrema derecha. Por la televisión veo que el Reverendo, quien no es cristiano, dijo barbaridades contra Cristo.**

En la prensa dominicana veo que Balaguer no le ha perdonado al Presidente Fernández su comentario de que recibió un país

---

*Como resultado de esto, dos ejecutivos de las más grandes empresas textileras de Santiago pudieron visitar esas fábricas en China.
**El propio periódico de Moon, el "Washington Times", luego no las publicaría.

"devastado y abandonado", pues le ripostó diciendo que durante sus gobiernos el país fue reconstruido, por lo que esa apreciación es un error histórico. Aura Celeste Fernández renunció de la Junta Central Electoral. Nuestro Cardenal le pidió que reconsiderara el asunto y FINJUS solicitó a los partidos que la desagraviaran. Nada se logró. Esto es un fracaso para nuestro país y una victoria para los enemigos de la democracia. Celso Marranzini, el Presidente del CONEP, hasta ha llegado a decir que las críticas de los políticos contra los jueces de la Junta podrían ser el inicio de un plan para anular las elecciones. Lo peor es que creo que los que están tras ese plan se ubican en el seno del propio gobierno, o cercanos a él. Desde la renuncia de César Estrella Sadhalá, el Presidente temporal de la Junta es Jorge Subero Isa. Peña Gómez le ha propuesto al Presidente Fernández y a Balaguer que por consenso elijan un nuevo Presidente de la Junta, y poco después declaró que Balaguer quiere imponer allí a Subero Isa.

Interesante y realista el comentario de Lidio Cadet en el sentido de que Balaguer está empezando a actuar como un político de oposición. Piensa, además, que el pacto de 1996 fue coyuntural y no repetible. Creo que tiene razón, pues el propio Balaguer podría ser candidato en el 2000.

Roberto Robaina, el Canciller cubano, estuvo hace cinco días en Santo Domingo y le llevó al Presidente un mensaje de Fidel Castro sobre el endurecimiento de la ley Helms Burton, la cual fue criticada públicamente, y con razón, por nuestro propio Canciller. Se anunció que pronto se firmará con los cubanos un acuerdo migratorio. Eso es bueno, pues mal podríamos acoger los refugiados económicos cubanos y no a los haitianos. Bien podría ser que, durante una situación de violencia en Cuba, los balseros se muevan hacia Santo Domingo, al no ser ya bienvenidos en la Florida. La situación en Haití empeora. Mi amigo Rony Smarth ha renunciado como Primer Ministro.*

*Poco después le prestaría mi casa de playa. Viajó de incógnito al país.

Los norteamericanos siguen presionando por la extradición. Acaban de enviar a Santo Domingo nada menos que a Mark Richards, del Departamento de Justicia, y a Jonathan Winer, Subsecretario Adjunto en la Oficina de Drogas del Departamento de Estado. Conozco bien a ambos. Se vieron con Abel Rodríguez del Orbe. ¿Cómo les habrá ido? Nadie de nuestra Cancillería fue a la reunión, por lo que no sé qué se decidió allí. ¡Siempre la falta de coordinación entre nosotros que aprovechan tan bien los norteamericanos! Es el tema que más interesa a Washington, y nuestra Cancillería está totalmente al margen de su discusión. Ya la prensa dominicana ha recogido el anuncio de la nominación de Mari Carmen Aponte como Embajadora norteamericana en Santo Domingo. Sólo falta su ratificación por el Senado norteamericano.

JUNIO 16. El gobierno americano envió al Senado su proyecto de ley de paridad. Incluye una cláusula que nunca había aparecido antes en asuntos comerciales, pues establece que en aquellos casos en que un país de Centroamérica o el Caribe tenga un acuerdo bilateral o de libre comercio con un segundo país, como lo tiene por ejemplo Costa Rica con México, tendrá que dar a los Estados Unidos el arancel bajo que ya otorgó al otro. Aunque esto pondría a Estados Unidos en "paridad" con México en sus exportaciones a Centroamérica, me luce que el verdadero propósito es evitar que MERCOSUR firme un acuerdo con Centroamérica o el Caribe. Para la República Dominicana significa que le será muy difícil un acuerdo con Centroamérica o CARICOM, pues tendría automáticamente que dar ese arancel más bajo a los Estados Unidos. La política mercantilista de los Estados Unidos es obvia. Quieren acceso a mercados a través de sus propias leyes, en vez de acuerdos bilaterales. Como el Congreso no le da el "carril expedito" para negociar acuerdos de libre comercio, a través de sus propias leyes tratan de conseguir acceso no negociado a mercados.

Estoy tratando de convencer a los americanos de que Clinton pase por la República Dominicana y Haití, ya sea rumbo a Santiago de Chile, en marzo de 1998, o regresando de allí, bajo el argumento de que el viaje a Haití estabilizaría a esa nación. Hasta el simple anuncio de ese viaje ayudaría a estabilizar políticamente a ese país, y el paso por Santo Domingo, dos meses antes de las elecciones congresionales, también ayudaría a evitar enmiendas constitucionales de prórrogas de los actuales legisladores, ayudando a que se cumpla el proceso de transición política dominicana.

Almorcé hoy en el Congreso con motivo de una reunión organizada por el Diálogo Interamericano, y luego participé en un seminario sobre el tema de las drogas, donde tuve una interesante discusión con el "zar", el General Barry MacCaffrey y la Baronesa Young, de Inglaterra. A ésta última le recordé públicamente que en el siglo XIX, cuando las guerras del opio, Inglaterra promovía el consumo de drogas y se enriqueció con ese comercio. Luego me junté con James Dobbins, del Consejo Nacional de Seguridad.

JUNIO 18. Cena con la Baronesa Young en el Metropolitan Club. Una tertulia extremadamente interesante y de alto nivel. Antes había ido a un coctel a conocer al Presidente de Macedonia. Es un país, no un postre.

JUNIO 19. Reunión de trabajo con los ejecutivos de la Asociación Dominicana de Zonas Francas (ADOZONA), de visita en Washington.

JUNIO 20. Almuerzo con el Presidente de El Salvador, Armando Calderón Sol.

JUNIO 22. Cena en casa de Walter Cutler, ex-Embajador norteamericano en Arabia Saudí, su esposa "Diddi" y Directores de Meridian House. He informado a la Cancillería que tomé la lista de nuestros cónsules honoríficos que me suministró el Departamento de Estado, y que tan sólo tres de ellos respondieron a nuestras llamadas telefónicas. Los otros dieciséis se han mudado, aunque sabemos de dos que han fallecido. Recomendé su anulación. Sugerí que buscáramos abogados prominentes en St. Louis, Denver, Pittsburg, Memphis, Tampa, Detroit, Cleveland, Charleston, Los Angeles, Phoenix e Indianapolis y que los convenciésemos de que acepten ser nuestros cónsules honoríficos. Se dedicarían a promover inversiones y turismo en nuestro país. Escogí esas ciudades por existir allí potenciales inversionistas y porque hay pocos dominicanos, evitando así el conflicto de la repartidera de cargos políticos a gente amiga del partido en el poder.

JUNIO 24. Cena en honor del Presidente Arnoldo Alemán, de Nicaragua. Ni el de El Salvador ni el de Nicaragua pudieron ver a Clinton.

JUNIO 25. Mucho calor. Hice mi primera visita a los Archivos Norteamericanos, después de seis meses aquí. ¡Y eso que en Santo Domingo hay gente que piensa que tan sólo es eso lo que hago! Escribí al Presidente y al Canciller explicando que el Presidente de El Salvador, a su regreso de su viaje a Washington, declaró que tiene esperanzas de que su gestión para la no deportación de indocumentados tenga éxito. Anunció que ha contratado a un equipo jurídico para asesorar a la comunidad. Es el mismo que nosotros contrataremos.*

JUNIO 26. La Cámara de Representantes aprobó una versión de la ley de paridad. ¡Eureka! Pero falta un largo camino. Almuerzo con Irving Davison, el viejo amigo de Joaquín Balaguer y también cabildero de los Duvalier. Jugó un importante papel como contacto de Balaguer con los norteamericanos mientras éste estuvo exiliado en Estados Unidos, en 1962-1965. Es un individuo que estuvo sometido a la justicia por el gobierno norteamericano, pero nunca fue condenado. Estuvo ligado al tráfico de armas y fue una importante fuente de información de la CIA para asuntos caribeños. Me imagino que aún reporta. También trabajó para Trujillo y los Somoza. Balaguer siempre lo ha invitado a sus tomas de posesión. No sé de ningún otro cabildero suyo aquí. Pancho Aguirre es más bien amigo de Donald Reid, y no creo que Balaguer le perdone sus actuaciones en 1961-65. En 1964, desde el exilio, Balaguer le dedicó su artículo "El último pirata del Caribe".

---

*Nunca apareció la plata para que este grupo diera servicio a través de nuestros consulados, como lo hicieron los centroamericanos.

JUNIO 28. Viajé a Pittsburgh acompañado por Eddy Martínez, Director de la OPI, a promover la inversión norteamericana en Santo Domingo. Allí también di una conferencia en la Universidad de Pittsburgh y tiré la primera bola durante un juego de béisbol entre los Piratas y otro equipo. Como no tuve tiempo para practicar, apenas llegó por tierra al "home". Para un Embajador dominicano eso es una vergüenza, y debo de corregir la falla si es que hay una segunda oportunidad.* El abucheo fue amistoso, pero me avergonzó.

JUNIO 29. Viajé a Baltimore para cenar en casa del Profesor Sidney Mintz. Él y su esposa son unos cocineros extraordinarios y ahora entiendo por qué sus libros, durante los últimos años, se están concentrando en el tema de la comida y las civilizaciones. A sus ochenta años ha decidido estudiar el mandarín, para conversar con su esposa de origen chino.

JUNIO 30. Viajé a Fort Meyer a una ceremonia militar. Cené con Manuel Rocha, quien sirvió en Santo Domingo como diplomático y hoy día es Encargado de Negocios en Buenos Aires, porque a ese país hace meses que los norteamericanos no envían un Embajador, por líos en el Senado con Jesse Helms.

Leo en la prensa que la situación política se complica en el terruño. Los balagueristas acusan al gobierno y al PLD de haberles declarado la guerra. Es una protesta por el apresamiento de un ex-Director del IAD de Balaguer. Una voz disidente es el reformista Ángel Lockward, quien alaba a Juan Bosch. Se me hace que quiere pasarse al gobierno. Al mismo tiempo que los peledeístas apresan a un reformista, el Secretario General del PLD declara que su partido no descarta nuevas alianzas con los reformistas para las elecciones congresionales de 1998. Esa alianza me luce difícil. Una buena noticia es que, por fin, el Presidente Fernández ha convocado al Consejo Nacional de la Magistratura para seleccionar a los jueces de la Suprema Corte, y que ya han pre-seleccionado a 48 abogados entre 252. Pero Milagros Ortiz Bosch ya advierte que sectores políticos

*La habría.

y grupos que representan a grandes bufetes de abogados están presionando para que esa corte quede conformada de acuerdo a sus intereses. Ciertos bufetes de abogados se han enriquecido por su capacidad de sobornar jueces, y ahora luchan para que se mantenga tanto la corrupción como sus ingresos. Los perredeístas están luchando, casi solos, por una justicia independiente.

La Comisión Interamericana de Derechos Humanos está de visita en el país, lo que me hace recordar aquellos viajes tan dramáticos de su predecesora, en 1961. Bienvenidos. El Senado, con el respaldo de todos los bloques, entregó una placa de reconocimiento a la Embajadora Hrinak, que se va. ¡Qué contraste más extraordinario con la bienvenida tan hostil que recibió del mismo Congreso cuando asistió a la juramentación de Balaguer en 1994! ¡En esa ocasión los reformistas la insultaron a gritos y ahora se unen al homenaje! La popularidad del gobierno va en picada. Según la Gallup, el 67% opina que las cosas van por mal camino; un 53% percibe fallas en la economía y un 64% cree que los servicios públicos están iguales, o peores que antes. Eso significa que el gobierno apenas cuenta con entre un 33% y un 47% de apoyo. No ha progresado desde las elecciones de mayo de 1996.

Pero también hay buenas noticias. El Presidente promulgó la ley general de reformas a las empresas públicas. Luce que por fin saldremos de los ingenios y otras empresas de Trujillo, que tanto le cuestan al contribuyente dominicano. También reestablecimos relaciones consulares con Cuba, rotas desde junio de 1959, es decir hace 38 años. ¡Más de una generación!

Julio

JULIO 1. Reunión con los Embajadores de CARICOM y luego visita a Mark Richardson, en el Departamento de Justicia, quien quiso hablar conmigo sobre la falta de extradiciones. Me trató específicamente el caso de "Freddy Kruger", el alias con el que se conoce a un dominicano. Esta noche cené en una de las residencias más prestigiosas de la alta sociedad de Washington, para honrar a "Patty" la viuda de Lewis Preston, el ex-Presidente del Banco Mundial. Conversé, de nuevo, con Katharine Graham, dueña del "Washington Post".

JULIO 6. Fui a Santo Domingo a una boda. Me reuní allí con el Presidente Fernández, quien me pidió informar a Washington que tal vez tendría que actuar con violencia contra aquellos que han estado organizando huelgas en San Francisco de Macorís, Nagua y otros pueblos del interior. Me dijo que no quería que los norteamericanos manifestaran estar sorprendidos cuando comenzaran a protestar por sus acciones. También me autorizó a insinuar que devolvería al famoso criminal, autor de catorce asesinatos en Nueva York, que tiene el seudónimo de Freddy Kruger, siempre y cuando los Estados Unidos aprueben la propuesta del Banco Central de negociar la deuda con la CCC. Sin embargo, me dijo que no ligara directamente una cosa con la otra, pues se vería de mal gusto. Sigo tratando de que Leonel Fernández venga a Washington en este mes de julio, o a más tardar en septiembre, para ver a Clinton con la excusa de que está ayudando a negociar el asunto de la paridad.

JULIO 9. Visita al Congresista Bob Graham, de la Florida, para cabildear el tema de la paridad, y también a un prominente abogado especializado en asuntos de migración para ver cómo se pueden lograr cambios en la legislación migratoria que tanto perjudica a los dominicanos. El Subsecretario Stuart Eizenstat, un muy alto funcionario del Departamento de Estado, me convocó para quejarse del maltrato que están recibiendo ciertas inversiones norteamericanas en la República Dominicana. Como sabía que me iba a tratar el tema de la Smith-Enron, llevé un reciente recorte del "Wall Street Journal", en el que un alto ejecutivo de esa empresa dice que, a pesar de sus problemas allá, el mercado es demasiado interesante y piensan participar en la licitación para la privatización. Al leerle esto lo desarmé. A la salida de la reunión otros funcionarios del Departamento de Estado me felicitaron por la forma en que pude contrarrestar la mayoría de los argumentos de ese hombre tan importante.

JULIO 10. Reunión con los Embajadores de Centroamérica para ver cómo logramos modificar la política migratoria norteamericana. Luego visitamos, juntos, al Congresista Philip M. Crane, para cabildear la paridad. Posteriormente nos reunimos en la Embajada de Guatemala para discutir el tema de la deportación de criminales. Luego de pasar por el Instituto Cultural Mexicano, donde vi a varias señoras dominicanas que participan en un seminario del Diálogo Interamericano, asistí a una cena en la Embajada de Honduras, donde se despidió a la Embajadora Cristina Sol, de El Salvador. También hoy almorcé en la Embajada de Chile, en una despedida al Embajador de Argentina, Raúl Granillo.

JULIO 11. Almuerzo de despedida a la Embajadora Sol, de El Salvador, en la residencia del Embajador de Perú, Ricardo Luna, Decano de los Embajadores latinoamericanos. Creo que con la excepción de la residencia de los Embajadores de Perú y Brasil, la embajada dominicana es la mejor entre las de los embajadores latinoamericanos. Esta noche fui a "Blues Alley", a oír a Winston Marsalis tocar su famosa trompeta. Llevo más de seis meses aquí y esta es la primera ocasión en que voy a algo no diplomático. En la mesa de al lado estaba nada menos que la Canciller Madeleine Albright, con quien conversé brevemente. Hasta el día de hoy no he ido al cine en Washington.

JULIO 14. Almuerzo en la Embajada de Colombia y luego fui a hablar con Debbie Lamb, una de las ayudantes del Senador Patrick Moynihan, uno de los principales opositores de la paridad textil. Aunque no lo admite, llegué a la conclusión de que Moynihan lo que no quiere es que la producción de ropa en los barrios de Manhattan, donde explotan a muchísimas mujeres asiáticas, se traslade al Caribe, aumentando el desempleo en el Estado que representa. Luego fui a ver a Mac MacLarty en la Casa Blanca.

JULIO 15. Almuerzo con la Embajadora Hrinak, quien está en Washington, previo a su partida hacia Bolivia. Recibí un oficio de la Cancillería donde me dicen que lo único en discusión sobre cielos abiertos con los norteamericanos es la fecha de entrada en vigencia.

Nosotros, con razón, insistimos en que sea cuando nuestro Congreso lo apruebe.

La prensa dominicana trae noticias raras. ¡El Subdirector General de Migración, José María Sosa, dice que su oficina va a construir una cárcel modelo para recluir a los extranjeros con problemas con su oficina y también a los dominicanos deportados desde Nueva York! ¡Qué disparate! Los deportados no pueden ser encarcelados, porque ya cumplieron su condena en Estados Unidos. ¿Quién aconsejó al Sr. Sosa? El Presidente fue a la Cumbre de CARICOM en Jamaica y anunció que el país tendrá libre comercio con esa región. ¡Por fin! También vio a Preval. Pocos días después fue a Panamá y se reunió con los centroamericanos, logrando que el país sea la sede de la próxima Cumbre de Presidentes de Centroamérica. ¡Qué gran éxito! Nos estamos acercando por fin a CARICOM y a Centroamérica, algo que propuse en 1966, hace más de treinta años, en un libro, y que he estado reiterando desde entonces, la última vez en 1994, en otro libro. Me siento feliz de ser parte del equipo de política internacional del Presidente Fernández. Pero pasan los días y el Consejo Nacional de la Magistratura no elige a los nuevos integrantes de la Suprema Corte. Qué contraste entre una exitosa política externa y una política interna que mejora tan sólo a cuenta gotas. Veo que no estoy solo, pues nuestro Cardenal ha declarado que se encuentra frustrado, pues percibe a los políticos trabajando para conformar una Suprema Corte que refleje sus propios intereses. ¡Qué difícil es lograr la independencia del sistema judicial! Los políticos no quieren dejar de controlarla. Nuestro Presidente advirtió que separará de su cargo a todo funcionario del gobierno que ventile públicamente sus diferencias con otros. Eso ni siquiera hay que decirlo en otros países, pues la separación sería automática. Ojalá cumpla su palabra, pero me temo que tiene que seguir gobernando con la gente de su propio partido y no los podrá cancelar, por más que disientan.

Las relaciones con la oposición no mejoran. Ángel Lockward, del reformismo, denunció que el gobierno investiga las cuentas bancarias en Estados Unidos de treinta dirigentes reformistas, utilizando nada menos que los servicios del FBI ¡Como si las agencias federales norteamericanas se prestaran a eso! Agregó que primero les ofrecen puestos a los reformistas y luego los humillan y acosan. En fin, que luce que los reformistas no están contentos. Al PLD no parece importarle, pues veo que Lidio Cadet declaró que el PLD irá a las elecciones congresionales del año que viene sin alianzas. Me temo que si es así perderán muchos asientos congresionales. El PRD, por su lado, a través de su Presidente en funciones, Hugo Tolentino, anunció que presentará a la justicia y al país pruebas de corrupción en el gobierno. La prensa también cita, a través del Director de Migración, mis esfuerzos por lograr que los norteamericanos nos den más pre-aviso y más datos con relación a los que están deportando.

JULIO 16. Almuerzo promovido por una prestigiosa firma de abogados que ahora tiene entre sus socios nada menos que a Bob Dole, ex candidato presidencial norteamericano y quien torpedeó la paridad el año pasado. Cuando llegó el momento de las preguntas le traté el tema de la paridad y admitió el conflicto de intereses, pues su oficina representa a textileros que se oponen a la paridad. Después de la comida visité al Senador Philip M. Crane, para cabildear la paridad.

JULIO 17. Participé en otro seminario auspiciado por el Diálogo Interamericano y que yo promoví para discutir el tema de las deportaciones de criminales. En el encuentro se distribuyó el estudio que se ha preparado al respecto, y que no sugiere soluciones fáciles al asunto, pues prácticamente todas requieren sanción congresional norteamericana.

JULIO 18. Almuerzo con Lilian Pujivones, del Diálogo Interamericano, quien me pidió sugerencias sobre lo que puede hacer esa institución. Luego fui a ver al Senador William V. Roth Jr., para cabildear la paridad.

JULIO 21. Otra visita donde Mark Richards, en el Departamento de Justicia, para oír sus quejas por la ausencia de extradiciones.

Luego visité al jefe de la AID, a nivel mundial, el Sr. Bryan Atwood, quien irá a la República Dominicana. Es la primera vez que un jefe a nivel mundial de la AID va a mi país. Pena que ya la Agencia no maneja casi ningún dinero. Otra cosa hubiera sido en los sesenta. ¡Ah muro de Berlín!

JULIO 28. Llegué anoche de Santo Domingo. Pronuncié un discurso ante la Cámara Americana de Comercio (Anexo No. 2) y participé en un seminario de la Pontificia Universidad Católica Madre y Maestra (PUCMM). Declaré a la prensa que la principal preocupación de nuestro país hacia Estados Unidos es el daño que las leyes de migración de 1996 nos están causando. Después de conversar con funcionarios de la Embajada norteamericana allí, queda confirmado que su prioridad es la lucha contra las drogas. Entre defender la democracia y la lucha contra las drogas, se buscan aliados antidemocráticos como Vladimiro Montesinos en Perú. Me dijeron que están recibiendo ayuda de Guaroa Liranzo para lograr que extraditemos a criminales. Vi al Presidente Fernández y tratamos el tema de una próxima reunión sobre temas de seguridad, en Washington.

Almuerzo en la Embajada de Brasil. A la salida repartieron cigarros brasileños, y el que lo hacía, al darse cuenta quién era yo, hizo un gesto admitiendo que los nuestros son mejores. Lo miré directamente a la cara y le dije "un acto de caridad se le hace a cualquiera". Esta noche fui a una despedida de Raul Granillo, el Embajador argentino.

JULIO 29. Almorcé con la nueva Encargada del escritorio dominicano en el Departamento de Estado y cené con Mark Penn.

La prensa dominicana sigue trayendo noticias ambiguas. Peña Gómez regresó al país. Días antes Balaguer había propuesto al Presidente y al propio Peña Gómez una fórmula "de selección múltiple" para la Suprema Corte y la Junta Central Electoral. También exhortó a los reformistas a que fuesen al mitin de recibimiento a Peña Gómez. Luce que los del partido rojo se están aliando con el PRD. Otro indicio de esto es que el Dr. Ramón Pina Acevedo ha apoyado la amnistía del ex-Presidente Salvador Jorge Blanco. A su llegada, Peña Gómez pidió una concertación entre los tres partidos para revisar la ley de electricidad, la ley electoral y la composición de la Junta Central Electoral, entre otras. También pidió al gobierno, a los reformistas y a la sociedad civil que presenten un candidato de consenso para presidir la Junta Central Electoral. Pero parece que su idea no ha sido acogida. Mientras tanto, organizaciones de la sociedad civil (FINJUS, ANJE, etc.) presionan públicamente para que se elija a la Suprema Corte. El Consejo Nacional de la Magistratura por lo menos ha acogido la propuesta del Presidente Fernández de que se celebren vistas públicas para escoger a sus 16 miembros. El Presidente también ha prometido reintroducir al Congreso las reformas económicas. Espero que no sea la versión de enero. También anunció el inicio de una campaña anticorrupción dentro del gobierno, advirtiendo a sus colaboradores que nadie escapará del peso de la ley, en caso de cometer hechos dolosos. Ojalá que no sean sólo palabras. Hasta ahora no ha habido ni un solo caso de corrupción del gobierno actual que haya sido sometido a la justicia. La forma más efectiva de perder popularidad es no luchando contra la corrupción.

Los norteamericanos infiltran a su gente en seminarios para presionarnos desde ellos. Para un foro sobre Reforma y Modernización de la Justicia, USIS trajo a un tal Drew Arena para que declarase a la prensa que han sido frustratorios los intentos para lograr un nuevo acuerdo o tratado de extradición. Agregó que estaba bastante frustrado porque su gobierno no podía averiguar cuál era la posición real del gobierno dominicano al respecto. Tiene razón, pues dentro del gobierno dominicano hay posiciones muy distintas. También dijo que Abel Rodríguez del Orbe argumentaba que la extradición de dominicanos era ilegal, al tiempo que Washington reclamaba unas treinta personas para fines de extradición. Consideró que existía un verdadero impasse, mientras que en Bolivia y Argentina los norteamericanos habían logrado firmar acuerdos de extradición. Como el Sr. Arena no es funcionario de la Embajada norteamericana en Santo Domingo, nuestro gobierno no puede quejarse formalmente, pero esa es precisamente la estrategia norteamericana: traer gente de fuera que diga públicamente lo que no pueden decir sus propios funcionarios. Con Haití sí estamos firmando acuerdos. ¡Por fin! Otro éxito del gobierno.

JULIO 30. Recibí por fax un recorte de la prensa dominicana donde nuestro Canciller declara que estamos gestionando que Estados Unidos reduzca las deportaciones de criminales.

Agosto

AGOSTO 4. Me tomé cuatro días de vacaciones, pues fui invitado a Jackson Hole, en Wyoming por una pareja norteamericana que no tiene nada que ver con Santo Domingo. Un sitio precioso. Conversé con muchos republicanos influyentes y pude descansar. Desde allí viajé a Santo Domingo para hablar en un seminario auspiciado por Despradel y Asociados (DASA), sobre el papel de la diáspora dominicana en Estados Unidos (ver anexo No. 4). Por fin en Santo Domingo se están preocupando sobre temas como éste que afectan muy directamente al país, pues la comunidad envía muchos millones de dólares. Recibí una respuesta del Encargado de Asuntos Latinoamericanos en el Consejo Nacional de Seguridad sobre el tema de la reducción en los ingresos de divisas de nuestro país por el nuevo cobro de las llamadas telefónicas. Prometió que la Comisión Federal de Comunicaciones contactará a Rubén, el hermano de Temístocles Montás, su contraparte en Santo Domingo.

AGOSTO 13. Pasé tres días en Iowa invitado por el Senador Charles E. Grassley. Durante los largos trayectos en guaguas, ante monótonos campos de trigo y maíz, cabildeé al senador y sus ayudantes sobre la paridad. Fue fácil, pues casi todo lo que produce Iowa se exporta, por lo que favorecen el libre comercio. Hasta oí quejas por el embargo a Cuba, pues perjudica las exportaciones de Iowa y beneficia las de Canadá. Ahora son los campesinos conservadores y religiosos del centro de Norteamérica quienes se quejan por el embargo.

En la Cumbre de Costa Rica se decidió realizar una reunión sobre asuntos comerciales, que tuvo lugar hace tres semanas, y otra sobre asuntos de seguridad que tendrá lugar mañana. Para ésta última el gobierno norteamericano sugirió un máximo de cinco personas, sin especificar sus cargos. Cristóbal Orozco, el Encargado de la Embajada norteamericana invitó directamente a Vincho Castillo y al Procurador solamente, sin pasar el expediente por la Cancillería. Yo me quejé al Departamento de Estado y Orozco entonces recibió instrucciones de invitar a través de la Cancillería. Con ese motivo Minou Tavárez sugirió al Presidente, y éste aceptó, que fueran el Secretario de Interior, Norge Botello; el Procurador, Abel Rodríguez del Orbe; Vincho Castillo, el Mayor General Folch Hubieral y yo. Llegaron ayer y el Secretario de Interior me admitió que no quería presidir la delegación, lo que le toca protocolarmente, sino que la presidieran el Procurador y Castillo. A éste último me lo encontré precisamente anoche, en un restaurante, con un cabildero cubano amigo de su pariente, Salomón Melgen.

El Presidente Fernández decidió extraditar a "Freddy Kruger" y a otro dominicano bajo la premisa de que es un acto de buena fe, para que los norteamericanos hagan algo con relación a la deportación de criminales y la renegociación de la deuda de la CCC. Su decisión coincidió con el inicio de la reunión aquí. Condicionó el asunto a que no puedan ser condenados a muerte, pero ya un fiscal norteamericano declaró públicamente que podrían sufrir esa pena. En la reunión le enseñé ese recorte de prensa a la propia Janet Reno y me prometió corregir el asunto. Yo soy el único que está tratando de ligar esos tres puntos, aunque el Mayor General Folch, con quien conversé hoy por primera vez ampliamente, está de acuerdo conmigo. He encontrado que el Mayor General Folch es muy inteligente y estamos bastante de acuerdo en otros puntos de vista. Sin embargo, sé que los norteamericanos no lo apoyan, por actuaciones pasadas suyas. Norge Botello luce como una persona que no quiere asumir responsabilidades sobre estos temas. Lo de la lucha contra las drogas está en Santo Domingo en manos de políticos. Creo que en Santo Domingo logré convencer al Presidente de que la delegación dominicana entregue un documento ligando el gesto de las dos extradiciones con la necesidad de detener las repatriaciones de criminales y renegociar la deuda, pero no sé si Castillo realmente va a entregar mañana un documento que diga esto. Pretendo entregar una nota diplomática sobre el tema, en caso de que Castillo no lo haga, pero ya es evidente que en ese punto clave de la política externa hay una gran diferencia entre los funcionarios dominicanos. Castillo, ayer gran enemigo de los norteamericanos, ahora se ha convertido en su gran amigo, y ellos están felices. Tan sólo no han logrado poner de su lado a nuestro Cardenal, a pesar de sus esfuerzos, que según tengo entendido han incluido hasta tanteos en Roma.

AGOSTO 16. Ayer terminó la reunión sobre el tema de la droga con Janet Reno y con el General McCaffrey, junto con los centroamericanos. Mi presencia en la reunión permitió que la delegación pudiera hablar directamente con la Procuradora Reno, pues no hablan inglés y tampoco la conocían. Además logré que se preparara un documento en Santo Domingo, que le fue entregado, ligando el tema de la extradición con el tema de las deportaciones.* El Presidente Fernández fue muy inteligente al ordenar la extradición de dos criminales dominicanos, precisamente el día antes de que se iniciara la reunión, pues la Sra. Reno, el General McCaffrey, y toda la delegación norteamericana estaban felices con nosotros y pudimos aprovechar el momento sicológico para pedir a los norteamericanos que reciprocaran con el asunto de los deportados criminales. Además del documento entregado por la delegación dominicana, yo estoy preparando una nota a la Sra. Reno ligando ese asunto al de la renegociación de la deuda con la CCC, para que esa sea la fuente de los fondos con los que nosotros construiríamos cárceles especiales y cubriríamos los gastos de las mismas para que

---

*En el 2000, el Presidente Electo Vicente Fox, de México, ha dicho públicamente que vinculará ambos temas.

los deportados, en vez de estar libres en las calles dominicanas, cumplan su sentencia total, pero en Santo Domingo, y no tan sólo una parte mínima de ella en Estados Unidos. Probablemente esto requeriría un tratado bilateral. Sin embargo, me temo que los norteamericanos argumentarán razones jurídicas para que el deportado tan sólo pueda ir a Santo Domingo a cumplir el resto de su sentencia allá si se va voluntariamente, pues así está en los tratados vigentes con México. Tendríamos que luchar contra este precedente para lograr ese acuerdo. En el fondo es un asunto presupuestal, pues lo que buscan con la reducción de las sentencias y la deportación subsiguiente es ahorrar dinero a los norteamericanos, reduciendo el costo de mantener las cárceles.*

En la hora del almuerzo, el Departamento de Estado sólo invitó a los Jefes de Delegación, por lo que llevé a Castillo a almorzar a la Embajada. Por primera vez en mi vida tuve conversaciones largas con esta persona, quien fue muy amable conmigo, pero dudo mucho que esto cambie su actitud hostil hacia mí, la que siempre ha reflejado en sus vitriólicos programas televisivos. De todas maneras, considero un privilegio los ataques de Vincho Castillo, y creo que sus recriminaciones, más que perjudicarme, me benefician.**

Peña Gómez ha pedido una rebaja en el precio de la gasolina y el gobierno lo acusa de "perturbador". También ha anunciado su retiro definitivo de la dirección del PRD, agregando que se irá este mes a Estados Unidos a consultarse con sus médicos. Agregó que por problemas de salud no seguirá dirigiendo el PRD, y tampoco se involucrará en actividades electorales. Ahora es que, por fin, dice que no aspira ni aspirará más a la presidencia de la República. Esta vez actúa responsablemente, porque irresponsable fue su decisión de ir a las elecciones en 1996 sufriendo de un cáncer mortal. Los "Isa" están en movimiento. Antonio Isa Conde renunció de la

*Los norteamericanos no aceptaron ninguna de nuestras propuestas hechas en esa reunión.
**A su regreso a Santo Domingo, en su programa televisivo, Castillo tuvo frases elogiosas hacia mi, lo que no dejó de preocuparme.

CREP por cuestionamientos hechos por sectores interesados,* y Subero Isa pasó de Presidente de la Junta Central Electoral a Presidente de la Suprema Corte. Luce que es el inicio de la conformación de una justicia independiente.

El Jefe del AID a nivel mundial, Bryan Atwood, una vez llegó a Santo Domingo declaró que Estados Unidos está muy impresionado con los avances alcanzados por el gobierno de Leonel Fernández durante su primer año, un gobierno surgido de elecciones democráticas celebradas con la presencia de observadores internacionales. También adelantó la posibilidad de la visita de Hillary Clinton. Ahora ese asunto es público.

El tema ecológico está candente. El Presidente declaró que estudia la posibilidad de revocar el controversial decreto que establece áreas protegidas. El turismo y la ecología estarán cada día más en conflicto. También hay amenazas de huelga. El tema de la extradición sigue candente. Hemos enviado ("expulsado") a España a tres etarras y el gobierno español quiere que "expulsemos" a dos más. Nada bueno hemos sacado de la decisión de ayudar a los españoles recibiéndoles a esa gente, por lo menos que yo sepa. No veo nada por el lado de la ayuda española, pero esos son asuntos de mi amigo Pedro Vergés. La prensa dominicana destacó la posición del fiscal norteamericano pidiendo la pena de muerte de los dos extraditados y cómo esa opción había sido excluida por el Presidente Fernández en su decreto. Esa metida de pata de los norteamericanos no ayuda, aunque luego la USIS reconoció la limitación establecida en el decreto. Los reformistas criticaron al Presidente por la extradición y los familiares de uno de los extraditados declararon que someterán al Presidente y al Procurador por ante la Suprema Corte. El Colegio de Abogados también criticó la medida. Si el asunto es puramente jurídico, ¿por qué tiene que ser el Presidente quien decida quién es extraditado o no y sufrir ese costo político? En otros países esa decisión la toma una corte, usualmente la

*Luego echó para atrás su renuncia.

Suprema. ¿Por qué no modificar la ley para que así sea en nuestro país? Veo que el Director de Migración se queja de que Estados Unidos sigue deportando gente sin ninguna documentación, a pesar de los acuerdos. Es cierto, los Embajadores nos hemos estado quejando, pero esos casos esporádicos continúan.

AGOSTO 18. Invité a almorzar a Mery Blocker, la nueva Agregada Cultural de la Embajada norteamericana.

AGOSTO 19. Envié al Presidente, al Canciller y a tres otros ministros la versión en español del documento que hicimos llegar a Janet Reno y a sus principales colaboradores en el Departamento de Justicia sobre el tema de las deportaciones, y que amplía el que le entregamos durante la reunión que terminó el día 15. Propusimos que los dominicanos cumplan su sentencia completa, parte en Estados Unidos y parte en Santo Domingo. Los dominicanos cubriríamos los gastos de encarcelamiento con los beneficios del deferimiento de nuestra deuda con la CCC. Reunión con David Jessup, de la AFL-CIO, quien vino a quejárseme porque empresas de zona franca pertenecientes a asiáticos y que operan en Santo Domingo están violando los derechos laborales. Lo reporté a la Secretaría de Trabajo y a ADOZONA. Sinceramente creo que para evitar que una manzana dañe un barril, debemos desestimular las zonas francas pertenecientes a asiáticos, pues por razones hasta culturales se le hace muy difícil a ellos cumplir con las normas laborales de nuestro Código.

Debo ver cómo logro que se reinicien las negociaciones sobre el Acuerdo de Cielos Abiertos en el Departamento de Estado. Me admitieron el error que cometió el funcionario de la Embajada norteamericana en Santo Domingo al pedir algo que obviamente violaba nuestra Constitución, y estuvieron de acuerdo en que esa parte del texto la redactasen los dominicanos, siguiendo nuestra Constitución. Recibí la visita de Larry Byrns, el último "hippie" de los años sesenta en Washington. Tiene un mini "tanque de cerebros", donde sólo labora él, y usa estudiantes universitarios para redactar sus reportes. Es la única voz de la izquierda que todavía queda en esta ciudad, junto con un funcionario del Departamento de Estado, gran amigo de Peña Gómez, que rehúsa jubilarse y que es un canal importante del PRD para expresar sus quejas a los norteamericanos. Por cierto, Héctor Santos, alto funcionario del BID, es la representación oficial del PRD y me he preocupado por invitarlo a todas nuestras recepciones. Es un individuo sereno y muy efectivo para hacer llegar sus puntos de vista, pues conoce bastante gente en esta ciudad. Como represento al país, y no a un partido, hasta invitaría a un cabildero de Balaguer si éste existiese, pues creo que Irving Davison ya no lo es. Luego fui a oír a Winston Marsalis otra vez. Fue un concierto más largo.

AGOSTO 20. Por primera vez visito el Departamento de Mapas de la Biblioteca del Congreso. Allí he encontrado una cantidad extraordinaria de mapas de la isla de Santo Domingo, desconocidos en el país. Me explicaron que desde hace apenas unos meses tienen un nuevo servicio de, en casos especiales, hacer reproducciones facsimilares de esos mapas, en tamaño original y a todo color. Me enseñaron el "scanner" con que lo hacen y realmente la única forma de darse uno cuenta de la diferencia entre el original y la copia es tocando el papel. Estuvieron de acuerdo conmigo en que, si yo hago una solicitud oficial, me reproducirían una cantidad de mapas, por supuesto pagando yo el costo. Me propongo exhibirlos en Santo Domingo y luego donarlos al Museo de Historia y Geografía, para un salón de mapas, pues es muy pobre en ese aspecto.*

AGOSTO 21. Me pasé el día entero en la Sección de Mapas de la Biblioteca del Congreso.

AGOSTO 22. Recibí a Félix Wilson, de la Sección de Intereses Cubanos. Me preguntó cuándo pensaba yo que se restablecerían relaciones diplomáticas entre los dos países. Le dije la verdad: que no sabía. Esta tarde fui al Estadio de Pelota de Baltimore donde nuestra eficiente Cónsul honorífica, Wilvia Medina, organizó una

---

*Esa exhibición de mapas la hice en Santo Domingo en enero de 1999 y luego la doné al Museo de Historia y Geografía, donde desde ese año conforman una nueva sala.

bailadera de merengues y comida dominicana antes del inicio del juego. Unos 200 dominicanos nos sentamos todos juntos, y en el séptimo inning, cuando sonó un merengue, nos tapamos la cabeza con pancartas rojas, blancas y azules e hicimos una gran bandera dominicana. El gesto fue muy aplaudido. Lo único a lamentar fue que la primera bola le tocó al Embajador dominicano. Esperaban que yo fuese un Marichal y me salió un globito. La pitadera no se hizo esperar. Menos mal que el juego no fue transmitido en Santo Domingo.

AGOSTO 23. Seminario de medio día con una delegación de muy alto nivel de Japón para discutir las relaciones de ese país con América Latina, auspiciado por el Diálogo Interamericano.

AGOSTO 24. Visita a Baltimore, invitado por la comunidad dominicana, a comer jaibas.

AGOSTO 25. Llevé a almorzar a la residencia a Linda Watt, quien será la Encargada de Negocios de la Embajada norteamericana. Me habló de Mari Carmen Aponte, pues ya la conoció. Por razones diplomáticas no puedo acercarme a conocerla. Linda se encargará de los aspectos administrativos en la Embajada, pues esa es su área, dejando la parte política a la Embajadora Aponte.* A Watt se le escogió cuando se pensaba que iría como Embajador una personalidad del Departamento de Estado, cuyo nombre sé, muy conocedor de los asuntos políticos latinoamericanos. Ahora Watt tendrá que bregar con alguien sin experiencia en esos asuntos.

AGOSTO 26. Por primera vez pude pasarme un día entero en la Biblioteca del Congreso. Estamos en medio del verano y hay menos trabajo.

AGOSTO 27. Me junté con Richard Bernal, Embajador de Jamaica, y con el nuevo representante de la Oficina de las Naciones Unidas para Refugiados. Avisé al Canciller que había convencido al Departamento de Estado de que el acuerdo de cielos abiertos entre

*Linda Watt tuvo que encargarse de todos los aspectos políticos, pues el Embajador tan sólo llegaría en diciembre de 1999.

en vigencia tan pronto lo apruebe nuestro Congreso. Ahora sólo falta firmarlo, pues estamos de acuerdo en todo. En el "Washington Post" de ayer se cita a Donna Hrinak pidiendo la extradición de los treinta que han sido solicitados ("Los queremos a todos"). ¡Qué forma de presionar!

AGOSTO 28. Viajé a Nueva York a una reunión en "Americas Society". Con la firma de abogados Herrera & Pellerano logré una lista de todos los decretos nombrando cónsules honoríficos en Estados Unidos desde nuestra independencia en 1844 y que no habían sido derogados. Los más viejos son de 1932. Envié una lista de ochenta y tres casos para que sean cancelados.*

Nuestro Presidente estuvo por México. Otro gran triunfo. Allí declaró que estudiará, caso por caso, las solicitudes de extradición, agregando: "yo pienso que también hay que dar señales de una voluntad de cooperación entre los distintos Estados, en lo que tiene que ver con la persecución del crimen". Ya hizo un gesto, pero dudo que los norteamericanos reciproquen en lo relativo a las deportaciones de criminales. Ramón Tapia Espinal apoyó las dos extradiciones, pero ahora resulta que Frederick Marzouka, el del escándalo de la lotería, huyó a Miami a través de Haití junto con su custodia. ¡Qué vergüenza! Me imagino que ahora procederemos nosotros a pedir su extradición. Colombia tiene un pleito con Vincho Castillo. La Embajada colombiana rechazó las acusaciones de Castillo contra su ex-Embajador en Santo Domingo y que lo ligaban al narcotráfico y luego el ex-Embajador presentó ante nuestra Suprema Corte una querella por difamación. Su abogado es Ramón Morel Cerda. Castillo ripostó anunciando que someterá al ex-Embajador y nuestra Cancillería admitió, por escrito, la existencia de un deterioro en los vínculos entre los dos países. Nuestro propio Canciller tuvo que admitir ese deterioro. ¡Mientras Leonel Fernández mejora las relaciones internacionales del país, un miembro de su propio gabinete las deteriora!

---

*Me complacieron. Fueron cancelados. Por supuesto, la mayoría estaban muertos.

Peña Gómez sigue totalmente errático. En una semana ha cambiado de parecer y ahora ha revocado su decisión de renunciar del PRD y hasta advirtió que no descarta la posibilidad de ser candidato presidencial en el 2000, si Dios le da vida y salud. ¡Qué irresponsabilidad! Un tema que había estado tratando aquí, por fin salió a la luz pública en Santo Domingo. Con la desregulación y la libre competencia en el negocio telefónico, la Comisión Federal de Comunicaciones ha disminuido sustancialmente el dinero que las telefónicas norteamericanas deben de pagar a CODETEL y a TRICOM para completar en el país las llamadas que se originan en Estados Unidos. Eso reducirá los ingresos en divisas de nuestro país en nada menos que unos US$170 millones al año, más que lo que generamos por exportaciones de café y cacao conjuntamente. Pero eso también reducirá el costo de las llamadas. Hace algunos meses que informé al Gobernador del Banco Central sobre este asunto. Los Embajadores de CARICOM se han quejado mucho, pero yo me he limitado a escribir un par de cartas. A mediano plazo eso nos beneficia, pues aumenta nuestra competitividad internacional.

Luce que la concertación progresa. El Senado escogió a Juan Sully Bonelly como Presidente de la Junta Central Electoral, así como al resto de su membresía. Parece una buena Junta. Como siempre, Mons. Agripino Núñez ha ayudado en esto. El Presidente Fernández también ha despejado en algo el asunto de la reelección, pues declaró que se irá del gobierno en agosto del 2000, sin ver cumplidos muchos de sus sueños, agregando que cuatro años de gobierno no son mucho, pero que eso no quería decir que pretendía seguir en el poder más allá de su mandato. Pero también hace cosas inconstitucionales, pues ha decretado tasa cero arancelaria para las importaciones de insumos que van a zonas francas textiles, aun cuando vayan a otro sector, hasta que el Congreso conozca una ley en ese sentido. La idea es excelente, pero reducir aranceles por decreto me luce inconstitucional y lo peor es que el Congreso no se queja. Ojalá que no decrete la pena de muerte y fusile a alguien provisionalmente, en lo que el Congreso convierte el decreto en ley.

Septiembre

SEPTIEMBRE 5. Estuve por Nueva York haciéndome chequeos médicos.

SEPTIEMBRE 8. El Subsecretario del Tesoro, Raymond Kelly, ha declarado a la prensa que un 20% del valor de los envíos a nuestro país por quince compañías remesadoras desde Nueva York representan dinero del narcotráfico. Esa declaración no sólo es altamente perjudicial al país, sino que también fue hecha sin fundamento. Voy a pedirle una cita. Pedí datos al gobierno, pero dudo que los reciba.*

SEPTIEMBRE 9. Me reuní con cabilderos azucareros y luego con los embajadores centroamericanos. Tuve una reunión muy fructífera con un abogado experto en asuntos de migración y con una persona, Rick Swartz, un antiguo "hippie" de los sesenta, quien estuvo muy ligado a las causas populares y que hoy en día es un prestigioso promotor de las causas de los inmigrantes y específicamente es un experto en cómo lograr que los grupos étnicos obtengan fuerza política. Pretendo pedir al gobierno dominicano un dinero para ver cómo logramos influir en la legislación migratoria y cómo Swartz me puede ayudar para que los líderes de la comunidad domínico-americana puedan conocer gente en Washington, establecer una oficina y promover su causa, logrando apoderamiento político. Por la tarde fui a una conferencia en la Universidad de Georgetown y luego a una despedida a la Embajadora Sonia Picado, de Costa Rica.

Una revista norteamericana ha comentado que el gobierno de Haití es el séptimo, a nivel mundial, que más gasta en Washington por concepto de cabildeo, una suma ascendente a US$2.3 millones al año. El Embajador de Haití me dice que ni un centavo pasa por su Embajada. De ser cierto, evidenciaría una total falta de coordinación. Envié hoy a la Cancillería el texto del acuerdo de "cielos abiertos" que me entregó el Departamento de Estado. Estoy de

*No los recibí.

acuerdo totalmente con la posición dominicana. Tan sólo hay que firmarlo y enviarlo al Congreso.

SEPTIEMBRE 10. Conocí a Roger Sand, Presidente de AES, empresa que hará fuertes inversiones en la República Dominicana. Luego me junté con Michael Skol, el ex-funcionario del Departamento de Estado, célebre en Santo Domingo por la frase de Balaguer de "los dardos de los partos". Fui a la Universidad de Georgetown a un homenaje a Gabriel García Márquez, pero éste decidió quedarse hablando con los estudiantes y no participó en la reunión. Un bello gesto, pero de todas maneras los que participaron en el homenaje son escritores muy famosos de América Latina. Luego pasé a Blair House, frente a la Casa Blanca, para una recepción.

SEPTIEMBRE 11. Otra reunión con David Jessup y Stan Gacek, de los sindicatos norteamericanos, para oír sus quejas sobre violaciones de derechos laborales y sus amenazas de tumbar la paridad textil si las mismas no desaparecen. Fui al Departamento de Estado para oír los planes de mover de nuevo la legislación sobre "fast track".

SEPTIEMBRE 12. Anoche fui a Nueva York a una cena en el Carriage House, donde conocí a potenciales inversionistas. Hoy comí una paella con los Embajadores de España, en un almuerzo íntimo.

SEPTIEMBRE 14. Cena de despedida en la Embajada de Chile a la Embajadora de Costa Rica.

SEPTIEMBRE 15. Las presiones que he estado ejerciendo sobre el tema migratorio parece que están dando resultados, pues hoy me visitó un grupo de muy alto nivel del Departamento de Justicia queriendo oír, de mi propia voz, mis quejas sobre el tema de repatriación de criminales y los requerimientos del "Affidavit of Support", que disminuye la migración legal, etc.* Almorcé con funcionarios del Diálogo Interamericano.

---

*Esa reunión no condujo luego a resultados positivos.

Por la prensa me entero de que el Consultor Jurídico estuvo de acuerdo con la propuesta del Cardenal y de cuatro de nuestros obispos de que se convoque a una constituyente para modificar nuestra Constitución, pero tan sólo después de las elecciones congresionales del año que viene. Me imagino que el PLD piensa que tendrá más fuerza congresional en esa fecha. Pero Peña Gómez también apoyó la idea, pues el PRD piensa lo mismo. Peña también propuso conceder el voto a los dominicanos residentes en el exterior, algo que conviene más al PRD que a cualquier otro partido, pero cuyo costo creo que casi duplicaría el presupuesto de la JCE. Además, dudo mucho que los partidos de oposición acepten que los empleados de los consulados manejen ese asunto. Ahora es Peña Gómez quien critica la extradición de los dominicanos. Antes lo habían hecho los reformistas. ¡Nuestro pobre Presidente, presionado por los norteamericanos y criticado por la oposición! Peña dice que el Presidente se extralimitó, pues el asunto es competencia del Poder Judicial y se requiere de una orden judicial. Así debería ser, pero hoy día no lo es. Peña citó el caso de Mario Ruiz Massieu, el mexicano que se refugió en Estados Unidos y que ese país no ha devuelto. Agregó que el gobierno dominicano no debe de ir más rápido que el norteamericano. En eso sí tiene razón. Los franceses e israelíes, como cuestión de principios, no extraditan. Tan sólo Mons. Agripino Núñez ha apoyado al Presidente en el asunto de la extradición, por lo que el costo político para el PLD ha sido alto.

El gobierno anunció que mantendrá para el año que viene los enormes subsidios a la CDE, CORDE y el CEA, pero hay luz al final del túnel, ya que se aceleran los planes de privatización. La revista "The Economist" tiene razón cuando argumenta que la popularidad del gobierno ya ha declinado, pues no lucha contra la corrupción, pasada o presente, y además están los apagones. Me preocupa que se estén comprando plantas eléctricas sin concurso. Ya se anunció una de 100 megavatios y una empresa francesa que quedó en segundo lugar en una licitación venderá cinco de 34 megavatios cada una. Los apagones intensifican la corrupción. Sin embargo, esas compras coinciden con una declaración del Presidente de que ampliará la persecución contra la corrupción y parece que algo se está haciendo, pues veo que Rafael ("Quique") Antún atribuyó a una venganza personal del Fiscal el involucramiento de su familia en el fraude de la Lotería. Esto, sin embargo, no ayudará para las elecciones y los pactos.

Hablando de corrupción, no hay forma de eliminar la factura consular que tanto dinero provee a los partidos (a través de los Cónsules), pues Miguel Cocco ha justificado su continuidad alegando que es un mecanismo de control de importaciones. ¡Por Dios! Los consulados son la principal fuente de ingresos que no pasan por el presupuesto. La segunda es Aviación Civil. La primera la controla el PLD y la segunda los reformistas. En la Cancillería preparan una ley para quitar esa factura, pero luce que no prosperará.

SEPTIEMBRE 16. Otra reunión con David Jessup de la AFL-CIO para oír sus quejas. Almuerzo del Presidente Enrique Iglesias del BID, despidiendo a la Embajadora de Costa Rica, seguido por una cena en la Embajada de Costa Rica también para despedirla.

Envié un oficio explicando que Mundogás, sometida por nuestro gobierno por haber sobrevaluado importaciones para obtener unos US$6 millones en subsidios adicionales durante el gobierno de Balaguer, ha contratado a la conocida firma de abogados y cabilderos Hogan & Hartson y nos anuncian que están remitiendo cartas de protesta a miembros influyentes de la administración y el congreso norteamericanos. En conversaciones con la Embajadora Hrinak, ésta nos había informado que su Embajada no estaba tomando ninguna posición al respecto, ya que la empresa no era norteamericana. Estamos de acuerdo, es de un francés, pero ¿por qué entonces gastan plata en Washington? Por cierto que el abogado de la firma, el ex-Congresista Michael Barnes, es también el gran defensor aquí de Aristide.

SEPTIEMBRE 17. Seminario en el Instituto Brookins.

SEPTIEMBRE 18. Participé en un bello acto de recaudación de fondos llamado "Diciembre en Septiembre", para ayudar al orfanato que promovió Oscar de la Renta en La Romana. El grueso de los presentes fueron damas, pero como se trata de Oscar de la Renta no dejé de estar presente. Hablé con la "Gran Dama" de Washington, Katharine Graham, del "Washington Post". Vinieron Roxanna Rivera y Marian Balcácer de "Ritmo Social" del Listín Diario, para cubrir el evento. Luego fui a un acto militar en honor al Secretario de Defensa William Cohen. Parece que en Santo Domingo Aviación Civil se ha echado para atrás en lo de "cielos abiertos", pues el Canciller me escribió diciéndome que se reunirá con ellos para informarles de la situación. Le había dicho que Aruba ya había firmado el suyo y que éste es el séptimo acuerdo firmado este año entre países centroamericanos y caribeños.

SEPTIEMBRE 19. Me pasé el fin de semana en Long Island, en casa de viejos amigos norteamericanos. La gente de Mundogás me pidió cita, pues ahora resulta que el dueño ha obtenido la nacionalidad norteamericana privilegiada y ya no es francés. Han contratado a una prominente firma de abogados de Washington para presionar al gobierno dominicano para que no le cobre la gran cantidad de dinero que la auditoría evidenció que debían, como resultado de la sobre-valuación de importaciones y el consecuente mayor subsidio durante el gobierno de Balaguer. Les niego la cita. Por mí que vayan a la Embajada de Francia. Además, la firma de abogados también representa a Aristide.

SEPTIEMBRE 22. Me reuní con James Dobbins, Encargado de Asuntos Latinoamericanos en el Consejo Nacional de Seguridad. Esta noche tuve una recepción en la Embajada a la cual invité para "disfrutar del ron y los cigarros dominicanos", un acto auspiciado por Brugal & Co. Fue un gran éxito. Vino mucha gente de muy alto nivel y que normalmente no se ve en recepciones diplomáticas, pero que son fumadores de tabacos. Una gran promoción para el país y que resultó en buenos contactos políticos. Hay que seguir con lo de los cigarros.

SEPTIEMBRE 23. Interesante discusión sobre temas migratorios auspiciada por el Instituto Tomás Rivera, de Texas. Luego almorcé con el Director Ejecutivo norteamericano en el BID y fui a una recepción en la Embajada de Arabia Saudí. No pienso volver a recepciones en esa Embajada, pues el Embajador, quien es un Príncipe hijo del Rey y Decano del Cuerpo Diplomático, ni siquiera estuvo presente en su día de fiesta nacional.

SEPTIEMBRE 24. Fui a una recepción que ofreció la gente de Taiwán. Aunque no son reconocidos oficialmente por el gobierno norteamericano, siguen teniendo mucha influencia en Washington, aunque no como en los días de Henry Luce (dueño de la revista "Time") y de la Sra. Chenault.

SEPTIEMBRE 25. Viajé a Nueva York para dar una conferencia en el Harvard Club, promoviendo inversiones dominicanas. Allí se encontraba un inversionista a quien el gobierno le expropió tierras en 1985, sin darle nada en compensación, pero logré que no me hiciera preguntas y que ni siquiera tratara el tema. Luego fui a la inauguración de la exhibición de arte taíno en el Museo del Barrio. Desde antes de ser Embajador había promovido esa exhibición, la que incluye algunas piezas taínas de mi propia colección.* Luce que va a ser un verdadero éxito. Luego fui a una boda de unos parientes dominicanos.

SEPTIEMBRE 26. Hoy el "Washington Post" comentó mi recepción de cigarros muy favorablemente, bajo el título de "Gracias por fumar". Citó que la última fiesta había sido con una orquesta de merengue, y que por el ruido la policía me había advertido sobre la queja de los vecinos, y cómo ahora el primero que estaba allí fumando era el Embajador Raymond A. Chretien, de Canadá, cuyo patio colinda con el nuestro. Participé en una conferencia en el Centro de Estudios Dominicanos, en el CUNY, invitado por Silvio Torres Saillant. Traté temas de migración. Esta noche fui a una cena de smoking del "grupo de los 50".

SEPTIEMBRE 28. Recibí la visita de Ramón Báez Figueroa y su esposa, quienes participan en la Semana Dominicana. La noche

---

*En el 2000 doné toda mi colección arqueológica al Museo que construye la familia León Jimenes en Santiago. Es una forma de ayudar y devolver a la ciudad donde nací.

anterior di una explicación a los participantes de esa Semana Dominicana sobre la temática bilateral y los problemas que tenemos
con Estados Unidos, pidiendo que no estuviese presente ningún
periodista para poder ser bien específico. Me dicen que es la primera vez que un Embajador pone al día a ese grupo. Tan sólo les
pedí que me enviaran "ayuda memorias" de sus reuniones con
congresistas, etc.

SEPTIEMBRE 29. Por la mañana tuvo lugar la ceremonia de
izamiento de la bandera dominicana con motivo de la Semana Dominicana, y luego una recepción. Por la noche dimos otra recepción con motivo de la Semana Dominicana y honramos a la Embajadora Hrinak, quien se retira de Santo Domingo. En mi discurso
enfaticé el ambiente hostil que caracterizó los primeros días de la
llegada de la Embajadora Hrinak y cómo los que en aquellos días
la criticaban hoy día la encumbran. No fue necesario mencionar
nombres.

La independencia y honestidad de nuestra nueva Suprema Corte ha provocado una reacción que ha echado para atrás parte importante de los logros relacionados con una justicia sana. Pocos
días después de que la Suprema pidiera a los jueces que declaren
sus bienes y que la Embajadora Hrinak expresara que ni siquiera
su país ha podido lograr la transparencia alcanzada por nosotros
en un proceso abierto para escoger a los jueces de la Suprema, el
Presidente Fernández destituyó al competente Fiscal del Distrito,
Guillermo Moreno, quien luchaba contra la corrupción, sin consultar al Palacio, lo que provocaba un distanciamiento entre el PLD y
los reformistas. Cuando se le criticó, Leonel Fernández contestó
que el Presidente "habla por decreto". ¡Qué respuesta tan altiva y
poco democrática! Según Norge Botello, Moreno fue quitado por
divergencias públicas con el Presidente de la DNCD, quien también
fue cancelado, pero creo que lo de la lucha contra la corrupción
influyó más. Moreno fue vitoreado en el Palacio de Justicia cuando
entregó sus papeles. El gobierno está saliendo de su mejor gente,
quienes son precisamente los independientes no peledeístas.

En el campo económico, el Presidente advirtió que tendremos que abrir el mercado local a las importaciones, al tiempo que nuestro Cardenal, contradiciendo al Presidente, consideró que la globalización sería funesta. El Presidente también autorizó al CEA a vender sus tierras. Menos mal. Hace doce años, en un discurso ante la Cámara Americana de Comercio, propuse que las tierras del CEA pasasen a cuatro empresas: una que las desarrollaría o vendería para fines turísticos, otra las convertiría en solares urbanos, una tercera las diversificaría en términos agrícolas y la cuarta compañía seguiría produciendo caña. El azúcar, de espina dorsal de nuestra economía, hace más de dos décadas pasó a ser la espina en el dorso de la economía. Ojalá que se vendan esas tierras.*

Defendiéndose de las obras públicas y de las compras sin licitaciones, en un seminario el Presidente consideró que los criterios de organizar concursos y licitaciones públicas no están pensados para hacer a un Estado eficiente, sino para hacer a un Estado no sospechoso. Ese comentario me recuerda lo de la esposa del César.

Octubre

OCTUBRE 2. Se fue la gente de la Semana Dominicana y no me dieron el "briefing" prometido sobre cómo les fue en sus reuniones con funcionarios norteamericanos. Tal vez me lo envíen por escrito.**

OCTUBRE 6. Regresé de Santo Domingo, donde asistí a la misa del primer aniversario de la muerte de mi esposa, así como a la boda de mi segunda hija. Aunque hace apenas mes y medio que no he estado en el país, noté una gran diferencia. Mientras en el gobierno de Jorge Blanco se hablaba de corrupción dos años después de haber estado en el gobierno, ahora apenas catorce meses después, se está hablando del tema. Se cita corrupción en compras de plantas eléctricas hechas por el gobierno (no por la CDE) y del

*La mayoría tan sólo se arrendó a largo plazo.
**Nunca llegó.

deseo de comprar plantas eléctricas por parte del gobierno a empresas que quedaron en último lugar en los concursos de la CDE. Se habla de corrupción en las compras de los autobuses a Brasil y en las obras públicas. Dado que ahora se pueden importar carros de segunda mano, pagando mucho menos impuestos que antes, esto ha significado un gran abaratamiento en el costo de la importación de vehículos, lo que ha aumentado extraordinariamente la cantidad en circulación, provocando enormes entaponamientos en las ciudades. La suspensión del Fiscal Guillermo Moreno ha sido un gran error del gobierno y la respuesta del Presidente de que sólo habla a través de decretos me hace pensar que ha cambiado de actitud y en su forma de hacer política. Por segundo viaje consecutivo no he podido verlo, a pesar de que le pedí una cita. Almorcé hoy con los representantes dominicanos ante el Fondo Monetario, el Banco Mundial, el BID y la OEA.

OCTUBRE 8. Hoy di dos conferencias: una, durante un desayuno en la Universidad de Georgetown, y otra durante un almuerzo en el Club Dacord, al cual sólo pueden pertenecer retirados del servicio diplomático norteamericano. Allí conocí a personas que estuvieron en Santo Domingo, y también pude saludar a algunos que ya conocía y que habían servido allí. Mi conferencia trató sobre la política norteamericana hacia el régimen de Trujillo y hasta la guerra civil de 1965. Muchos de los diplomáticos me felicitaron, pues consideraron mi conferencia como una de las mejores que se habían dado allí en mucho tiempo.

OCTUBRE 9. Me reuní con un grupo de estudiantes dominicanos quienes están de visita por Washington.

OCTUBRE 10. Di una conferencia en la oficina del US Information Service (USIS) al grupo de los estudiantes dominicanos que visita Washington.

OCTUBRE 13. Ayer estuve en Nueva York y cené con Barbara Walters. Quiere que la invite de nuevo, para esta vez bailar merengue en algún sitio de Nueva York. ¡Creo que me voy a plumiar!*

*Efectivamente, ¡me plumié!

OCTUBRE 14. Recibí a Jane Gentri, de la ATT. Discutimos el grado de competencia que hay en Santo Domingo en las telecomunicaciones. Recibí a un abogado experto en temas migratorios, para ver cómo puede ayudar a promover legislaciones que ayuden a la comunidad dominicana y a un crecimiento en la migración legal desde Santo Domingo hacia Estados Unidos. Luego fui a oír un concierto de música en la Embajada de Colombia.

En la prensa dominicana se cita que Peña Gómez ha sugerido una constituyente, coincidiendo con las elecciones congresionales del año que viene, para que redacte una nueva Constitución. Eso es peligroso, pues el PLD y el PRSC podrían colar allí la reelección. También dijo, en Nueva York, que si su salud se lo permite irá definitivamente como candidato presidencial en el 2000, llevando como Vicepresidente a Rafael ("Fello") Suberví o a Hipólito Mejía. La gran irresponsabilidad de Peña Gómez continúa. ¡Qué tragedia! Se postuló como Presidente a sabiendas de que sufre de un cáncer mortal. Por poco gana y si hubiese ganado hubiese pasado la mayor parte de su primer año en hospitales fuera del país. A pesar de lo anterior, insiste en ser candidato en el 2000. Según la Gallup, un 69% cree que el país va por mal camino, un aumento de un 2% con relación a junio y un 56% está convencido de que la situación económica nacional empeorará. En caso de una elección, el 37% votaría por el PRD, el 34% por el PLD y un 15% por el PRSC, con un 14% de indecisos. Me luce que, otra vez, el PLD tan sólo ganaría aliado al PRSC. Pero veo que en un escándalo de corrupción en la Lotería el gobierno ha involucrado a reformistas. Me reconfortó ver que la mitad de los dominicanos está en contra de la reelección. A los norteamericanos no debe haberles gustado que un 45% se opone a la extradición.

Nuestro Senado solicitó al Congreso norteamericano que mantenga abierto el plazo otorgado a los extranjeros que buscan obtener su residencia en Estados Unidos. Menos mal que temas de la diáspora interesan a nuestro Congreso, pero no puso eso como condición para pasar leyes que interesan a los norteamericanos, por lo que son declaraciones sin fuerza. La prensa dominicana reprodujo lo que dije en la recepción de despedida de la Embajadora Hrinak, en el sentido de que los dominicanos que ayer se oponían con mayor vehemencia a la política norteamericana en nuestro país, hoy día son sus mejores defensores. Me imagino que se entendió bien claro a quiénes me refería. También citó mi declaración, corroborada por Hrinak, de que debido a las nuevas leyes de migración la cantidad de dominicanos deportados aumentará. Precisamente, en estos días un congresista norteamericano, quien preside la comisión sobre el seguro social, pidió la extradición del Embajador balaguerista Pedro Rafael González Pantaleón, condenado por fraude al seguro social norteamericano. Por lo que he conversado con el Presidente Fernández, luce que éste no lo extraditará. Imagino para no ofender a Balaguer.*

Fernando Mateo, el domínico-americano que se hizo famoso en Estados Unidos por su brillante idea de cambiar juguetes por revólveres, y que anunció que quiere sustituir a Giuliani como Alcalde de Nueva York, ahora está en Santo Domingo, favoreciendo una campaña a favor del voto del dominicano en el exterior. Pero parece que el hombre tiene ambiciones políticas en Santo Domingo, pues veo que Balaguer lo ha propuesto como Senador por el Distrito. Este Mateo se mueve, pues pocos días después de su llegada, el Senado aprobó la modificación de la ley electoral para incluir, entre otras cosas, el voto en el exterior. Estoy en contra de esto por razones de orden práctico. Junto con México, somos el único país con una proporción alta de la población residiendo en Estados Unidos. En conversaciones con el Embajador de México hemos coincidido en que el costo de empadronar a tanta gente, y luego permitirles votar, sería tan alto que lo haría imposible. Voy a tratar de convencer a la JCE de que contrate a un técnico para que cuantifique la operación antes

*No lo extraditó, pero el hombre cometió la estupidez de aceptar un empleo en un país árabe y volar a Ámsterdam, donde lo estaba esperando la Interpol. No sé si robó, pero luce que es muy poco juicioso.

de que siga adelante con el proyecto.* Para comenzar, dudo que los partidos de oposición acepten que empleados consulares se encarguen de esa labor, pues son siempre del partido de gobierno. Un cálculo rápido me indica que en Manhatan habría la necesidad de más mesas electorales que en la provincia de Santiago. ¿Cuánto costaría alquilar esos locales si las elecciones tuviesen lugar durante un día laborable?

OCTUBRE 16. Hoy me pasé el día en la Universidad de George Mason, para conocer sobre su capacidad para entrenar dominicanos, sobre todo en el campo de la alta tecnología. Durante la noche fui a juntarme con el cientista político mexicano Jorge Castañeda, quien acaba de sacar otro libro suyo, esta vez sobre la vida del Che Guevara.**

OCTUBRE 17. Hoy almorcé con Orsalía Kalanzopoulus, quien se ocupa de los asuntos dominicanos y caribeños en el Banco Mundial. Nos acompañó un alto funcionario del Banco Mundial, ayudante del Presidente de esa institución. Luego fui a una recepción que ofrecía el Diálogo Interamericano en honor de Luigi Einaudi, un viejo amigo del Departamento de Estado, quien se acaba de retirar después de una extraordinaria carrera y ahora estará vinculado al Diálogo.***

OCTUBRE 20. Recibí la visita del nuevo Embajador de Surinam, quien se educó en la Universidad Católica de Santiago de los Caballeros. Discutí el tema de Haití y las posibilidades de incrementar la actual migración haitiana a Surinam. Luego me junté con un cabildero de la industria textil norteamericana para discutir la paridad.

*Así lo hice y hasta sugerí un nombre, pero la Junta no hizo el cálculo.
**En esa reunión planteamos su visita a Santo Domingo para dar una conferencia y para discutir con el Presidente Fernández sobre la "tercera vía" que Castañeda y su grupo de políticos latinoamericanos está promoviendo como alternativa al socialismo de ayer y al neoliberalismo de hoy. Se planteó que la próxima reunión de ese grupo fuese en Santo Domingo. Logré que Castañeda fuese a Santo Domingo, pero para otros propósitos. A finales del 2000 fue nombrado Canciller de México.
***En el 2000 asumió un alto cargo en la OEA.

OCTUBRE 21. Visité al Congresista Philip M. Crane, para cabildearle sobre la paridad. Luego participé en una cena que el Presidente del BID, Enrique Iglesias, ofreció al Embajador Silva Herzog de México, quien regresa a su país.

OCTUBRE 22. Recibí en el aeropuerto a Gladys Gutiérrez. También recibí un oficio del Canciller donde se anexa una carta de Aeronáutica Civil que evidencia claramente que César Pina Toribio, el Consultor Jurídico, ha pedido que el asunto de "cielos abiertos" se estudie de nuevo, para definir "alcances y objetivos". ¡A comenzar todo de nuevo!

OCTUBRE 24. Por la mañana fui a ver al Subsecretario del Tesoro, Raymond Kelly, ex-Jefe de la Policía de Nueva York y ex-entrenador de la Policía de Haití, para quejarme sobre el hecho de que, al anunciar la imposición de controles durante dos meses sobre el envío de divisas a la República Dominicana, requiriendo que todo envío mayor de $750 sea documentado por el remitente, dijo a la prensa norteamericana que un 20% de todas las remesas de divisas a la República Dominicana se originaban en los beneficios de drogas, y que el tamaño de la comunidad dominicana no justificaba el actual monto de las remesas. En todo caso debió haber hecho esa declaración al finalizar el período de dos meses, y después de analizar los resultados de los controles, no al anunciar la medida. Su declaración también salió en la prensa dominicana. Le expliqué que el tamaño de la comunidad sí ameritaba el monto de los envíos, pues apenas arrojaba un promedio de menos de US$200 por dominicano adulto por mes. Me dijo que su departamento ya había notado cómo había aumentado la captura de transferencia de dinero en efectivo en vehículos usados, lo que probaba que estaba funcionando bien su mecanismo. Me prometió que haría una declaración tan pronto termine el período de dos meses, es decir, el primero de noviembre.*

*Nunca la dio. La medida no fue renovada, lo que sugiere que no fue muy efectiva. Los dominicanos y los colombianos fueron los únicos a quienes se les aplicó ese control.

Por fin tuve algún tiempo libre en horas normales de trabajo y visité a la vuelta de la esquina de la oficina de la Embajada, la Galería de Arte Phillips, para luego asistir a una reunión con los Embajadores centroamericanos para discutir la paridad. Almorzó en mi casa Bryan Lattel, quien fue el Jefe para América Latina de la CIA y que por haber preparado un documento crítico sobre la estabilidad psíquica de Aristide, documento que un senador norteamericano hizo público, fue sacado de su cargo por órdenes del Presidente Clinton. Hoy en día es profesor de la Universidad de Georgetown y su vinculación con la CIA está ahora limitada a su pertenencia al Centro para el Estudio de la Inteligencia (sí, sí existe). Esta noche tuve un gran éxito con un coctel que promoví en la Embajada para degustar los cigarros de E. León Jimenes. La participación de congresistas y funcionarios fue extraordinaria. Todo el mundo me felicitó. Gracias a E. León Jimenes tuve esta noche un gran éxito.

OCTUBRE 25. Me reuní con Oscar de la Renta, quien ha venido a Washington para participar en el cumpleaños de la Primera Dama de Estados Unidos en una cena muy exclusiva. Cené en la Embajada de México, donde conocí al cabildero de una de las empresas textiles más grandes en México. Por supuesto, le hablé de la posibilidad de que su representada invierta en Santo Domingo.

OCTUBRE 27. Visité al Senador Charles E. Grassley para cabildear la paridad textil, y luego recibí a María Elena Núñez, quien está estudiando periodismo y televisión en la Universidad de Maryland. Por la tarde fui a la oficina del Departamento de Estado que tiene que ver con solicitudes de acceso a documentos bajo la ley norteamericana de libertad de información. El Sr. Richard Moorfield puede ser muy útil en la obtención de documentos en los archivos, cuando tenga tiempo para ir allí. Esta noche ofrecí una recepción en la Embajada a ex-alumnos de la Facultad Wharton de Finanzas de la Universidad de Pensylvania, donde me gradué.

OCTUBRE 28. Almuerzo con gente del National Geography Magazine y del Smithsonian para discutir cómo pueden ayudar a la arqueología en Santo Domingo.* Luego fui a una reunión al Departamento de Estado con el Subsecretario Jeffrey Davidow para luego seguir a otra reunión en el mismo Departamento sobre deportación de criminales. Por la noche cené en la Embajada de Marruecos.

OCTUBRE 29. Almuerzo en la Embajada de Turquía.

OCTUBRE 30. Participé en una cena de fumadores de cigarros en el University Club. Como siempre que se trata de cigarros, había gente muy importante. Hasta ahora el caso de las extradiciones no había involucrado a personalidades conocidas, pero por la prensa dominicana veo que nuestra Cancillería ha tramitado el pedido de extradición de los norteamericanos contra los conocidos empresarios Edmond Elías y Tito Hernández, vinculándolos al caso del colombiano Luis Horacio Canó. Tan sólo sé lo que aparece en los periódicos dominicanos. Donna Hrinak declaró que su gobierno aguardaba respuesta a su solicitud. La Procuraduría ha declarado que son treinta y dos las solicitudes de extradición y que contra Elías y Hernández pesa un pedimento de arresto provisional e incautación de bienes desde el mes pasado, pero que las autoridades dominicanas no habían tomado acción porque los expedientes presentados por los norteamericanos no estaban completos. Poco después, Abel Rodríguez del Orbe declaró que si los norteamericanos no fundamentaban sus solicitudes no recomendaría ninguna extradición, pero a seguidas aclaró que en los únicos dos casos en que se ha cumplido el procedimiento ha sido precisamente con Elías y Hernández, y que notificará a los dos empresarios tan pronto reciba un informe de la DNCD. Ahora la papa caliente la tienen los militares. Para complicar la cosa, Rodríguez del Orbe declaró que aunque esos acusados hayan colaborado con la campaña política del PLD tendrían que responder ante la justicia. Por periódicos posteriores veo que Hernández fue interrogado por la DNCD

*En el 2001 decidieron hacer una historia sobre la cultura taína.

y que en las próximas horas lo será Elías. La Embajadora Hrinak tomó el paso inusual de pedirles a ambos empresarios presentarse ante las autoridades judiciales norteamericanas, es decir que viajasen voluntariamente a Estados Unidos en vez de ser extraditados.*

Un miembro del gabinete, Vincho Castillo, ha sido sometido por difamación por la revista "Rumbo" y lo que ha hecho el Presidente es nombrarlo Embajador adscrito a la Cancillería. Los herederos políticos de Juan Bosch tienen poca memoria, pues no emulan al profesor, quien cuando fue Presidente enfrentó un caso parecido, pues su Ministro de Industria fue sometido por un político opositor. Lo que hizo Bosch fue destituirlo para que pudiera defenderse como simple ciudadano. Veo que pocos días después el propio Castillo se querelló por difamación e injuria contra esa revista y su editor Aníbal de Castro. Y también contra sus dueños, Máximo y Arturo Pellerano. Castillo hasta pidió la inhibición de cuatro jueces.**

Donna Hrinak tuvo el coraje de admitir públicamente lo injusto de un aspecto de las leyes de migración norteamericanas de 1996 en lo que se refiere a personas que cometen delitos menores y que nunca van a la cárcel, pero que cuando visitan su país de origen y luego regresan a Estados Unidos, Migración los detiene en el aeropuerto y son deportados, a pesar de haberse convertido en ciudadanos ejemplares. La prensa norteamericana ha citado varios casos en este tenor, los cuales hemos recortado y distribuido en Washington como parte de nuestros esfuerzos por lograr la modificación de esa parte de la ley.*** Joaquín Bidó Medina, el vocero de los diputados peledeístas, criticó públicamente a los norteamericanos por las deportaciones. ¡Bien!

---

*Parece que este caso no pasó de esa etapa, y que probablemente por falta de pruebas los norteamericanos desistieron de seguir presionando.

**Luego se llegó a un acuerdo y el pleito se suspendió, pero la revista dejó de criticar a Castillo, por lo que éste último salió ganancioso.

***La Suprema Corte de Justicia declararía inconstitucional parte de esa ley.

Una buena noticia. El gobierno y los partidos de oposición depositaron en el Congreso un acuerdo para la aprobación del Código Monetario. Eso significa que pronto será ley. ¡Aleluya!* Para principios del mes que viene se prepara una huelga general coincidente con la Cumbre de Presidente y Jefes de Estado. Peña Gómez ha pedido la mediación de la Iglesia. El consuelo es que las cosas en Asia van mucho peor, pues sus bolsas, monedas y bancos se han desplomado. No sólo son empresarios norteamericanos los que tienen problemas en Santo Domingo, pues un español compró unos terrenos en Macao y unos reformistas se los cogieron. Ahora la Embajada española presiona y con razón. ¡Olé! Tres hoteles del Estado han pasado a manos francesas. ¡Trés bien! Juan Tomás Pérez es otro que pide públicamente la renovación de la alianza PLD-PRSC. Aeronáutica Civil ha expresado públicamente que le interesa un acuerdo de cielos abiertos. Ojalá sea así.

Un asunto de alta política que no me concierne es la declaración de nada menos que el Presidente del Senado español, quien habló ante el Senado dominicano pidiendo que los dos etarras que quedan en Santo Domingo sean deportados, al tiempo que agradece la deportación de otros tres. La verdad es que esto de las deportaciones es el plato del día de la diplomacia, como en la Edad Media, cuando se devolvían a príncipes y verdugos, que habían sido rehenes.

OCTUBRE 31. La posición de la Consultoría Jurídica del Poder Ejecutivo con relación a "cielos abiertos" tal vez tiene una explicación. En la prensa dominicana de hoy aparece una carta de un empresario piloto pidiendo posponer los cielos abiertos hasta que el país salga de la categoría III. Nuestro empresariado nunca ha podido organizar una buena línea aérea internacional perdurable y ahora se opone a "cielos abiertos" hasta que los aviones dominicanos puedan volar a Estados Unidos. ¿Y quién defiende a los dominicanos ausentes y al turismo, que con "cielos abiertos" obtendrían más asientos y más baratos?

---

*Tres años después, todavía no es ley. El Congreso lo aprobó, pero el Presidente Fernández lo vetó a sugerencia del Banco Central.

Noviembre

NOVIEMBRE 3. La carta a la prensa del piloto empresario estaba coordinada con Aeronáutica Civil, pues hoy recibí un oficio del Canciller anexándome toda una señora resolución de Aeronáutica Civil oponiéndose a firmar ahora "cielos abiertos" hasta que salgamos de la categoría III, y hasta la firmó el representante de ASONAHORES, ¡es decir la asociación dueña de hoteles! Qué ciego están. Y para guardar las apariencias, Aeronáutica Civil anunció que firmará un acuerdo de "cielos abiertos", ¡pero con Centroamérica!, como si fuese importante.

NOVIEMBRE 14. Fui a Francia el día 2, para estar presente en la puesta en circulación auspiciada por la UNESCO y Unión Latina, de una versión en francés de mi libro *Los Cacicazgos de la Hispaniola*. Allí, el Vicepresidente Jaime David Fernández Mirabal recibió, a nombre del Presidente, un premio de la UNESCO. Luego fui a Santo Domingo a la puesta en circulación de mi libro Las frutas de los taínos. El acto de puesta en circulación coincidió con el primer día de una gran huelga. Dos días después vi al Presidente de la República y hablamos sobre la posibilidad de que alrededor de septiembre del año que viene él visite los Estados Unidos, invitado por el Vicepresidente Albert Gore, y sobre una estrategia que estoy elaborando para que el Presidente Clinton lo invite en ocasión de esa estadía del Presidente Fernández en Estados Unidos. Declaré a la prensa que existía la posibilidad de que la ley de migración norteamericana fuese suavizada, sobre todo con relación a los 75,000 dominicanos indocumentados. Mientras en el gobierno de Jorge Blanco se habló de corrupción a los dos años, en mi viaje a Santo Domingo encontré gente, tanto fuera como dentro del gobierno, conservadores y liberales, hablando de corrupción en el gobierno del Presidente Fernández. Por corrupción sólo han sido acusados y apresados gente del reformismo ligada al escándalo de la Lotería, pero se han excluido a reformistas ligados al escándalo de Bahía de las Águilas. En Santo Domingo me hablaron de lo exitosa que fue la Cumbre con los Jefes de Estado de Centroamérica celebrada en Punta

Cana. El Presidente Fernández y el Canciller Latorre merecen ser felicitados. Allí se planteó mi vieja idea de 1966 de que nuestro país sea "puente" entre Centroamérica y CARICOM. Después de ese encuentro, el Presidente salió hacia Isla Margarita, a la Cumbre Iberoamericana. Hasta Peña Gómez declaró que la política externa de Leonel Fernández es buena, y apoyó el concepto de "puente", aunque por supuesto discrepó con la política interna. El Vicepresidente, Minou Tavárez y el Secretario Técnico han viajado a Taiwán. Algún día revisaremos nuestra política hacia ese país. Tan sólo unas doce otras naciones de nuestro continente lo reconocen, países pequeños del Caribe y Centroamérica, más Paraguay, y China Continental es cada día más importante. Pero Taiwán ha invitado a docenas, si no cientos de políticos dominicanos a visitar esa isla. Me temo que el cambio tardará. Al menos, nuestra Cancillería debía hacer un estudio sobre las ventajas y desventajas de mantener la actual posición.

Una importante decisión en nuestra política externa fue la deportación a Cuba de 14 cubanos presos en el país por intentar irse en yola a Estados Unidos. Si no paramos eso a tiempo nuestro país se llenará de cubanos y la próxima ola de balseros, en vez de ir hacia Miami, será hacia nuestra costa Norte. En la Cancillería se me dijo que en el caso de personas que podrían sufrir persecuciones se harían excepciones. Es cuestión de distinguir entre refugiados económicos y refugiados políticos. He oído la opinión de que mientras más cubanos vengan a nuestro país mejor sería, pues no constituyen un peso económico sino una migración educada, con salud y emprendedora. Creo que es un tema poco debatido. Si no deportamos a los refugiados económicos cubanos, ¿con qué cara deportamos a los refugiados económicos haitianos? Hay que ser consistente y evitar acusaciones de racismo.

El Fiscal Francisco Domínguez favoreció que sea la Suprema la que decida la extradición de dominicanos al exterior. Tiene razón. Ese sambenito no debe de pegársele al Presidente. Con relación a asuntos internos, en Santo Domingo ya el Senado aprobó la Ley Electoral, que incluye el voto en el exterior. Insisto en que debe de hacerse un estimado del costo para que la JCE pueda seguir adelante en ese asunto. Me temo que los recursos serían tan grandes que sería imposible lograr ese voto. Ahora los partidos tendrán un financiamiento del presupuesto nacional. ¡La política será cada día más, una fuente de enriquecimiento! También se crearán los distritos electorales.

Peña Gómez y el PLD han enviado a Balaguer y al Presidente Fernández una propuesta de constituyente, pero no sé qué contiene. La Suprema está evaluando a los aspirantes a jueces. ¡Eureka! Euclides Gutiérrez sometió a la justicia a Hugo Tolentino por difamación, pues éste último denunció que en CORDE hay corrupción. ¡Qué necedad! ¿Y es que alguien puede negar que en las empresas de CORDE hay corrupción? Balaguer atacó a la Embajadora Hrinak, acusándola de inmiscuirse en los asuntos internos. ¿Resabios del 1994? Ésta lo negó. ¡Por favor! Nuestra policía apresó a uno de los criminales deportados por haber matado a tres personas antes de fugarse a los Estados Unidos. Allí luego lo apresaron por asuntos de drogas. Al regresar hoy a Washington ofrecí una cena a Alfredo Vorshirm, Embajador dominicano adscrito a la Cancillería, con gente importante de la Embajada de Israel.

NOVIEMBRE 17. Viajé a Philadelphia para dar una conferencia en la Facultad Wharton de Finanzas de la Universidad de Pensylvania, donde me gradué. Luego cené con autoridades de la Universidad y discutimos cómo podrían ayudar a la República Dominicana.

NOVIEMBRE 18. Hoy recibí la visita de Jonathan Hartlyn, científico político norteamericano y uno de los pocos que se sigue preocupando y escribiendo sobre la República Dominicana. El "Los Angeles Times" sacó un reportaje sobre dominicanos en el negocio de drogas.

NOVIEMBRE 19. Recibí a una representante del "Washington Times", quien insiste en que se prepare un suplemento sobre la República Dominicana. No la estimulé.*

*A pesar, fue a Santo Domingo y logró suficientes anuncios del gobierno y del sector privado dominicano para hacer ese suplemento.

NOVIEMBRE 20. Participé en un seminario sobre el tema de inmigración, auspiciado por el Diálogo Interamericano. Este seminario fue propuesto por mí cuando llegué a Washington y me reuní por primera vez con los directivos de esa institución. El programa fue televisado completo y mi intervención salió en el canal C-Span, visto en todos los Estados Unidos. Me llamaron varias personas de Nueva York que lo vieron. Aproveché el acto para hablar largamente con Doris Meissner, Jefa del Servicio de Migración, quien me tocó al lado durante el almuerzo.

NOVIEMBRE 21. Hoy almorcé con Alexander Kafka, Director Ejecutivo de la República Dominicana en el Fondo Monetario Internacional. Le voy a sugerir al Gobernador del Banco Central que se le condecore por sus largos años de servicio al país. Por la tarde recibí a Paul Taylor, ex-Embajador norteamericano en Santo Domingo.

NOVIEMBRE 22. Cené con Plácido Domingo y su esposa Marta. Un grupo muy pequeño.

NOVIEMBRE 23. Cené con la madre del Presidente Leonel Fernández. Una persona muy fina y humilde. La trajo a Washington un conocido empresario dominicano y su esposa. Espero que sigan viajando con ella cuando su hijo no sea Presidente, pero me temo que no será así.

NOVIEMBRE 25. Visité a John Hamilton en el Departamento de Estado para tratar el tema de las deportaciones de criminales. Le expliqué que la ley de migración de 1996 expresamente obliga al Ejecutivo norteamericano a negociar tratados para que reos extranjeros cumplan su condena en el país de origen, sin que esa sea una opción voluntaria del reo y con el aporte económico de Estados Unidos a los países de origen. Esa ley expresamente pide que esos tratados se firmen con países cuyos nacionales estén en mayor cuantía en cárceles norteamericanas, lo que ocurre con el caso dominicano. Esa es la solución para el asunto de la deportación de criminales. Se me contestó con el mismo argumento que la semana pasada me planteó Doris Meissner, la Directora de Migración, en el sentido de que aunque el Congreso aprobó esa ley no aprobó fondos para esa partida. Me dijo además que el carácter involuntario de la transferencia crearía serios problemas constitucionales. ¡El Congreso pasa una ley inconstitucional y no aprueba los fondos para su puesta en vigencia! Suena a Tercer Mundo.

Luego almorcé con Larry Levinson, Fabiana Jorge y otros miembros de una muy prestigiosa firma de abogados de Washington. Levinson fue cabildero y abogado de la Gulf & Western. Rememoramos aquellos días de tanto conflicto entre el Sr. Charles Bludhorn y yo, y luego con su sucesor Martín Davis. Para consolarlos (y defenderme) reporté hoy al Presidente y al Canciller que en este año todos los presidentes de Centroamérica y Panamá (con la excepción de Guatemala) han visitado Washington, sin que ninguno fuese recibido por Clinton en la Casa Blanca. Tan sólo Frei, Zedillo y Fujimori han logrado verlo. El primero fue el único que vino en una visita oficial de Estado. La cita con Fujimori fue decidida a último minuto, ya que ocurrió durante la crisis de la Embajada japonesa en Lima.

NOVIEMBRE 28. Acabo de regresar de Vermont donde pasé "Thanksgiving" en la casa de Julia Alvarez, en un campo cercano a la Universidad de Middlebury. Allí trabajé en un índice de ocho horas de grabaciones de música folklórica dominicana de los años treinta y cuarenta que descubrí en la Biblioteca del Congreso.* El Presidente Clinton prorrogó por pocos meses una sección de la nueva ley de migración que permitirá tramitar las solicitudes de visas de residencia ("green cards") sin tener el solicitante que volver a su país de origen. Una pequeña victoria para miles de dominicanos.

Mientras los norteamericanos y europeos luchan en el Golfo, en Santo Domingo nuestro Presidente trata de mantener un diálogo bipartidista, pero el PRD se retiró del mismo, así como de la Comisión Presidencial para la Reforma y Modernización del Estado. La otra opción ha sido organizar, a partir de enero, un Diálogo

---

*Varios juegos de las cintas y el índice los repartí luego entre museos y folkloristas dominicanos.

Nacional que incluirá a políticos, empresarios, obreros y la sociedad civil. Carlos Dore lo manejará, pero Mons. Núñez Collado será el vocero. El CONEP, mientras tanto y por si acaso, reiteró su respaldo a la Constitución de 1994, imagino que buscando evitar que se reintroduzca la reelección a través de ese amplio diálogo.

Vincho Castillo ahora se querelló contra tres jueces de la Suprema por el caso del ex-Embajador de Colombia. El pleito entre el PLD y los reformistas continúa, pues Radhamés Segura definió a Balaguer como demagogo y politiquero, por hablar de y propiciar la reducción de los precios de los combustibles. Todos los partidos piden esto cuando el petróleo baja, pero se oponen al aumento cuando el petróleo sube. La corrupción alrededor de lo de Bahía de las Águilas se complica. El Fiscal Francisco Domínguez ordenó la prisión de los involucrados, pero el Procurador Rodríguez del Orbe decidió que quienes habían devuelto los títulos de propiedad no deberían ser perseguidos. Si estafas y te agarran, pero devuelves, entonces eres inocente. ¡Vaya jurisprudencia! Esa decisión benefició a un senador reformista. Pocos días después cesó toda la persecución, a pesar de las protestas de FINJUS y del Colegio de Abogados. Rodríguez del Orbe hasta llegó a advertir públicamente al Fiscal que era él quien fijaba la política criminal del Estado. Luce que la política del gobierno de perseguir la corrupción entre los reformistas es errática e inconsistente, y que tan sólo logra mortificar a los reformistas, sin que nadie termine condenado. Ni se hace justicia ni se logra una buena política de alianzas. Veo que también se colocó impedimento de salida contra algunos familiares del cacique del Este, Amable Aristy Castro, y que incluye a treinta personas y hasta al Sindico de Higüey, por el asunto de las tierras de Macao. En eso está involucrada la Embajada de España, pues se las quitaron a un español y hasta se rumora, aunque me dicen que no es cierto, que el Presidente José María Aznar le trató ese tema a nuestro Presidente cuando hizo una parada técnica en nuestro aeropuerto. ¡No sólo son los norteamericanos los que se quejan por nuestras expropiaciones! Ángel Lockward, del reformismo, dijo que el gobierno del PLD es un engaño pues persigue a su gente. También se postuló como candidato a senador reformista por Puerto Plata. Peña Gómez está de regreso después de su viaje de salud por la India. Por problemas de higiene están llegando menos turistas ingleses, al tiempo que el grupo Meliá ha comprado dos hoteles de dominicanos. Creo que con la integración vertical del negocio turístico en Europa es difícil que sobrevivan hoteles privados dominicanos. ¿Por qué ese tema no se trata en la OMC? Nuestras negociaciones con CARICOM continúan, aunque lentamente, y es que el Caribe angloparlante es muy proteccionista.

Hoy salió en el "Washington Post" un artículo muy laudatorio a mi persona sobre cómo "mis labores finalmente dan fruto". Pero se refería a mi libro Las frutas de los taínos y a las investigaciones que hice al respecto en diferentes bibliotecas norteamericanas hace ya algunos años.

Diciembre

DICIEMBRE 1. Grabé un programa de televisión para maestros de español en Virginia, el cual tengo entendido es escuchado por muchos estudiantes. Almorcé con los representantes dominicanos ante el Fondo Monetario Internacional, el Banco Mundial, el BID y la OEA.

DICIEMBRE 3. Regresé de Ottawa, donde fui a firmar en nombre del gobierno dominicano el tratado internacional contra el uso de minas. Estados Unidos, Cuba y otros países no lo firmaron. Ni siquiera a Trujillo se le ocurrió poner minas en nuestro país.*

DICIEMBRE 5. Ayer participé en una discusión sobre las relaciones entre Cuba y Estados Unidos en el Diálogo Interamericano. Luego me trasladé a Nueva York a participar en un acto de recaudación de

---

*Al año, cuando entró en vigencia el tratado, por haber sido ratificado por suficientes parlamentos, entre los países que no lo había ratificado estaba la República Dominicana. Nunca he sabido si el Poder Ejecutivo lo llegó a enviar al Congreso, o si fue el Congreso que nunca lo ratificó.

fondos en la Americas Society para el Concejal Guillermo Linares. Fue auspiciado por Ted Kheel. Hace ya varios años puse en contacto a Kheel con Linares, quien ha sido el primer Concejal de origen dominicano en la administración de la ciudad de Nueva York.

DICIEMBRE 14. El fin de semana pasado estuve en Miami con más de 100 domínico-americanos. Se trataba de la primera reunión, que considero histórica, de gente de la sociedad civil domínico-americana que está tratando de tener influencia política en los Estados Unidos. Considero que es una de las reuniones en que he podido ayudar más, ya que el futuro de las relaciones domínico-americanas dependerá de la fuerza política que obtenga nuestra comunidad. Programamos una reunión en Washington para el mes de junio, para yo ponerlos en contacto con líderes políticos y con instituciones. También participé en Miami en la reunión con líderes caribeños y empresarios que siempre se celebra en diciembre. Ofrecí dos conferencias, una sobre las razones para invertir en Santo Domingo, y otra sobre la estrategia para obtener la paridad. Hoy tuve otra reunión con Steward Eizenstat, la persona con quien he negociado de más alto nivel en el Departamento de Estado. Solicité la cita yo mismo, para exponerle la temática dominicana. Fue interesante que cuando me planteó la agenda norteamericana por primera vez oí una queja sobre el volumen de comercio que hace la República Dominicana con Cuba. Como siempre, las mayores preocupaciones de Estados Unidos son la falta de extradiciones y las quejas por maltrato a empresas norteamericanas. Pedí el envío de una misión comercial a nuestro país. Eizenstat me confirmó que el Departamento de Estado no había sugerido que se invitase a Leonel Fernández a una visita oficial a Washington. La prensa norteamericana trata mal al país, aún en temas que son de gran ventaja para nosotros, como es el béisbol, pues hace tres días salió en "The New York Times", en primera página, un artículo con fotografías a color sobre un entrenador de pelota en Santo Domingo, que incluso no es dominicano sino puertorriqueño, que exigía favores sexuales a jóvenes peloteros para incluirlos en el entrenamiento. ¡Ahora tan sólo nos falta un escándalo sobre cigarros!

Hace pocos días invité a almorzar en la residencia a Luigi Eunaidi. Como ya no trabaja en el Departamento de Estado, pues se jubiló recientemente, y nos conocemos desde hace años, pudo ser más franco conmigo y discutir con mucha candidez la agenda bilateral domínico-americana. Prometió ayudarme haciendo llegar mis puntos de vista a sus ex-colegas. También hace pocos días tuve la rara ocasión de distraerme. Fui al Kennedy Center para oír un concierto de Yo-yo Ma, tocando nada menos que música de Astor Piazzola.

He logrado contratar a Rick Swartz y a un abogado experto en migración para que cabildeen a favor del gobierno dominicano en legislación de migración, y para que el primero pueda dar algún tipo de entrenamiento y estímulo a los líderes de la comunidad domínico-americana en el campo de conocer a gente en Washington y conectarse con grupos similares de otros orígenes con el propósito de lograr empoderamiento político. Hoy fui a Silver Springs a dar una conferencia en la Unión Cultural Dominicana, un grupo de origen humilde pero realmente interesado en problemas que les afecta de forma muy específica, como el endurecimiento de las leyes de migración.

Logré que el "consejero económico" fuese trasladado a nuestra misión en las Naciones Unidas. Espero que su sustituto no tenga "tarjeta verde" y que conozca sobre cómo funciona el gobierno dominicano por haber vivido y trabajado en nuestro país. Con suerte también sabría algo de economía.

En la prensa veo que Jacinto Peynado tiene sus ojos puestos en la Presidencia para el 2000 y que no permitirá de nuevo que los reformistas le hagan "una cúcara mácara". ¡Qué iluso! ¡Mientras viva "el hombre" será un "títire fue"! Otra vez la convención del PRD ha sido un lío y fue pospuesta. Por lo menos en esta ocasión no se dispararon ráfagas de ametralladoras ni explotó una granada, pero la guerra verbal ha tenido la misma intensidad de violencia. Es un partido que no tiene vocación institucional. Peña Gómez, actuando como verdadero caudillo, amenaza con imponer él mismo un candidato y advirtió públicamente a Subervi y a Hipólito Mejía que ninguno de los dos tiene calidad moral para cuestionar su potestad de seleccionar a los candidatos. El hombre se ha puesto las botas. No habrá democracia dentro de ese partido. También quiere repartir los empleos en el Distrito Nacional entre los candidatos ganadores y perdedores. Milagros Ortiz Bosch dice que la Gallup le dio la victoria en la convención. Hatuey Decamps negó que hubiera intento de fraude, pero Julio Maríñez ha planteado que es virtual candidato a Síndico y que Milagros será la Senadora. Peña Gómez niega que Maríñez haya ganado. Luce que esta convención será anulada.

Los peledeístas, por su lado, a través de Danilo Medina admitieron que buscan una nueva alianza con los reformistas, pero en términos diferentes a los del año pasado pues ahora llevarían candidatos comunes. Al día siguiente Miguel Cocco y Guaroa Liranzo se reunieron con Balaguer. Luce que esa nueva versión del "Frente Patriótico" va en serio, a pesar de que el PLD no ha dado muchos empleos a reformistas y ha acusado a algunos de corrupción, aunque luego ha desistido de someterlos. Sin embargo, a los pocos días la cúpula reformista negó que negocie alianza alguna con el PLD con miras a las elecciones congresionales del año que viene. Lo de Vincho Castillo y su pleito con la revista "Rumbo" sigue creando problemas. Rodríguez del Orbe le rechazó su querella contra tres jueces de la Suprema y Vincho ha considerado nula una sentencia de ese tribunal en su contra, que le desconoce su categoría de Secretario de Estado y de Embajador.

La prensa recogió la noticia de que Hillary Clinton iba a Santo Domingo, pero cuando ya el viaje había sido pospuesto. El Canciller negó la visita. El que sí estuvo por allá fue el nuevo jefe del Comando Sur, el General Charles Wilhelm, quien, acompañado de la Embajadora Hrinak habló con el Presidente sobre narcotráfico. Lo que antes era un asunto policial, o en el peor de los casos de la guardia costera, ahora es tema del Pentágono. Antes, de lo que hablaba el jefe del Comando Sur era del peligro comunista.

Ha pasado casi inadvertido, pero la clasificación de riesgo de nuestro país ha mejorado. Ese termómetro lo ven mucho los inversionistas extranjeros. "Human Rights Americas" sigue acusándonos de violar los derechos humanos. Mientras no aprendamos a deportar a los haitianos en forma civilizada, esas acusaciones continuarán. Precisamente, el mismo periódico anunció que el CEA, que perdió RD$525 millones este año, está contratando braceros usando viejos buscones. Si cerramos el CEA perderíamos menos y tendríamos mejor imagen ante el mundo. El Presidente Fernández ha propuesto que nuestro continente formalice tratados de extradición vinculados al narcotráfico, según los lineamientos establecidos recientemente por Naciones Unidas. Eso luce muy razonable. Al otro día Vincho Castillo opinó que las políticas de extradición son trabadas y entorpecidas por constituciones y legislaciones nacionales que, en nombre de la soberanía, se erigen en verdaderos burladeros.

DICIEMBRE 17. Mañana salgo para Santo Domingo, para pasar allá las navidades.

AÑO 1998
Enero
ENERO 7. Cumplo un año de estar en el cargo. Regresé después de pasar las Navidades y Año Nuevo en Santo Domingo. Allí me preocupó oír que el Presidente tiene intenciones de reelegirse, presumiblemente a través de una modificación de la Constitución, en alianza con los reformistas, quienes descartan que Balaguer pueda seguir optando por ser candidato. También oí que Balaguer ya no es batuta y constitución entre su grey. Según la Gallup, el 50.4% de los dominicanos aprueban la reelección. En septiembre era un 40.6%, pero un 42% ahora la rechaza totalmente. Creo que ese 50.4% refleja la fuerza cambiante de peledeístas y reformistas. El 64% no cree en la lucha del Presidente contra la corrupción y un 57% cree

que Rodríguez del Orbe actuó mal en el caso de Bahía de Las Águilas. La falta de lucha contra la corrupción le está costando mucho apoyo al PLD. Luce que está perdiendo más votos que el 15% que hoy día aporta la alianza con los reformistas. El 83% de los encuestados cree que el Presidente debe de cambiar a sus principales funcionarios, contra tan sólo un 8% que cree lo contrario. ¿Por qué no lo hace? ¡Hasta el grueso de los peledeístas lo están pidiendo! La convención del PRD se pospuso para enero, pues según Peña Gómez se detectaron graves anomalías. Hugo Tolentino dice que hubo fraude y pidió la expulsión de los culpables. Explicó que en el PRD llevan años denunciando fraudes electorales, por lo que mal puede éste permitirse dentro del partido. Maríñez dice que lo han despojado.

Mientras estuve en Santo Domingo la Cámara de Diputados aprobó, al vapor, la ley de telecomunicaciones. Protestaron tanto el gobierno como CODETEL. ¿Por qué no protestó TRICOM? Leonel Fernández dijo que la observaría. ¿Qué está pasando allí? El PRD dijo que no participará en el Diálogo Nacional que auspicia el Presidente, y que se inició estando yo en el país. Participé en el mismo. Los nacionalistas tenían su claque que azuzaba el antihaitianismo. En teoría el diálogo es bello, pero es manipulable. El PLD anunció que descartaba la idea de gobernar por decreto, lo que implica que alguna vez lo consideró. ¡De la que nos salvamos! Tal vez lo más interesante que leí en la prensa, mientras estuve en Santo Domingo, fue la declaración de Aristy Castro, Presidente del Senado, rechazando una posible alianza reformista con el PLD en las próximas elecciones de mayo. Agregó que Balaguer cometería un grave error si ordena ese acuerdo, dadas las ingratitudes del gobierno y los funcionarios peledeístas. Los ataques contra la corrupción le están costando a los peledeístas su alianza con los reformistas. Los rumores que oí sobre Balaguer no cuadran, pues, con las declaraciones de Aristy Castro.

En cuanto a la agenda bilateral, y como resultado de conversaciones en Santo Domingo, ahora trataremos de que en julio, cuando el Presidente Leonel Fernández vaya a Japón, sea recibido por Clinton en Washington, ya sea a la ida o a la vuelta. También existe la posibilidad de que la Primera Dama, Hillary Clinton, vaya a Santo Domingo en visita privada, a hospedarse en la nueva residencia de Oscar de la Renta. Estuve en esa casa, en Punta Cana, con Henry Kissinger, su esposa Nancy, Barbara Walters y con Linda Wachner una importante ejecutiva de una gran firma textilera, con quien pretendo seguir en contacto por lo de la paridad textil. Peña Gómez está terminando su vida como un caudillo, al igual que Balaguer, decidiendo él quien será el candidato ganador en la convención del PRD. Mientras el PLD ha logrado convenciones relativamente pacíficas y democráticas, no hay forma de que el PRD logre lo mismo. Oí el rumor de que el Gobernador del Banco Central está haciendo operaciones de ingreso de divisas otorgando garantías cambiarias, para así estimular los influjos y mostrar altos niveles de reservas brutas y netas. De ser cierta la versión, lo que dudo, eso sería altamente peligroso, pues el Banco Central sufriría grandes pérdidas en caso de una devaluación.

ENERO 12. Leo en el resumen de prensa que envía el Palacio por fax, que la Jefatura de nuestra Policía denunció que delincuentes que se han formado en las calles de Nueva York y otros lugares de Estados Unidos, y que han sido deportados, están instruyendo a los dominicanos en "el estilo delictuoso" que llevaban en el exterior. La Jefatura agregó que un 90% de los civiles envueltos en asesinatos son criminales deportados. Muchos son identificados como deportados por sus tatuajes. Sin embargo, no puede suministrarme listas de los deportados ni de los crímenes que cometieron para yo poder enseñar eso aquí, pues con información anecdótica, aunque probablemente cierta, no se llega lejos en esta ciudad. Sin embargo, estoy mandando el recorte a la Casa Blanca y al Departamento de Estado.

ENERO 17. Unos días agitados después de las vacaciones en Santo Domingo. Fui a una recepción que dio el Embajador de Venezuela; me reuní con los abogados expertos en asuntos de migración y de empoderamiento de comunidades extranjeras; cené con el ex-Embajador en Washington Eduardo León Asencio y su esposa Ana, junto con un buen grupo de los amigos que cultivaron cuando estuvieron aquí. Durante el fin de semana fui a Nueva York, a cenar con los más altos ejecutivos de la Orden de Malta y luego fui a una cena con frac y condecoraciones en el Waldorf Astoria.

Percibo problemas en Santo Domingo. El Senado aprobó la ley de comunicaciones, pero el Procurador, igual que el Presidente, pidió que fuese observada. Peña Gómez dice que no aspirará en el 2000, pero sí para las próximas elecciones congresionales de mayo. ¡Qué barbaridad, un hombre tan enfermo! Hay una declaración de la Embajada norteamericana de que no están conformes con nuestra política de extradición. Sin embargo, ni los mexicanos ni los colombianos ni los países de CARICOM están autorizando extradiciones. Aunque no tengo el dato, creo que la República Dominicana es el país que más personas está extraditando, pero no usamos ese argumento. Por eso la presión norteamericana se mantiene fuerte. Una buena noticia es que el Presidente Fernández ha dicho públicamente que la reelección no está en su agenda. Una medida que estimulará la inversión extranjera es el decreto que permite a extranjeros comprar tierras sin permiso del Poder Ejecutivo. Los precios del petróleo están cayendo y el gobierno está ante el dilema de si bajar el precio de la gasolina y los otros combustibles, o quedarse con los recursos financieros resultantes de un mayor diferencial. Aeronáutica Civil está anunciando que busca acuerdos bilaterales con Europa, pero hace ésto cuando ni siquiera hemos firmado el Acuerdo de Cielos Abiertos con Estados Unidos. La CDE anuncia un contrato para adquirir una planta de 300 megavatios. Creía que se iba a privatizar la electricidad, pero ahora el Estado sigue comprando plantas. ¡Qué contradicción! Otra noticia preocupante es que la prensa informa que ya la mano de obra haitiana domina en la agricultura del Cibao.

ENERO 18. Fui a la misa de la Virgen de Altagracia. Mientras en mi primer año la comunidad ofrecía tan sólo una misa, ya hay por lo menos dos misas, por lo que uno enfrenta el dilema de a cuál de las dos asistir.

ENERO 20. Probablemente como resultado de mi comparecencia en varios foros sobre el tema de los deportados, incluyendo el canal de televisión C-SPAN a nivel nacional, vino a verme hoy un muy alto funcionario de la Procuraduría General, el Sr. John Morton, junto con cuatro personas más. El hecho de ellos venir indica que me están oyendo. Le sugerimos seis posibles soluciones. Ellos no aportaron ninguna idea nueva, pero sí admitieron, por primera vez, que muchos de los deportados están retornando a Estados Unidos, incluso legalmente. Para evitarlo están desarrollando un programa de computadora. Sí sugirieron que pasásemos una legislación como la de Jamaica, de obligación de reportarse de tiempo en tiempo, pero creo que eso sería inconstitucional en mi país. Insistieron en que nuestra gente acepte el envío de los deportados en vuelos "charters". Sé, por la prensa norteamericana, de la queja de ciudadanos norteamericanos que están viajando con deportados sin ellos saberlo, y cómo eso es peligroso el gobierno está empujando los "charters".

ENERO 22. Envié a la Junta Central Electoral una recopilación de lo que dicen las leyes de otros países sobre el voto en el exterior. El caso dominicano es el único donde una alta proporción de la población vive fuera y puede votar. Creo que ese voto será una pesadilla.

ENERO 23. He seguido negociando con los abogados expertos en migración y asistí, por una noche, a una conferencia en la Universidad de Georgia, en la ciudad de Atenas, Estado de Georgia, donde se discutieron varios aspectos de la cultura caribeña. Allí conocí a Edwidge Danticat, con quien ya había mantenido correspondencia, y vi de nuevo a viejos amigos como Manuel Moreno Fraginal, el autor de El ingenio. Un miembro de la oficina de intereses cubanos en Washington participó en la reunión y se me acercó. Eso coincidió con la presencia del Papa en La Habana. No discutió conmigo asuntos de importancia.

ENERO 27. En estos días me estuvo visitando el jefe de la misión de intereses cubanos, Fernando Remirez, me imagino que a sugerencia del que conocí en Georgia. Se trata de un individuo extremamente inteligente y muy adecuado para el cargo, ya que conoce íntimamente la política interna norteamericana. Me habló sobre cómo los intereses agrícolas norteamericanos se están oponiendo al embargo, y que ahora los congresistas que más empujan su eliminación son elementos conservadores, representantes de campesinos, mientras antes esa posición la sostenían sólo los congresistas liberales. Me dijo que la Cámara de Comercio Americana también está tomando una posición contraria al embargo.

Fui a oír al Presidente Clinton en su discurso sobre el Estado de la Unión ante el Congreso. Poco interesante.

La comunidad dominicana en Rhode Island, aunque pequeña, es muy activa. Me llamaron ayer para hacerme una entrevista telefónica para una estación de radio latina. Con el propósito de abarcar todo el espectro político de esta ciudad, visité la Fundación Heritage, extremadamente conservadora. Hablé allí con John Sweeney, encargado de asuntos latinoamericanos y quien aparece en un programa de televisión que es visto en todo el hemisferio. También con la persona que prepara el "índice de libertad" de las economías latinoamericanas y del Caribe. Sweney me admitió cándidamente que su principal objetivo es presentar un punto de vista diferente al del Diálogo Interamericano. También fui a una recepción de "Nature Conservancy". Su Presidente, Alex Watson, un antiguo alto funcionario del Departamento de Estado, fue Cónsul en la República Dominicana y he hecho esfuerzos por interesarlo en que su institución trabaje más en nuestro país.

Revisando la prensa dominicana veo que el gobierno optó por bajar los precios de los combustibles. No creo que haya sido una medida inteligente, pues además de perder recursos fiscales está creando un precedente de tener que aumentar los precios cuando el petróleo suba. Pero entiendo lo popular de la medida.

Veo también que la esposa de Marzouka salió del país, aún cuando tenía impedimento. Recibí la solicitud de extradición de Marzouka. Nunca había visto una solicitud tan mal preparada, pues la información suministrada fue mínima. Mientras Abel Rodríguez del Orbe y el resto del gobierno exigen a los norteamericanos todo tipo de datos para justificar una solicitud de extradición, cuando los dominicanos la hacemos no proveemos casi ninguna información. ¿O será que realmente no nos interesa que ese individuo sea extraditado porque afecta a políticos del Partido Reformista? Según la prensa, Henry Kissinger está tratando de intervenir en el conflicto de nuestro gobierno con la Smith and Enron. De ser cierto, su asesoría no nos saldrá barata. Ahora el Presidente ha hecho caso al Procurador y ha observado la ley de telecomunicaciones, una ley clave para nuestro desarrollo en base a la alta tecnología. El Presidente ha descrito como criminal la inclusión de un artículo en esa ley, pero desde aquí no me doy cuenta realmente de lo que está pasando, aunque veo que del Orbe reveló que Tricom había estado presionando para una rápida aprobación de esa ley. Nuestro Presidente siguiendo con mucho éxito su propósito de dar a conocer a nuestro país en el extranjero continúa viajando a las tomas de posesión de Presidentes. Ayer estuvo en Tegucigalpa en la juramentación de Carlos Roberto Flores.

Recibí una carta del Encargado de Asuntos Latinoamericanos en el Consejo Nacional de Seguridad reconociendo el problema geopolítico causado por la deportación de criminales. Es su respuesta a una nota mía reciente sobre el tema.

ENERO 28. Hoy salió en la prensa dominicana el dato que envié sobre un aumento de un 33% en las deportaciones de criminales a Santo Domingo durante el último año fiscal. Declaré que lamentaba el caso, pero que igual está ocurriendo en los otros países del Caribe y Centroamérica. En su conjunto las deportaciones aumentaron un 38%. Con esto busco crear conciencia y presión. En México se está debatiendo las ventajas y desventajas del voto en el exterior. En nuestro país se aprobó sin discusión.* Estoy enviando mucho material sobre el debate mexicano a nuestra Junta Central Electoral.

Febrero

FEBRERO 2. Regresé ayer de Palm Beach donde fui invitado, por segunda vez, al baile de la Cruz Roja, con tiaras, condecoraciones, fracs, etc. Desde el punto de vista antropológico no deja de ser extremadamente interesante esa colonia de retirados de la alta sociedad norteamericana, que indudablemente influye mucho en la política cuando los republicanos están arriba. Conocí gente importante, pero quienes ya pasaron sus momentos de gloria. El "Washington Post" hizo una reseña muy interesante y extensa sobre el baile, refiriéndose a los trajes extravagantes, las tiaras de diamante, las joyas y los doce embajadores que estuvimos allí. Citó que lo mejor de la fiesta eran los filtros rosados de las luces, pues lograban que las matronas perdiesen por lo menos unos diez años. Calificó el asunto como "el baile más imponente de América". Tan sólo citó por sus nombres a cinco embajadores. La referencia a mi persona fue cuando advertí sobre el riesgo de tener que bailar, de nuevo, "la macarena".

El día antes de salir para Palm Beach pude visitar por segunda vez los Archivos Nacionales por unas tres o cuatro horas. Los jueves se puede trabajar hasta las 9:00 de la noche y aproveché ese día. Ha sido al año de estar aquí cuando he podido visitarlo por segunda vez. ¿Quién me lo hubiera dicho? Y pensar que hay gente en Santo Domingo que dice que eso es lo único que hago.

El Director Nacional de Control de Drogas, Contralmirante Luis Alberto Humeau Hidalgo, a solicitud mía, me envió estadísticas sobre la proporción de deportados apresados en el país por asuntos de drogas. Según ellos entre 1990 y 1997 tan sólo un 1% de los

*Eventualmente en México se decidió en contra del voto en el exterior, por lo complicado y costoso.

deportados han reincidido. Eso me luce un disparate y, además, contradice lo que declara nuestra Policía públicamente. ¿Serán los norteamericanos quienes le han dicho que me proporcionen esos datos tan poco útiles? ¿Usarán los deportados nombres falsos? ¿No existirá un banco de datos en base a huellas digitales?

Veo en la prensa dominicana que CODETEL está pidiendo que se mantenga la ley de telecomunicaciones y que Leonel Fernández ha aclarado que no está trabajando para la reelección. Eso último por lo menos es una gran noticia. Sobre la ley de telecomunicaciones no he podido averiguar qué es lo que realmente está pasando, pero obviamente es un asunto de envergadura. Mientras tanto, nuestra prensa hace énfasis, y con razón, que el año pasado Estados Unidos deportó a Santo Domingo un 33% más de delincuentes que en el 1996.

Envié al Presidente y al Canciller un oficio prediciendo que es poco probable que Clinton deje o pierda el cargo.

FEBRERO 7. En estos días me reuní dos veces con John Hamilton y con los Embajadores centroamericanos para poner en ejecución la agenda aprobada por los Presidentes en San José de Costa Rica. También he visto en la Casa Blanca a James ("Jim") Dobbins, Encargado de Asuntos Latinoamericanos en el Consejo Nacional de Seguridad. Recibí a Bill Lynch, un importante político del Partido Demócrata de la ciudad de Nueva York, vinculado a una empresa que tiene problemas en la República Dominicana, pues sus cigarros los están falsificando con la misma reconocida marca y nuestro gobierno no hace nada para impedir ese pirateo. El día 5 viajé a Tucson, Arizona, para dar una conferencia sobre la posibilidad de trasladar algunos de los centros de llamadas que allí existen, así como empresas de alta tecnología, a Santo Domingo. La prensa local cubrió el evento y mis esfuerzos por atraer maquiladoras y alta tecnología al "Valle del Silicio Tropical" de Santo Domingo. Allí estuve con John Barfield, uno de los tres funcionarios del Departamento de Estado que en el año 1960 y principios de 1961 tuvieron contactos con la oposición clandestina antitrujillista. Por la prensa veo que en Santo Domingo hasta el propio Peña Gómez está pidiendo a los diputados acoger las observaciones del Ejecutivo a la ley de telecomunicaciones. Ahora entiendo menos todavía este asunto: el Presidente y Peña piden modificar la ley, pero CODETEL y TRICOM la quieren sin cambios. Se sigue promoviendo el diálogo a nivel nacional y Carlos Dore ha sido nombrado Secretario de Estado. La prensa sigue preocupada por el hecho de que Estados Unidos todavía no tiene un Embajador en Santo Domingo. Por más que trato no entienden que no tiene nada que ver con las relaciones entre los dos países. La propia Embajada norteamericana dio hace pocos días explicaciones del por qué de esa ausencia, pero me temo que tampoco le creen.

FEBRERO 13. Recibí una carta de la Casa Blanca reconociendo mi interés por un aumento en la cuota textil. Envié al Departamento de Estado un recorte de prensa donde el Presidente Fernández revela que había sido informado sobre la presencia en el país de miles de deportados. Se ve que está leyendo mis oficios. El jefe de nuestra Policía reiteró públicamente que la mayoría de los muertos en enfrentamientos son deportados. ¡Eso fue como respuesta a un informe del Departamento de Estado quejándose de ejecuciones extraoficiales! ¡Nos envían criminales y cuando los matamos en enfrentamientos se quejan! Estuve con Eric Farnsworth, Asistente de Thomas ("Mac") MacLarty, en la Casa Blanca. Almorcé recientemente con un viejo cabildero de las melazas. Sus días realmente ya están pasados y hablando de gente vieja cené nada menos que con Benjamín Welles, hijo de Sumner Welles y quien acaba de publicar una excelente biografía sobre su padre, una persona que tuvo gran influencia en nuestro país en los años veinte. Llevo años escribiéndole a este señor, pero ahora es que lo conozco pues estaba tratando de tener acceso a los archivos de su padre, los que Benjamín mantenía bajo su control, pero ahora me ha informado que los ha entregado a la Biblioteca Presidencial de Franklyn Delano Roosevelt, por lo que tengo muchos deseos de ir allá, para ver por fin esa documentación.* Cené también con Ronald Scheman, un veterano de las relaciones con América Latina, quien a veces actúa desde el sector privado y otras desde funciones oficiales. Ahora representa a Estados Unidos en el Banco Interamericano de Desarrollo. Su esposa es muy influyente dentro del Partido Demócrata. Tuve un almuerzo muy interesante con el futuro representante de la CIA en Santo Domingo, quien me fue presentado por Bryan Latell el ex-Jefe de la CIA para América Latina y hoy día profesor de la Universidad de Georgetown. Como era anticipable, me dijo poco y trató sin éxito de sacarme la mayor cantidad de información posible sobre lo que pasa en el país.** También me reuní con la profesora Gillian Gunn Clissold, de la Universidad de Georgetown, experta en asuntos caribeños. Tuve una interesante visita de parte de Moisés Pérez, uno de los domínico-americanos que realmente se ha dedicado, durante muchísimos años, a hacer algo por ayudar a la comunidad desde su oficina de la Alianza Dominicana de Nueva York. También vi otra vez a Jeffrey Davidow, Encargado de Asuntos Latinoamericanos en el Departamento de Estado. Estuve en otra noche de fumar cigarros en el University Club. Mientras tanto, veo por la prensa dominicana y por mis conversaciones con el Canciller, que Estados Unidos sigue presionando por la extradición de dominicanos. González Pantaleón, uno de los solicitados, se había declarado culpable en los propios Estados Unidos por fraude en el seguro social y ha huido a Santo Domingo. Es un ex-Embajador de Balaguer y presumo que el doctor lo está protegiendo. Rodríguez del Orbe declaró a nuestra prensa que es verdad que John Hamilton le había tratado el tema de las extradiciones en la reunión que tuvieron. Otra cosa preocupante es que las autoridades del Tesoro norteamericano han intervenido una remesadora de dólares de dominicanos ubicada en Nueva York. Me temo que esos cierres

*Pude hacerlo durante una Semana Santa.
**Finalmente no fue a Santo Domingo. Me pregunto si todo fue un "show" para tratar de obtener información conmigo.

continuarán, pues el Tesoro se siente más cómodo con que esas remesas se efectúen a través de corporaciones norteamericanas y no por empresas pertenecientes a grupos étnicos. Lo que está ocurriendo con las remesadoras en la frontera norteamericana con México refleja cómo, con el tiempo, las empresas norteamericanas se comen a las criollas.

Envié al Presidente y a seis miembros del Gabinete un informe sobre las dificultades en lograr un acuerdo para que los delincuentes dominicanos condenados en Estados Unidos cumplan su sentencia en su país de origen. Nuestros asesores legales, una muy reconocida firma de abogados especializados en asuntos de migración, nos ha enviado un reporte indicando que es altamente improbable que se logre un acuerdo bilateral o multilateral sobre la materia. Lo hice traducir para que no aleguen que no lo entienden.

FEBRERO 24. Otra semana apretada. Una cena de smoking en la Embajada de Italia en honor de un muy alto sacerdote del Vaticano. Al Embajador Fernando Salleo le encantan nuestros cigarros. El día después llegó el Canciller Latorre, a quien acompañé a una reunión de los Cancilleres centroamericanos con la Canciller Albright. Contestando a una solicitud de varios Cancilleres, la Sra. Albright les dijo textualmente: "los Estados Unidos no están preparados en este momento para negociar acuerdos de libre comercio con los países centroamericanos". Y es que simplemente somos un mercado muy pequeño y que ellos controlan bastante, por lo que no quieren gastar municiones políticas en eso, sino en mercados grandes como China y Brasil. Dos días después llegaron grupos de estudiantes dominicanos a quienes di una conferencia y el día 18 viajé a Omaha, Nebraska, a la Universidad de Creighton, para dar un discurso de inauguración del Centro Montesinos de Estudios Dominicanos. Se trata de una universidad jesuita que envía todos los veranos a Licey al Medio a un grupo de sus estudiantes de medicina, para que ayuden a nuestros campesinos. El Centro Montesinos está constituido realmente por una magnífica colección de libros sobre temas dominicanos, pero no hay ni siquiera un investigador. Omaha es de los sitios más alejados de todo en Estados Unidos y allí estuvo su Centro Estratégico de Misiles durante la Guerra Fría. Dos días después volé otra vez a Palm Beach, a otro de esos bailes de beneficencia, quedándome allí para celebrar mis 60 años de edad. ¡La verdad es que ya sí que estoy viejo!

Por la prensa dominicana veo que la Embajada norteamericana advierte que la República Dominicana es codiciada por el narcotráfico, al tiempo que la prensa norteamericana asegura que medio millón de dominicanos usan drogas. La DEA, por su lado, insiste en patrullar las aguas dominicanas. El Presidente Fernández ha rechazado una eventual incursión militar norteamericana en Irak. La verdad es que nuestro Presidente está opinando bien sobre los grandes temas de la política internacional. Una estación de radio latina de Nueva York hizo una encuesta y un 76% de los radioescuchas dominicanos opinaron que González Pantaleón no debe de ser extraditado. Me imagino que lo consideran un Robin Hood, que robó a los ricos para dar a los pobres.

FEBRERO 26. Resulta que hace unos diez días salió en la primera página del "Washington Post" un artículo sobre cómo Puerto Rico se ha convertido en uno de los principales puntos de entrada de drogas a Estados Unidos. De refilón dice que en Santo Domingo se consume mucha droga, se lava mucho dinero y las leyes se aplican con debilidad.

Hoy salió una carta mía al editor de ese periódico argumentando lo difícil que es parar las drogas en las islas caribeñas cuando Puerto Rico, con sus bases militares y aeropuertos controlados por las autoridades federales, se ha convertido en uno de los principales puntos de entrada. También riposté las críticas sobre Santo Domingo, citando textualmente cuatro párrafos del reporte del Departamento de Estado sobre la "certificación" de mi país y que dice maravillas de la cooperación dominicana. Recibí varias llamadas de felicitación de gente importante. Ojalá que este intercambio salga en la prensa dominicana.

Marzo

MARZO 1. En esta semana, durante el almuerzo de los Embajadores latinoamericanos, le señalé la placa de mi automóvil al Embajador Silva Herzog, quien pronto regresa a México, e hice que notara que era la "DF-1". Le dije que realmente debería ser la suya, pues podría ser "Distrito Federal 1", es decir la placa del Alcalde de la Ciudad de México. Se sonrió.*

Recibí la visita de gente de Pharma citando violaciones dominicanas de propiedad intelectual y cómo eso afectará negativamente a nuestro país. También recibí a Walter Bastian, del Departamento de Comercio. El día 26 ofrecí la recepción con motivo de la Independencia Nacional. Como ya llevo un año aquí, la lista de gente importante que he acumulado es bastante más grande que la que heredé y la recepción fue muy bien atendida.

Ayer viajé a Nueva York a una cena importante con empresarios norteamericanos. Me preocupa que en la prensa dominicana se diga que una subcomisión del recién creado Diálogo Nacional ha llegado a un consenso a favor de la reelección por dos períodos consecutivos, planteando también una constituyente para modificar la Constitución. Por suerte, cuando recibí los periódicos correspondientes al día siguiente vi que el Presidente Fernández había pedido sacar el tema de la reelección de la discusión de ese diálogo. ¡Luce que no hay forma de enterrar el tema de la reelección! También me preocupa que González Pantaleón haya sido puesto en libertad en Santo Domingo, cuando ya Estados Unidos ha solicitado su extradición.**

Ha llegado Francisco Caravallo quien ha sido designado Consejero. No lo pedí. Obtuvo el premio de mejor estudiante de derecho en la UNPHU y su profesor, Pina Toribio, lo apadrinó. Me ha impresionado.***

*Dos años después sería candidato perdedor para la Alcaldía de México.
**Dos años después cayó en una trampa que le prepararon los norteamericanos. Un árabe le ofreció un jugoso empleo en uno de los Emiratos. Lo aceptó y voló a ese país. El pasaje que se le entregó tenía parada en Holanda, país que mantiene un acuerdo de extradición con Estados Unidos. Fue apresado a solicitud de los norteamericanos.
***Resultó ser un excelente funcionario que creo llegará muy lejos.

MARZO 8. Después de almorzar otra vez con John Hamilton, para discutir la agenda bilateral, salí el día 13 a Santo Domingo para participar en el Diálogo Nacional. Tuve una fructífera conversación con el Contralmirante Luis Alberto Humeau Hidalgo, así como conversaciones de trabajo con Linda Watt y Minou Tavárez. Lo más importante fue una larga conversación con el Presidente. También salí en un programa de televisión con Juan Bolívar Díaz. En Santo Domingo la prensa hace énfasis en las declaraciones del DEA de que la heroína inunda nuestro país y que nuestra Cancillería pidió a Estados Unidos detener las repatriaciones, a cambio de nosotros acceder a las extradiciones. Esa es la política correcta y por fin se ha hecho pública. También veo que Abel Rodríguez del Orbe ha pedido que se deporte a González Pantaleón. Menos mal. Fue interesante oír a Mario Read Vittini decir que la política oficial dominicana ahora está dirigida con una mentalidad marxista, ya que el 80% de los funcionarios del gobierno, que son del PLD, se formaron en esa filosofía, incluyendo el propio Leonel Fernández. Concuerdo en que esa mentalidad dificulta el manejo de la política interna, pero de ninguna forma se está reflejando en el manejo de la externa. Además, Leonel Fernández es el elemento más liberal dentro de esa vieja corriente marxista. Lo que sí es cierto es que muchos de los funcionarios del gobierno del Dr. Fernández, por sus antecedentes de izquierda, nunca habían tenido una visa norteamericana y tuve que ocuparme de conseguírselas, aunque por lo menos uno todavía no la tiene.

Me alegró ver que el Canciller Latorre cuestionó públicamente la posición contradictoria de Estados Unidos con relación a la universalidad del derecho contra el crimen, pues mientras de un lado presionan por la extradición, por el otro repatrian a los que cumplen su sentencia previamente reducida por delitos cometidos en Estados Unidos. Al otro día la Embajada norteamericana le replicó defendiendo las repatriaciones, y para ser más agresiva aún, adelantó que el país podría ser sancionado por piratería. Insistió de nuevo en que se le entreguen los extraditables. También alegó que ninguna nación se había beneficiado más que la República Dominicana de la política de migración abierta que ha mantenido ese país, pero por supuesto, no citó que las leyes de 1996 van a reducir extraordinariamente la migración legal dominicana a Estados Unidos y que países como los centroamericanos, Haití y Cuba han recibido y reciben un tratamiento en Estados Unidos mucho más favorable que los dominicanos, ya sea que sus ciudadanos emigren legal o ilegalmente. Nadie le contestó con esos argumentos.

MARZO 10. Le informé al Presidente que tal y como me lo solicitó había contactado a Jorge Castañeda, a quien conocía desde hace algún tiempo. Lo admiro desde que escribió ese libro con Robert Pastor sobre México y Estados Unidos. Castañeda aceptó ir a Santo Domingo a reunirse con el Presidente y con un grupo de intelectuales dominicanos para discutir su concepto de una nueva visión política para América Latina que no reproduzca la del pasado, pero tampoco el neoliberalismo actualmente de moda. Desde hace algún tiempo él se ha estado reuniendo con un grupo de líderes políticos latinoamericanos para promover ese concepto y convertirlo en un movimiento regional. Estamos tratando de que ese grupo se reúna próximamente en Santo Domingo. La tertulia coincidiría con la Feria del Libro, en la cual también participará.

Me llamó John Hamilton del Departamento de Estado, para tratarme el conflicto con Mundogás. Cuando le recordé que esa empresa era francesa, me dijo que sus abogados ya están satisfechos de que se trata de una compañía norteamericana, pues su dueño se había hecho americano y la empresa también. Ambos admitimos que se trataba de un traspaso para obtener, ex-post, la protección de Washington. Le dije, y así lo reporté a mi gobierno, que conocía la frase del Rey Enrique de que "París bien valía una misa", pero que ahora parece aplicarse la frase de que "Washington bien vale una nueva ciudadanía". Hamilton me admitió que era una ventaja el que la República Dominicana contase con un Embajador con conocimientos de historia. ¡Esa Helms-Burton sirve para retroactividades por doquier! Pronto serán los rusos blancos quienes la usarán.

MARZO 11. Estuve anoche en una cena en el apartamento de Barbara Walters en Nueva York y allí conocí al Jefe de la página editorial de "The New York Times", entre otras personas muy importantes. También hablé con Henry Kissinger. El Presidente Fernández me había dicho en Santo Domingo que éste estaba interesado en ayudar a que nuestro Presidente se convirtiese en un elemento negociador con Fidel Castro, para una transición política, pero cuando le mencioné eso a Kissinger lució dubitativo en cuanto a su capacidad de poder jugar ese papel. Me temo, otra vez, que nos estamos sobreestimando, pues otros han tratado de jugar ese papel y han fracasado, entre ellos los Jefes de Estado de Canadá y España, para sólo citar dos. La cena de Barbara Walters era en honor de Kofi Annan, Secretario General de Naciones Unidas, y aproveché para hablarle sobre el interés de nuestro país de ser miembro, por primera vez, del Consejo de Seguridad, en el 2001. Me temo, sin embargo, que China Continental, miembro permanente de ese Consejo, se opondrá a que un país que reconoce a Taiwán, como la República Dominicana, sea elegido miembro, por lo que me luce que una precondición para poder participar en el Consejo sería dejar de reconocer a Taiwán y reconocer a China Continental. Creo que apenas doce pequeños países en nuestro hemisferio reconocen a Taiwán y veintiocho a nivel mundial. Ambas Chinas ofrecen proyectos de infraestructura de mucho valor a los países centroamericanos y caribeños que aún reconocen a Taiwán, ya sea para que se queden con ese reconocimiento, o que cambien hacia China Continental. En ese juego no hemos podido obtener lo que otros han logrado en términos de donaciones y créditos. Haití, por ejemplo, durante la dictadura de Duvalier, logró que le donaran la lujosa residencia de Taiwán en Washington para su Embajada, cuando ese país dejó de tener relaciones con Estados Unidos. Pedí por escrito al jefe de la Policía que calculara el porciento de los deportados que ellos han apresado desde su llegada por reincidir en actos delictivos, para enseñar el dato a Hamilton. El Presidente Fernández me prometió la cifra la última vez que estuvieron juntos.*

MARZO 20. Vincho Castillo, reaccionando a los comentarios de nuestros abogados norteamericanos sobre el tema de los deportados, expresó por escrito al Presidente y a mí su "asombro" por la "distorsión nada sutil" que supuestamente se hizo de su propuesta a la Sra. Reno. Como ahora es evidente que su propuesta no prosperará, quiere alegar que no la entendieron. ¡Pues que la haga de nuevo y que venga aquí a Washington a discutirla! De seguro le contestarán lo mismo.** Con relación al mismo tema, los embajadores de Centroamérica y yo logramos que el Departamento de Estado conversara con la Sra. Meissner, Directora de Migración, para ver cómo se reducía el número de deportados en base a una política de cerrar los ojos. Su respuesta, nos informan, fue muy negativa, pues alegó que no podía violar la ley. Lo único concreto que salió de la reunión fue estudiar la posibilidad de buscar recursos para que nuestros países los utilicen en programas de rehabilitación.

MARZO 24. Durante estas últimas dos semanas he recibido varias visitas de Santo Domingo, comenzando con Eddy Martínez, Director de la Oficina de Promoción de Inversiones Extranjeras, con quien he logrado gran afinidad pues compartimos nuestros objetivos de apoyar los parques cibernéticos, y quien está realizando una excelente labor. También vino por aquí Milagros Ortiz Bosch, a una reunión del Diálogo Interamericano con líderes congresionales. Yo había sugerido al Diálogo su nombre, junto con el de varios otros legisladores dominicanos. Pude hablar brevemente con ella en el lobby de su hotel. Fui por una noche a Nueva York a una cena con Barbara Walters, con quien conversé largamente de regreso a su apartamento. Esa señora domina cualquier tema que uno quiera tratarle. También fui a una discusión sobre el tema haitiano en la Universidad de Georgetown. Me he propuesto participar en

*Nunca me envió el dato.
**Nunca la replanteó.

todas las discusiones sobre ese asunto, para poder siempre plantear el tema desde el punto de vista dominicano. También fui a ver al Senador Charles E. Grassley, para cabildear sobre la paridad y también sobre aspectos de defensa nacional vinculados a la necesidad de la presencia de mayores barcos de la guardia costera norteamericana en nuestras costas sureñas.

También almorcé con Alexander Kafka, nuestro Director Ejecutivo ante el Fondo Monetario Internacional, y fui al National Press Club a oír una conferencia del nuevo Secretario de Defensa William S. Cohen, con quien pude conversar brevemente. También recibí otra vez a Michael Skol. Visité a una vieja amiga, Margaret Daly Heyes. A principios de los ochenta era una influyente ayudante de un Senador muy importante, y hoy día dirige un programa muy interesante, pues organiza cursos para que miembros importantes de la sociedad civil latinoamericana y del Caribe se reúnan con militares norteamericanos y latinoamericanos para discutir el papel de las fuerzas armadas en nuestra sociedad. Este es un esfuerzo que hay que aplaudir, pues en nuestros países si uno se reúne con militares se piensa que está complotando. Me dicen que las discusiones en el curso son extremamente interesantes. Estoy tratando de que nuestro país llene su cupo de estudiantes al máximo, y que sean de buena calidad. También participé en dos discusiones sobre migración y sobre la crisis económica asiática en el Brookins, y en una reunión sobre la situación mexicana en el Diálogo Interamericano.

Veo en la prensa que la cosa en Santo Domingo se complica. El Juez Subero Isa acusa a Rodríguez del Orbe de retener los expedientes sobre la estafa a la lotería, algo que me imagino se debe a que hay reformistas envueltos. Creo que esto también tiene que ver con Marzouka. ¡Por algo nadie me presiona sobre nuestra solicitud de su extradición! El Banco Mundial, a nivel de Wolfferson, el Presidente de la institución, se ha dado cuenta de que cometió un gran error en el caso de la Smith & Enron, pues aprobó el crédito y lo desembolsó antes de que el Congreso dominicano ratificase la operación. Y ahora también se enteran del escandaloso papel de Mr. Smith en la operación. Tengo entendido que Wolfferson ha dado órdenes para que ruede por lo menos una cabeza en su organización y que ha preguntado: "¿cuántos otros esqueletos como éste tendremos en nuestro closet?"

La prensa dominicana ha citado la presencia de guardacostas norteamericanos en aguas territoriales dominicanas, y nuestra Cancillería ha tenido que explicar que esa vigilancia, así como los ejercicios militares conjuntos de los dos países, están amparados en un convenio bilateral entre ambas naciones. Se trata del famoso acuerdo "Shiprider", que fue firmado por el Canciller Morales Troncoso, sin que ni siquiera se mencionase en la prensa dominicana. La negociación y firma de acuerdos de esta naturaleza han creado extraordinarios problemas en los congresos de los países de CARICOM y de Centroamérica. Los norteamericanos se quejan siempre de nosotros y no reconocen que en este caso firmamos ese acuerdo de una forma muy favorable a ellos, y sin crearles los problemas políticos que han surgido en el resto del Caribe y Centroamérica. Nuestro Director de Aeronáutica Civil también ha declarado que pronto saldremos de la categoría III.* Pero la prensa dominicana no está tan interesante como la norteamericana, pues aquí ya los congresistas están planteando la posibilidad de un juicio político al Presidente Clinton. Algo triste en nuestra prensa es la noticia de que han aparecido doce cadáveres en la Isla Mona. Si por lo menos alguien se encargara de prestarles salvavidas a esa gente, nos ahorraríamos muchas vidas. Envié al Departamento de Estado la declaración de nuestro Cardenal: "no veo por qué tanta insistencia en que devolvamos delincuentes para allá, cuando nos están trayendo continuamente delincuentes para acá".

MARZO 25. El Presidente electo de Costa Rica ha podido ver a Clinton aquí en Washington. Creo que eso se debe al hecho de que

---

*A mediados del año 2000, después de un gasto de US$12 millones, todavía no habíamos salido de esa categoría, que no permite que aviones de matrícula dominicana vuelen a Estados Unidos. La categoría III ahora es llamada categoría II, pero el efecto es el mismo.

durante su campaña electoral sus encuestas fueron hechas por Mark Penn; de Penn, Schoen & Berland, el mismo que ve al Presidente Clinton todos los miércoles y que será ahora contratado por el nuevo gobierno de Costa Rica. Mientras tanto, en Santo Domingo el PLD que utilizó a Penn & Schoen durante su campaña, sigue contratando a un ex-empleado de Penn & Schoen que fue despedido de la empresa por actuar en forma no ética. ¿Cuándo aprenderemos?

Fidel Castro va a ir a nuestro país para la conmemoración de la fundación de nuestra capital, junto con los Jefes de Estado de CARICOM y el Presidente Preval de Haití. Tengo entendido que Leonel Fernández ahora sólo quiere reunirse con el Presidente Clinton después de esa visita de Fidel Castro, porque se piensa que así sería una persona más importante en Washington, dado su papel como intermediario en la búsqueda de una solución al caso cubano. Me temo que sobreestimamos nuestra importancia. Cuando vi al Presidente a principios de mes me preguntó cómo yo veía, desde mi perspectiva en Washington, que la República Dominicana estableciese relaciones diplomáticas con Cuba. Le contesté que Guatemala acababa de hacerlo y que no había percibido que esto hubiese causado ningún impacto negativo para ese país, pero que hablaría con el Embajador de Guatemala aquí en Washington sobre el asunto.*

Durante mi reciente visita a Santo Domingo advertí, a través de la prensa, que la República Dominicana podría ser sancionada por violaciones a las leyes de propiedad intelectual, declaraciones que el "Listín Diario" cubrió ampliamente. Un poco antes, Oscar de la Renta me había dicho que existía en Washington un problema con Leonel Fernández, pero no me dio detalles. Me imagino que es algo sobre sus actuaciones políticas antes de haber sido Presidente, presumiblemente algo que tiene que ver con las viejas ideas

---

*En efecto, lo hice, y llegué a la conclusión de que como sólo quedan tres países en el hemisferio que no tienen relaciones diplomáticas con Cuba, el asunto no nos afectaría al nivel de relaciones con el gobierno norteamericano, aunque sí nos traería problemas con los tres congresistas cubano-americanos.

marxistas y antiamericanas del PLD. Por mi lado, no tengo ninguna percepción de que exista ese tipo de problema. Cuando estuve en Santo Domingo el Presidente aceptó que yo fuese parte de la delegación a la Cumbre de Chile.*

En estos días fui a una cena de etiqueta en la Galería Nacional para una extraordinaria exhibición de las esculturas movientes de Calder. Me acompañó Muni Figueres, la hija de don Pepe y hermana del actual Presidente. Estuvo patrocinada por la GTE, a cuyo Presidente conocí. Por la forma en que me saludó me di cuenta de que el mercado dominicano, representado allí por CODETEL, es de extraordinaria importancia para esa empresa. Pude ir otra vez a la Biblioteca del Congreso durante una tarde y asistí a un homenaje a Benjamín Welles, hijo de Sumner, en la Universidad de Georgetown, donde muchas personas, ya de cierta edad, le rindieron honores. También pude visitar la Universidad de Maryland y conocer las facilidades que ofrecen y que podrían ser interesantes para el país.

Abril

ABRIL 1. El "Los Angeles Times" sacó hoy un artículo crítico del concepto de doble nacionalidad, citando el caso de un colombiano-americano que pertenece al consejo administrativo de una ciudad norteamericana y ahora aspira también a ser senador de Colombia. Citó a nuestro país como uno que recientemente ha adoptado la doble ciudadanía. La derecha norteamericana ya está reaccionando. Por lo menos citó que Guillermo Linares subrayó que no votó en las elecciones dominicanas de 1996.

ABRIL 7. Regresé de Puerto España, donde acompañé al Canciller Latorre a una reunión de Cancilleres de CARICOM con la Canciller Albright. Se mantiene y funciona lo que logré antes, es decir

---

*Cuando vi que el cupo para las reuniones principales se limitaba a cuatro personas y que iban cuatro miembros de nuestro gabinete, llegué a la conclusión de que mi presencia allí no sería de gran importancia y me saqué yo mismo del viaje.

que al igual que Belice seamos invitados tanto a las reuniones con países del Caribe como con los centroamericanos. Varios Cancilleres criticaron fuertemente la deportación de criminales, describiendo sus efectos sobre nuestras sociedades. La Sra. Albright pidió excusas por las deportaciones y por la "educación" que reciben esas personas en Estados Unidos, donde de campesinos devienen criminales. Pero no pudo prometer nada, pues las soluciones requieren acción congresional. Hablé en privado con Eduardo Latorre y le dije que, tal y como había acordado con el Presidente, pensaba renunciar a finales de año, pues se cumplían los dos años. De chiste le pregunté si no quería ser mi sustituto, pues a finales de 1996 habíamos discutido eso. Obviamente prefiere quedarse en su puesto y por qué no, lo ha hecho muy bien. Aquí en Washington he estudiado todos los mecanismos para convertir nuestra deuda con los norteamericanos en aportes para enfrentar la deforestación y para proyectos ecológicos. Hablé con el Tesoro y con los peruanos y jamaiquinos, quienes pudieron usar esos problemas hace pocos años. Ahora no hay plata en el presupuesto norteamericano ni condiciones en el mercado financiero para que nosotros podamos hacer esa operación. Así se lo informé al gobierno. Le escribí al Presidente Fernández explicándole que, Miguel Angel Rodríguez, el Presidente electo de Costa Rica, pudo reunirse la semana pasada con Clinton. Yo tengo acceso a ese mecanismo, pero mi gobierno no me ha dejado utilizarlo para lograr que Clinton reciba al Presidente Fernández. El problema es un atraso en un pago de parte de mi gobierno y también una gran falta de visión por parte del PLD.

ABRIL 14. Una semana bastante apretada. Me reuní con el principal cabildero de la empresa textilera Fruit of the Loom, la cual tradicionalmente se ha opuesto a la paridad textil porque opera casi totalmente dentro de los Estados Unidos, mientras su competencia ya lo hace en Centroamérica y el Caribe. Me luce que están moviendo parte de sus operaciones a nuestra región, por lo que tal vez cambien de parecer. Su principal ejecutivo es un individuo bastante excéntrico, y me temo que su cabildero en Washington actúa independientemente de sus directrices, ya que oigo que tiene aspiraciones políticas. Una de mis sugerencias al Diálogo Interamericano se cumplió, pues los Embajadores de la región pudimos almorzar con el "caucus" hispano, compuesto por unos diecisiete congresistas, la gran mayoría de origen mexicano. Sin embargo, es gente que está a la defensiva en su propia comunidad y no favorecen públicamente la inmigración. En cuanto al libre comercio, también se oponen, ya que se deben mucho a los sindicatos. Lo único que tenemos en común parece ser la lengua española, y hasta ahí tenemos diferencias. Por Washington estuvo nuestro Consultor Jurídico, César Pina Toribio. Me trasladé a Baltimore para dar una conferencia sobre la cultura caribeña en la Universidad de John Hopkins, donde me encontré con viejos colegas. También ofrecí una conferencia en la Biblioteca del Congreso sobre mi último libro que trata el tema de "las frutas de los taínos". Asistí a un homenaje a Alexander Kafka en la Embajada de Ecuador, donde fue condecorado. He sugerido a mi gobierno que haga lo mismo con este viejo amigo del país.* También salí en un programa de Univisión que es visto por toda América Latina sobre los temas que conciernen a nuestra región. Fui por un par de días con mis tres hijas y con Soledad Alvarez a las playas que rodean la bahía de Chesapeake, en Maryland. Muchas ostras y jaibas, pero nada que se compare con las playas del Caribe. Fui también a Nueva York, a una reunión con la mesa redonda nacional domínico-americana. El objetivo es establecer una oficina de cabildeo para los intereses de nuestra comunidad en Washington.

En la prensa dominicana leo que, según una encuesta efectuada por la Universidad Católica Madre y Maestra con fondos de la AID, Leonel Fernández es el político más admirado. Peña Gómez está en Nueva York tratándose con médicos, pero no he tenido oportunidad de verlo. También me entero de que el Canciller Eduardo Latorre estuvo en Cuba durante tres días y allí se anunció que

*Así se hizo en el 2000.

estableceríamos relaciones consulares. No he oído ninguna queja de parte de los norteamericanos sobre esto. Lo que sí se ha incrementado son las quejas entre nuestros dos países, pues mientras Estados Unidos nos sigue acusando públicamente de piratería, nuestro Canciller, en la reunión de Trinidad & Tobago, hizo notar que somos el tercer país que más deportados criminales recibe de Estados Unidos, y cómo esas deportaciones debilitan nuestra lucha contra el narcotráfico al incrementar la criminalidad y aumentar las tensiones sociales, espantando el turismo. Salió otro artículo crítico de la doble ciudadanía y nada menos que en el derechista "Washington Times". Mencionó nuestro país y el hecho de que votar en elecciones extranjeras es razón jurídica para perder la ciudadanía norteamericana.

ABRIL 21. Acabo de regresar de la Universidad de Rutgers, donde di una conferencia a la cual asistieron muchos profesores en el área latinoamericana y sobre todo muchos estudiantes de origen dominicano y caribeño. Hice énfasis en la temática del empoderamiento político para lograr modificaciones en las leyes que nos perjudican. La semana pasada estuve reunido con "Mac" MacLarty en la Casa Blanca, y pude ir durante una tarde a los archivos. El cientista político Jonathan Hartlyn se hospedó brevemente en la Embajada. Me visitó la ex-Directora de la AID en Santo Domingo, Marilyn Zak. Hicimos un análisis retrospectivo de sus éxitos y fracasos en Santo Domingo. Se sorprendió de que economistas que ella había financiado generosamente ahora aboguen públicamente porque las reformas económicas se hagan por decreto, cuando la AID, precisamente durante su gestión, había dedicado el grueso de sus recursos a mejorar el ambiente democrático en el país. El gobernador del Banco Central estuvo por aquí. Es tan sólo por la prensa que me entero sobre lo ocurrido en la Cumbre de Chile. Veo también en la prensa dominicana que Leonel Fernández invitó a Fidel Castro a que visite nuestro país. También que por fin se firmó el acuerdo de libre comercio con Centroamérica. ¡A veces las ideas de uno tardan casi una generación en convertirse en realidad! Me he enterado de que en Chile el Presidente Fernández habló tanto con Clinton como con Preval, pero no sé lo que trataron y no me atrevo a preguntarle a los norteamericanos sobre lo discutido con Clinton. La Cancillería no me dice nada. Una buena noticia de la Cumbre de Chile fue que allí Leonel Fernández aclaró que en su gobierno la reelección no estaba en agenda, pero otra vez agregó que "eso dependía del pueblo". Danilo Medina, por su lado, reveló que nuestro Presidente favorece el modelo de reelección de los norteamericanos, por dos mandatos consecutivos. Esta noticia me deprime, pues se sigue con el esfuerzo de promover la reelección en un país donde, desde los tiempos de Horacio Vásquez, es lo que más nos ha perjudicado. En Santiago nuestro Presidente también dijo que la política de deportaciones de criminales debe de ser discutida junto con las solicitudes de extradición. Voy a recortar esto y mandarlo a la Casa Blanca y a otros lugares. También recibí la visita del Coronel Nazario, de nuestro ejército. Me impresionó bien.

Hace dos días fui al Kennedy Center, invitado a una cena de gala y a oír a un cantante italiano. Como a último minuto fui solo y me enviaron dos tickets, entregué uno a la entrada, sugiriendo que se lo diesen a alguien que lo necesitase. Durante la cena se sentó al lado mío la persona que recibió gratuitamente esa taquilla, una joven de origen italiano, muy humilde, quien llevaba dos días haciendo fila para obtener entrada y que venía desde Nueva Jersey. Con ella me entero de que el cantante debutaba esa noche en Estados Unidos. Luego vi en la prensa que fue a visitar, al día siguiente, al Presidente Clinton. Se llama Andrea Bocelli y resulta que es ciego. La muchacha me dijo que esa noche para ella había sido como el sueño de la Cenicienta, pues nunca había cenado en un ambiente tan lujoso. Hoy almorcé en la Embajada con Frank Guerrero Prats, de paso por Washington.

El evento más importante del día de hoy, bastante desagradable por cierto, fue una llamada por la mañana de Minou Tavárez Mirabal, informándome que dentro de un par de horas se haría público que la República Dominicana había establecido relaciones diplomáticas con Cuba, rotas desde 1959. Me lo hizo saber para que no me enterase por la prensa. A las tres horas recibí una llamada de un muy molesto John Hamilton quien ya se había enterado del asunto. Su molestia no era por el hecho de haber establecido relaciones diplomáticas, sino que lo supo hoy, por lo que no pudo advertir a tiempo a sus superiores. La confusión se debió al hecho de que yo pensé que Minou Tavárez también haría una llamada, con el mismo mensaje, a la Embajada norteamericana en Santo Domingo, por lo que me abstuve yo de avisar. Ella, por su lado, pensó que yo avisaría a los norteamericanos.* Le sugeriré al Canciller Latorre que tanto él como yo pidamos excusas por no haber informado con mayor antelación a los norteamericanos, como ellos hubiesen preferido.** Junto con los embajadores centroamericanos y de México estamos tratando de ver cómo obreros de nuestros países pueden venir en mayor cantidad a este país para trabajar en la agricultura. En el "Washington Times" salió otro artículo crítico de la doble nacionalidad, citando la posibilidad de que los mexicanos puedan votar en elecciones norteamericanas. Si los mexicanos pasan la ley del voto entonces es que la derecha norteamericana va a gritar.

ABRIL 22. Leo en la prensa dominicana que la Embajada norteamericana emitió, casi de inmediato, una nota de prensa declarando su decepción por el establecimiento de relaciones con Cuba. Le informé a mi gobierno que ese texto era prácticamente el mismo que había sido usado hacía pocos meses en el caso del establecimiento de relaciones con Cuba por parte del gobierno de Guatemala. Hoy me reuní con el Congresista demócrata Luis Gutiérrez, de Chicago. Es uno de los que más está a favor de la modificación de las leyes de migración y de declarar una moratoria para los que se encuentran ilegalmente en Estados Unidos. Su énfasis ha sido el

---

*Luego supe que la Cancillería avisó una hora antes a la Embajada norteamericana.
**En buena diplomacia, tanto el Canciller Latorre como yo dimos esas excusas, pero enfatizamos el derecho soberano de nuestro país tener relaciones con cualquier otro.

caso de los hondureños. Cuando le pregunté por qué recalcaba a los hondureños, cuando había mucho más dominicanos en Chicago, me dijo que lo hacía simplemente porque un grupo de hondureños en su distrito se le había acercado, mientras que ningún dominicano lo había hecho, aunque reconocía que había muchos más de ellos que hondureños. Tendré que ir a Chicago a tratar de localizar a personas de origen dominicano interesadas en promover un grupo político que pueda hacer ruido frente a los Gutierrez de este mundo.*

ABRIL 23. Anoche fui a Nueva York a participar en la inauguración de una exhibición de arte taíno en el Museo del Barrio, y que incluye algunas piezas de mi colección.** Está muy bien montada y creo que será un gran éxito. Luego fui a una boda de una sobrina mía que se casó con un mexicano. Salgo para Santo Domingo.

Veo por la prensa que nuestro Cardenal acusa a Estados Unidos de mantener "posiciones ridículas", al tiempo que apoya que mantengamos relaciones diplomáticas con Cuba. Esto refleja la posición oficial del Vaticano, evidenciada por la reciente visita del Papa a ese país. Pedí por escrito al Consulado de Nueva York su opinión sobre el nuevo modus operandi en la deportación de criminales.***

ABRIL 25. Estuve brevemente en Santo Domingo para acompañar a Jorge Castañeda, pero mi avión se retrasó y no pude introducirlo en la reunión que sostuvo en el Palacio Nacional y que fue televisada. Allí el Presidente Fernández cometió el error de abogar públicamente por un aumento en la presión tributaria más allá del 13% actual. Aunque es correcto, esto no se dice dieciséis días antes de unas elecciones congresionales. Organicé la visita de Castañeda al país para lograr entre otras cosas que la próxima reunión de su grupo sea en Santo Domingo. Ese grupo está compuesto por

*Lo hice para las fiestas patrias del 27 de febrero de 1999.
**En el 1999 doné mi colección arqueológica al museo que está construyendo la familia León Jimenes en Santiago, mi ciudad natal.
***Nunca me contestaron.

importantes líderes políticos latinoamericanos, que buscan una "tercera vía" entre el neoliberalismo y la socialdemocracia.* Me reuní con el Presidente. Me pidió que me quedara unos días para evaluar los resultados de la encuesta que está haciendo la Global sobre la posición del PLD en las elecciones dentro de dos semanas. Le dije que prefería regresar a Washington pues tenía reuniones importantes allí, y dado que regresaría a Santo Domingo el día 8, para una boda, podríamos analizar entonces esos resultados que todavía no estaban disponibles.

ABRIL 26. Hoy domingo almorcé en casa de John McLaughlin, quien está casado con Cristina, una señora de origen dominicano y tiene un popular programa de televisión en Washington, que se ve a nivel nacional. Sus puntos de vista son bastante de derecha. En el almuerzo estuvo la crema y nata de los políticos de Washington, sobre todo congresistas y no sólo de la derecha. Allí hablé, por ejemplo, con Pat Buchanan. En un gobierno republicano John será una persona clave a quien acudir. Ya ha visitado nuestro país, aunque sin ninguna publicidad.

ABRIL 29. Me llamó el Presidente de la AES, empresa de energía ubicada en Virginia y con mucha influencia política en Washington. Se quejó porque sus instalaciones han sido militarizadas. Enviar fuerzas armadas a una empresa e impedir el acceso a ella de sus ejecutivos y funcionarios equivale a una expropiación. Este ha sido un gran error de nuestro gobierno, que tomó la medida para evitar que apagaran la planta, pues le debe dinero. ¿Cómo puede uno estimular la inversión extranjera si ocurren cosas como ésta? Otro acontecimiento de importancia en el día de hoy es el anuncio público, por parte del Presidente Clinton de que estaba nominando a Mari Carmen Aponte, la puertorriqueña, como Embajadora en la República Dominicana. Ahora sólo falta la ratificación del Senado norteamericano.

---

*El grupo no volvió a reunirse. Castañeda fue nombrado canciller de México en diciembre del 2000.

En Santo Domingo, el Presidente Fernández se queja de que llamen a los peledeístas "comesolos". La economía está creciendo mucho, pero la distribución del ingreso empeora. Creo que este desequilibrio, combinado con la dejadez frente a la corrupción de funcionarios reformistas o peledeístas, es lo que está creando esa mala imagen. Salió en la prensa de Washington otro artículo contra la doble ciudadanía, citando que ya hay ochenta países que la permiten, y subrayando que representa una amenaza a la soberanía norteamericana. ¡Parece que creen que la ley del voto de México se va a dar!

ABRIL 31. Viajé a Middlebury College a dictar una conferencia. Me hospedé en la casa de Julia Alvarez y su esposo Bill Eichner. Los estudiantes de ese colegio están realmente interesados en la política externa norteamericana hacia América Latina.

En Santo Domingo, la Embajada norteamericana sigue declarando que nuestro país puede ser incluido en la lista negra por piratería, es decir por violar las leyes de propiedad intelectual. Un nuevo decreto regula los fármacos en Santo Domingo. ¿Ayudará en la lucha contra la piratería, o por el contrario, la estimulará? Escribí al Presidente, al Canciller y a Vitelio Mejía Ortiz, Presidente de la Junta de Aeronáutica Civil, enviándoles una lista de los ocho países de nuestro continente que en los últimos doce meses han firmado acuerdos de cielos abiertos con Estados Unidos, así como un artículo del "New York Times" donde se dice que desde la firma de los acuerdos en Centroamérica, el año pasado, el número de asientos en los vuelos entre esa región y Estados Unidos ha aumentado un 40%. Mientras tanto, nada hacemos en Santo Domingo. ¡Pobres dominicanos ausentes y turistas! ¡Lo que les cuesta viajar en avión! Se lo mandé también a Félix ("Felucho") Jiménez, Secretario de Turismo, el único posible aliado en este asunto.

Mayo
MAYO 1. Hoy salió el reporte de Estados Unidos sobre propiedad intelectual. Ya que sabía que el reporte sobre Santo Domingo

iba a ser negativo, y que nos iban a pasar a una categoría todavía peor de la que estábamos, me anticipé y creo que logramos "matar el gallo en la funda", pues mis declaraciones en la prensa dominicana anticipando el hecho salieron antes que el reporte norteamericano, y de hecho recibieron mayor cobertura. El Presidente de Honduras, Carlos Flores, se ha quejado públicamente por la política norteamericana de deportación de indocumentados, alegando que su país también sufrió los efectos de las guerras civiles centroamericanas.

MAYO 6. Leo en la prensa que Linda Watt apoya el control de los Estados Unidos sobre las remesas de dólares. Está defendiendo la medida impuesta por el Tesoro que exige información sobre el remitente de toda remesa familiar mayor a US$700.00. Somos el segundo caso pues ya lo habían hecho antes con Colombia.

El Presidente Fernández ha vuelto a criticar a los norteamericanos por la deportación de criminales. Esta semana me reuní con una asociación de personas que sirvieron en el Cuerpo de Paz en Santo Domingo, y que ahora están retiradas o se dedican a otras ocupaciones. Estudiamos la posibilidad de ver cómo pueden seguir ayudando a la República Dominicana. Me reuní con Henry Dearborn y asistí a una conferencia que dio Carlos Dore en el BID. Se hospedó en la Embajada. También fui a una conferencia de "Mac" MacLarty en la antigua residencia del ex-Presidente Woodrow Wilson. Le pregunté cuándo Estados Unidos podrá seguir una política externa "a la Wilson", es decir sin estar tan limitada, como ahora, por la política doméstica. En su respuesta, se refirió a mí como el "retiring Ambassador", que en su inglés sureño significa algo halagador, pero que también puede ser interpretado como diciendo que yo estaba retirándome. Varios embajadores y otros miembros del público me miraron levantando las cejas. Al terminar la reunión me dirigí a él y tuvo que aclarar el asunto. Ayer desayuné con Jay Mazur, Presidente del poderoso sindicato "Unite", que liderea a los obreros del sector textil que tanto se opone a la paridad y critica las condiciones de los trabajadores en Santo Domingo. Para mi sorpresa, fue una reunión amena. Planteé que la única forma en que la industria textil norteamericana podría sobrevivir el 2005, cuando termine el acuerdo multifibra y Estados Unidos elimine todas las cuotas de importación a la ropa china, es estableciendo una alianza con el Caribe y Centroamérica, por medio de la cual la tela norteamericana se pueda seguir produciendo, pero convirtiéndose en ropa en nuestra región. La otra alternativa sería que todo Estados Unidos se vista con ropa hecha con tela asiática y confeccionada en Asia. Recibí en mi oficina al Encargado de Negocios de la Embajada de Haití, a quien estimulé para que actúe a favor de la paridad. Le entregué una gráfica que muestra que en 1982 Haití exportaba el mismo volumen de ropa que nosotros, pero que hoy día nuestras exportaciones eran extraordinariamente superiores a las haitianas. Con cierta estabilidad política en Haití, ese país podría ser el más beneficiado por la paridad. Entendió mis argumentos muy bien, pero me luce que tiene dificultad en obtener el apoyo de su gobierno. Específicamente le pedí que el Presidente Preval escribiera a la Canciller norteamericana y al Consejo de Seguridad cartas a favor de la paridad, y que el ex-Presidente Aristide le escribiese al antiguo encargado del Consejo Nacional de Seguridad, Anthony ("Tony") Lake, pues sé que ambos mantienen una buena relación personal. Invité a funcionarios de la Delta Airlines a mi oficina, para estimularlos a volar a Santo Domingo. Me prometieron que lo harán en 1999.*

MAYO 11. Han sido unos días extraordinarios. Salí el día 7 para Miami para participar en la reunión anual de los corresponsales de prensa norteamericana que cubren América Latina, reunión en la cual yo había participado como expositor el año pasado. Allí el General jefe del Comando Sur de Estados Unidos mostró un mapa de Latinoamérica en 1950, señalando con círculos rojos las dictaduras, y ese mismo mapa hoy día mostrando que tan sólo queda la dictadura de Fidel Castro. Sin embargo, en el mapa de 1950 la República Dominicana aparece como una democracia. Tuve que

*Cumplieron la promesa.

recordarle al representante del Pentágono que en esa época existía el Señor Trujillo. Tomó nota de mi comentario, pero lucía como que dudaba de mi dato. La guardia obviamente tiene pobre memoria. Allí me reuní con Larry Roether, quien cubre el Caribe para el "New York Times". Desde hace varios meses me había enterado, por un contacto en el Departamento de Estado, que un periodista de ese medio, Clifford Krauze, que cubre asuntos policíacos en Nueva York,* estaba preparando un artículo sobre la utilización de la República Dominicana como puente de tránsito de las drogas, y la influencia que tienen los "capos" de la droga sobre la política dominicana. Como no conozco a Krauze, llamé a Larry Roether para que el primero se pusiese en contacto conmigo, y ver cómo podía influir sobre lo que estaba escribiendo. Larry, quien también estaba investigando sobre el mismo tema, no sabía lo que estaba haciendo Krauze y pocos días después me informó que trabajarían juntos en el asunto. Pasaron varios meses y no había vuelto a oír sobre el tema, pero en esta reunión de Miami Larry me informó que el artículo saldría dos días después, en primera página, y que en él aparecerían fuertes acusaciones contra el PRD. Le dije que publicar eso cinco días antes de las elecciones congresionales dominicanas seguramente sería interpretado en mi país como un esfuerzo por influir en el proceso electoral, y que ese periódico debía posponer el artículo hasta después del 16. Un par de horas después me dijo que había llamado al periódico, pero que ya el asunto "estaba fuera de sus manos". En efecto, el artículo salió, y en Santo Domingo causó un escándalo extraordinario. En la lectura uno se da cuenta de que funcionarios del propio gobierno del Presidente Fernández han suministrado informaciones acusando al PRD de estar promoviendo la droga, y específicamente advirtiendo que si el PRD logra controlar el Congreso en las elecciones del 16, será difícil pasar legislaciones de penalización contra la droga. Esto es una gran ironía, pues el propio PRD fue utilizado por Donna Hrinak

*Poco después sería trasladado para cubrir América del Sur.

para que presentase el proyecto de ley de extradición, el cual todavía está pendiente de aprobación. ¿Será ésta una presión de los norteamericanos para que la aprueben?

Le había argumentado a Larry que cómo era posible que un artículo que llevaba cinco meses en preparación lo iban a publicar una semana antes de las elecciones. También que ese artículo sería visto como un esfuerzo de gente como Vincho Castillo de repetir las acusaciones que se hicieron en las elecciones de 1996 contra el PRD, cuando se trató de que Peña Gómez aceptase dinero de agentes de la DEA, que se hicieron pasar como ligados a la droga, pero que esta vez serían hechas a través del "New York Times". Tan pronto terminó la reunión me trasladé a Santo Domingo para una boda el día 8. El artículo salió el sábado por la noche en el internet, y en la prensa el domingo. Ese día fui a otra boda, la de Carlos Dore con Susie Gadea. Luego fui a cenar con Minou Tavárez Mirabal, Soledad Alvarez, José Israel Cuello y su esposa Lourdes. Al llegar a mi casa, cerca de las 11:00 de la noche, me llamó Soledad para informarme que Peña Gómez acababa de morir. El artículo del "New York Times" acusaba específicamente a Peña Gómez de estar vinculado a la droga, y mencionaba aquel intento de sobornarlo que había tenido lugar en Nueva York, el cual el propio Peña Gómez había denunciado públicamente en varias ocasiones, y que también trató con el Departamento de Estado. Con su muerte, las acusaciones en el artículo dejaron de tener importancia, pero imagino que de haberlo leído, debió afectar mucho a Peña Gómez durante las últimas horas de su vida.

Tanto el Embajador dominicano ante la OEA, Flavio Darío Espinal, como yo, nos hemos movido para que se consiga dinero para que la OEA pueda ir a supervisar las elecciones congresionales dominicanas. El Departamento de Estado había mostrado poco interés, lo que no dejó de sorprenderme, por lo que ambos tuvimos que llegar a muy alto nivel. Ahora, a mi regreso a Washington, me entero de que efectivamente la OEA enviará una misión para observar esas elecciones. En Santo Domingo me dijeron, no sé si es verdad, que los planes de reelección de Leonel Fernández van en serio. La versión me preocupa mucho, y pienso renunciar al cargo si ese plan se materializa, pues yo me he opuesto públicamente a la reelección, sobre todo en mi libro *Los Estados Unidos y Trujillo. 1930*, donde en la dedicatoria hice una exhortación para que la reelección fuese prohibida, pues los esfuerzos reeleccionistas de Horacio Vásquez fueron, entre otros factores, los que provocaron el ascenso al poder de Trujillo. Ese libro lo publiqué en 1986 y nada ha ocurrido desde entonces que me haya hecho cambiar de opinión. Esos planes reeleccionistas de Leonel Fernández coinciden con una ausencia de liderazgo tanto en el PRD como entre los reformistas, y con planes reeleccionistas en Brasil, Argentina, Perú y Panamá.* Hoy salió en el "New York Times" el obituario sobre la muerte de Peña Gómez. Fue redactado nada menos que por Larry Roether, co-autor del artículo publicado hace pocos días que lo involucraba en asuntos de drogas. Menos mal que no mencionó allí ese asunto.

MAYO 12. De regreso a Washington desayuné con Alfonso Paniagua, Presidente de la Cámara Americana de Comercio y su comitiva. Luego participé en una cena muy amena que esa Cámara organiza todos los años en Washington. El invitado de honor lo fue el Senador Christopher J. Dodd, quien vivió en Monción durante varios años como miembro del Cuerpo de Paz. Como me tocó al lado, en un momento me susurró en el oído que existían serios problemas para que el Senado pudiese confirmar a Mari Carmen Aponte como Embajadora en Santo Domingo. Tendré que averiguar qué es lo que está pasando, tal vez llamando a la asistente del Senador. Después de tanto tiempo sin un Embajador norteamericano, si Mary Carmen no es confirmada pasarán varios meses más sin que tengamos un Embajador, pues la selección de otro candidato toma tiempo, así como el proceso de ratificación senatorial. Mientras tanto, nadie en Santo Domingo entenderá que la ausencia

---

*Sólo tendrían éxito en Brasil y en Perú, y tan sólo por dos años en Perú.

de un embajador nada tiene que ver con la situación bilateral. Logré que el Senador Dodd se comprometiera a visitar a Santo Domingo en el 1999.*

MAYO 13. Me reuní con Anne Willem Bijleveld, del ACNUR. Como ya no hay persecución política en Haití, los refugiados políticos haitianos se han retirado de Santo Domingo y piensan cerrar la oficina. ¡Un problema menos! Cené en el National Geography Society donde hablé con su presidente sobre sus experiencias en el Banco de la Plata. Hablé con la Asistente del Senador Dodd. Me confirmó que había un problema serio, pero que no podía darme más detalles. Desayuné con Arturo Peguero, quien está brevemente por aquí, cabildeando la paridad. El Presidente Arnoldo Alemán, de Nicaragua, se encuentra aquí y Pancho Aguirre le ofreció una recepción en su casa. Allí me señaló el lugar en el sótano donde los dominicanos se reunían en 1960-61 para elaborar el "Plan Altagracia", que buscaba salir de Trujillo y de Balaguer. Pancho sigue teniendo influencia, aunque menos que antes. Llegó Virgilio Mota, el nuevo Consejero Comercial. Trabajaba en la OPI y servirá de enlace con esa oficina para promover las inversiones norteamericanas en Santo Domingo.

MAYO 14. La revista "Latin Trade" ha otorgado un premio por la lucha contra la corrupción a tres Presidentes latinoamericanos, entre ellos el Presidente Fernández, y se planeaba que los tres fuesen a Ciudad de México para recibirlo. Ninguno ha estado dispuesto a hacerlo, y lo que se decidió fue que, en el caso del Presidente Fernández, yo recibiese el premio en su nombre. El organizador de todo este asunto ha sido el ex-diplomático norteamericano Michael Skol. Vino con la directora de la revista a mi oficina y nos tomamos una fotografía recibiendo el premio, la cual pienso enviar a la prensa dominicana. Luego fui a una cena en el Instituto Brookins, auspiciada por el Diálogo Interamericano.

MAYO 15. Hoy salió mi carta al Editor en el "New York Times" quejándome por los artículos de Krauze y Roether sobre las drogas

---

*No fue.

y mi país. Recibí varias llamadas de felicitación pues dije que menos de un 2% de los dominicanos residentes en Estados Unidos han estado involucrados en infracciones ligadas a asuntos de drogas y cité textualmente reportes del Departamento de Estado que contradicen citas de funcionarios de ese Departamento en los artículos. También cité un reporte de la Embajada norteamericana de que menos de un 1% de nuestra población usa cocaína y marihuana, en contraste con un 6% en Estados Unidos. Fui a la Base Aérea Andrews para ver una gran demostración del poderío aéreo norteamericano. Estas son exhibiciones públicas y lo hice más bien para complacer a mi cuñado Erasmo Sturla. Aparentemente nunca había ido a ese acto un Embajador, y no pude ver los momentos más excitantes de la exhibición pues me pidieron que diera una entrevista para la estación de televisión de las Fuerzas Armadas Norteamericanas. Hacía un calor horroroso.

MAYO 17. Los resultados de las elecciones congresionales dominicanas son sorprendentes. El PRD ha barrido. Algunos me dicen que se debió al reciente fallecimiento de Peña Gómez, a quien el pueblo le rindió así un homenaje. Pero otros piensan que implica un fuerte rechazo al PLD. Había enviado al "New York Times" una versión amplia de mi carta, pero me pidieron que la recortara, pues no publican cartas tan extensas. Ambas versiones salieron hoy en la prensa dominicana, y he recibido varias llamadas, tanto desde Santo Domingo como desde la comunidad dominicana, felicitándome por el texto. En el mismo expliqué que a principios de siglo la proporción de la comunidad italiana y judía involucrada en crímenes era mayor que la proporción de la comunidad dominicana de hoy en día, y que el consumo de drogas en Santo Domingo, como proporción de la población total, es menor que en Estados Unidos. Me dicen que en un programa de televisión Vincho Castillo me criticó por el contenido de mi carta. Mientras el Embajador defiende al país por acusaciones de droga, el Zar de la droga dominicana lo que hace es estimular comentarios en la prensa norteamericana que indican que el problema de la droga, y especialmente su vinculación con nuestra política, es más serio de la cuenta.

Una de las publicaciones más respetadas en el campo económico internacional es la Unidad de Inteligencia de la revista "The Economist" y sus análisis. Recientemente salió una evaluación relativamente crítica de nuestro país, y ahora Andy Dauhajre se ha dedicado a acabar con esa revista. ¿Y cuando la misma comience a hablar bien del gobierno y de nuestra economía, con qué fuerza moral citará el gobierno dominicano esa publicación?*

MAYO 19. Recibí la visita de José Borbón, antiguo candidato a la presidencia de Argentina y quien está trabajando para el Diálogo Interamericano en proyectos de educación. Quiere ir a Santo Domingo y ver al Presidente Fernández.

MAYO 20. Fui a ver al General Barry MacCaffrey a la Casa Blanca, pues se está preparando para ir a su primera visita oficial a Santo Domingo. Tuvimos una interesante conversación sobre la lucha contra las drogas y su efecto sobre la política interna dominicana. Por su respuesta a mis planteamientos, obviamente no está muy enterado sobre la política interna dominicana.

Leo en la prensa dominicana que allí se ha autorizado operaciones de lotería por internet. Ya había advertido al gobierno que una ley norteamericana hace ilegal las operaciones de apuestas por internet, y que esa es la razón por la que se están moviendo hacia fuera de Estados Unidos. Recomendé que no debían permitirse las mismas en nuestro país, pues obviamente Washington se quejará. Seguro que de un momento a otro la queja llegará.

MAYO 21. Anoche fue la gran cena que organicé en la Embajada para mostrar la última colección de ropa femenina de Oscar de la Renta. La prensa de hoy trae unos comentarios extraordinariamente favorables, diciendo que recordaba los tiempos, ya pasados, en que se daban "grandes fiestas" en la ciudad. Una carpa transparente permitía ver la iluminación de los árboles. Al tratarse de Oscar de la Renta, vinieron esposas como Andrea Mitchell, casada

*En efecto, el gobierno utilizó publicaciones posteriores del "Economic Inteligence Unit" para defender su gestión económica.

con el Presidente de la Reserva Federal, Alan Greenspan. Es una muy conocida periodista, quien trata temas de política exterior, y tuvimos una discusión muy amena sobre hasta dónde ella tenía o no conflictos de intereses por tener acceso a información privilegiada. Me contestó que la función de su esposo no tenía nada que ver con política externa, y yo le contesté que todo lo que hiciese o no hiciese Greenspan afectaba el resto del mundo, tal vez más que la propia política externa. También estuvieron Ann, la esposa de Vernon Jordan, posiblemente el amigo más cercano del Presidente Clinton; Patty Preston, la viuda de Preston Lewis, ex-Presidente del Banco Mundial; Mac MacLarty, Encargado de América Latina en la Casa Blanca y su esposa; Capricia Marshall, Encargada de asuntos sociales de la Primera Dama Hillary Clinton; la baronesa Stackelberg, quien todavía suspira cuando se le menciona a Manuel de Moya, y Esther Coopersmith, en cuya mansión se ofrecen las recepciones más disputadas de esta ciudad. En fin, un gran éxito. De Santo Domingo vinieron varias parejas. Pienso hacerle un oficio a la Vicecanciller Minou Tavárez explicándole jocosamente que el asunto ha sido, para utilizar una frase bien cursi, "un verdadero success". Según el "Washington Post" Oscar hizo que sus conciudadanos se sintieran orgullosos. Según el "Washington Times" fue una noche de "oscares" y me citó diciendo que Oscar de la Renta era el verdadero embajador. Según ese periódico varios invitados comentaron que la fiesta se parecía "al Washington de los viejos días". También informó que la fiesta se terminó después de las 11:00 "tarde para las costumbres de Washington pero ciertamente no para los dominicanos, para quienes, según el Embajador Vega, las cenas tempranas son para las gallinas, no para nosotros". Luego citó el incidente de la fiesta con la orquesta de Víctor Víctor y los 6 carros patrulleros que se aparecieron con las quejas de los vecinos. Hoy fui a una exhibición de pintura de Tony Capellán en la OEA.

MAYO 22. Junto con el Embajador Flavio Darío Espinal y el General Soto Jiménez participé en la primera graduación del curso de la Universidad de la Defensa, donde estudian tanto civiles como militares de América Latina y que preside mi vieja amiga Margaret Daly Hayes. Es una gran conquista que civiles y militares dominicanos discutan la agenda militar sin que nadie piense que es un acto subversivo. Luego les ofrecí un coctel en la residencia. El grupo dominicano sacó las mejores notas, y varios de ellos fueron elegidos como portavoces de su grupo en ese acto de graduación. Me sentí muy orgulloso.

En el "Listín Diario" de hoy Milagros Ortiz Bosch dice que los perredeístas sabían que vendrían nuevos ataques contra Peña Gómez, vinculándolo a las drogas, y por eso tenían preparado un "spot" donde Peña perdonaba a sus enemigos, y que salió al aire el mismo día de su muerte.

MAYO 25. Hoy salió en el "Washington Times" otro artículo sobre el posible voto ausente y la doble nacionalidad de los mexicanos, sugiriendo que podrían convertirse en una quinta columna que controlaría los Estados fronterizos.

MAYO 28. En la prensa dominicana se anuncia un viaje, en junio, del Presidente Fernández a Nueva York. No sabía nada al respecto. También veo que nada menos que Taína Gautreau ha declarado que aspira a llegar a ser Presidente de la República. Si con lo de la exigencia de los pasaportes prácticamente tumbó el turismo, ¡qué no haría como Presidente! También se anuncia la visita de Fidel Castro a Santo Domingo, el 21 de agosto. Vincho Castillo ha insinuado que en el Congreso surgirán iniciativas contrarias a la lucha contra las drogas, y que entre los congresistas hay gente que ha tenido alguna relación de negocios con el narcotráfico. Como ahora el PRD tiene mayor proporción en el Congreso, vuelven a surgir esas acusaciones cuando precisamente fue un congresista perredeísta el que le propuso la ley de extradición, todavía pendiente de aprobación. Luce que esa declaración es una presión para que el PRD apruebe esa ley. Mundogás ha sometido a la justicia al gobierno porque supuestamente le debe RD$129 millones, pero el gobierno, a su vez, había sometido a Mundogás por haber sobrevaluado las importaciones durante los últimos meses del gobierno de Balaguer, y así haber conseguido un mayor subsidio. Pero lo más interesante es que un día después se anuncia que ya hay un acuerdo entre el gobierno y Mundogás. El Agregado Militar, General José Miguel Soto Jiménez, parece tener problemas políticos en Santo Domingo, pues ha circulado en el país el borrador de un libro suyo y el texto está siendo utilizado para atacarlo. Conversamos sobre el asunto, más de autor a autor que de Embajador a Agregado Militar.

Ayer fui llamado a la Oficina del Director de la AID para América Latina quien, de chiste, me aseguró que no iba a hacer ninguna referencia a las mejoradas relaciones entre la República Dominicana y Fidel Castro. Su queja se limitó exclusivamente al tema de violaciones de la propiedad intelectual y hasta llegó a decirme que en mi país se estaba vendiendo una versión de la píldora Viagra, lo que constituye piratería. Había como ocho personas en la habitación y le miré directamente a los ojos diciéndole: "¿significa eso que la puedo conseguir más barata en Santo Domingo?" Luego me aclaró que estaba equivocado y que ese problema estaba ocurriendo en otro país. Seguí con el chiste y le insistí que me dijera cuál era ese país, para procurar la píldora con mi colega, el Embajador del mismo. Luce que la visita del General MacCaffrey a Santo Domingo fue positiva, por lo menos sus declaraciones públicas han sido muy buenas. Pero como siempre, la Cancillería no se entera de lo que trató y yo tampoco. El tema principal de la agenda norteamericana con Santo Domingo discurre totalmente fuera de los canales diplomáticos. MacCaffrey se reunió no solamente con el Presidente sino también con empresarios y legisladores. Vincho Castillo aprovechó la ocasión para decir claramente que la banca dominicana no dejaba de estar permeada por el narcotráfico. Eso le da municiones a los norteamericanos para acusarnos sobre ese tema. El General, probablemente reaccionando a las acusaciones de Vincho Castillo y al artículo en el "New York Times", tuvo la inteligencia de reunirse en la Embajada norteamericana con senadores y diputados dominicanos. Me imagino que allí se discutieron esas acusaciones. Por lo menos, eso es lo que insinúa la prensa dominicana. Tal vez hayan sido los propios congresistas perredeístas quienes pidieran la reunión, para aclarar esas acusaciones.

MAYO 30. La prensa dominicana de ayer dice que el PRD advirtió que las denuncias de Vincho Castillo deben ser acompañadas de pruebas, y que el uso, en la arena política, de acusaciones sobre narcotráfico, desnaturaliza cualquier iniciativa para combatirlo. Esa declaración se dio mientras MacCaffrey todavía estaba en Santo Domingo. Por lo menos la visita del norteamericano sirvió para airear ese problema. Estuve en Fort MacNeil con el General Soto Jiménez. Sus problemas en Santo Domingo aumentan, pues la prensa recoge la información del borrador de su libro, que dice que un 30% de nuestros militares son utilizados en actividades ajenas a las armas, como son la de protección de civiles y trabajos de choferes para funcionarios públicos. Si es verdad, y quién lo duda, el hecho no sólo debe de decirse sino, además, corregirse.

Acabo de pasarme dos días visitando el Estado de Kansas, junto a otros embajadores. Allí, durante las largas horas en autobús, pude hablar y cabildear a un par de congresistas importantes. Desde hace varios días estoy tratando de que cuando el Presidente Fernández llegue el día 8 a Nueva York, para comparecer ante las Naciones Unidas, se realice un encuentro con el Presidente Clinton en Washington. Desde Kansas hice varias llamadas a personas claves en la Casa Blanca, y hasta ahora luce que hay buenas posibilidades. Me está ayudando Oscar de la Renta. Por lo menos no me han dicho que no, aunque argumentan que entonces no tendrían qué decirle a los Embajadores de Centroamérica y el Caribe cuando sus Presidentes visiten Estados Unidos y pidan una cita igual. Sé que el Presidente de Brasil también va a lo de Naciones Unidas, y que Clinton lo va a recibir y hasta tal vez pase el fin de semana con él en Camp David. ¡Pero Brasil es grande!

MAYO 31. Hoy salió una página entera en el "Washington Post" criticando la nueva ley mexicana de doble nacionalidad. Menos mal que los dominicanos no hacemos tanto bulto.

Junio

JUNIO 2. Envié al gobierno el anuncio de que la Delta ha iniciado sus vuelos a Costa Rica, gracias al acuerdo de cielos abiertos.

JUNIO 4. La prensa dominicana sigue discutiendo las acusaciones de Vincho contra los congresistas. Ahora es Milagros Ortiz Bosch quien cree que Vincho debe identificar a los legisladores ligados al narco, y hasta el propio Juez Subero Isa ha sido involucrado en el asunto. Mientras tanto, la Embajada norteamericana sigue cabildeando la nueva ley de extradición, y para ello necesita el voto de los perredeístas. ¿Será lo del "New York Times" y lo de Vincho todo un plan de los norteamericanos para presionar al PRD a que pasen la ley de extradición? El día 1ro. fui a Nueva York y desayuné con un grupo de personas jóvenes, de origen dominicano, quienes trabajan en las principales instituciones financieras de esa ciudad. Su sigla es DOWS (Dominicans on Wall Street). Es gente muy preparada y que obviamente está ganando mucho dinero, pero se nos hizo difícil vislumbrar cómo podrían ayudar directamente a la República Dominicana. Dentro del grupo está Cynthia Teresa, mi hija mayor . Luego fui a una cena en uno de los mejores restaurantes de Nueva York, en honor a una prominente dama argentina, y donde pude tener una larga conversación con el Senador Robert G. Torricelli, de Nueva Jersey.

Al día siguiente fui invitado por R. A. Chretien, el Embajador de Canadá, a una cena en su casa, pero realmente fue una reunión de vecinos, pues su jardín colinda con el jardín de la residencia dominicana. El motivo fue dar la bienvenida a un nuevo vecino, pues nada menos que Vernon Jordan se está mudando en el barrio. ¡Un prieto que vale más que cualquiera de los que estamos viviendo por allí, pues es el mejor amigo del Presidente! Le comenté que su esposa conocía mi casa, pero no él.

Al día siguiente pasé la tarde en la Universidad de Georgetown, en una conferencia sobre migración. Allí por lo menos se pudo atacar fuertemente las leyes de migración de 1996, y pusimos contra la pared a los funcionarios de migración; pero los pobres no pueden hacer otra cosa que cumplir con esas leyes, a las cuales ellos mismos se opusieron cuando fueron discutidas en el Congreso. Nos informó el Departamento de Estado que hay 1,697 dominicanos en cárceles, y que son sujeto de deportación. ¡Este asunto no se acaba por ahora!

JUNIO 6. Almorcé ayer en el BID con una misión económica dominicana de alto nivel. Allí estuvieron el Secretario Técnico de la Presidencia y el de Finanzas. Yo quedé muy deprimido, pues realmente esa gente no sabe lo que está pasando en la economía nacional. No saben cómo se va a manejar el asunto de la privatización y ni siquiera pudieron aclararme cuánto va a ser la merma fiscal resultante de la nueva ley de telecomunicaciones. Citaron una merma de 600 millones, pero también un supuesto acuerdo verbal entre los ejecutivos de Tricom y CODETEL con el gobierno, para seguir pagando esos 600 millones. Eso me perturba, pues los acuerdos verbales son muy fáciles de violar. Sólo hay que sobornar para que nadie recuerde lo acordado, y así se evita el pago. En un gobierno que está tratando de hacer las cosas con transparencia y de forma más institucionalizada, acuerdos verbales por 600 millones de pesos al año crean un precedente terrible.

Ofrecí una cena de smoking en la Embajada para un grupo que luego siguió al baile de la ópera en la Embajada inglesa. Es la primera vez que visito esa Embajada, aunque el Ministro Consejero vive en la casa contigua a la mía. Tuve una amena conversación con la artista Shirley MacLaine. Al día siguiente, un sábado, junto con unos otros veinte dominicanos caminamos durante unas cuatro horas, con banderas dominicanas, en la "Carrera para la Cura", un evento anual para recaudar fondos contra el cáncer. Miles de personas caminaron desde el Obelisco hasta el Capitolio y luego de regreso hasta la Casa Blanca. De ahí seguimos (pero en carro) hasta la residencia, donde preparamos tremendo desayuno.

JUNIO 7. Carlos Dore se hospedó en la Embajada. Mañana llega el Presidente a Nueva York. Sigo trabajando afanosamente para lograr la invitación para que vea al Presidente Clinton.

JUNIO 8. Hoy fui homenajeado en una cena por un grupo de graduados del Wharton School de la Universidad de Pensylvania, lugar donde estudié. Mi discurso trató el tema de cómo un joven estudiante extranjero enfrentó dificultades en esa universidad a mediados de los años cincuenta, y cómo las resolvió. Fui muy aplaudido.

JUNIO 9. Acabo de regresar de Nueva York donde acompañé al Presidente en su comparecencia ante las Naciones Unidas. El protocolo es que el Presidente se sienta al lado de su Canciller y de su Embajador ante las Naciones Unidas, y el resto de la delegación atrás; pero los que acompañaron al Presidente, afanosos por estar siempre a su lado, no permitieron que la pobre señora Embajadora se sentara al lado de su Presidente, mientras Clinton tenía a su lado a su Canciller y a su Embajador, al igual que todos los otros delegados. En su discurso ante la Conferencia de las Naciones Unidas sobre drogas, el Presidente utilizó las cifras y los argumentos planteados en mi carta al "New York Times", en el sentido de que apenas un 2% de nuestra población consume drogas. Cuestionado por la prensa sobre el tema de la reelección, reservó su posición diciendo que no podía tratar ese asunto "hipotético". Defendió su política de extradición asegurando que el país no será refugio de delincuentes. A eso de las 11:00 de la mañana, en la misma sede de las Naciones Unidas y minutos antes de que hablara el Presidente Fernández, un funcionario de la Casa Blanca me confirmó que mañana el Presidente Clinton recibirá al Presidente Fernández. Le pasé la información al Presidente y al Secretario de la Presidencia Danilo Medina, así como al Canciller Latorre. Salí de inmediato para Washington y poco después se le informó a la prensa dominicana que acompañaba al Presidente sobre la visita de mañana. Tengo que preparar para el Presidente todo un almuerzo para mañana, aquí en la residencia, y lo crucial es lograr que gente importante pueda saludarlo, pues llegará por la mañana y se va esa misma tarde.

JUNIO 10. Estoy agotado. El Presidente vino, vio a Clinton, almorzó en la Embajada y se fue. Creo que ha sido un éxito, a pesar de que avisamos a los invitados tan solo pocas horas antes. Al

almuerzo vino gente de la altura de Mac MacLarty, Enrique Iglesias, el Presidente del BID, César Gaviria, de la OEA. La reunión con
Clinton fue bastante positiva. No hubo ningún tema conflictivo y
el Presidente norteamericano hasta se comprometió a ver qué podía hacer con relación a los problemas de la deuda externa dominicana y la deportación de criminales. Cuando los norteamericanos
presionaron a mi Presidente sobre el tema de las extradiciones, éste
dijo que no quería repetir lo que había hecho antes, es decir extradiciones por decreto, pues eso probablemente violaba preceptos
legales y estaba esperando que el Congreso aprobase la ley de extradición. ¡Ahora es que los norteamericanos presionarán a los congresistas perredeístas para que le pasen su ley!

Esta visita de nuestro Presidente a Clinton ya significa que realmente no me queda mucho más que hacer aquí en Washington, y que
debo pensar en regresar a Santo Domingo antes de que finalice este
año. Pero como ya el Presidente vio a Clinton, significa que por fin
podría organizarle visitas a Estados Unidos en fechas que nosotros
mismos escojamos, pues ya no tiene que volver a ver al Presidente
norteamericano. Podría organizarle, por ejemplo, conferencias en la Universidad de Georgetown, en los "Tanques de Cerebro" de Washington,
con ejecutivos de empresas importantes en los Estados Unidos interesados en invertir en Santo Domingo, y en universidades como Harvard.
Ahora, la visita al Valle del Silicio y al Condado de Fairfax, promoviendo los parques cibernéticos, tampoco tiene que estar ligada a la
necesidad de ver a Clinton. La realidad es que para los dominicanos
una visita de su Presidente a Estados Unidos, y sin ver a Clinton, es
considerada como un fracaso, cuando realmente no lo es pues, si los
objetivos de esas visitas son, por ejemplo, la promoción de inversiones, no tienen por qué implicar ni siquiera visitar Washington. En eso
estoy totalmente de acuerdo con el ex-Presidente José María Figueres
en el sentido de que en Washington "no hay nada que buscar".*

*En 1999, no siendo ya el autor Embajador en Washington, el Presidente Fernández
pudo ir a la Universidad de Harvard, al Valle del Silicio, al Condado de Fairfax y dar
conferencias ante inversionistas.

Al salir de la Casa Blanca, el Presidente Fernández declaró que la extradición de dominicanos se hará en base a la ley que reposa en el Congreso Nacional. Pero la prensa dominicana se ha dado cuenta de que dijo eso con motivo de su conversación con Clinton y más bien ha resaltado que la declaración del Presidente Fernández se producía en momentos en que la Embajada norteamericana hacía contactos con legisladores criollos para que se apruebe la nueva ley de extradición. Cita, además, que los funcionarios Glenn Warren y Kevin O´Reilly visitaron el Congreso para conversar con senadores del PRD. Al salir de la Casa Blanca nuestro Presidente admitió que había tratado el tema de la extradición de criminales con el Presidente Clinton y anunció que Estados Unidos ayudaría al país con equipos navales, aéreos y terrestres en un plan operativo conjunto contra la droga y que incluye el territorio haitiano. Ese acuerdo fue suscrito por Samuel ("Sandy") Berger, del Consejo Nacional de Seguridad, el General MacCaffrey y Mac MacLarty, en presencia del Secretario de las Fuerzas Armadas Rubén Paulino Alvarez, el Canciller Eduardo Latorre y yo. En fin, que los norteamericanos tienen sus prioridades. Yo preparé la lista de los temas que debía agotar el Presidente Fernández con Clinton, que incluía también el tema azucarero, y las pretensiones de México al respecto de la cuota. El Presidente usó esa lista.

En la Oficina Oval, además del Presidente Fernández, estuvo el Canciller Latorre, Danilo Medina, el Secretario Técnico, Paulino Álvarez y yo. La presencia norteamericana reflejó sus prioridades: además del Presidente del Consejo Nacional de Seguridad, Sandy Berger, estuvo Mac MacLarty y el General MacCaffrey. No había nadie del Departamento de Estado, lo que era inconcebible durante los días de la Guerra Fría.

También se discutió el tema de la paridad textil y, para mi sorpresa, el propio Presidente Clinton tomó la iniciativa de mencionar que su encuestador, Mark Penn, estaba cabildeando ese asunto para los centroamericanos. Yo lo sabía desde tiempo atrás, pero desconocía que Clinton lo supiera. Mientras tanto, el PLD emplea para sus encuestas a un ex-empleado de Penn & Schoen, cuando antes había usado a Penn. Y es que quiere las encuestas para falsear los resultados y darlos así a la prensa, no para guiarse por ellos.

La designación de Mari Carmen Aponte ya es pública, pues ha salido en la prensa de Washington. Por lo menos un Senador norteamericano se opone a ella, porque en una ocasión tuvo un novio de origen cubano que no era lo suficientemente anticastrista. Eso me huele a que los cubano-americanos están torpedeando a Mary Carmen para tratar de poner a uno de ellos. En estos días iban a tener lugar las audiencias en el Senado sobre Mary Carmen, pero han sido pospuestas. ¿Cuándo terminará esto?

JUNIO 12. Hoy ofrecí una recepción en honor de Michael Camilo, quien presidió el Festival de Jazz Caribeño en el Kennedy Center y estrenó una nueva pieza suya. La verdad es que uno se siente orgulloso de ser dominicano con artistas como Michael. Es gran amigo de Leonard Slatkin, el Director de la Orquesta Sinfónica Nacional de Estados Unidos, quien estuvo en la recepción. Me han llamado del Departamento de Estado para informarme que un miembro del gabinete dominicano, que se había hospedado en Nueva York en el mismo hotel que el Presidente, trató de insinuarse con la sirvienta que limpiaba su habitación y ésta se ha quejado a la Policía de Nueva York. Luce que si ese dominicano regresa a Nueva York puede ser apresado. Ahora mi dilema es si debo informarle esto a ese miembro del gabinete, o simplemente quedarme callado y tener el ojo abierto en caso de que esa persona piense viajar a Nueva York, y entonces avisárselo.*

JUNIO 15. Hoy se inició una de las reuniones que más gusto me ha dado promover. Asesorados por un consultor experto en empoderamiento político para grupos minoritarios que busqué, se han reunido aquí en Washington líderes de la comunidad dominicana de diferentes Estados de la Unión, para seguir promoviendo la creación de una oficina de cabildeo permanente en Washington,

*Nunca avisé nada a nadie.

a través de la Mesa Redonda Nacional Domínico-Americana. A algunos de ellos los hospedé en la Embajada. Logré que pudieran reunirse con gente tan importante como María Echaveste, encargada de asuntos hispanos en la Casa Blanca, y con funcionarios del Departamento de Migración, Justicia, congresistas, etcétera. También conocieron a líderes de organizaciones como "La Raza" y de grupos pro-migración. Hablé durante el almuerzo. Mi propósito es ponerlos en contacto con gente clave en Washington, para estimularlos a abrir su oficina. Estoy optimista de que los dominicanos por fin puedan cabildear los intereses de su comunidad de forma efectiva. Si se logra, creo que sería mi mayor éxito como Embajador, aunque no trascienda mucho en Santo Domingo, pues allí todavía no entienden que la política externa norteamericana cada día está más determinada por la capacidad de influir sobre la política local.

Sigo sin poder contactar a los peloteros dominicanos para fines de promover el país y lograr su participación en recolección de fondos. Tengo que hacer algo al respecto.

JUNIO 17. Hoy pude trabajar en la Biblioteca del Congreso. Informé al gobierno que Perú también firmó un acuerdo de cielos abiertos con Estados Unidos. ¡Van nueve países del continente en un año, y nosotros, bien gracias! La revista "Latin Trade", al comentar el tema ha dicho que mientras más pequeño el país más le conviene este tipo de acuerdos, pues la viabilidad de una línea nacional es menor. ¡Clarísimo!

JUNIO 20. Participé, junto con Eddy Martínez, en el Congreso Mundial sobre Informática en la Universidad de George Mason. Ambos estamos tratando de auspiciar que la alta tecnología sea el sustituto eventual de las zonas francas textiles. En Fairfax County, Virginia, está la segunda mayor concentración de industrias de alta tecnología, después del Valle del Silicio. He enviado al funcionario del Departamento de Justicia que aboga por la rehabilitación de deportados en su país de origen, las declaraciones de Sanz Jiminián de que serán muy difíciles de reeducar. Dos deportados más murieron ayer en un intercambio de disparos con la policía.

JUNIO 22. Hoy llevé a Eddy Martínez a una cita con ejecutivos de muy alto nivel de American on Line, los señores Mark Mulkin y Travis Good. Logré ese encuentro a través de contactos sociales, pues había conocido a James V. Kimsey fundador de esa empresa así como a su actual ejecutivo principal Bob Pittman en dos cenas de grupos de la alta sociedad. El fundador había estado en el país en 1965, aunque involuntariamente, como miembro del U. S. Marine Corps. Estamos tratando de que American on Line transfiera a Santo Domingo sus labores mano de obra intensivas. Me impresionó que en esta empresa todo el mundo está en camisa, aún sus altos ejecutivos, y allí me enteré de que Gustavo Cisneros la había visitado recientemente para hacer negocios con ellos.*

JUNIO 28. Hoy regresé a Washington después de una semana en Santo Domingo. Allí oí que el Secretario de Obras Públicas, Diandino Peña, anunció que las torres en la Plaza de la Salud tendrán cada una veintidós pisos. La prensa dominicana, no sé si jocosamente, cita a un funcionario dominicano diciendo que esa Plaza de la Salud lucirá "como un pequeño Nueva York". ¿Por qué se concentra el presupuesto en grandes proyectos y no en educación? Parece que la Cumbre Insular entre Preval y Leonel Fernández en Puerto Príncipe fue exitosa. El gobierno ya presentó su demanda judicial contra Mundogás por sobre-valuación de los subsidios de gas licuado durante los últimos meses de la administración de Balaguer. La encuesta de Hamilton indica que apenas un 33% aprueba la gestión de Leonel Fernández y un 65% la considera mala. ¡Un cambio extraordinario en apenas un año! Poco después de las declaraciones de Diandino, Balaguer dijo que no se iban a levantar ningunas torres en la Plaza de la Salud y el Cardenal también se opuso. Menos mal, con esas dos opiniones en contra de seguro no habrá un pequeño "Nuevayol" También me enteré de que Aristide decidió no recibir a Leonel Fernández en Puerto

*En el año 2000 se anunciaría la creación de America on Line Latinoamérica, un negocio conjunto entre el grupo Cisneros y la empresa norteamericana.

Príncipe. Este hombre cada vez se está haciendo más impredecible y errático. No sé por qué en la encuesta Hamilton me colocaron a mí como posible candidato presidencial, sacando el 1%. Creo que al único que podrá molestarle es a Vincho Castillo, quien sacó apenas un 2%, pues significa que yo, sin ninguna pretensión, saqué la mitad de lo que él sacó.

El asunto de las torres de la Plaza de la Salud se resolvió el día que yo salí, con una declaración del Presidente diciendo que desestimaba el proyecto. ¿Por qué tanta falta de coordinación? Fue muy feliz la visita del Presidente Ernesto Samper de Colombia a Santo Domingo, aunque hay que decir que está en total desgracia aquí en Washington.

En Santo Domingo declaré a la prensa que a los norteamericanos les inquieta el retorno de deportados criminales a Estados Unidos, porque ya han reconocido que reinciden en el crimen una vez regresan. Expliqué que los norteamericanos ahora no podrían negar que también reinciden en Santo Domingo. Hablé también sobre alta tecnología y el viaje que el Presidente hará al Valle del Silicio, cuando retorne de Asia. La Embajada mexicana me ha enviado las estadísticas de que unos 7 millones de mexicanos que viven en Estados Unidos estarían en edad de votar en las elecciones norteamericanas, si el Congreso mexicano aprueba la ley. Por algo están inquietos los norteamericanos. ¡A lo mejor votan a favor de volver a la frontera del siglo XIX!

Abel Rodríguez del Orbe ha propuesto una ley para vigilar a los deportados. Me imagino que leyó lo que le envié sobre la ley de Jamaica. ¿Sería constitucional? Envié a medio Washington la noticia de que nuestra policía capturó en Santiago a uno que llegó deportado, y que ya mató a dos mujeres. ¡Reincidencia aquí y allá! También envié la declaración del Contralmirante Luis Alberto Humeau admitiendo que la DNCD no tiene capacidad para dar seguimiento a los deportados criminales. Agregó que la mayoría "o reincide a su llegada o trata de irse de nuevo a territorio estadounidense". Parece que no cree en las estadísticas que él mismo me suministró hace poco. ¡Qué bueno!

JUNIO 29. A través de una dama amiga fui a visitar la Biblioteca Folger, la cual posee la colección más rica de material sobre Shakespeare fuera de Inglaterra. Me prepararon una exhibición especial de documentos antiguos sobre el Caribe y pude palpar un original de un libro de Shakespeare.

JUNIO 30. Hoy fui a un concierto en la Embajada de Panamá. Debo tratar que artistas dominicanos que estén en Estados Unidos puedan presentarse aquí en Washington, aunque la poca cantidad de personas que asistieron a lo de Panamá me indica que esos actos no tendrían mucho éxito.

Julio

JULIO 5. Hoy salió otro artículo criticando la posibilidad de que en parques y esquinas los mexicanos-norteamericanos puedan votar en los Estados Unidos para las elecciones mexicanas.

JULIO 8. Nuestro Senado aprobó, en primera lectura, la ley de extradición ¡y fue a unanimidad! La Embajada norteamericana debe estar contenta, especialmente con el PRD. Avisé al Presidente que Costa Rica y Chile acaban de firmar un acuerdo de cielos abiertos.

JULIO 9. Recibí una curiosa llamada de un alto oficial del Departamento de Estado. Me dijo que hay rumores de que Rodríguez del Orbe será nombrado Embajador en Cuba y deseaba que yo transmitiera al gobierno dominicano el deseo de Washington de que, si eso ocurre, el nuevo Procurador tuviese una actitud hacia al tema de la extradición tan favorable hacia la posición norteamericana como la que hoy sostiene Abelito. El hombre que tuvo una actitud tan negativa hacia la extradición y reuniones tan agrias con la Sra. Reno y con Hamilton, sigue ahora la línea norteamericana y ¡a Washington le encantaría que no lo cambiaran! ¡Qué transformación! Hace tres días recibí otra llamada, de alguien todavía más importante en el Departamento, quejándose oficialmente por los atrasos en los pagos a cuatro compañías norteamericanas generadoras de energía. También me adelantó que me "invitará" nada menos que Stuart Eizenstat, un muy alto funcionario en el Departamento de Estado, a que vaya a verlo sobre el tema. Obviamente lo que se quiere es que paguemos antes de yo ir a la cita.

JULIO 13. Acabo de regresar de Tucson, Arizona, donde pronuncié una conferencia en su Cámara de Comercio, promoviendo la inversión en Santo Domingo, aunque fui allí primordialmente a la boda de una sobrina. La semana pasada recibí a unos veinticinco estudiantes dominicanos en la residencia, y luego les ofrecí una conferencia en las oficinas de la USIS. Pedí al Juez José M. López, el primer norteamericano de origen dominicano que es nombrado Juez Federal, que me viniese a ver, pues necesitaba consultarlo confidencialmente sobre cómo manejar una denuncia sobre drogas. Su explicación sobre los procedimientos legales norteamericanos me aclaró mucho la situación, y opté por no hacer nada con relación a la misma. También pude ir, por primera vez desde que estoy aquí, a la Biblioteca especializada de la OEA. Me vino a ver el Embajador Richard Bernal, de Jamaica. No solamente lleva muchos años aquí, sino que es un verdadero experto en asuntos económicos, sobre todo de integración, y mantiene excelentes contactos con el "caucus" afroamericano. También fui a una recepción en el BID en honor de "Mac" MacLarty, quien va a dejar su cargo en la Casa Blanca.

Hoy pude leer un paquete de periódicos dominicanos y veo que Danilo Medina afirma que Leonel Fernández sigue siendo la mejor opción del PLD, y que ese partido estaría dispuesto a negociar la reducción del 50% necesario para ganar las elecciones. Otra vez el fantasma de la reelección. Sin embargo, según una encuesta, el 48% de la población la rechaza radicalmente. Esa proporción probablemente indica el apoyo que tiene el PRD dentro del electorado. El Presidente ha pospuesto su viaje a Asia. Veo también que Milagros Ortiz Bosch anuncia que buscará la candidatura presidencial y que Danilo Medina insiste en que está trabajando para reelegir al partido "con quien sea, con el que se pueda", una clara alusión a al Presidente Fernández. Hoy envié a la Junta Central Electoral todo un material relativo a la discusión en México sobre si se debe votar o no desde el extranjero, así como reacciones en la prensa norteamericana.

JULIO 15. Participé en el Instituto Cato en una discusión entre verdaderos expertos y académicos sobre el tema de las drogas. Definitivamente es un asunto que no tiene solución. Tan sólo si se reduce la demanda en Estados Unidos podrá resolverse. No conozco a nadie notable que esté preso aquí por consumir drogas. Un 70% de los encarcelados por drogas son afroamericanos o latinos, y no es verdad que consumen el 70%. Aún cuando se lograra interceptar absolutamente toda la droga que entra a Estados Unidos desde el extranjero, surgirían nuevas drogas de origen doméstico. Estas reuniones en Washington, cuando tratan el tema cubano y el tema de las drogas son de las más deprimentes, pues no se perciben soluciones o nuevas estrategias. Ya un 20% del consumo de drogas norteamericano proviene de productos producidos localmente, ya sean químicos o marihuana. Si esa proporción aumenta, la producción andina se reduciría, así como el tráfico a través de las Antillas.

Los diputados en Santo Domingo han convertido en ley el proyecto de extradición preparado por los norteamericanos. El PRD le ha dado una victoria a los norteamericanos, al tiempo que Vincho Castillo ha estado acusando al PRD de estar en asuntos de drogas. ¿Será acaso que los norteamericanos se pusieron de acuerdo con Vincho para "asustar" a los perredeístas y así lograr que pasasen esta ley de extradición? La pasó el Congreso dos meses después de los ataques contra el PRD en el "New York Times" y mes y medio después de la visita a Santo Domingo de MacCafrey. Mientras tanto, Colombia insiste en una excusa dominicana, por una acusación que hizo contra el gobierno de Colombia nada menos que el propio Vincho Castillo, Secretario de Estado y Embajador. Hablé otra vez con la gente de la Delta, para ver si vuelan a Santo Domingo.

JULIO 16. Recibí hace un tiempo la visita de Eduardo Grullón, Presidente de la ANJE, quien me pidió que para la celebración de los 25 años de esa institución logre que el Vicepresidente Al Gore vaya a Santo Domingo a dar una conferencia. Visité hoy a un norteamericano, Vicepresidente del BID, a quien ya había conocido y quien es una de las personas más cercanas al Vicepresidente Gore, y le entregué la invitación. Me sugirió que también la entregase al Departamento de Estado. Esto ha coincidido con la discusión de un posible viaje de Hillary Clinton a Haití y a la República Dominicana, y luego a Sur América. Ese proyecto de viaje existió el año pasado, pero no se dió. No puedo hablarle de esto a Eduardo Grullón, pero la idea que tengo es que sea Hillary Clinton quien hable ante ANJE, pues sería más fácil que un viaje del Vicepresidente Gore. Así se lo insinué al Departamento de Estado. Mientras tanto lo único que le digo a ANJE es que si no consigo a Gore trataré de que sea alguien de casi su mismo nivel.

Sin avisarme previamente, Estados Unidos alertó al gobierno dominicano sobre posibles atentados a los aviones que vuelan entre Cuba y República Dominicana. ¿Qué habrá tras esto? Participé esta noche en una recepción de despedida a Jeffrey Davidow, en el University Club, quien se va a México como Embajador. Tuve allí una interesante conversación con un alto ejecutivo de American Airlines. Luego seguí a otra despedida, en este caso de MacLarty, en el Departamento de Estado, y se apareció nada menos que su compañero de estudios primarios, el Presidente Clinton. Allí hablé con la Procuradora General Janet Reno y le dije que nuestro Congreso acababa de pasar la ley de extradición. No estaba enterada y, por supuesto, se mostró muy complacida. Aproveché la oportunidad para solicitarle que, administrativamente, se redujera sustancialmente el número de delincuentes deportados. Hizo mutis. Ahora veo que la Embajada norteamericana se ha desvinculado totalmente de una alerta con motivo de la visita a Santo Domingo de Fidel Castro, y aprovecharon la ocasión para entregar una lista de treinta y cinco personas que quieren que les sean extraditadas. Hasta ahora México no ha extraditado a nadie y Colombia tan sólo a una persona. Nosotros uno también.

JULIO 20. Pasé el fin de semana en East Hampton donde pude saludar de nuevo a Barbara Walters y conocí al próximo Embajador norteamericano ante las Naciones Unidas, Richard Holbrooke. Allí vi en la primera página del "New York Times" del domingo nada menos que una fotografía de Fernando Mateo en un avión hacia Santo Domingo. En un largo artículo sobre su persona, éste admitió al periódico que había conversado con el conocido consultor político y encuestador David Garth, sobre la posibilidad de ser candidato en elecciones dominicanas para "los más altos cargos". Ahora entiendo por qué el año pasado viajó a Santo Domingo y llevó a congresistas dominicanos a Venezuela y Nueva York para entusiasmarlos por el voto en el extranjero. Fue Mateo quien logró incorporar eso a la ley electoral, y lo hizo para contar con el voto de los domínico-americanos con relación a sus propias ambiciones políticas. Así se escribe la historia. El hombre se mueve, pues lograr que dos periodistas del "New York Times" lo acompañen en su viaje a Santo Domingo y escriban sobre él un largo artículo de primera página no es fácil. Pero como no pertenece a ningún partido en Santo Domingo, ¿cómo va a conseguir el voto de los dominicanos-americanos?

JULIO 21. Estuve en otra despedida a Davidow, esta vez en la Embajada de México, donde conocí a un importante cabildero de intereses textileros. Traté de entusiasmarlo para que sus representados invirtieran menos en México y más en Santo Domingo.* Luego procedí a la Embajada de Colombia, donde conocí a un muy alto dignatario del Vaticano. Me pidió le enviara recuerdos a nuestro Cardenal, lo que hice.

JULIO 22. Como me habían anticipado, me mandó a llamar otra vez Stuart Eisenstat, un funcionario de muy alto nivel del Departamento de Estado, quien por muchos años ha estado en el Departamento de Comercio y se especializa en resolver problemas

---

*Luego, leyendo un libro, me daría cuenta que había sido el último norteamericano en tomar un helicóptero en el techo de la embajada norteamericana en Saigon. En ese momento trabajaba para la CIA.

comerciales a su país. Me dio un "boche" por los atrasos en los pagos a las compañías norteamericanas suplidoras de energía. De allí fui a almorzar con Hamilton en el Departamento de Estado, quien me felicitó por la forma en que me defendí durante la reunión. Me imagino que ellos quieren que los pagos se reduzcan antes de la licitación para la privatización, para que así las empresas norteamericanas participen con más entusiasmo.

JULIO 27. El Diálogo Interamericano ya está distribuyendo el estudio que, por sugerencia mía, ordenaron preparar sobre las deportaciones de criminales; pero éste no sugiere soluciones que no requieran cambios en las leyes, y los congresistas republicanos no están por cambiar nada.

Agosto

AGOSTO 10. Hace dos semanas que he estado fuera de Washington. Primero fui a Portugal, hasta el día 29, para visitar la Feria. Había separado esos días para acompañar al Presidente Fernández a ir al Valle del Silicio, pero éste pospuso su viaje. Una noche en Lisboa, luego de oír unos fados bien llorosos que duraron hasta la madrugada, decidí, en el apartamento, abrir una botella de oporto bien añeja y sucia, con tan mala suerte que, probablemente debido a los oportos que ya había bebido, me herí en un dedo con el plomo que cubre el corcho. Seguí a Sevilla para pasar allí algunos días, y la herida se me infectó. Cuando llegué a Santo Domingo mi médico me ordenó ir de inmediato a la Clínica Abreu, donde me operaron. El motivo del viaje Santo Domingo era participar en una cena auspiciada por la Asociación Dominicana de Zonas Francas en Santiago de los Caballeros, y pronunciar un discurso, en presencia del Presidente, pero el Dr. Brossa me prohibió salir de la Clínica, por lo que tuvo que ser leído por Manuel José Cabral (ver Anexo No. 5). En ese discurso planteaba la necesidad de que nuestras zonas francas se orientaran hacia la alta tecnología. Me dicen que el Presidente Fernández oyó con mucha atención mi texto, y luego me llamó para decir que coincidía totalmente con esas ideas, que ya habíamos discutido en más de una ocasión.

En Santo Domingo me enteré de un acuerdo de pagos para evitar que la Smith & Enron saque su planta de servicio. Tenía planeado volver a Europa en agosto, de vacaciones, pero ahora que estoy convaleciendo tendré que quedarme en Washington donde un médico revisará el progreso de mi dedo semanalmente. Esto es un problema porque en esta ciudad no ocurre nada en el verano excepto, en este año, el debilitamiento del gobierno de Clinton por el asunto de la Lewinsky. Jesús Reyes Héroles, el Embajador de México ante la Casa Blanca, declaró a la prensa que el proyecto del voto mexicano en el exterior ofrece un beneficio pero muchos riesgos, incluyendo el de la injerencia norteamericana en la política mexicana. Éste sí está claro.

He leído el discurso del Presidente Fernández en el que reveló que sectores le habían propuesto la reelección, pero que él no acataba la idea, al tiempo que descartó que el nuevo Congreso controlado por el PRD haga las reformas constitucionales que posibiliten esa reelección. (He oído aquí que los norteamericanos presionaron al Presidente Fernández para que dejara lo de la reelección.) También propuso a los dos partidos de oposición acordar las reformas económicas, sobre todo la compensación arancelaria. Sin embargo, al otro día Carlos Dore aclaró que en su discurso el Presidente no había descartado la reelección, sino que la prensa dominicana había dado una lectura incorrecta al planteamiento. Según Carlos Dore el único compromiso de Leonel Fernández es que en la actual legislatura no se conocería de una reforma constitucional sobre el tema de la reelección, y agregó que él no creía que en su discurso el Presidente se hubiese comprometido a no repostularse en el 2000. Por otro lado, veo que en su discurso el Presidente citó una lista de países donde se permite la reelección. Obviamente se trata de un pugilato entre el Presidente y su partido, y también de un tanteo para ver la reacción pública ante las posibilidades de la reelección. Sigo en contra de la reelección, aunque el candidato hubiese sido Juan Pablo Duarte.

AGOSTO 11. El Presidente promulgó la ley de extradición. Los norteamericanos felices y nosotros luchando con más deportados.

AGOSTO 13. Envié a la Casa Blanca y a varios departamentos copias de una declaración de Sanz Jiminián, Jefe de la Policía, en la que dice que los criminales deportados tan pronto llegan cometen acciones delictivas, y cita ejemplos. También envié otro recorte de prensa sobre el retorno "en masas" de los deportados a los Estados Unidos, con documentos falsos o en yolas, según declararon fuentes anónimas de nuestras Fuerzas Armadas. Envié a Fernando Mateo una serie de recortes de la prensa norteamericana que muestran que la derecha norteamericana se opone al voto de personas con doble ciudadanía en Estados Unidos, aunque dudo que me haga caso.

AGOSTO 18. Le conseguí empleo en uno de los "Tanques de Cerebro" de Washington a una bella y brillante estudiante de Middlebury, quien acaba de graduarse y a quien conocí cuando di una conferencia allí. Me visitó Ed Kadunk, el nuevo Director de la AID para Santo Domingo. Durante largo rato discutimos los éxitos y fracasos de la AID en Santo Domingo, en los años recientes. Mi primera salida social en Washington, después de mi dedo accidentado, que está cubierto de gasas y el brazo ahora lo tengo horizontal, sostenido por un aparato que también me rodea el cuello, fue a una cena íntima de apenas ocho personas. Después de explicarle a todo el mundo los accidentes a que se arriesgan los diplomáticos, resultó ser que el plato principal era una langosta en su caparazón. Gracias a Dios, una bella dama a mi derecha se ocupó de cortarla de forma tal que pudiese comer usando apenas un tenedor. A los pocos días me invitaron a otra cena, donde un ex-Embajador norteamericano en Arabia Saudita, y de seguro sorprendí a su señora cuando le pregunté si le importaba que yo preguntase si por casualidad iban a servir langosta. Hoy estuve en la OEA, en la inauguración de una exhibición de nuestro pintor Germán Pérez.

El tema de la reelección se complica. En días recientes Balaguer reveló a la prensa que le había propuesto a Leonel Fernández un acuerdo entre los tres principales partidos, en una reunión que sostuvieron a mediados de julio, y que con esa propuesta se hubiese facilitado una modificación constitucional. Pero ahora Balaguer no solamente se desliga de cualquier aumento impositivo para compensar la merma por la reforma arancelaria, sino que también se aparta de cualquier gestión para modificar la Constitución en esta legislatura, y convocar a una constituyente en el 2000. Para complicar más las cosas, explicó que su propuesta no descartaba la reelección. Hipólito Mejía sí se opuso. Amable Aristy Castro, por su lado, pide la reforma constitucional. Todo el mundo está presionando al Presidente para que busque reelegirse, aunque sea de una forma inconstitucional. Lo de Aristy Castro fue terrible, pues le estuvo reclamando al Presidente que "se ponga los pantalones" en lo referente a la reforma constitucional. Estamos o estuvimos al borde de un golpe de Estado legal. Aristy Castro instó al PLD y a los reformistas a reestablecer la reelección y exhortó a Leonel Fernández y al PLD a reformar la Constitución antes del 16 de agosto, y lo dijo apenas faltando doce días. Obviamente lo que estuvo buscando era la reforma de la Constitución y la reelección antes de que el PRD llegase a controlar el Congreso.

Danilo Medina, sin embargo, ha declarado que no hay condiciones en el actual Congreso para modificar la Constitución e incluir la reelección presidencial. Milagros Ortiz Bosch ha dicho que modificar la Constitución para extender por un año más el periodo de los legisladores actuales sería un golpe de Estado a la voluntad popular. Los congresistas que han perdido quieren quedarse un año más, a cambio de darle a Leonel Fernández el derecho a reelegirse. Obviamente se trata de un golpe de Estado legal. Menos mal que la sociedad civil y los grupos empresariales han estado rechazando la reforma constitucional, y que últimamente luce que el Presidente ha cambiado de posición, y ha rechazado cualquier intento de reformar la Constitución para permitir la reelección y ha sido apoyado por la alta directiva del PLD. Tan sólo el Senador peledeísta Bautista Rojas Gómez apoyó a Amable Aristy en su intento.

Pero los líos siguen, pues unos seis diputados perredeístas han sido sobornados y ahora han pasado al PLD. La prensa ha llegado a decir que el bloque reformista estuvo buscando firmas para modificar la Constitución, ampliando por un año el período de los legisladores, síndicos y regidores, consignando la reelección presidencial y reduciendo a un 40% la primera vuelta. Un signo favorable es que Lidio Cadet, Secretario General del PLD, ha dicho que su agrupación nunca ha favorecido ni favorecerá la extensión del período congresional. En fin, que en la primera semana de este mes de agosto casi se dio un golpe de Estado en mi país. La prensa llegó a mencionar que en mítines en Santiago se le gritaba al Presidente Fernández exhortándole a que se reeligiese. Ahora Lidio Cadet está abogando para que, después del 16 de agosto, se celebre una Asamblea Constituyente como paso previo a la reforma constitucional.

Mis únicos comentarios en la prensa dominicana desde que regresé a Washington fueron sobre las duras condiciones atadas a la paridad. Mientras tanto, aquí en Washington Mónica Lewinsky ha admitido que tuvo relaciones sexuales con Clinton. Alguien puso en boca de la prensa dominicana que el FBI había frustrado un plan contra Fidel Castro en Santo Domingo, lo que ha sido negado. A mí no se me ha dicho nada. Hace una semana Estados Unido exhortó públicamente a mi país a que presione a Fidel Castro para que democratice Cuba. Antes había criticado a los gobiernos del Caribe que invitaron a Fidel Castro a ir a la próxima reunión de CARICOM en Santo Domingo. Sobre esto tampoco supe nada. Ahora resulta que Hugo Chávez ha ganado en Venezuela, lo que complica aún más la situación caribeña. La gente de Mundogás, según nuestra prensa, ha ofrecido $50 millones de dólares para montar una planta de gas en Puerto Plata, pero no se dice nada sobre el litigio.

Las noticias en la prensa dominicana de los últimos días son extraordinarias. Resulta que nueve días antes de la proyectada visita de Fidel Castro a Santo Domingo, Leonel Fernández ha promulgado la ley de extradición, la que tanto han querido los norteamericanos y que han logrado con el apoyo de los congresistas del PRD. También se ha dado un paso antidemocrático, pues los reformistas quieren el control de la Liga Municipal Dominicana y el perredeísta Rafael Peguero Méndez se ha pasado del lado de los peledeístas.

AGOSTO 24. Fidel Castro está en Santo Domingo. El Departamento de Estado me llamó días antes haciéndome llegar denuncias sobre supuestas amenazas contra la vida del Presidente cubano, las que pasé de inmediato a nuestra Cancillería. La visita de los Jefes de Estado de CARICOM y de Fidel Castro a mi país coincide con los ataques norteamericanos a Afganistán y a Sudán, tratando de matar a Bin Laden lo que ha hecho que la prensa norteamericana apenas trate el tema de la visita, excepto la de Miami, como era predecible. En esa ciudad han amenazado con colocar una bomba en nuestro Consulado, que fue piqueteado.

Hace cuatro meses, en Trinidad, le dije al Canciller que pensaba regresar a Santo Domingo al cumplir mis dos años en Washington, es decir, en diciembre. Ahora, a finales de agosto, estoy pensando si debo formalizar el asunto a través de una carta dirigida al Presidente, pero no quiero hacerlo inmediatamente después de la visita de Fidel Castro, pues algunos pudiesen pensar que tiene que ver con la misma. Como el PRD ahora controla el Senado, el nombramiento de un nuevo Embajador puede ser que tarde mucho tiempo, y la Embajada aquí quedaría acéfala después de mi retiro. El gobierno de Clinton, en sus dos años finales, es un gobierno débil y más aún por los escándalos sexuales. El Congreso no lo apoya, por lo que la agenda bilateral con la República Dominicana se hace difícil de cumplir, pues requiere modificación de leyes. Además, desde el punto de vista norteamericano, sus prioridades tienen que ver con temas policíacos que no son manejados ni por mí ni por la Cancillería. Por otro lado, en la República Dominicana tenemos un gobierno igual al de Clinton, en el sentido de que le quedan dos años, no hay reelección, y el Congreso es controlado por la oposición. Desde el principio había pensado no pasar más de dos años en Washington y todo lo que ha ocurrido desde entonces me da la razón. Prácticamente he podido terminar mi trabajo de investigación histórica en Washington, que apenas me tomó el equivalente de no más de cuatro días laborables. Lo que me falta, lo podría hacer en horas. El Ministro Consejero, Roberto Despradel, me ha dicho que también quiere regresar para diciembre.

La última noticia importante es que han quitado a Abel Rodríguez del Orbe como Procurador, sustituyéndolo por Mariano Germán Mejía. Esto ocurrió apenas seis días después de promulgarse la ley de extradición, aunque creo que una cosa no tiene que ver con la otra.

AGOSTO 27. Aquí en Washington se pueden matar moscas, pues no está pasando nada. Algunas cenas sociales, almuerzos en el Cosmos Club y en el Metropolitan Club con el Vicepresidente Ejecutivo del BID y con ex altos funcionarios de la Casa Blanca durante el gobierno de Reagan, además de visitas rutinarias al médico para tratarme mi dedo. Llegó el nuevo Ministro Consejero y Agregado Cultural, León Bosch, el pintor hijo de don Juan. Paradójicamente el gobierno del padre se caracterizó por una total ausencia de nombramientos de familiares, pues don Juan nunca ha favorecido el nepotismo, pero hoy lamentablemente no está en condiciones de protestar. León Bosch es buena persona, pero en su vida ha trabajado en una oficina y me temo que no hará nada como Agregado Cultural.* También sin consultarme han nombrado como consejera a una hija de Juan Marichal. Si sigue llegando más gente no habrá espacio físico donde ponerlos.

En Santo Domingo, por el contrario, ha habido una lucha con violencia por el control físico de la Liga Municipal, y eso ha aparecido en la televisión hispana en todo Estados Unidos, sobre todo porque Johnny Ventura es una persona muy conocida. Ha sido un verdadero descrédito para el país. Una vergüenza. Luce que la Cumbre caribeña en Santo Domingo fue un éxito. Fidel Castro fue el

---

*En efecto, no hizo nada excepto organizar una exposición de sus propios cuadros, coincidiendo con la presencia del Presidente Fernández en Washington, cuando yo ya no estaba allí. El Presidente fue uno de los pocos que visitó la exposición.

personaje central. Hasta Balaguer dijo que lo admiraba y se reunió con él. La viuda de Peña Gómez también lo vio. El Comandante cubano dijo que hubo un plan para atentar contra su vida en el país. Peynado, por su lado, ha afirmado que Balaguer lo traicionó y que no volverá a postularse con él.* Lo de la Junta Central Electoral es un tremendo problema, pues el Senado, controlado por el PRD, designó una nueva Junta sin consultar a nadie. Fue apoyado públicamente por la FINJUS, pero no por ANJE. Danilo Medina ha dicho que con esa Junta no habrá comicios en el 2000.

AGOSTO 31. Balaguer también ha insistido en pedir la renuncia de la nueva Junta Central Electoral. Tremendo lío. Hace dos días que la prensa dominicana, en medio de todo esto y ya con Fidel fuera del país, reprodujo la noticia del Departamento de Estado de que Hillary Clinton irá a Santo Domingo. Leonel Fernández fue a la reunión anual de los gobernadores del Sur en Puerto Rico, donde estuvieron sus colegas centroamericanos. Es una reunión poco importante y creo que no debió ir. Aunque Puerto Rico es territorio norteamericano y en términos protocolares el Embajador dominicano debe recibir a su Presidente cada vez que entre a Estados Unidos, ni siquiera se me ocurrió sugerir que yo debía estar allí.

Septiembre

SEPTIEMBRE 1. El Presidente fue a Puerto Rico. La mayoría de los Embajadores centroamericanos en Washington también fueron, porque estaban sus Presidentes, pero mi Cancillería no me lo pidió. Allí, el Presidente dijo públicamente que la paridad textil tenía problemas porque la habían ligado con el tema textilero africano. La realidad es que lo de África conviene. Alguien le ha informado mal. Luego vio al Subsecretario John Hamilton y éste le explicó las ventajas de ligar la paridad con África, porque se conseguirían

---

*Se postuló con él en el 2000.

más votos. Entonces el Presidente habló por segunda vez a la prensa y dijo que después de haber tenido un intercambio con Hamilton cambiaba de parecer y favorecía ligar el tema africano con la paridad. Es un error que un Presidente admita públicamente que estaba mal informado, sobre todo cuando se jacta de estar enterado de la situación internacional. Lo del tema africano se lo había enviado por fax en más de una ocasión, con copia a nuestra Cancillería. Hace más de un mes les informé de las ventajas de la ligazón con África, y que el 21 de septiembre iba a tener lugar una discusión en el Congreso sobre el asunto, cosa que el Presidente Fernández dijo, en su segunda entrevista, que lo sabía por Hamilton. También quedamos mal el Canciller y yo, pues parecería que no le informamos al Presidente sobre lo que está ocurriendo. Bueno, ni siquiera me invitan a estar con él cuando viene a territorio norteamericano, ¡por qué debo quejarme!

SEPTIEMBRE 3. Envié a la Casa Blanca un recorte de prensa dominicana sobre la captura de un deportado criminal que, por su reincidencia, en Santo Domingo le han denominado "Rambo".

SEPTIEMBRE 5. Por la prensa dominicana veo que Fernando Mateo sigue en campaña. Ahora (y con mucha razón) criticando a nuestros cónsules por no ocuparse de los dominicanos que residen en su distrito, y por hacerse millonarios a costa de ellos. Lo que sí es poco serio es una declaración del Presidente de nuestra Junta Central Electoral en el sentido de que para las elecciones del 2000 los dominicanos en el exterior podrán votar. Dijo eso en ocasión de una reunión suya con Fernando Mateo. ¿Cómo se junta con una persona que ha declarado a la prensa internacional que aspira a ser presidente dominicano? Le escribí de inmediato a Morel Cerda enviándole, de nuevo, las declaraciones de Fernando Mateo sobre sus aspiraciones a la presidencia.

SEPTIEMBRE 8. Ya pasó "Labor Day" y aquí ha ocurrido poco. Es como si el verano no hubiese terminado. Estuve en una reunión de trabajo con el grupo caribeño de la Universidad de Georgetown, intercambié con el Embajador de Costa Rica sobre el tema de la paridad, y visité el Museo del Espacio. Me reuní, de nuevo, con mi antigua profesora Guillermina Supervía, quien fue mi maestra en 1944. Fui a Nueva York.

La prensa dominicana anuncia, y no sé de dónde salió esa información, que el Vicepresidente Al Gore irá a Santo Domingo a una reunión sobre comercio. Me imagino que se trata de lo que ANJE quiere, y que yo sé no va a lograr. Veo también que el Presidente Fernández visitará varios países europeos. Eso es bueno. La tragedia del niño Llenas es la principal noticia, así como la competencia entre Sammy Sosa y Mark McGuire. También el caso Lewinsky.

SEPTIEMBRE 9. Ahora nuestro Cónsul en Nueva York ha declarado que Fernando Mateo tiene "contratado" a Morel Cerda como abogado en un asunto privado y Mateo anunció que lo demandará. Sea o no sea verdad, Morel Cerda no debería haber recibido a un aspirante presidencial. El Director del AID para América Latina me pidió que lo visitase. Me dijo que cuando vio al Presidente Fernández en julio le mencionó que la tendencia en América Latina es hacer inamovible a los jueces por períodos de entre 6 y 10 años. Ahora se me quejó porque nuestro Presidente no había vetado una ley que hace coincidir los plazos de los jueces con las elecciones presidenciales, lo que politiza la judicatura. También se lamentó por la demora en la privatización de la CDE y por los atrasos en los pagos a los suplidores privados de energía. Me adelantó que algunos de estos temas le serán tratados al Presidente por Hillary Clinton. Le informé de todo al Presidente.

SEPTIEMBRE 12. Advertí a mi gobierno que Estados Unidos está pasando una ley para prohibir los juegos de azar a través del internet, y que la medida está provocando que el negocio de juegos se mueva hacia el Caribe. Advertí de esto hasta a Taína Gautreau, que ahora es Administradora de la Lotería, y al Secretario de Deportes Juan Marichal, quien es el que otorga los permisos para las casas de apuestas. Este último puso un anuncio prohibiendo los juegos de azar por el internet, pero, para mi sorpresa Taína firmó un contrato para la Lotería Nacional administrar un negocio de juegos en el extranjero, vía internet. ¡Otra vez Taína está creando problemas internacionales al país!

Linda Watt felicitó públicamente a nuestro gobierno por las extradiciones y por nuestra lucha contra los viajes ilegales. No dijo, por supuesto, que México nunca ha hecho nada para impedir que su gente entre ilegalmente a Estados Unidos, pues eso conviene a México. Allí se puede cruzar la frontera por cualquier lugar. Por el contrario, nosotros cooperamos, en vez de darles por lo menos salvavidas a los que toman la yola. ¿Cooperamos a cambio de qué?

SEPTIEMBRE 15. Hoy fui por unas horas a Chicago, a rendir homenaje por iniciativa mía a Sammy Sosa, quien lleva 62 jonrones en la serie de las Grandes Ligas. El acto fue anunciado por los altoparlantes y en el terreno mismo del estadio y poco antes de comenzar el juego, junto a él y a dos personas más de la Embajada, dije unas palabras que escuchó un estadio repleto de gente. Con la bandera dominicana de fondo, le entregué una vieja fotografía enmarcada que he localizado recientemente en la Biblioteca del Congreso, y que muestra el muelle de San Pedro de Macorís a principios de siglo. Me dijo que seguramente a su madre le traería muchos recuerdos. El acto fue oído en Santo Domingo a través de la radio. Allí estaba Freddy Beras Goico, pues dentro de pocos días vendrá de Santo Domingo una delegación para rendirle un segundo homenaje. Como no había asientos disponibles, tuvimos que ver los primeros innings desde una cabina de radio. ¡Qué pena que ese día no dio ningún jonrón!.

Hace pocas semanas envié al Gobernador del Banco Central un listado que obtuve en Washington de los sueldos que ganan los 62 peloteros dominicanos en Grandes Ligas. ¡El total resultó ser mayor que el valor combinado de nuestras exportaciones de café y cacao! Según la metodología del Fondo Monetario Internacional tenemos que poner sus sueldos en los cálculos de la balanza de pagos. ¡Qué país!

SEPTIEMBRE 22. Las usuales recepciones diplomáticas, incluyendo la de un país nuevo con un nombre que recuerda a un postre: Macedonia.

Recibí a Richard Soudriette, del International Foundation for Electoral Systems (IFES), para discutir la crisis de la Junta Central Electoral, y fui a Blair House, frente a la Casa Blanca, invitado por la Directora de Protocolo Mary Mel French. El Embajador de Chile, John Biehl, ha sido nombrado Ministro de Interior y lo estamos despidiendo. He desayunado con los cabilderos azucareros, asistí a reuniones en el BID sobre comercio e inversión, e invité a almorzar a la residencia a la nueva Encargada de Asuntos Dominicanos en el Departamento de Estado. El día 17 participé en una recaudación de fondos ("Diciembre en septiembre"), para el orfanato de La Romana, que cada año cuenta con el auspicio de Oscar de la Renta. Éste logró que la Primera Dama Hillary Clinton estuviese allí. Me tocó presentar a Oscar. También estuvo Katharine Graham. Como es usual en este tipo de actos, los hombres son pocos. También fui a una cena de smoking para honrar a los diseñadores de ropa de origen hispano. Un evento realmente chocante fue la invitación que recibí para dar un paseo por el río Potomac en el yate ("Highlander") del candidato presidencial ultra derechista Steve Forbes. En medio del río el hombre se apareció en su helicóptero y se tiró en el techo del barco y, como es tan grande, ni siquiera lo sentimos. Es la persona más derechista que he conocido en mi vida. Allí estaba el ex Secretario de Defensa Casper Weinberger, entre otros mastodontes.

La firma farmacéutica Merk ofreció una recepción para los centroamericanos en los salones de la OEA. Obviamente se trata de una presión por el tema de los derechos de propiedad intelectual. Ayer asistí a una cena donde Esther Coopersmith. Ya había estado antes allí. Es la invitación más solicitada, pues se le considera la "gran dama" de Washington, ya que a sus recepciones van senadores, congresistas y miembros del gabinete. Hoy almorcé con la Sra. Montolío, la nueva representante del Banco Mundial en Santo Domingo, y esta noche tuve el gran placer de ofrecerle una recepción a Tomás ("Jimmy") Pastoriza, invitando a sus muchos amigos en esta ciudad. En mi discurso expliqué que Pastoriza, de una forma muy callada, había desarrollado toda una red de amigos en Washington, quienes habían contribuido al desarrollo económico de nuestro país a través de la ayuda internacional y la inversión. Familiares de Pastoriza vinieron de Santo Domingo para estar en el acto, el cual fue muy concurrido por la cantidad extraordinaria de amigos de Jimmy. Pierre Salinger, el antiguo jefe de prensa de Kennedy, pidió la palabra e hizo un comentario muy necio. Lo único que me preocupa es que estoy viendo por la televisión que hay un huracán que amenaza a mi país, que se llama "Georges". He tenido la oportunidad de leer la prensa dominicana. Balaguer dice que llenará su página en blanco después del juicio de Orlando Martínez,* y sigue presionando por la renuncia de los nuevos jueces de la Junta Central Electoral. Morel Cerda, quien preside la Junta, enfatiza que no renunciará. Linda Watt, por su lado, ha vinculado el auge de la violencia al narcotráfico, agregando que la extradición es un arma legal en la lucha contra los criminales, pero no dijo nada sobre el auge de la violencia causado por las deportaciones de miles de criminales. Veo que el gobierno ha pedido la mediación de la Iglesia por el tranque creado por el nombramiento de los nuevos jueces de la Junta. Los principales titulares, sin embargo, tienen que ver con los jonrones de Sammy Sosa y su pleito con McGuire y la imposición de treinta años de cárcel a los niños Mario José Redondo Llenas y Juan Manuel Moliné. Por otro lado, Hillary Clinton ha declarado, y ha salido reproducido en la prensa dominicana, que su próxima visita a Santo Domingo la emociona. Hipólito Mejía ha pedido que se someta a juicio político al Presidente Fernández, a través del Congreso que su partido controla, por supuestamente estar tras las instancias sometidas en contra de la nueva Junta Central Electoral.

SEPTIEMBRE 28. El huracán "Georges" fue terrible. En la Embajada pasamos días enteros en sesión de emergencia, con reuniones de todo el personal, incluyendo el consular, la agregaduría

*No lo hizo, aunque el juicio tuvo lugar en julio del 2000.

militar y la misión permanente ante la OEA. Lograr que los helicópteros norteamericanos llegasen rápidamente fue la prioridad inmediata, pero enfrentamos el problema de que "Georges" siguió hacia la Florida y los norteamericanos nos admitieron cándidamente que su propio territorio era prioritario, por lo que tan sólo se consiguió la autorización cuando el huracán ya no presentaba peligro para ese Estado. Además, como se requerían más helicópteros especiales que los que tenía bajo su control el Comando Sur, se necesita la autorización de un par de senadores claves y tuvimos que caerles atrás, así como a sus ayudantes. Esta emergencia evidenció, para nosotros los civiles, la utilidad de una agregaduría militar, pues el General Soto Jiménez estuvo muy activo en esas diligencias, actuando además como contacto entre nuestras fuerzas armadas y las norteamericanas. Logré que varios congresistas importantes fuesen a Santo Domingo. También estuvieron en Puerto Rico y Haití. No es una coincidencia que todos (Rangel, Patrick Kennedy, etcétera) son de distritos donde hay votos importantes de domínico-americanos. El mes que viene hay elecciones congresionales y el huracán es ocasión para hacer campaña.

En medio de la crisis tuve que ir a Nueva York a acompañar al Canciller a una reunión en Naciones Unidas. Lo sustituí en la cita de los Cancilleres de Centroamérica y República Dominicana con la Sra. Albright, pues una hora antes pudo encontrar cupo en el primer avión que aterrizó en San Isidro, después de la tragedia. Cuando me tocó el turno de hablar, excusé su presencia por lo del huracán y entonces la Sra. Albright me interrumpió para ella misma pedir excusas, por no haber comenzado su intervención expresando su pésame por la muerte de "2,000 dominicanos". Luego, en privado, le dije que tenía entendido que los muertos no pasaban de 300. Obviamente su embajada estaba enviando datos que resultaron ser exagerados, pero para fines de ayuda tal vez eso nos convino.

Participé en una reunión en la Casa Blanca sobre si Hillary Clinton debería o no de cancelar su viaje a ambos lados de la isla. Ella misma observó que no era correcto que, en medio de la tragedia, se dedicasen recursos humanos y la atención de gente clave simplemente para recibirla. Prometió ir, pero un poco más adelante, y con su presencia ayudar en la recuperación. En la Embajada abrimos una cuenta en la Cruz Roja Americana para donaciones privadas, pues las empresas norteamericanas quieren que sus donaciones sean deducibles del impuesto sobre la renta y no lo serían si los cheques fuesen a nombre de la Embajada, o de algún Consulado. Hemos recaudado unos US$160,000.00. Por supuesto, la mayor cantidad de dinero la están dando los gobiernos y las agencias internacionales. Sammy Sosa, por su lado, y a través de su Fundación, también está recaudando fondos. Pospusimos el seminario promocional de alta tecnología con las empresas de Fairfax County, así como una reunión de la Mesa Redonda Nacional Domínico-Americana. Varios consulados, en su entusiasmo por ayudar, pero sin experiencia, dirigieron correspondencia directamente a la Casa Blanca, al Departamento de Estado y a dependencias de las Fuerzas Armadas norteamericanas. Todos esos oficios, días después me fueron enviados para que yo los canalizase. Si esos Consulados me los hubiesen mandado directamente, hubiéramos ganado tiempo.

SEPTIEMBRE 30. La prensa de Washington reprodujo hoy mi solicitud de ayuda para las víctimas del huracán. Allí mencioné también el fondo que ha establecido Sammy Sosa. Los que no quieran canalizar sus donaciones vía la Embajada, podrán hacerlo a través de alguien extremadamente popular.

Octubre

OCTUBRE 2. Se pudo celebrar, sin dificultad y a pesar del huracán, el seminario de intelectuales dominicanos en la Universidad de Georgetown sobre el tema de la literatura de la diáspora y su relación con la literatura del país de procedencia. Fue una idea mía. De Nueva York vinieron Junot Díaz y Viriato Sención, y de Santo Domingo Manuel Núñez y Soledad Alvarez. José Mármol envió su ponencia, pues no pudo asistir. El tema abarcó la literatura cubana y la del exilio, la "chicana" la de las Antillas angloparlantes, etcétera. Como siempre, algunos rehusaron participar porque "otros" estaban, y dudo que algunos de los participantes envíen escritas sus ponencias para poder publicar un volumen sobre este tema tan nuevo y tan interesante.*

La tragedia del huracán coincidió con la caída en el Congreso de la paridad textil, a finales de septiembre. Ese muerto habrá que revivirlo pronto.

Hoy salió otro artículo en la prensa de Washington sobre el huracán. Según el "Washington Post" el "Embajador Bernardo Vega ha luchado contra las adversidades, coordinando el aterrizaje de aviones militares norteamericanos en su país, a pesar de que los aeropuertos se mantenían cerrados, estableciendo líneas telefónicas de emergencia... y cabildeando para el diferimiento, por seis meses, de la deuda al Club de París... Vega ha logrado capitalizar parte de la simpatía que ha cultivado con su hospitalidad creativa, al brindar a la gente de Washington lo que más les gusta a ellos de los dominicanos: desfiles de Oscar de la Renta, bailes con merengues y recepciones con cigarros y ron".

OCTUBRE 4. Hoy el Presidente Clinton retiró la candidatura de Mari Carmen Aponte como Embajadora en Santo Domingo. La posición del Senador Helms fue tan fuerte que nada pudo hacer la Casa Blanca. Trataré, aunque sé que es muy difícil influir en ésto, de que el nuevo candidato sea una persona de carrera dentro del Departamento de Estado, y sobre todo, que no sea un nombramiento político de un cubano-americano, pues sé que hay varios que aspiran mucho al cargo, aunque el más interesado ya fue nombrado Embajador norteamericano en Panamá a principios de 1997. Me imagino que los grupos hispanos seguirán insistiendo en que Mari Carmen sea sustituida por otra persona de origen hispano. Pienso sugerir al Departamento de Estado que busquen a alguien profesional, de carrera, pero también de origen hispano para así complacer

---

*Dos no enviaron sus ponencias, por lo que no se publicó el folleto.

las presiones que surgen de la Casa Blanca, y que motivaron la nominación de Mari Carmen Aponte por encima de la candidatura propuesta por el Departamento de Estado. Hay varios hispanos (no cubanos) que pueden ser Embajadores en Santo Domingo, como es el caso de Manuel Rocha, quien fue Ministro Consejero en Santo Domingo bajo Robert Pastorino y quien actualmente es Ministro Consejero y Encargado de Negocios en Buenos Aires, pues allí tampoco hay Embajador. Está casado con una dominicana y ya lleva bastante tiempo en su cargo actual, y le sería difícil seguir bregando allí cuando por fin llegue un Embajador. Además, amerita ser ascendido a Embajador.*

OCTUBRE 13. Envié al Departamento de Justicia una declaración de nuestro Jefe de la Policía, Sanz Jiminián, diciendo que la llegada de cientos de criminales deportados hace necesaria una mano dura "porque no podemos dejarnos matar". Ya vendrán las quejas de los grupos de derechos humanos. Palo si boga...

OCTUBRE 22. De regreso en Washington después de unas breves vacaciones conociendo Viena, Praga y Budapest. Estas vacaciones se vieron retrasadas, primero por mi accidente en el dedo y luego por el huracán. He pasado varias horas leyendo la prensa dominicana. La crisis del huracán ha empeorado la crisis política. Veo que Carlos Dore ha dicho que el gobierno favorece la convocatoria de una Asamblea Constituyente para solucionar esa crisis, aunque agrega que la reelección no es lo que motiva la convocatoria. El gobierno está reteniendo los fondos a la Junta Central Electoral nombrada por el Congreso de los perredeístas, y ésta ha elevado un recurso ante un tribunal para que ordene al Poder Ejecutivo que se los entregue. La Junta también plantea que podría buscar recursos financieros en el exterior, y el Cardenal ha dicho que lo que realmente está en discusión es si el Poder Ejecutivo debe o no otorgar los fondos a la Junta. Parece que el plan del gobierno es estrangular a la Junta financieramente, para lograr la renuncia de

*En el año 2000 sería nombrado Embajador en Bolivia.

su membresía. Tanto el PRD como los reformistas rechazan la idea de una Constituyente, mientras Subero aclara que la Suprema, que ha fallado a favor de la inamovilidad de los Jueces, no es sujeto de negociación. El gobierno está presionando tanto a la Junta Central Electoral como a la propia Suprema Corte. También hay toda una discusión sobre la cantidad de muertos vinculados al huracán, pues mientras el Senado dice que fueron unos 1,000, el gobierno plantea que fueron muchos menos. El tema de la reelección tal vez está siendo influenciado por el hecho de que, a principios de mes, Fernando Cardoso fue reelegido en Brasil.

Es interesante que la encuesta Gallup muestre que el Vicepresidente Fernández Mirabal tiene un 46% de popularidad contra un 9% de Danilo Medina, y que dentro de lo que se declaran peledeístas un 61% favorece a Fernández Mirabal. Es obvio que será el candidato peledeísta. Todavía hay más gente que dice que el gobierno ha sido bueno con relación a los que dicen que ha sido malo. Una buena noticia es que el Presidente Fernández ha garantizado la no-reelección, al tiempo que ha pedido la mediación del CONEP y de la Iglesia Católica para salir de la crisis. La Iglesia ha visitado a Balaguer para iniciar su mediación. Aquí en Washington, un comité del Congreso ha decidido iniciar el proceso judicial que puede provocar la salida de Clinton de la Casa Blanca. La verdad es que la crisis dominicana es una cosita, comparada con la de Washington.

Los norteamericanos siguen apretando. El día del "fucú" (12 de octubre) colocaron a la República Dominicana en la "lista negra" por piratería intelectual. Barry MacCaffrey, por su lado, ha revelado que aumenta el narcotráfico a través de la República Dominicana y Haití. Otra cosa que debe estar preocupando a los norteamericanos es que el Presidente Fernández ha anunciado un plan para entregar recursos financieros al Partido Comunista y al MPD, para que éstos ayuden a reconstruir viviendas dañadas por el huracán. Pero veo también que la Iglesia pide que se evite el uso político de la ayuda externa vinculada con ese desastre.

Lo de los etarras no tiene nombre. Un par de ellos escaparon hacia Haití, a pesar de que el gobierno español paga buena plata al DNI para que los vigile. Ahora sí es que estamos en desgracia con los españoles, a no ser que esa escapadita fuera auspiciada por ellos mismos. Parece que sólo queda un héroe en el país, Sammy Sosa, quien fue recibido como tal. Una de las pocas buenas noticias es que la Suprema Corte está barriendo en los tribunales, quitando jueces inescrupulosos. Las acusaciones de mal uso de los recursos externos para el huracán me hace pensar que hice bien en canalizar las donaciones que logramos con el sector privado a través de un organismo serio como la Cruz Roja Internacional. Como no envié furgones, no se me ocurrió aparecerme allá para que me fotografiaran recibiéndolos.

OCTUBRE 26. El ayudante Fiscal de Santiago, Domingo Deprat, declaró que el 80% de los crímenes y delitos que se registran en su provincia son ejecutados por los deportados. No sé si el dato es una exageración, pero repartí su declaración por todos lados aquí. También repartí la encuesta Gallup, donde el 38% de la gente opina que la principal causa del crimen y la violencia en nuestro país se debe a los deportados.

OCTUBRE 30. Ya comenzó la "temporada alta" de las fiestas de Washington. En estos días fui a una cena de despedida a MacLarty, en la Embajada de Perú, pues su Embajador es el Decano del Cuerpo Diplomático latinoamericano.* Allí MacLarty tuvo la osadía de citar una frase de Mario Vargas Llosa en la casa del Embajador de Fujimori. Lo felicité discretamente. Le gustó. También almorcé con John Hamilton, para discutir detalles sobre la visita que hará Hillary Clinton a Santo Domingo, y que había sido pospuesta debido al huracán. Cada semana hay por lo menos tres cenas de smoking.

---

*Cuando dejé el cargo en junio de 1999, yo era el Vicedecano y si me hubiese quedado tres meses más hubiese sido decano, a pesar de haber estado menos de tres años allí, tal es la velocidad de rotación de los diplomáticos latinoamericanos acreditados ante la Casa Blanca. Antes era muy diferente. Luis Sevilla Sacasa de Nicaragua fue Decano de todo el Cuerpo Diplomático, pues los Somoza lo dejaron casi veinte años.

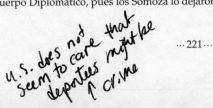
u.s. does not seem to care that deportees might be ↑ crime

Una de ellas fue en el Kennedy Center con motivo de la inauguración de la temporada de ópera, el evento cultural más importante de la ciudad. Usualmente el Presidente de Estados Unidos
está en el palco presidencial, pero en esta ocasión tan sólo estaba
el Secretario de Defensa William Cohen y su esposa, el Secretario
de Educación y su esposa, Mac MacLarty y su esposa y el Embajador de la República Dominicana y una dama. Desde unos palcos
lejanos, los Embajadores de Francia y España me miraron con en-
vidia. Durante el intermedio ayudé al Embajador de un importante país árabe a tener un intercambio de palabras con el Secretario
de Defensa Cohen. Por una conversación, me di cuenta de que
Cohen ni siquiera sabía quién es Hugo Chávez, casi seguro próximo Presidente de Venezuela, ni sabía sobre sus ideas políticas. Ese
tema no había llegado a su "radar", a pesar de que Venezuela representa la principal fuente de petróleo importado por los Estados
Unidos. Terminada la ópera seguimos a una cena en los salones
privados del Kennedy Center, y luego llevé en el carro de la Embajada a Plácido Domingo y a su esposa al aeropuerto, para tomar
un avión privado hacia California. Durante la cena, me tocó de
cerca un cantante argentino, José Cura, quien me impresionó mucho. Esa noche pude hablar con una persona clave en la Casa Blanca
sobre la urgencia de que se envíe un Embajador a Santo Domingo, y
que no sea cubano-americano.

Durante el almuerzo que tuve con John Hamilton sobre el viaje
de Hillary, me planteó lo preocupado que estaban por el deterioro
de la situación política dominicana, sobre todo por el tranque provocado por la designación de los jueces de la Junta Central Electoral y por las presiones contra la independencia del sistema judicial. Me dijo que cuando ocurren crisis de esa naturaleza y Estados
Unidos no tiene un Embajador en ese país, lo usual es que un Subsecretario de Estado lo visite, para poder expresar, al más alto nivel, su preocupación y ver cómo pueden ayudar. No me dijo quién
iría ni cuándo, pero advertí a mi gobierno sobre lo inminente de
esa visita.

La semana pasada recibí una visita muy interesante: un señor quien se describe como Presidente del Consejo de Republicanos Negros. Me imagino que será él, su esposa e hijos. Pude aprovechar dos horas de un viernes por la tarde para ir a ver la exposición de Van Gogh en la Galería Nacional. Desayuné en las oficinas locales de la Universidad de Miami para discutir temas como el de la paridad. También hemos estado reuniéndonos en la Embajada para ver cómo recaudamos más fondos para el huracán. A mí se me ocurrió que tal vez Michael Camilo podría aceptar dar un concierto en el Kennedy Center, y éste ha respondido muy positivamente. No cobrará y se hospedará en la Embajada. Minerva, la esposa del Embajador Espinal, así como Margarita Dargam, la esposa del Ministro Consejero Roberto Despradel, están promocionando el asunto muy activamente. Yo hablé con el Presidente del Kennedy Center y obtuve la mayor colaboración. No costará nada.

He seguido en reuniones con textileros y también recibí una delegación de Santo Domingo del sector privado textil. Presentamos una solicitud a la oficina del Representante de Comercio de Estados Unidos para que amplíe una de nuestras cuotas textileras. Como era predecible, la respuesta fue negativa, pues ni siquiera México lo ha logrado, a pesar de ser miembro del NAFTA.

El Presidente Andrés Pastrana de Colombia estuvo ayer por Washington y pude hablar con él. Me dijo que todavía no había conocido a Leonel Fernández, pero que Fidel Castro le había hablado muy bien de nuestro Presidente.

Fui hoy a un almuerzo muy interesante con la junta directiva del BID, pues allí estuvo Gabriel García Márquez, quien me tocó al lado, pues la discusión era sobre un tema cultural. Visité, por primera vez, la Secretaría de Estado de Transporte, pues el Secretario está auspiciando una reunión en Nueva Orleans. Le envié un material a Hamlet Herman, quien participará en la reunión.

Veo por la prensa dominicana que se discute el posible financiamiento de la Junta Central Electoral por parte de la AID, como solución a la renuencia del gobierno de proveerla de fondos. No creo que la AID acepte, pero ya algunos políticos opinan que eso tan sólo podría lograrse con la anuencia del gobierno, según lo establece la ley que crea el Secretariado Técnico de la Presidencia y que controla la ayuda internacional. Los reformistas y Vincho Castillo han pedido a los bancos comerciales que no presten dinero a esa Junta. En fin, que están cerrándole todas las válvulas financieras. Pero ahora veo que un juez de la Cámara Civil ha ordenado que se le entreguen los fondos del presupuesto. Como ya lo anticipaba, por lo que me había dicho Hamilton, la Embajada norteamericana no ha esperado la visita del alto funcionario del Departamento de Estado y dio una declaración en el sentido de que su gobierno estaba interesado en que nuestro país viva en un clima de respeto a la democracia, por lo que mantenía la esperanza de que prosperen las gestiones de concertación que se están realizando para que los líderes políticos resuelvan sus diferencias inmediatamente. Tuve que reírme cuando vi el periódico del día siguiente, donde el gobierno anuncia que, al fin, va a entregar los fondos a la Junta Central Electoral, mientras que el Cardenal reveló que los tres partidos mayoritarios acordaron elaborar una agenda política para buscar solución a la crisis institucional. Me imagino que aquí hay una causa y un efecto. Pero la Embajada norteamericana también sigue presionando por otros asuntos, pues declaró que había constatado que existía corrupción en la protección de los derechos de propiedad intelectual, al tiempo que Gregory Castellanos admitió que no existían mecanismos apropiados para luchar contra ese tipo de corrupción. En el caso de las extradiciones, Linda Watt reiteró que González Pantaleón es un convicto y criticó la valoración aduanera, al tiempo que pidió que se cumpliese con las extradiciones. En medio de toda esta crisis y dimes y diretes, nuestro gobierno anunció que había designado un Embajador dominicano en La Habana. Me dicen que es más fidelista que Fidel. Eso es malo, pues si alguien se asila en la Embajada dominicana en La Habana necesitamos allí un profesional ecuánime. Lo mismo se aplica cuando deportamos a cubanos que llegan ilegalmente al país.

¿Existirá, de verdad, una convicción dentro de sectores del PLD de quedarse en el poder, aun cuando eso implique que no haya elecciones y que se echen para atrás todas las reformas? ¿En qué momento debo renunciar?

Noviembre

NOVIEMBRE 2. Ahora a quien le ha tocado un terrible ciclón es a Centroamérica. La prensa habla de que "Mitch" ha dejado unos mil muertos. Me enteré de que los embajadores centroamericanos se estaban reuniendo por esta emergencia y les pedí que me recibiesen, lo que hicieron, para nutrirlos de mi experiencia cuando el huracán Georges. Específicamente les hablé de la necesidad de lograr que los helicópteros norteamericanos llegasen rápidamente, y que para eso se requiere de la aprobación de ciertos congresistas, pues la cuantía de esos helicópteros excedía la capacidad de su uso por parte del Jefe del Comando Sur. También les expliqué sobre nuestra experiencia en el campo de las donaciones privadas.

NOVIEMBRE 3. John Hamilton está hoy en Santo Domingo. Es el primer funcionario de alta categoría del Departamento de Estado que llega a Santo Domingo durante el gobierno de Leonel Fernández. Días antes de su viaje almorcé con él y con varios ayudantes suyos, para discutir la crisis política dominicana. La Junta Central Electoral está todavía sin fondos, y tanto el PLD como los reformistas piden la renuncia de sus miembros. También está el problema de la Liga Municipal y de la Cámara de Cuentas. Con Hamilton discutimos largamente sobre si convenía o no que entre las muchas visitas que iba a hacer en Santo Domingo se reuniese con Joaquín Balaguer. Le expliqué las ventajas y desventajas. La ventaja principal es que indudablemente sigue siendo una fuerza política de importancia, y se sentiría ofendido si no es visitado, lo que dificultaría solucionar la crisis. Por otro lado, esa visita sería reconocer que un elemento antidemocrático todavía tiene fuerza política. Hamilton me dijo, en esa ocasión, que tomaría su decisión con posterioridad. Antes de su salida me enteré de que había decidido no visitar a Balaguer. El día previo a la llegada de Hamilton, Linda Watt había visitado al Presidente de la Suprema Corte para tratar el tema de la extradición del reformista González Pantaleón. Esto también tiene que ver con la decisión de si ver o no a Balaguer, pues González Pantaleón fue Embajador de Balaguer ante las Naciones Unidas. Hoy desayuné en el IFES (International Foundation for Electoral Systems), para discutir los procesos electorales en Latinoamérica. IFES luego ofreció una recepción a los delegados internacionales a su seminario, en la Embajada de Argentina.

NOVIEMBRE 4. La prensa dominicana reporta que Hamilton reiteró el compromiso norteamericano de fortalecer la democracia dominicana, pero que también advirtió a las autoridades y al liderazgo político que la ausencia de un debate razonable debilita las instituciones diseñadas para asegurar que se respete la confianza nacional. Reveló que durante su reunión con el Presidente Fernández trató sobre la necesidad del fortalecimiento de las instituciones democráticas, así como sobre el narcotráfico y las extradiciones. También se reunió, por separado, con comisiones del PRD, el PLD y el PRSC. Veo que entre los perredeístas estaba todo el liderazgo, pero entre los reformistas no estaba Balaguer, pues fueron reuniones que tuvieron lugar en hoteles. Esa es la fórmula que utilizó Hamilton para mantener contacto con los reformistas, sin tener que visitar al propio Balaguer. También declaró que Washington espera que aquellos países que reanudaron relaciones con Cuba influyan para que allí se inicie un proceso de transición pacífica hacia la democracia. Con sus declaraciones públicas Hamilton está tratando de romper el impasse político, al tiempo que también hace énfasis en la agenda policíaca norteamericana, basada en la lucha contra el narcotráfico y las extradiciones. Hoy di una conferencia en la Universidad de Georgetown y acabo de regresar de ver una obra de teatro donde el principal actor fue Christopher Plummer. Estuve acompañado por Plácido Domingo, su esposa y una dama, y luego nos trasladamos los seis (incluyendo la esposa de Plummer) a cenar a un restaurante italiano, donde tomaron una foto de nuestro grupo para colocarla en un lugar prominente del mismo. Luego llevé en mi carro a Plácido y a su esposa al aeropuerto, pues tenían que tomar otro vuelo privado hacia California.

Envié a la Casa Blanca, al Departamento de Justicia, así como a la oficina de Migración, una declaración de nuestro Cardenal pidiendo que se pospongan las deportaciones.

NOVIEMBRE 5. En la prensa dominicana se criticó a Hamilton por no haber ido a ver a Balaguer, y se opina que eso endurecerá la posición reformista en las negociaciones para salir de la crisis política. En efecto, los reformistas insistieron ayer en la renuncia de todos los miembros de la Junta Central Electoral. La prensa dominicana planteó algo incorrecto, pues dijo que Hamilton no vio a ninguno de los comisionados reformistas, cuando en efecto los vio, y dice que Balaguer rehusó recibirlo, cuando nunca pidió verlo. Acabo de regresar de la Casa Blanca donde fui el único Embajador que participó en una cena.

Envié al Presidente y al Canciller mi evaluación sobre las probables implicaciones de las próximas elecciones congresionales norteamericanas sobre temas que nos interesan.

NOVIEMBRE 6. Visité en el Pentágono a Ana María Salazar, Subsecretaria Encargada de Asuntos de Drogas, y esta noche fui a la Embajada Rusa, a una recepción para recaudar fondos para la Cruz Roja. Luego seguí a una cena en casa del General Soto Jiménez. Allí había una buena cantidad de Agregados Militares latinoamericanos, personas que indudablemente ejercen, o ejercerán, mucha influencia en sus países de origen. Es bueno que nuestros militares mantengan esas buenas relaciones internacionales con sus colegas.

NOVIEMBRE 8. Dentro de once días llegará Hillary Clinton a Santo Domingo. El plan original era visitar Santo Domingo un par de días antes del huracán Georges. Ahora se trata de un viaje a los países afectados por los huracanes, es decir a Centroamérica, República Dominicana y Haití. Para estimularla y asegurarme de que

la Primera Dama visitase el país después del huracán, he mantenido siempre al tanto a Oscar de la Renta, quien tiene acceso directo
a ella, pues hasta le hizo el traje que usó en el baile de su juramentación en enero de 1997. En mis reuniones con funcionarios del
Departamento de Estado sobre el viaje de la Primera Dama sugerí
que ésta ofreciese una declaración, a la sociedad civil dominicana,
a favor de la democracia y la independencia del Poder Judicial.
Específicamente sugerí que pronunciase una conferencia ante ANJE
para suplir la ausencia del Vicepresidente Gore, alegando que en
esa institución se reúne la juventud empresarial dominicana. Sin
embargo, el equipo de avanzada de la Primera Dama decidió que
no había tiempo para ella dar una conferencia durante un almuerzo, y que más bien debería de hacer una declaración frente a representantes de la cúpula de la sociedad civil, encabezada por organizaciones como Participación Ciudadana, un organismo que ha recibido financiamiento del AID. Le he explicado a John Hamilton
que César Gaviria va a estar en Santo Domingo durante la estadía
de la Primera Dama, pues asistirá a una reunión del Diálogo Interamericano, y que tal vez sería bueno que tanto la Primera Dama
como Gaviria den declaraciones públicas para ver cómo rompe-
mos ese tranque político dominicano que lleva tantos meses sin
resolverse. Creo que una declaración de Hillary y otra de Gaviria,
dos semanas después de la declaración de Hamilton, ayudarían a
lograr una solución.

Durante estas últimas semanas hemos estado trabajando mucho en la Embajada, analizando si conviene o no a los 75,000 dominicanos que se encuentran ilegalmente en Estados Unidos que reciban la categoría de "TPS" (Temporary Protected Status). Eso se lo
están ofreciendo a los hondureños y nicaragüenses y tal vez a los
guatemaltecos y salvadoreños, como reacción a la catástrofe de
Mitch. Impediría que las autoridades de migración norteamericanas deporten a ilegales durante un período de varios meses. Llegamos a la conclusión de que era imposible que Estados Unidos nos
diese ese status, el cual probablemente tan sólo se limitará a los

dos países más afectados por los huracanes, es decir Honduras y Nicaragua, y también concluimos que pocos dominicanos se aprovecharían de esa situación. Lo que sí necesitamos es que se modifique la ley NACARA. Ya Haití, Nicaragua, Guatemala y El Salvador han obtenido beneficios sobre temas de migración, y como ahora, debido al huracán, los va a obtener Honduras, la presión para que nosotros obtengamos algo para la comunidad dominicana se hará cada vez más grande. Para mí lo importante sería reducir el nivel de ingresos requeridos para servir como garante para lograr visas para unificaciones familiares. Las estadísticas de visas otorgadas por el Consulado norteamericano en Santo Domingo ya indican que este año la reducción en las visas de inmigrantes será extraordinaria. Significa que miles de familias dominicanas quedarán separadas, parte de sus miembros residiendo en Estados Unidos y la otra en Santo Domingo.

Otro tema que hemos discutido mucho en estos días, y que también está vinculado al huracán centroamericano, es la condonación, reducción o diferimiento de nuestra deuda externa. Jacques Chirac, el Jefe de Estado de Francia, anunció en Centroamérica que condonaría la deuda, no solamente de los países más pobres y afectados como Nicaragua y Honduras, sino también de Guatemala y El Salvador, países de niveles de ingresos parecidos al nuestro y menos afectados por Mitch que nosotros por Georges. He repartido por todo Washington un cuadro que preparó la CEPAL que indica que después de Nicaragua y Honduras, la República Dominicana ha sido el país más afectado por huracanes en estos días. He argumentado que cualquier beneficio de deuda externa que reciba El Salvador y Guatemala tiene que ser dado también a nosotros. Le pedí al Presidente Fernández y a nuestro Gobernador del Banco Central que gestionen con Francia la condonación de la deuda dominicana, y que sea anunciado durante la visita del Presidente Fernández a París. Sería injusto que se le condonase la deuda a países menos afectados por huracanes, como el caso de El Salvador y Guatemala, y no a nosotros. Por otro lado, hay un tranque con el Tesoro norteamericano, el cual se opone al diferimiento del pago de la deuda externa dominicana en el Club de París por motivo del huracán, y he logrado convencer al Gobernador del Banco Central de que envíe una delegación aquí a Washington para que se reúna con alguien del Tesoro. Vendrá Luis Manuel Piantini.

NOVIEMBRE 17. Como yo anticipaba, la Junta Central Electoral tuvo que anunciar que los dominicanos en el exterior seguirán excluidos del voto. Le escribí a la Junta diciendo que mientras no tuvieran un estimado de cuánto costaría el procedimiento por medio del cual los dominicanos residentes en el exterior se registrasen y luego pudiesen votar, el derecho a ese voto, ya incluido en la ley, será una quimera. Me temo que la cifra sería extraordinaria. Específicamente le sugerí a la Junta que contratase un consultor para que hiciese un estimado del costo, tan sólo para Manhatan, pero no me han hecho caso. Sí luce que ha tenido lugar cierto progreso en el tema de la Junta Central Electoral, pues el Presidente Fernández ahora ha cambiado de posición y no está sugiriendo la renuncia de sus miembros, sino simplemente cambiar a algunos de ellos por otros que sean representantes de los tres partidos. Me luce una buena solución Una grata noticia es que la Contraloría anuncia que auditará a dos consulados dominicanos en Estados Unidos, aunque me temo que nunca sabremos el resultado de esas auditorías. Las relaciones entre los partidos siguen malas, pues ahora el PRD está ofendido porque el Presidente Fernández vetó una ley que le cambia el nombre al Aeropuerto Las Américas por el de Peña Gómez. Eso ha hecho que el PRD se retire del diálogo. La Junta Central Electoral sigue sin acceso a los fondos presupuestales.

Aquí en Washington he tenido una semana complicada. Recibí una delegación de veteranos del Cuerpo de Paz en Santo Domingo, interesados en ver cómo pueden ayudar al país, en su condición de veteranos, ante los desastres del huracán. Tuve un almuerzo muy interesante en la Embajada de España y otro almuerzo con Peter Hakim, del Diálogo Interamericano. Asistí a un coctel de despedida a Alexander Kafka, en el Fondo Monetario, y luego a una cena en el Instituto Brookins. Durante la cena de gala de la Asociación de Abogados de Origen Hispano conocí a un grupo de abogados norteamericanos, de origen dominicano, muchos de los cuales tienen buenas posiciones dentro de la administración pública aquí en Washington. La verdad es que tenemos gente de buena calidad por todos lados. Me admitieron que nunca habían conocido a un embajador dominicano. Cené también en la residencia del Embajador de Perú y luego fui a un coctel en la casa de un Juez Federal. Ayer tuvo lugar una recepción bailable en el Departamento de Estado para los Jefes de Misión. Durante un buen tiempo los diplomáticos en Washington se han quejado de que el Departamento de Estado nunca hace algo en su honor, y la solución ha sido este cóctel bailable. Hubo toda una discusión sobre quién debía iniciar el baile con la Canciller Albright, y como solamente hay dos embajadores solteros, y yo soy uno de ellos, mi nombre sonó. Pude argumentar que la cuantía de la ayuda de Estados Unidos a mi país era ahora tan reducida que ese honor realmente no me tocaba, y el asunto terminó con el Embajador de Egipto bailando con ella. Después de todo, Egipto lleva años recibiendo millones y millones. Mañana salgo hacia Santo Domingo para estar allí cuando llegue Hillary Clinton.

NOVIEMBRE 23. Hoy regresé de Santo Domingo. Hillary Clinton llegó como a las 11:00 p. m. a Santo Domingo y el Canciller y yo la recibimos en el aeropuerto. Venía de Centroamérica y me dijo que allí tan sólo había visto por video las destrucciones de Mitch, pues por razones de seguridad no la habían dejado ir a las zonas más afectadas. Me reuní con el Presidente y el Canciller y les entregué un listado de temas que sugería se tratasen con la Primera Dama. El Canciller me había advertido antes que el Presidente no estaba en disposición de tratar temas de importancia, pero estimulado por mí adoptó la agenda que yo le propuse y que incluía temas comerciales, como la paridad textil, el tratamiento textil 809, asuntos migratorios (sobre cómo obtener algo de lo que aparentemente le van a dar a Centroamérica y que ya obtuvo Haití), el problema de las deportaciones de criminales y algo relativo a la deuda externa, incluyendo una posible solución al tranque que tenemos en el Club de París debido a la posición intransigente del Tesoro Norteamericano. También le sugerí que le recordara a la Primera Dama que hacía ya un año que no había embajador norteamericano en Santo Domingo. Aproveché para reiterarle al Presidente lo que ya le había dicho en Trinidad a principios de año al Canciller, en el sentido de que quería dejar el cargo, a los dos años, como habíamos acordado cuando me lo propuso. Específicamente estuvimos de acuerdo en que me iría en marzo o abril de 1999, después del Presidente tirar la primera bola en un juego en Chicago, y luego de hacer su visita al Valle del Silicio. En vez de dos años me quedaré casi dos años y medio. El Presidente lamentó mi decisión y agregó que también estaba seguro de que la lamentarían los empresarios textileros. En presencia del Canciller le sugerí que mi sustituto fuese el Embajador Espinal, ahora Embajador ante la OEA, y el Canciller estuvo de acuerdo con esa sugerencia mía.

En la reunión con Hillary Clinton lo primero que ocurrió fue que el asiento que me habían asignado lo quiso tomar el Secretario Administrativo de la Presidencia, quien no tenía nada que hacer en esa reunion, y tuve que, con cortesía pero firmeza, decirle que no podía negociar parado. En esa reunión estuvo presente el Congresista Charles Rangel, John Hamilton del Departamento de Estado, un representante del Consejo Nacional de Seguridad, Mark Schneider (Director de la AID para América Latina), y Oscar de la Renta, entre otros. El Presidente siguió la agenda que yo le había entregado y básicamente se trataron todos los puntos sugeridos. La Primera Dama estuvo bastante contraria a la idea de que se pudiese hacer algo con relación a la deportación de criminales, y de que se pudiese modificar la legislación de inmigración para favorecer a los dominicanos. El Presidente Fernández, de chiste y en forma muy inteligente, le preguntó que cuándo era que Linda Watt sería nombrada embajadora, una manera de hacer referencia a que era preferible nombrar un embajador de carrera, pues tendría más posibilidades de ser aprobado por el Senado norteamericano. Por supuesto, por normas del Departamento de Estado, Linda Watt no podría ser la Embajadora, pero también es una forma de halagarla. Después de referirse a los temas dominicanos (y que fueron básicamente los mismos que ella discutió en Centroamérica, pues la agenda centroamericana también trató asuntos de migración y paridad textil), la Primera Dama tomó la iniciativa de plantear la crisis política dominicana, aludiendo específicamente al plazo que deberían durar los miembros de la Suprema Corte de Justicia, así como a la composición de la Junta Central Electoral. La Primera Dama apoyó una participación de la Iglesia como intermediaria, para resolver los tranques. Tomé nota de lo que ella dijo, que fue más o menos lo siguiente: "El tranque político dominicano está provocando una falta de confianza. Mi esposo Bill Clinton ha tenido éxito en su estrategia de aceptar pérdidas de corto plazo, siempre que eso implique beneficios de más largo plazo". Sugirió que esa estrategia la adoptase el Presidente Fernández ante el dilema político actual. Imagino que lo que la Primera Dama estaba diciendo es que el futuro político de Leonel Fernández mejoraría si él enviase al Congreso un proyecto de ley estableciendo claramente cuál es el plazo de los miembros de la Suprema Corte de Justicia, y logrando que la Junta Central Electoral esté compuesta por personalidades apolíticas, aún cuando a corto plazo esto le provoque problemas con los reformistas, pero a mediano y largo plazo beneficia su carrera política. Al menos esa es la forma en que yo interpreté sus palabras.

Las respuestas del Presidente me sorprendieron, pues dijo que ya no existía ningún problema con la Suprema Corte de Justicia, pues recientemente había sostenido una larga conversación con su Presidente. Yo no me imagino cómo una conversación privada, cuyo contenido no ha sido divulgado, pueda sustituir una clara legislación que determine los años de duración de los miembros de la Suprema Corte de Justicia, algo que ahora mismo luce ambiguo ante la declaración de inconstitucionalidad por parte de la Suprema Corte de Justicia de la ley que promulgó el Presidente Fernández.

Con relación a la composición de la Junta Central Electoral, el Presidente Fernández le contestó que no podía haber un juego de pelota exitoso si todos los árbitros estaban en contra de uno de los equipos. Luego el Congresista Charles Rangel me diría que la Primera Dama había acorralado a Leonel Fernández, pero que éste había podido salir de su esquina con bastante éxito. Terminada la reunión, tanto John Hamilton como Mark Schneider me dijeron que en la reunión hubo demasiada "confrontación". En efecto, el Presidente Fernández no cedió en nada, aunque sí se dio cuenta de que la posición anteriormente adoptada por Hamilton era la misma que ahora adoptaba la esposa del Presidente de Estados Unidos, una posición que ella había planteado públicamente una hora antes cuando se reunió con representantes de la sociedad civil, en presencia de la prensa dominicana.

Seguí para Punta Cana donde me reuní con Charles Rangel y un cabildero norteamericano,* y luego fuimos a cenar a la casa de Oscar de la Renta. Allí varias de las asistentes personales de Hillary Clinton me pidieron que explicara el por qué de la ausencia de un embajador norteamericano durante tanto tiempo, y tuve que contarles el episodio de Mari Carmen y la oposición de Helms. Durante esa cena Leonel Fernández y Hillary hablaron, a solas, durante casi una hora. Al otro día todos queríamos saber qué se dijeron, pero por supuesto no lo supimos. Presumo que la Primera Dama hará un resumen de esa conversación, si es que trataron asuntos de importancia, y que eventualmente algún historiador lo encontrará. No sé si el Presidente contó algo de lo dicho en esa conversación a su Canciller, o a otros allegados.

La Primera Dama pernoctó en casa de Oscar de la Renta, pudo bañarse en la playa por la mañana, y luego fue a la inauguración de una escuela del Grupo Punta Cana. Yo fui el único funcionario del gobierno que la despidió en el Aeropuerto de Punta Cana cuando salió, rumbo a Haití, donde pasó unas breves horas.

*Luego su empresa sería contratada por los centroamericanos para cabildear la paridad.

Para mí lo más importante de esa visita fue el énfasis que puso la Primera Dama en sus declaraciones ante la prensa sobre la necesidad de encontrar una solución a nuestro tranque político, que tanto está afectando las posibilidades de celebrar elecciones limpias dentro de menos de dos años.

La mañana después de la cena en casa de Oscar de la Renta, en la playa en Punta Cana, John Hamilton me hizo una pregunta "hipotética" en el sentido de que cómo quedaría la República Dominicana si Estados Unidos firmase un acuerdo de libre comercio con Centroamérica, y si ese tipo de acuerdo pudiese o no abarcar a nuestro país. Luego de recordarle que en más de una ocasión la Sra. Albright había dicho en presencia mía, a los Cancilleres centroamericanos, que Estados Unidos no estaba preparado para negociar acuerdos de libre comercio con Centroamérica, le expliqué que no estábamos listos para un acuerdo de esa naturaleza, pues un 60% de nuestras importaciones no petroleras provenían de Estados Unidos, y si éstas estuviesen sujetas al libre comercio, la merma de ingresos aduaneros sería tal que habría que modificar sustancialmente nuestro sistema tributario. Le expliqué que precisamente el Presidente Fernández había sometido una reforma arancelaria para equipararnos a los niveles centroamericano, y que eso ya había tenido problemas en el Congreso, por la oposición de los perredeístas. También le dije que si Estados Unidos firmaba un acuerdo de libre comercio con los centroamericanos y no con nosotros, y no se aprobaba la paridad textil, nuestras zonas francas textileras no sólo tendrían que seguir enfrentando la competencia mexicana, sino que las textileras centroamericanas también tendrían una ventaja sobre nosotros. Luego de esa conversación hice un par de llamadas a textileros muy importantes de Santiago de los Caballeros, dándoles un resumen de la misma y exhortándolos a que tratasen de que el Congreso dominicano aprobase la reforma arancelaria y su compensación, para acercar el país un poco más a una situación de poder negociar un acuerdo de libre comercio. No estaban conscientes de lo que podría significar para nosotros un acuerdo centroamericano de libre comercio con Estados Unidos.

Durante mi estadía en Santo Domingo, Alberto Bass, Director del Museo de Arte Moderno, y su esposa se hospedaron en la residencia en Washington. Por tener que estar con la Primera Dama norteamericana en Punta Cana no pude asistir a una reunión en el Hotel Hamaca auspiciada por el Diálogo Interamericano, de líderes congresionales de América Latina. Yo logré que esa reunión se celebrara en Santo Domingo y no en un país centroamericano. En el país también pude cenar con grupos empresariales norteamericanos y dominicanos, en la Embajada norteamericana.

NOVIEMBRE 27. Ayer me comí el pavo de Acción de Gracias. Aproveché el día para leer la prensa dominicana. Se ha anunciado el establecimiento de una oficina del FBI en Santo Domingo. Por supuesto, no sabía nada, pero como historiador sé que sería la primera vez, desde 1941, que el FBI actúa en Santo Domingo. A partir de 1947 su papel fue sustituido por la CIA, aunque durante la guerra civil de 1965 Lyndon Johnson envió a gente del FBI para contar con "una segunda opinión". Pero como ahora la agenda norteamericana es esencialmente "policíaca", era de esperarse que el FBI abra oficinas en países donde, desde el punto de vista norteamericano, el tema principal es la criminalidad. El día después de la Primera Dama norteamericana abandonar nuestro país, el Presidente de la Junta Central Electoral declaró que el Presidente Fernández estaba tratando de sabotear las elecciones. Pero dos días después el Presidente anunció que entregaría fondos a la JCE. Me pregunto hasta dónde la presencia de Hillary Clinton y sus conversaciones tuvieron que ver con ésto. Sin embargo, los fondos que le va a entregar a la Junta corresponden al mes de octubre, lo que significa que hay un mes de atraso. La Embajada norteamericana, además de confirmar lo del FBI, por lo menos compensó con una declaración apoyando la democracia en nuestro país y el debido imperio de la ley. La encuesta Hamilton plantea que los extranjeros fueron los que mejor labor realizaron con motivo del huracán. Esto debe haber molestado mucho a los peledeístas y al gobierno, pues se trató de que el grueso de la ayuda fuese canalizada a través del sector público, por lo menos durante los primeros días. Mientras los líderes reformistas y peledeístas no creen en la JCE, esa encuesta evidencia que un 82% de la población está a favor de ella. Mi interpretación es que una alta proporción de ese 82% son perredeístas, lo que significa que tres meses después de las elecciones congresionales el perredeísmo todavía sigue siendo la fuerza predominante. La declaración norteamericana fue todavía más fuerte, pues insistió en la necesidad de que se celebren comicios libres en el país, y Linda Watt reiteró el compromiso de su Embajada con la reforma judicial. No es una coincidencia que esa declaración se diera tres días después de la salida de la Primera Dama. Lamentablemente, esa misma nota de prensa plantea la preocupación norteamericana por la protección de los derechos de propiedad intelectual, a pesar de las medidas tomadas por el gobierno. Veo también que la encuesta de la Hamilton evidencia que el grueso de los dominicanos favorece la reforma de la Constitución, pero rechazan la reelección. Menos mal. La opinión pública está en contra de las ideas de aquellos políticos que quieren la reelección.

Hoy me llamó el Canciller para pedirme que no pronuncie un discurso ante la Cámara Americana de Comercio en el mes de diciembre, sino que lo pospusiera, pues acababa de venir de oír a Linda Watt ofrecer su discurso anual y fue muy crítica de la República Dominicana, lo que significa que yo me tendría que sentir obligado a dar una réplica en mi intervención. No entró en detalles.

Aquí en Washington la vida social está algo más tranquila. Fui a una recepción en la Embajada de Portugal en honor de Plácido Domingo, y a un almuerzo donde la "gran dama" Esther Coopersmith, el lugar donde la gente codicia ir pues allí se reúne toda la gente de poder. También participé en una reunión del Instituto Brookins.

NOVIEMBRE 30. Hoy recibí la prensa dominicana con el texto del discurso de Linda Watt y me doy cuenta de que sin mencionarme ella ha hecho referencia a que un "estudioso" de la política externa norteamericana ha descrito su política hacia el Caribe como una "segunda guerra fría", y que esa percepción era incorrecta. Se refiere al trabajo que presenté ante el Centro de Estudios Estratégicos. Aparentemente nadie en Santo Domingo se ha dado cuenta de que a quien criticó fue a mí y a mi posición. Ya entiendo lo del Canciller. Ella, sin mencionarme, atacó un trabajo mío publicado por un importante centro de estudios de Washington. Aunque no soy experto en diplomacia, considero sorprendente que la representante de más alto nivel diplomático de Estados Unidos en mi país, durante su intervención más importante del año critique indirectamente al Embajador del país al que está acreditada. Eso es bastante inusual. ¿Qué pasará si algún periodista dominicano lee ese discurso y se da cuenta de que se está refiriendo a ese trabajo mío, que ya yo he enviado a más de un periodista e intelectual dominicano? Sería una confrontación innecesaria. Voy a advertir a John Hamilton, en el Departamento de Estado, sobre lo que acaba de hacer Linda Watt. ¿Habrá ella actuado bajo instrucciones, o es sólo una iniciativa suya? ¿Quiere el Departamento de Estado realmente atacar mi trabajo? Por lo menos todo esto significa que se me ha leído y que he herido susceptibilidades, y eso no deja de ser bueno. Me alegro de haberlo escrito.

Por la prensa dominicana también veo que la policía norteamericana apresó en Nueva York al ex-Cabo Durán, presunto asesino de Orlando Martínez. Para que no aleguen que no hay precedente de extradición desde Estados Unidos a Santo Domingo, y como sé que en el Departamento de Estado no hay memoria histórica, les voy a citar por nombre y apellido, los tres "caliés" del Servicio de Inteligencia Militar (SIM) que fueron extraditados desde Estados Unidos al país a principios de los años sesenta. Ya veo que desde Estados Unidos están informando que la extradición de Durán puede tardar meses, o un año ¡y tan rápido que quieren que nosotros extraditemos! Hace dos días llegaron Temístocles Montás, Secretario Técnico de la Presidencia; el Consultor Jurídico César Pina Toribio y Rafael Camilo, Director de ONAPLAN. A uno de ellos sólo le gusta la comida criolla, por lo que les he ofrecido un par de cenas en la residencia.

Diciembre

DICIEMBRE 1. El 10 y 11 de este mes se reunirán los Presidentes de Centroamérica en Washington, en el BID, para discutir la ayuda internacional para la reconstrucción vinculada al desastre del huracán Mitch. Se rumora que el Presidente Clinton los recibirá, y si así lo hace obviamente será con ellos que tratará los temas que más nos interesan: comercio, migración y deuda externa. Hablé con Hamilton sobre la posibilidad de que mi Presidente sea invitado a lo del BID, para así estar presente en la reunión con Clinton. Estuvo de acuerdo con la idea, y ahora estoy sondeando al Presidente Fernández a través del Canciller Latorre. Lo que está pasando es que la agenda con los temas que nos interesan ahora la están llevando los centroamericanos, y nosotros simplemente nos estamos convirtiendo en espectadores. Se habla de un proyecto de ley que la Administración de Clinton someterá al Congreso norteamericano con motivo del huracán Mitch, otorgando a los centroamericanos beneficios migratorios, comerciales y de deuda externa. Lo que yo quiero es que nosotros seamos parte de ese proyecto.

Mientras a principios de la década la política norteamericana hacia Santo Domingo era un corolario de su política hacia una Centroamérica amenazada por la posibilidad de una "segunda Cuba", ahora, con motivo del huracán Mitch, la política con relación a los temas que nos interesan está siendo resuelta con miras casi exclusivamente hacia Centroamérica.

DICIEMBRE 2. Envié al Presidente la segunda carta de un congresista norteamericano quejándose de que no deportamos a González Pantaleón. Encabeza el subcomité sobre asuntos de salud, por lo que le interesa que se sancione a los que roban al seguro social.

DICIEMBRE 6. Hasta ahora he fracasado en mi esfuerzo por convencer al Presidente Fernández, a través del Canciller, de que venga a la reunión de la semana que viene de los Presidentes centroamericanos en el BID, para programar la ayuda a Centroamérica. Hasta hace un par de días los centroamericanos pensaban que iban a poder ser recibidos por Clinton, pero el viernes parece que Clinton se echó para atrás, dados los problemas con su propio Congreso. Estoy tratando de que venga nuestro Vicepresidente, o nuestro Canciller. Anoche cené con Iglesias, el Presidente del BID, a quien le encantó la idea y me dijo que con mucho gusto invitaría a nuestro Presidente o a nuestro Vicepresidente, pues implicaría aún más apoyo a la situación desastrosa centroamericana. Los temas de deuda y de inmigración y de comercio ahora los están llevando los centroamericanos, bajo el manto del huracán Mitch. Nadie en esta ciudad se recuerda del huracán Georges, a pesar de que la República Dominicana fue el tercer país más afectado en la región, después de Nicaragua y Honduras. Me temo que nos hemos quedado marginados.

La semana próxima viene Sammy Sosa a ayudar a prender el arbolito de la Casa Blanca, y estoy bregando para que no haya problemas con eso. Hoy son las elecciones en Venezuela y todo indica que va a ganar Chávez, quien indudablemente dará malos estímulos y ejemplos al PLD en eso de gobiernos no democráticos. Nuestra misión en las Naciones Unidas ha recibido una notificación norteamericana de amenazas de bombas. ¿Por qué no recibí yo esa información, directamente del Departamento de Estado? César Pina Toribio y Abel Rodríguez del Orbe estuvieron por aquí y durante su viaje la Embajada norteamericana en Santo Domingo dio una declaración, preocupada porque los dominicanos estábamos liberando a personas que Estados Unidos quiere extraditar. Por otro lado "Human Rights International" ha condenado públicamente la brutalidad policial en la República Dominicana.

DICIEMBRE 9. Mientras los Presidentes de Centroamérica estén aquí para tratar de lograr algo sobre migración y deuda externa, mi Presidente va a viajar con medio gabinete a Miami, a participar en una reunión de mucho menor importancia, en vez de estar por lo menos representado aquí. Como tengo que ir yo mismo a Miami, traté de que Roberto Despradel, el Ministro Consejero, participe en la reunión de los centroamericanos con medio gabinete norteamericano, pero Ernesto Selman, el Director Ejecutivo alterno en el BID por la República Dominicana, no se atreve a autorizar esa presencia sin recibir instrucciones de Santo Domingo.

Hoy estuve en el acto para encender el arbolito de la Casa Blanca, y luego en una recepción dentro de la misma. Sammy Sosa participó en ambos eventos. Es un excelente Embajador y he hablado con varias personas de la Casa Blanca para que se den cuenta de que Sammy puede ayudar mucho en el tema de la reconstrucción de mi país, Haití y Centroamérica, afectados por los huracanes, tanto por su popularidad como porque su propia Fundación ha ofrecido una gran ayuda. He explicado que ningún centroamericano es tan popular como él, y que podría ser usado como un símbolo de los esfuerzos de la región por salir de la ruina provocada por Georges y Mitch. Ese mismo símbolo puede ayudar a persuadir al Congreso norteamericano de la necesidad de aprobar esa ayuda. Yo fui el único diplomático extranjero en la recepción que tuvo lugar en la Casa Blanca después de haberse encendido el arbolito, y cuando saludé a la Primera Dama, sin que yo le dijera nada y antes de que me identificara, me dio las gracias por un libro de mi autoría que yo le había mandado hacía unas semanas. Esa mujer indudablemente tiene una memoria extraordinaria, pues no sólo se acuerda de las caras, sino de cosas tan simples como el envío de un libro. Me reuní con Sammy Sosa y sus cuatro acompañantes dentro de la Casa Blanca. Durante esta semana también fui a un almuerzo en honor del ex-Congresista Lee Hamilton, y pude ver una exhibición de jade en el National Geographic Society. Luego una recepción en la Embajada de Rumanía. Por aquí estuvo el Secretario de Finanzas Daniel Toribio, y también Manuel Cocco. Por Segunda vez pude visitar una tarde la Biblioteca Folger, para luego seguir a una recepción en la Embajada de Japón. Por aquí también estuvo Eduardo Tejera, quien ahora representa los intereses de la Enron en Santo Domingo. Discutimos los problemas de su empresa. Lamentablemente la Enron tiene en Santo Domingo el sanbenito de que el contrato original se le entregó a un vivo, el Sr. Smith, quien tenía como socio y cabildero dominicano, o tiene todavía, a una persona de muy mala reputación. Luego de conseguir el contrato durante la administración de Balaguer, fue que el Sr. Smith se asoció con la Enron, la cual sí es una compañía seria. Estuve en una cena privada de apenas seis personas entre las que estuvo Sam Donaldson, el famoso personaje de la televisión.

He visto en la prensa dominicana que por primera vez, que yo sepa, los caficultores han pedido públicamente la legalización de la presencia de los obreros haitianos. Antes, esa presión sólo venía de los azucareros. Cada día, en la medida que los haitianos sean empleados en otros sectores, como el de la construcción, esa presión será mayor.* Mientras en nuestro país no exista una ley que establezca fuertes sanciones a los patronos que empleen indocumentados, no se podrá hacer nada contra la inmigración haitiana. Sin embargo, los políticos dominicanos que tratan el tema, con sus chirridos nacionalistas no le buscan solución real al problema, pues no quieren confrontaciones con los grandes empleadores de haitianos, quienes en el momento de las elecciones son una fuente importante de financiamiento de sus campañas.

DICIEMBRE 12. Estuve con el Presidente una noche en Miami durante la reunión de Caribbean Latin American Action. Fue una cena de smoking donde el Presidente habló principalmente con los Fanjul y con la gente de la Enron. Realmente debió haber estado en Washington. Regresé al otro día y me reuní con el General MacCaffrey. Hoy almorcé en el Congressional Country Club y luego visité al Sr. Scott Schoenfeld, cuyo padre fue Ministro norteamericano en Santo Domingo entre 1931 y 1937. Conserva una buena colección de fotografías y su propia madre escribió un diario, del cual me dará copia de algunas de sus páginas. Durante mi breve estadía en Miami también pronuncié un discurso promoviendo la inversión norteamericana en Santo Domingo.

---

*Poco después el Secretario de Obra Públicas pidió que no se deportasen haitianos, porque eso afectaba la construcción.

Reitero que fue un error que el Presidente no viniese a la reunión con sus homólogos centroamericanos. Ya yo había conseguido, en conversación privada con el Presidente del BID, Enrique Iglesias, que esa organización acordase invitarlo, y la gente del Departamento de Estado me había dicho que si el Presidente Fernández venía a la reunión del BID también iría a la reunión en la Casa Blanca. Una suma equivalente al 9% del producto nacional bruto dominicano fue destruida por el huracán Georges, y tan sólo un 2% de la de Guatemala y un 1% de la de El Salvador. Sin embargo, parece que El Salvador y Guatemala van a conseguir tratamiento especial para sus indocumentados en Estados Unidos, por encima de lo que ya obtuvieron con la ley NACARA y ya los europeos crearon un fondo donde están depositando recursos que serán utilizados para el pago de la deuda multilateral de toda Centroamérica, incluyendo Guatemala, Costa Rica y El Salvador.* Ya el Presidente de Francia anunció que condonará la deuda a toda América Central, por lo menos aquella parte que es de carácter social. Guatemala, El Salvador y Costa Rica se están beneficiando de la tragedia de Nicaragua, y Honduras y nosotros, que somos el tercer país más golpeado por los huracanes, hemos quedado fuera. En Santo Domingo se comenta que dado que dependemos del turismo no debemos enfatizar los daños del huracán, pero nuestro turismo es europeo y la reunión fue aquí en Washington, y no creo que haya trascendido en Europa. Guatemala también vive del turismo, y sin embargo participó en las reuniones. ¿Para qué una alianza estratégica con Centroamérica y un acuerdo de libre comercio con esa región, cuando no aprovechamos esa vinculación para ayudar al país cuando ocurren los huracanes? Ya Clinton anunció que va a ir a Centroamérica, y específicamente a Guatemala, donde apenas fue afectado un 2% de su Producto Nacional Bruto, y no va a ir a Santo Domingo, donde el daño sumó un 9%. Los temas de la deuda

---

*Eventualmente tan sólo fue utilizada para condonar la deuda de Honduras y Nicaragua.

externa han sido prioritarios para el Presidente Fernández, y ahora Centroamérica va a recibir un tratamiento especial, del que nosotros hemos quedado fuera. Hay unos 75,000 dominicanos indocumentados (ilegales) residiendo en Estados Unidos, los cuales hasta llegarán a tener derecho al voto en nuestras elecciones, y no nos hemos preocupado por su suerte, aprovechando la coyuntura de los huracanes, mientras los centroamericanos sí lo están haciendo. Esos 75,000 no pueden visitar Santo Domingo a ver cómo han quedado sus familia después de los huracanes, pues no podrían regresar, y se les dificulta conseguir empleo legal en Estados Unidos, ni siquiera pueden obtener una licencia de manejar. Sin embargo, ningún partido político está buscando su voto en las elecciones dominicanas. En la prensa dominicana veo que Aristy Castro ha sido elegido candidato de los reformista y del PLD para presidir la Liga Municipal, y que el Presidente sigue abogando porque se celebre una constituyente. La Junta Central Electoral designó a uno de sus jueces, Luis Arias, para estudiar el sufragio dominicano en el exterior. Creo que comete un error si no comienza con un estimado del costo del asunto. Aquí en Washington la situación política empeora, pues un comité congresional ya encontró razones para llevar al Presidente Clinton a un juicio.

Los dominicanos en Nueva York están indignados con las declaraciones de Sanz Jiminián culpando a los deportados por la ola de criminalidad. Pero si los criminales son sólo 8,000 entre los 600,000 dominicanos que viven aquí, apenas representan un 1% de la comunidad domínico-americana. Esta es una proporción mucho más baja que los elementos delictivos de origen italiano, irlandeses o judíos en esa ciudad, a finales del siglo pasado.

DICIEMBRE 14. Rubén Silié estuvo de visita en Washington y lo llevé a una cena navideña en casa de Peter Hakim, Director Ejecutivo del Diálogo Interamericano. Mi propósito es acercar a Rubén y a FLACSO a este importante grupo, que puede ayudar a esa institución. Participé en una conferencia sobre la reestructuración del Caribe y Centroamérica, auspiciada por un grupo que realmente lo que quiere es aprovecharse de la tragedia caribeña y centroamericana para que un grupo de ingenieros norteamericanos sean contratados con la plata que será donada por Estados Unidos. Recibí la visita de Linda Watt. No le hablé sobre su velado ataque a mi conferencia.

DICIEMBRE 15. Me reuní con Bob Hart, Presidente de la Coastal, empresa que está haciendo y hará fuertes inversiones en el sector energético en Santo Domingo. Tiene un problema legal con una persona que alega ser su representante allá y que no le ha sido de mucha utilidad. El asunto está en los tribunales.

DICIEMBRE 17. La cosa en Washington empeora. Clinton insiste en que no renunciará. Veo, por una encuesta de Sigma Dos, que entre los peledeístas Fernández Mirabal aventaja a Danilo Medina con tres puntos porcentuales. Esta es una reducción fuerte con relación a encuestas anteriores llevadas a cabo por otras empresas. Chávez, de Venezuela, ha hablado con Leonel Fernández por teléfono y se anuncia una alianza estratégica. Me preocupa porque obviamente Chávez representa un movimiento no democrático para nuestra región. Parece que ayer, por fin, la CDE y la Smith Enron llegaron a un acuerdo formal, por lo menos eso dice la prensa dominicana. En términos de conflicto entre empresas norteamericanas y el gobierno de Leonel Fernández, éste ha sido el caso más importante y difícil, aunque fue totalmente heredado del gobierno de Balaguer. También veo que los cubanos y dominicanos anuncian que van a iniciar negociaciones para un acuerdo de libre comercio. Me parece absurdo. Ni siquiera hemos ratificado los de CARICOM y Centroamérica y ahora se habla de un acuerdo con Cuba. ¡Y ocurre cuando estamos tratando de conseguir la paridad textil!

Hoy, segundo día después del inicio de los ataques aéreos de Estados Unidos y Gran Bretaña contra Iraq, viajé a Nueva York a una cena privada donde pude hablar con Kofi Annan, Secretario General de las Naciones Unidas, quien se mostró muy preocupado por la orden de Clinton de que continuarán los ataques aéreos, a pesar del inicio del Ramadam, pues el mundo árabe se indignará con esa decisión. Ojalá que Clinton suspenda los ataques después de tres noches. En esa cena estuvieron los dueños del "New York Post" y pude saludar a un viejo amigo: Paul Volker, ex-Jefe de la Reserva Federal, con quien compartí en 1972-73 esfuerzos infructuosos para modificar el sistema monetario nacional.

Es temporada de navidad, pero no solamente hay una guerra contra Iraq, sino que es posible que el Presidente de Estados Unidos deje de serlo pronto. Sin embargo, nada ha afectado las fiestas en esta ciudad. En las últimas tres noches he ido a tres fiestas navideñas privadas, y también otra en el Kennedy Center.

DICIEMBRE 18. En esta ciudad tan sólo se habla de la guerra de "Dessert Storm". En Santo Domingo Vincho Castillo declara que están en libertad bajo fianza unos veinte mil implicados en casos de drogas, y el Presidente Fernández anuncia nada menos que la construcción de un tranvía para la ciudad. ¡Qué disparate! Técnicos del Banco Mundial y del BID me han explicado que es un disparate y más aun financiado con recursos internacionales. Sólo hay uno en Latinoamérica: el mexicano, y es privado, financiado por las maquiladoras que generan las divisas con que pagar esa deuda en dólares. Cuando se dice que los viajes de nuestros presidentes son costosos no se dan cuenta de que lo que son costosos son los contratos que se le presentan durante esos viajes, comenzando con la "Overseas" de Bosch. En ese sentido la ausencia de viajes de Balaguer nos convino. Morel Cerda, por su lado, denunció la retención de fondos de la JCE ante diversos organismos internacionales.

DICIEMBRE 19. Hoy ha sido un día extraordinario. El Congreso norteamericano acordó enjuiciar al Presidente Clinton y alrededor de las 4:00 p. m. una delegación de congresistas demócratas salió desde el Congreso hacia la Casa Blanca para apoyar al Presidente Clinton. Yo estaba invitado hoy a una cena en la Casa Blanca, a las 5:30 p. m., una fiesta navideña donde resultó que yo era el único diplomático. No sabía si sería una fiesta o un velorio y llamé varias veces para confirmar si se mantenía. Tan sólo se atrasó media hora.

Cuando llegamos a la Casa Blanca se nos informó que el Presidente no estaba en la fila de recibimiento pues discutía con el Estado Mayor de sus Fuerzas Armadas los ataques a Iraq. Absolutamente nadie hizo mención de que el Presidente había sido enjuiciado pocas horas antes. La fiesta, que incluyó hasta un baile, fue extremadamente interesante. Había tanta gente importante que el protocolo optó por una fórmula bajo la cual nadie podía sentirse ofendido. Mientras cada uno de nosotros entraba al lugar de la cena, había una gran copa de vidrio transparente con números de mesa y cada cual metía la mano y así sabía a cuál mesa iría. ¡Viva la democracia! Me tocó en mi mesa nada menos que el Presidente de la línea aérea Delta, con quien tuve una larga conversación sobre sus posibilidades de ir a Santo Domingo y romper el monopolio de American Airlines. Otra vez la Primera Dama me saludó reconociéndome. Todos bailamos mientras Roma ardía.

DICIEMBRE 20. Mañana salgo a pasar las navidades en Santo Domingo. Veo por la prensa que la lucha por el control de la Liga Municipal se encamina hacia los tribunales. Andy Dauhajre ha declarado que a los dos años de gobierno la pobreza no se ha reducido. De ser cierto, y me temo que sí, perjudicará al PLD en las elecciones. Chávez, de Venezuela, propone una Federación de Estados de América Latina y el Caribe. Parece que sufre de ínfulas bolivarianas. Pienso visitar la Junta Central Electoral sobre el tema del voto en el exterior y sus grandes dificultades, a pesar de que la línea del gobierno y de su partido es la de no "reconocer" a esa Junta.

AÑO 1999
Enero
ENERO 15. Ayer regresé a Washington, después de pasar las navidades en Santo Domingo. Allí, entre otras cosas, involuntariamente le hice una "plancha" a Mario Vargas Llosa, pues me olvidé de una cita para cenar con él ¡y es que ya estoy acostumbrado a

andar con la agenda escrita diariamente de Washington! En el Museo de las Casas Reales inauguré la exhibición de los mapas antiguos de Santo Domingo que conseguí en la Biblioteca del Congreso y que logré reproducir. Anuncié públicamente que donaría la colección para una nueva sala de mapas del Museo de Historia y Geografía.*

En medio de las fiestas navideñas recibí una llamada de la Casa Blanca. Había prendido mi idea, dada a alguien que trabaja allí, sobre usar a Sammy Sosa como símbolo de los esfuerzos por ayudar a los países afectados por los huracanes, y querían que yo lo ubicara para que estuviese sentado al lado de Hillary Clinton durante el muy importante discurso del Presidente sobre el Estado de la Unión, a finales de enero. Este acto es de los que tienen más audiencia televisiva en todo Estados Unidos. Localicé a Sammy Sosa y le expliqué la invitación de la Primera Dama. Su reacción inicial fue negarse, pero luego me di cuenta de que le preocupaba una posible participación suya con un discurso breve. Le expliqué que el único que hablaba en ese acto era el Presidente de Estados Unidos, y que lo único que él tendría que hacer, cuando mencionase su nombre, sería levantarse del asiento y hacer su ya famosa señal. Entonces aceptó. Será la primera vez que en el discurso del Estado de la Unión la República Dominicana sea mencionada, y con esto se logrará que se recuerde en Washington y en todos los Estados Unidos que Santo Domingo fue muy afectada por los huracanes, y que no sólo ha sido un problema para la región centroamericana.

El día 13 pronuncié una conferencia ante la Cámara Americana de Comercio en Santo Domingo. Allí hablé sobre el cambio de opinión entre importantes economistas, a quienes cité directamente (el economista principal del Banco Mundial Joseph Stiglits, ex-jefe del Consejo de Asesores Económicos de Clinton, el profesor Jeffrey Sachs, de Harvard, un reciente estudio del BID, etc.), sobre el

*Dicha sala fue inaugurada durante el segundo semestre de 1999.

recetario neoliberal. El continuo empeoramiento en la distribución del ingreso en América Latina ha hecho que ese recetario sea puesto en entredicho, y adelanté los nuevos derroteros sobre los cuales se piensa transitar. El nuevo énfasis es en la lucha directa contra la pobreza.* Además, tuve que dar a la prensa la mala noticia de que Estados Unidos había reducido en un 41% la entrega de visas de inmigrantes a dominicanos que buscan reunificarse con sus familias en Estados Unidos, como resultado de las muy severas leyes de migración de 1996, que entraron en vigencia en 1997. Exhorté a que la comunidad domínico-americana lograse empoderamiento político para influir sobre el Congreso norteamericano. Cité los infructuosos esfuerzos por lograr la reducción en la deportación de criminales. También advertí que la crisis financiera internacional afectaría el país. No pude ver al Presidente, pues éste se encontraba en viaje por Europa. Me preocupó mucho la noticia de que los franceses financiarán un tranvía y de que se adquirirán cinco helicópteros. Lo primero no es viable económicamente y requeriría subsidios inmensos. Además, si en nuestro país la Secretaría de Obras Públicas ni siquiera puede manejar con eficiencia un simple teleférico a la loma de Isabel de Torres, mucho menos podrá operar un tranvía. Por un lado el gobierno está privatizando las empresas estatales y ahora anuncia, en Francia, la creación de la más cara y grande de todas las empresas estatales. En cuanto a los helicópteros, de seguro los norteamericanos se quejarán, porque no han sido invitados a la licitación.** Me preocupa, además, que los préstamos anunciados en París suman más de US$175 millones.

En Santo Domingo también abogué públicamente por una moneda única en América Latina, el dólar, y la eliminación de los bancos centrales. Visité a Luis Arias, en la Junta Central Electoral, quien

---

*Pocos meses después tuvieron lugar los choques violentos en Seattle, con motivo de la reunión de la Organización Mundial del Comercio (OMC), lo que aceleró el re-pensar sobre esta cuestión.

**Eventualmente algunos fueron comprados de los Estados Unidos, pero con financiamiento del gobierno español. ¡Algo nunca visto!

está encargado del voto en el exterior. Me llevó donde Morel Cerda. A ambos les expliqué sobre la necesidad de contratar un consultor para que determine cuánto costaría el empadronamiento y luego el voto. Quedé en sugerirles a una persona.

ENERO 16. Almorcé con directivos de la Asociación de Industrias dominicana. Leo en la prensa dominicana que Leonel Fernández dijo frente a Jacques Chirac que se oponía a que gobiernos extranjeros u organismos internacionales impusiesen condiciones de carácter bilateral entre la República Dominicana y Haití. Según la prensa esa declaración se produjo luego de que alguien sugiriese la participación de organismos internacionales en programas de desarrollo entre Haití y la República Dominicana. También es interesante la declaración de Leonel Fernández, desde París, de que el PLD busca acercarse a la Internacional Socialista. Dudo que tenga éxito. ¿Por qué busca ese acercamiento si siempre ha criticado a la IS? Un grupo de colonos dominicanos construirá un nuevo ingenio en Hato Mayor. ¿Con haitianos, o sin haitianos, con cuota norteamericana, o sin cuota norteamericana? ¿Sabrán que la cuota norteamericana va a desaparecer a más tardar en el 2007, por lo establecido en el Acuerdo NAFTA entre Estados Unidos y México?

ENERO 19. Acabo de regresar de la Casa Blanca, donde fui el único Embajador presente en una reunión de Clinton con su gabinete y amistades íntimas, inmediatamente después de su discurso del Estado de la Unión. En el autobús camino al Capitolio le informé a los Embajadores centroamericanos que Sammy Sosa hablaría sobre los huracanes. Su sorpresa fue extraordinaria y, a pesar de ser buenos diplomáticos, no pudieron dejar de sentirse decepcionados de que un dominicano hablase sobre los huracanes, en vez de un centroamericano. En la Casa Blanca pude hablar con el Presidente Clinton y con la Primera Dama, quien otra vez me saludó por mi nombre. Hablé con Samuel ("Sandy") Berger, Jefe del Consejo Nacional de Seguridad, con la Canciller Albright y con varios congresistas. Sammy Sosa se comportó a la altura del momento. Es un verdadero Embajador.

Qué desastre el asunto del proyecto del tranvía anunciado en París. Me he enterado de que ni el Banco Mundial ni el BID financian proyectos de esa naturaleza, porque están convencidos de que son antieconómicos. Si es verdad, como alegan los franceses, que es un proyecto rentable, ¿por qué no pedirle a la compañía francesa que pida una concesión y que ponga ella misma el dinero, administre, y sea la que gane los beneficios?. Obviamente es un gran timo al Estado dominicano y debe haber mucha corrupción alrededor del proyecto. Si se construye con financiamiento internacional, cada vez que devaluemos tendremos que aumentar el pasaje. ¡Los viajes de nuestros Presidentes le salen bien caros al país, pero no por el transporte y el hospedaje, sino por los proyectos que aceptan, desde la "Overseas" de Juan Bosch! El Presidente, junto con diez miembros de su gabinete, llegarán mañana a Nueva York, desde París, nada menos que en un vuelo del Concorde, el avión más caro del mundo. No cuidan la imagen, aún cuando, como me dicen, el vuelo es pagado por un banquero.

Me he enterado de que un ex-Presidente del Partido Demócrata durante el gobierno de Jimmy Carter, Charles ("Chuck") Manatt, parece que será el próximo Embajador norteamericano en Santo Domingo. Me luce que se debe a una intervención de la Primera Dama, después de su viaje a Santo Domingo, pues ella durmió una noche en la residencia de la Embajada y pudo darse cuenta de que es una buena casa y de que el país es agradable en términos sociales. En mi presencia el Presidente Fernández le preguntó cuándo llegaría un nuevo Embajador. Este Sr. Manatt me dicen que nunca ha aceptado un cargo diplomático, y todo el mundo que lo menciona aquí me dice que le extraña que se hubiese interesado en un cargo tan relativamente poco importante, como el de Embajador en Santo Domingo. El Embajador de México me admitió que tenía bajo iguala a la firma de abogados de Manatt durante varios años, y me felicitó por el hecho de que lo íbamos a conseguir "gratis". Luce que es una persona con excelentes contactos en esta ciudad y con acceso directo a la Casa Blanca. Ya la prensa de Washington también explica por qué Mari Carmen Aponte no fue confirmada y hasta se menciona el caso de su novio, quien tenía contactos con la oficina de intereses cubanos en Washington, cosa que yo sabía antes pero que no podía citar públicamente, pues no había aparecido en la prensa. Voy a mandar ese recorte a Santo Domingo para que salga publicado.* Así se verá que la falta de Embajador no se debió, como siempre se ha rumorado en Santo Domingo, a problemas vinculados a nuestras relaciones con Cuba, sino solamente a un asunto de pura política interna norteamericana, que tuvo que ver con los supuestos riesgos de seguridad que representaba la Srta. Aponte y el conservadurismo excesivo del Senador Helms. También me imagino que los cubano-americanos estimularon a Helms a bloquear el nombramiento, para tratar de poner a uno de ellos, pero ahora resulta que la Casa Blanca ha propuesto a un prominente político y abogado norteamericano.

ENERO 20. Recibí una carta de Ramón Morel Cerda pidiéndome estadísticas sobre los dominicanos residentes en Estados Unidos, pues están haciendo los estudios para el voto en el exterior. Parece no recordar que hace dos semanas lo visité y le prometí darle el nombre de un consultor para hacer precisamente ese trabajo. Hoy recibí un currículum del consultor, y se lo enviaré a su colega Luis Arias. Es un experto norteamericano en la comunidad domínico-americana y también en procesos electorales. Sobre todo, es apartidista.

ENERO 22. Veo por la prensa que el Presidente ha logrado US$150 millones de dólares en crédito en Italia. Me extraña, ya que debemos muchísima plata a suplidores italianos. Veamos qué en concreto sale de esto.** El Presidente Balaguer está en Houston. Dado que es un ex-Presidente me imagino que debí haberle ofrecido alguna cortesía, pero nadie me ha pedido que lo haga. Por el último periódico, ya de regreso el Presidente al país, veo que la suma de

*Lo fue.
**No se dió absolutamente nada.

créditos obtenidos en Europa supera los US$400 millones. Mientras tanto, aquí en Washington no se consigue nada; aquí uno se pasa el tiempo hablando con cabilderos de la industria textil, ofreciendo charlas en un centro de entrenamiento de futuros diplomáticos norteamericanos y asistiendo a cenas de etiqueta negra. Pero los inversionistas norteamericanos no están en Washington. Sólo sus cabilderos.

ENERO 30. En la prensa dominicana aparecieron tres largos artículos de Andy Daujhare criticando mi conferencia ante la Cámara Americana de Comercio. Era predecible, pues me referí a los serios cuestionamientos del neoliberalismo aquí, en Washington. También critiqué a los "fundamentalistas", tanto de izquierda como de derecha, y obviamente se dio por aludido.

ENERO 31. Acabo de regresar de otro baile de la Cruz Roja en Palm Beach. Otra vez frac y condecoraciones. Un periodista me preguntó sobre el extraordinario uso de las condecoraciones por parte de los Embajadores allí presentes, y le respondí que yo no usaba ninguna porque procedía de un país donde un dictador, Trujillo, había hecho un uso aún más excesivo de las medallas y por eso en mi país era mal visto usarlas. La verdad es que apenas tengo una condecoración y no la uso porque da mala suerte. El día 24 participé en otra misa de la Altagracia, la tercera desde que estoy aquí. Cada día es más nutrida, y ya se celebran varias mientras antes era tan sólo una. Tuve una conversación muy interesante con el Sr. Luis Torres, experto en el tema de los trabajadores agrícolas temporeros. Estoy tratando de convencer a empresas agrícolas norteamericanas de que utilicen mano de obra temporal dominicana, en vez de obreros procedentes de Barbados, Jamaica o Centroamérica. Tengo que poner en contacto a las empresas que necesitan esos obreros temporeros con una organización en Santo Domingo que pueda reclutarlos.

El concierto de Michael Camilo en el Kennedy Center para recolectar fondos para el huracán fue todo un éxito. Fue mucha gente y se recolectó buena plata. Luego le ofrecí una recepción, en la cual estuvo presente su amigo Leonard Slatkin, Director de la Orquesta Sinfónica Nacional de Estados Unidos, ubicada en el Centro Kennedy, y quien es toda una personalidad en esta ciudad y en el mundo.

Las noticias de Santo Domingo son terribles. Los perredeístas trataron de entrar al edificio de la Liga Municipal, hubo violencia y varios heridos. Ramón Alburquerque fue zarandeado en presencia del Jefe de la Policía y de Monseñor Núñez Collado. Como Johnny Ventura también estuvo en la refriega, y es muy conocido en América Latina, todos los canales hispanos de Estados Unidos cubrieron ese hecho de violencia. El Senado ha censurado al Presidente y ahora tenemos una Liga Municipal con dos Secretarios, aunque Aristy Castro fue posesionado y luce que se quedará con el pastel presupuestario asignado a la misma. Ha sido el acto político más perjudicial a la imagen internacional del país en este gobierno. Por algo Linda Watt declaró que su país temía por la violencia en Santo Domingo. Es difícil promover la inversión extranjera con actos como éste. Hablando de violencia, en este caso violencia intelectual, veo que salió otro artículo de Daujhare, criticando párrafo por párrafo un artículo que salió en el "Listín Diario" y que dice Daujhare que fue escrito por mí, aunque en la publicación aparece claramente que el autor del mismo es el Embajador Flavio Darío Espinal, quien nos representa en la OEA. Desde mi discurso en la Cámara Americana de Comercio no he publicado nada en Santo Domingo. ¿Cómo es posible que alguien ataque públicamente a una persona, atribuyéndole un artículo donde está claro el nombre del autor? Escribí una breve nota al editor pidiéndole confirmara que yo no soy el autor. Rafael Molina Morillo lo publicó, reiterando que el artículo es del Embajador Espinal. Por supuesto, Daujhare no va a pedir excusas, pues no es su estilo. Aparentemente soy una de sus obsesiones, y lo que dije en la Cámara Americana de Comercio le molestó tanto que cuando vio el artículo no le importó que yo no fuese el autor. Un abogado muy reconocido me ha llamado desde Santo Domingo proponiéndome que lo demande, diciéndome que es el caso más claro de difamación que ha visto. No pienso hacerle caso.

Febrero

FEBRERO 4. El Presidente dominicano salió del país a la juramentación de Hugo Chávez, en Venezuela. También asiste Fidel Castro. A Chávez, según la prensa, se le ocurrió la peregrina idea de establecer una refinería de petróleo en Santo Domingo, para suplir a toda la región. Obviamente no ha oído hablar de economías de escala, pues las venezolanas son inmensas. Hace dos días la Embajada norteamericana reconoció públicamente la labor de nuestra Junta Central Electoral, expresando su apoyo al organismo y felicitando a Morel Cerda, quien contestó a Linda Watt diciendo: "no tenemos con qué agradecer los gestos de simpatía que ha expresado en esta larga y provechosa reunión que hemos tenido". Norge Botello consideró inapropiado que la Embajada norteamericana se inmiscuya en asuntos internos de la Junta Central Electoral. Euclides Gutiérrez ha considerado esa visita como una injerencia y Pelegrín Castillo ha advertido sobre la intervención de diplomáticos extranjeros en los problemas nacionales, y sobre todo en asuntos de nuestra Junta Central Electoral. Recordó el caso de 1994. El Cónsul Ted Cubbison, dos días después, visitó la Junta y declaró que tenía esperanzas de que el país pudiese celebrar elecciones el año que viene, al tiempo que no descartó que Washington respaldase económicamente al tribunal, aun cuando no ha recibido una solicitud de la Junta a ese propósito. Morel Cerda se manifestó satisfecho con esa segunda declaración. Pienso que tal vez Morel Cerda cometió un error al agradecer públicamente a Linda Watt, pues al buscar el apoyo norteamericano de esa manera, podría salirle como un tiro por la culata, pues pone a los norteamericanos a la defensiva. Me temo que ya éste es el inicio de una situación que va a durar hasta las elecciones, dentro de más de un año; es decir, Estados Unidos atacado tanto por el gobierno como por los reformistas, por tratar de sostener un ambiente bajo el cual puedan llevarse a cabo elecciones libres. Veo, por otro lado, que el Senado envió a comisión un proyecto de ley que elevaría a siete el número de miembros del organismo electoral. Presumo que esto es para poner gente que responda al partido de gobierno, bajo el alegato de que los otros cinco responden al PRD. Aunque se lo he informado tanto al Presidente como al Canciller, presumo que el resto del gobierno no sabe que el próximo embajador Manatt fue el primer Presidente del National Endowment for Democracy (NED), así como el primer Presidente del IFES, la organización que, precisamente, ofreció apoyo técnico a la Junta en las elecciones de 1994, por lo que es un gran experto en procesos electorales limpios, de los cuales también es un gran campeón. Preveo desde ahora que este conflicto se agudizará. Ojalá esté equivocado. Es la tercera presión pública norteamericana sobre el tema electoral: primero Hamilton, luego Hillary Clinton y ahora estas declaraciones de Linda Watt y el Cónsul.

Aquí en Washington almorcé con los Embajadores latinoamericanos y visité al Encargado de Asuntos Latinoamericanos en el Consejo Nacional de Seguridad, James Dobbins, y luego a John Hamilton, sobre el tema de la paridad textil. Esta mañana fui al célebre desayuno de oración donde estuvo presente, otra vez, el Presidente Clinton, entre dos mil personas. Almorcé en el BID, en un homenaje a Ecuador y a Perú, por la firma al fin de un acuerdo fronterizo. La persona más felicitada fue mi viejo amigo Luigi Enaudi, quien sirvió como mediador en la disputa.* Esta tarde recibí a un Sr. Taub, quien cabildea a favor de los derechos de propiedad intelectual a nombre de un grupo de importantes empresas norteamericanas.

FEBRERO 11. He tenido tiempo de ver la prensa dominicana. La cosa sigue mal. Nuestro gobierno, probablemente claudicando ante la presión norteamericana así como la interna, ha decidido

---

*Después de mi salida de Washington sería mediador en las disputas fronterizas centroamericanas y luego sería elegido Secretario General Alterno en la OEA, desde donde mediaría en la crisis haitiana. Homero Luis Hernández aspiró a ese cargo. No tenía ninguna posibilidad con un contrincante de esa naturaleza. Además, lo suyo era un proyecto propio, que con razón no contaba con el apoyo del gobierno dominicano a pesar de que ese gobierno le dio cincuenta mil dólares para hacer su "campaña". Por otro lado, nadie en Washington lo conocía.

pagar parte de los recursos atrasados a la Junta Central Electoral con los fondos de la cuenta 1401, que están a la discreción del Presidente. ¡Le están dando la plata a cuenta gotas!

La firma encuestadora española Sigma Dos ha dicho que el PRD tiene un 46% de popularidad. Eso no es muy alto, pues representa casi los mismos votos que sacó en la primera vuelta en las elecciones de 1996. Ese partido ha anunciado paros y hasta una huelga general, lo que ha provocado que Linda Watt advierta públicamente que los conflictos internos dominicanos están poniendo en peligro la democracia. Agregó que esa rivalidad ha alejado a los inversionistas extranjeros, que reclaman un clima de paz y de seguridad. Dijo que su gobierno respalda el sistema electoral dominicano, por lo que confiaba que las autoridades entregarían los recursos a la JCE. Por segunda vez en nueve días los norteamericanos presionan públicamente a favor de la Junta Central Electoral. Hasta Agripino Núñez ha dicho que el país está cayendo en el retroceso. Pero así como el Presidente dio parte del dinero atrasado a la JCE, también le pasó dinero a la Liga Municipal que controla Aristy Castro, y que los perredeístas reclaman es de ellos. El Presidente está complaciendo a cada uno de los dos bandos en pugna. El Presidente también ha informado que negocia un acuerdo comercial con Cuba. Esto tiene poca ventaja económica y un alto costo político. Si el Congreso dominicano aprueba ese acuerdo antes de los acuerdos con Centroamérica y CARICOM, entonces habremos cometido un disparate. Qué estará pasando con una compra de aviones a Chile, pues las Fuerzas Armadas han declarado que no saben nada al respecto.* Me imagino que los norteamericanos se quejarán de que no les han pedido que coticen.

El Presidente también ha declarado que en el año 2000 habrá elecciones limpias, a pesar de que el Senado no se ciñó a lo que establece la ley electoral, pues eligió unilateralmente los miembros de ese tribunal, sin consultar ni negociar. Agregó que es por eso

*Llegaron al país a mediados del año 2000.

que los reformistas, el PLD y la FNP no confían en los integrantes de ese tribunal. También negó que el gobierno hubiese comprado la conciencia a nadie en el proceso de ganar las elecciones de la Cámara de Diputados y de la Liga Municipal Dominicana. ¿Cómo lo dice si es de público conocimiento que fue comprado un importante diputado perredeísta?

FEBRERO 18. Hoy regresé de Nueva York de una fiesta de la alta sociedad en Park Avenue. Fue una semana complicada, pues siguieron las ceremonias honrando a los Presidentes Mauad y Fujimori, de Ecuador y Perú, por haber resuelto sus problemas fronterizos. Menos mal que los dominicanos y los haitianos los resolvimos en 1929 y 1936, pues los centroamericanos siguen luchando sobre el asunto. También estuve en una reunión en el Senado, con importantes legisladores, y por primera vez tuve algún tiempo para visitar al Sr. Peter Kornbluh, en la American University, quien preside un grupo que presiona para que se desclasifiquen más rápidamente los documentos oficiales norteamericanos. También visité al congresista Philip M. Crane, promoviendo, como siempre, la paridad textil. A iniciativa mía, esta cita fue auspiciada por el Diálogo Interamericano, y estuve acompañado por los Embajadores centroamericanos y caribeños. Anteayer tuvo lugar un seminario muy importante sobre el tema de la deportación de criminales. Fue auspiciado nada menos que por la Embajada de Portugal y tuvo lugar en el Carnegie Institute, pues a Portugal también le preocupan esas deportaciones, aunque allí llegan muy pocos con relación a los miles que envían a Santo Domingo. Los portugueses están considerando dejarlos en las Azores. En esa reunión se dijeron muchas verdades y ya hemos visto que importantes congresistas conservadores han criticado lo dicho allí por funcionarios del servicio de migración y naturalización. Lamar Smith, el congresista que más influye en asuntos de migración, escribió a Janet Reno alarmado de que el Servicio de Migración estaba a punto de soltar de las cárceles a extranjeros, colocándolos "en las calles americanas", y quienes probablemente cometerían crímenes. Admitió en público, pues, lo de la reincidencia, algo que quiere negar la Embajada norteamericana en Santo Domingo. También amenazó con pedir que la Sra. Doris Meissner, la Directora de Migración, sea sustituida.

FEBRERO 19. Otra semana muy activa. Asistí a la graduación de estudiantes dominicanos en el Centro Hemisférico de Defensa, administrado por mi vieja amiga, de principios de los años ochenta, Margaret Daly Heyes. El Agregado Militar, Coronel Soto Jiménez, se ha esmerado en apoyar a esos estudiantes, quienes han sacado las mejores notas entre todos los estudiantes del hemisferio. De allí fui directamente a la Casa Blanca y luego llevé a cenar al grupo de los graduados dominicanos de ese centro de estudios de defensa. Al igual que todos los estudiantes, los dominicanos son civiles y tratan, posiblemente por primera vez, temas militares y en compañía de militares. Esto es muy saludable pues están rompiendo las barreras tradicionales. Asistí a una cena muy agradable en casa de un solterón, en uno de los apartamentos más bellos de Washington, y al otro día fui a una reunión muy aburrida en el Departamento de Estado sobre la programación del ALCA, seguida por otra reunión en la Casa Blanca. Estuve por el Instituto Cultural Mexicano, donde se escuchan excelentes conferencias. Desayuné con Peter Romero, el funcionario de más alto nivel en el Departamento de Estado en asuntos latinoamericanos, quien estuvo en Santo Domingo hace muchos años como Cónsul, pero que aún no ha sido confirmado por el Senado pues enfrenta la hostilidad de los senadores conservadores, como Helms, por no haber sido lo suficientemente duro en la aplicación de la ley Helms-Burton.

Por la prensa dominicana veo que Norge Botello ha declarado que están falsificando la nueva cédula de identidad. La crisis luce ser tan grande que hasta el Consejo Nacional de la Empresa Privada (CONEP) ha sugerido la intervención de la sociedad civil. Aquí en Washington los republicanos ya han decidido que no van a destituir al Presidente Clinton, quien está de visita por México. Algo positivo es que el día 15 se rumoró que el Presidente Fernández había invitado al Presidente del PRD y a los cinco candidatos presidenciales de esa organización a una reunión en el Palacio. Me extraña ver que la encuesta de Sigma Dos muestra que Danilo está aventajando a Fernández Mirabal 40 a 33, entre los que se identifican como peledeístas. Eso no cuadra con las otras encuestas.

FEBRERO 22. Envié al Presidente y al Canciller estadísticas sobre cómo el acuerdo de cielos abiertos de 1997 de Centroamérica les ha beneficiado. Al año de firmado, el número de vuelos desde y hacia Estados Unidos ha aumentado un 55%. La mitad de esos vuelos corresponden a empresas de capital centroamericano. El número de asientos disponibles se ha incrementado en un 68%. Si hubiésemos firmado nosotros el acuerdo en San José es posible que estuviésemos en situación parecida. Además, el precio de los pasajes ha bajado. La firma de los convenios fue lo que hizo que la Delta volara allí, rompiendo el monopolio de American Airlines, empresa que sufrió hace pocos días otra huelga. ¿Cuándo vamos a aprender?

FEBRERO 25. Acaba de terminar la recepción que he dado en conmemoración de la Independencia Nacional. A medida que paso más tiempo en Washington logro que más gente importante asista a nuestras recepciones, pues voy estableciendo más y mejores relaciones. En esta ocasión tuve la suerte de que estaba entre nosotros el Vicepresidente Jaime David Fernández Mirabal, quien recibió junto conmigo. Me llamó el Embajador de Ecuador para decirme que por esta ciudad andaba su Vicepresidente, Gustavo Noboa* y no tenía dónde llevarlo esta noche. Por supuesto lo invité a la recepción, y tuvo un interesante intercambio con mi Vicepresidente. Fernández Mirabal está aquí para participar en un foro internacional sobre el tema de la corrupción. En la reunión el Vicepresidente Gore incluyó a nuestro país entre una breve lista de países (Argentina, Colombia y Kenya), donde la lucha contra la corrupción había mejorado en tiempos recientes.

Veo en la prensa dominicana que nada menos que el Director del DNI, Sigfrido Pared Pérez, ha dicho públicamente que la cédula

---

*Sería Presidente de Ecuador en el año 2000.

de identidad y electoral es muy frágil y que es muy fácil alterarla. Obviamente el gobierno está utilizando hasta a los servicios de inteligencia para desacreditar a la Junta Central Electoral. Es un grave error. Politizar a las fuerzas armadas es volver al pasado. Siguen las declaraciones en Santo Domingo sobre los peligros de la sanción por piratería y violación de los derechos de propiedad intelectual, y el gobierno hasta amenaza con cerrar ciertos canales de televisión.

FEBRERO 26. El Presidente me había dicho que los puntos de vista de su gobierno, en cuanto a la crisis política, no estaban llegando al Departamento de Estado, y yo había agregado que, por desconocer las intimidades del caso, dada la lejanía, no podía yo exponerlos. Entonces el Presidente quedó en enviar de tiempo en tiempo a Danilo Medina para hacer esa exposición. Pero dado que éste no ha llegado, aproveché la presencia del Vicepresidente Fernández Mirabal para que desayunase en la Embajada con un alto funcionario del Departamento de Estado, y con el Jefe de la AID para América Latina. Fue una discusión prácticamente limitada a la crisis política dominicana vinculada a la no-aceptación de los miembros de la Junta Central Electoral. Nuestro Vicepresidente hizo una exposición bien clara y honesta. Luego los dos norteamericanos me dijeron que quedaron muy bien impresionados por la misma. También le preguntaron sobre sus ambiciones políticas, y dijo que no era candidato pues su partido todavía no lo había nominado en una convención.

FEBRERO 27. Acabo de regresar de Chicago, donde fui a pasar el día de las fiestas Patrias. Me considero Embajador no solamente en Washington sino en todo Estados Unidos, por lo que me he hecho el propósito de celebrar la fiesta nacional en Washington no necesariamente el 27, y pasar ese día con la comunidad dominicana en un lugar como Chicago, donde nunca ha ido un Embajador. Allí, ante la comunidad, pronuncié una conferencia que creo que les impactó. También ofrecí otra ante profesores y estudiantes de la Universidad de Illinois, en Chicago. Terminé con un grupo de dominicanos oyendo "blues". Esa ciudad merece la fama por ser el centro de ese tipo de jazz. He regresado entusiasmado, pues creo que he motivado a que un núcleo de domínico-americanos residentes en Chicago creen un grupo de presión política para que gente como el Congresista Luis Gutiérrez, precisamente de Chicago, presione en Washington a favor de asuntos migratorios dominicanos, y no tan sólo a favor de los hondureños que son pocos en esa ciudad, pero que ya han aprendido a presionar.

Leo en la prensa dominicana que la Conferencia del Episcopado ha planteado que nuestra sociedad debe impedir que los partidos debiliten la democracia. Por otro lado, los norteamericanos deben estar muy molestos con el DNI, organismo al cual obviamente han apoyado, pues hasta su director vino aquí, a Washington, traído por ellos, ya que ante la declaración de su Director, Sigfrido Pared Pérez, en el sentido de que la cédula puede ser alterada, Michael Stauntun, de la Embajada, ha declarado que las características de las medidas de seguridad adoptadas por nuestra Junta en torno a la cédula son eficaces. Ahora la Embajada enfrenta públicamente al DNI. Pero también ha reaccionado de esa forma porque nuestro Consultor Jurídico ha dicho públicamente que Linda Watt había cuestionado el proceso de cedulación durante la última reunión que sostuvo con los jueces de la Junta, y eso la Embajada tenía que negarlo. El Consultor ha hecho referencia a la conversación de Linda Watt con los jueces de la Junta, en la cual no estaban presentes representantes del gobierno. ¿Está grabando el DNI las reuniones de la JCE? Danilo Díaz, nuestro Director de Migración, también había denunciado que la cédula es de poca calidad. Cada día se pone más tensa la relación entre la embajada norteamericana y el gobierno por el asunto de la JCE.

Marzo

MARZO 3. La página social más importante de la prensa de Washington ha destacado mucho nuestra fiesta de Independencia: "a la sociedad de Washington le encanta un Embajador soltero, cuya presencia en cualquier acto es un éxito doble... Si el Embajador soltero también posee, en abundancia, destrezas como anfitrión, será entonces muy, muy popular". La crónica cita a tres embajadores solteros de épocas anteriores como personas siempre bien recordadas, entre ellos uno que se había divorciado de la hija del Shah de Irán y también había tenido un romance con Elizabeth Taylor, así como a Alejandro Orfila, de Argentina. "Ahora es Bernardo Vega, el Embajador de la República Dominicana, quien está siendo citado como uno de los anfitriones diplomáticos más singulares". Luego menciona las varias fiestas que he dado. El columnista entrevistó a varias damas de la alta sociedad. Una de ellas dijo que yo "había puesto a la República Dominicana en otro nivel". Otra obviamente exageró cuando dijo "lo admiro como diplomático, economista y como un gigante literario de América Latina". Esta señora lee poco.

Si esta crónica hubiese salido en Santo Domingo se pensaría que el cronista fue bien compensado. Pero eso no ocurre con la prensa de Washington.

MARZO 4. Hoy mandé al Presidente una carta que le dirigió un importante congresista pidiendo, nada menos, que el contrato para la privatización del aeropuerto sea concedido a una empresa donde hay capital norteamericano. ¡Qué tupé!* Envié otro memorándum al Presidente instándole a que firme un acuerdo de cielos abiertos con Estados Unidos, explicándole, en detalle, los beneficios que ya ha obtenido Centroamérica por haber firmado, a principios de 1997, durante la Cumbre de Presidentes, ese tipo de acuerdo. Le ofrecí datos acerca del aumento en la cantidad de asientos disponibles, y cómo también se habían reducido las tarifas. Se lo envié hoy con toda la mala fe, coincidiendo con la huelga de American Airlines, tratando de estimularlo a que actúe. Hoy creo que es tan sólo la tercera o cuarta vez que he podido ir a los archivos norteamericanos desde que llegué hace más de dos años, y he podido porque en

---

*Ganó la que tenía capital norteamericano, pero ese capital pronto quedó desligado del consorcio. Su utilidad aparentemente había ya desaparecido.

días como hoy están abiertos hasta las 9:00 de la noche y la actividad social y política se ha reducido en algo.

MARZO 5. Me reuní con un viejo cabildero azucarero. Almorcé en la Casa Blanca con el General MacCaffrey y sus ayudantes para discutir el tema de la droga. Allí estuvieron también los Embajadores centroamericanos. Fui a una cena formal en la Casa Blanca donde pude saludar al Presidente y a la Primera Dama. Han continuado las reuniones con los congresistas. Creo que paso más tiempo en el Congreso que en mi propia oficina, y definitivamente menos que en el Departamento de Estado.

MARZO 6. Envié a la Junta Central Electoral el voluminoso estudio hecho por el gobierno mexicano sobre el voto en el exterior.*

MARZO 7. Hoy desayuné con la gente del Diálogo Interamericano y almorcé con el Juez Sullivan, un juez federal extremadamente importante, y a quien he conquistado a través de los cigarros dominicanos. Fui a un concierto en la residencia privada de una dama muy distinguida.

Abro los periódicos dominicanos y veo la mala noticia de que lo del tranvía continúa. Ahora tres consorcios se disputan el proyecto. Candelier ha sido nombrado Jefe de la Policía. Como en abril saldrá el reporte sobre piratería, los abogados que responden a los intereses norteamericanos sobre ese tema en Santo Domingo cada día están dando más declaraciones al respecto. Hace dos días, por primera vez, han cerrado un canal de televisión y han sometido a varias empresas. Las compañías dueñas de canales de televisión han dicho que se han puesto de acuerdo para eliminar la piratería. Los funcionarios del gobierno, por supuesto, dicen que no hay razones para nosotros estar en esa lista. Casi diariamente desde Washington enviamos recordatorios sobre este tema para presionar al gobierno a que tome las medidas de lugar. Morel Cerda me ha enviado un segundo oficio pidiéndome estadísticas. Parece que entre él y Luis Arias no hay comunicación. Es un diálogo de sordos. Le

*Los mexicanos, inteligentemente, decidieron no permitir ese voto.

mandé, de nuevo, todos mis oficios anteriores. El último censo nor-teamericano es de 1990, por lo que tiene que buscar un experto para que proyecte el tamaño de la población dominicana por ciu-dades y calcule los costos de empadronamiento y voto.

MARZO 8. Mañana salgo hacia Santo Domingo para acompa-ñar al Presidente a la Cumbre de Guatemala. Aquí la actividad so-cial ha estado más activa que la política. Esta noche voy a cenar a la casa de una de las personalidades más prominentes del área social de la ciudad. Por la prensa dominicana veo que el PRD está en con-tra de la privatización de los aeropuertos. Ese partido tiene que adoptar una actitud más a tono con los días. Por supuesto, Bala-guer ha declarado que su candidatura para el 2000 es tanto una conveniencia como una necesidad. Salió el reporte anual sobre el tema de la certificación de droga, en el cual realmente quedamos bastante bien y mejor que el año pasado. Sin embargo, leyendo la versión que salió en la prensa dominicana, luce todo lo contrario. Creo que la Embajada resume el reporte, para fines de nuestra pren-sa, de una forma que crea presión y alarma, y los periódicos no buscan el texto completo en el internet.

MARZO 18. Regresé hoy a Washington después de haber esta-do con el Presidente en Guatemala. Lo invitaron a esa Cumbre por-que ya tanto en Centroamérica como en Washington ven natural que la República Dominicana esté presente en las cumbres centro-americanas. ¡Qué ironía! Hace apenas dos años, en febrero de 1997, tuve que luchar contra lo que me dijo Clinton, cuando presenté credenciales, de que conocería a Leonel Fernández en Barbados. Si no hubiese sido porque logré hablar con los costarricenses y con-vencerlos de que invitaran a Leonel Fernández, lo que provocó que Estados Unidos no tuviese nada más que hacer que aceptar el he-cho consumado, seguiríamos invitados solamente a reuniones con los Jefes de Estado de CARICOM. Esta Cumbre en Guatemala estu-vo vinculada con los daños de los huracanes, pero Haití, afectado por Georges, no fue incluido y nosotros sí. Ya nos ven como Cen-troamérica, pero también nos invitan a CARICOM. Somos la Belice hispano-parlante. Clinton visitó brevemente todos los países centroamericanos, lo que fortalece nuestro argumento de que debe visitar Santo Domingo.

En el avión hacia Guatemala hablé con el Presidente frente al Canciller, y estuvo claro que me voy de Washington en mayo, o a más tardar en agosto. Esto último en caso de que el Presidente viaje a Asia y a su regreso tenga lugar la reunión en el Valle del Silicio, una iniciativa mía. Creo que lo convencí de que negociara con Estados Unidos un acuerdo de cielos abiertos, y le advertí que la gente de la oficina de Aeronáutica Civil no le estaban diciendo la verdad en cuanto a la posibilidad de salir de la categoría 3.* Le reiteré que en Centroamérica habían bajado los pasajes y había aumentado el número de asientos después de firmarse los acuerdos de Cielos Abiertos, en mayo de 1997. Me prometió encargarse de esto tan pronto terminara la licitación para la privatización de los aeropuertos. Por cierto, los norteamericanos están felices de que no le dieran a los franceses la concesión de los aeropuertos. Por lo menos un congresista y un miembro del Gabinete norteamericano se pusieron en contacto con nuestro Presidente, pidiéndole que le otorgase la concesión a una compañía norteamericana, pues temían la influencia política de los franceses.** Linda Watt llegó a preocuparse de que tal vez hubiese sido la compañía francesa la que pagó los viajes en el Concorde de todo el grupo dominicano que regresó desde París, incluyendo al Presidente Fernández. El PRD, hasta el último día, estuvo en contra de la privatización de los aeropuertos y envió una carta al Presidente Fernández advirtiéndole que se abstuviese de continuar la privatización de aeropuertos. También se han reducido los atrasos en el pago a las compañías suplidoras

Cuando Leonel Fernández dejó el gobierno todavía estábamos en la categoría 3 (ahora llamada "2"), a pesar de que las autoridades de Aeronáutica Civil admitieron que gastaron US$12 millones en el esfuerzo.

**El grupo al cual estuvo vinculada la compañía norteamericana ganó la licitación, pero luce que sólo usó a la compañía norteamericana para fines de "pantalla", pues después de ganarse la licitación la compañía norteamericana se desvinculó, o la desvincularon del proyecto.

de energía. Todo esto ha mejorado el ambiente de inversión hacia mi país en Estados Unidos.

En Santo Domingo, al regresar de Guatemala, fui a un almuerzo en el periódico "Hoy", donde ofrecí una larga entrevista explicando que la ausencia de un Embajador norteamericano no tiene nada que ver con problemas bilaterales con los dominicanos. Justo antes de regresar, el funcionario de más alto nivel para asuntos latinoamericanos en el Departamento de Estado, Peter Romero, visitó el país. Es el tercer alto funcionario del gobierno norteamericano que va a Santo Domingo para expresar su preocupación por la crisis política dominicana. Antes estuvieron Hamilton y la Primera Dama. Las declaraciones de Peter Romero fueron muy buenas, pues dijo que los dominicanos deben exigir más a su clase política, y que los comicios eran un asunto intocable pues las diferencias entre los partidos no deben afectar negativamente a las instituciones, o a los procesos democráticos básicos, incluyendo las elecciones. Leyó un documento y luego contestó preguntas a la prensa, frente al Presidente Fernández. Confió en que el diálogo con el gobierno culminará en un consenso. A diferencia de Hamilton, Romero visitó a Balaguer, con quien habló durante más de media hora. Pienso que otra razón que los norteamericanos tienen para que se resuelva pronto el problema de la Junta Central Electoral es que las compañías norteamericanas que van a licitar para la privatización de la CDE se sentirían mejor y serían más competitivas al percibir un ambiente de inversión más adecuado. Me alegró mucho ver que nuestro Presidente declarara en la Cumbre de Centroamérica que si Estados Unidos tiene una real voluntad de cooperación hacia la región debería reconsiderar su política de migración, haciendo énfasis en el caso de los inmigrantes que son repatriados tras cumplir condenas en cárceles. Dijo en Guatemala que ese era uno de los temas que tenía en su agenda para tratar con el Presidente norteamericano, y que también pensaba pedirle que intercediera ante el Club de París en lo relativo a la deuda externa. En Guatemala durante una reunión en privado con los presidentes, el

Presidente norteamericano fue muy cándido en cuanto a las posibilidades de la paridad textil. Leonel Fernández hizo muy bien al incluir en la delegación a empresarios textileros de Santiago, para que oyesen directamente del Presidente norteamericano las perspectivas de la situación.

Lo único importante que se logró de Clinton en Centroamérica fue una declaración suya de que no perseguiría a los ilegales, es decir a los dominicanos y centroamericanos indocumentados en Estados Unidos; pero en cambio se concentrará en la deportación de los criminales. En Santo Domingo, yo declaré que Estados Unidos estaba preocupado por la crisis política que vive el país, que Washington había visto en forma muy positiva los procesos electorales de 1996 y 1998, así como la mejoría y la mayor independencia y honestidad del sistema judicial. Sostuve que Washington percibe como preocupante el "impasse" político que ha surgido últimamente y que podría afectar el clima de inversión, confiando que esos problemas pudiesen ser solucionados por nuestros políticos. En el área económica agregué que la crisis latinoamericana y asiática ponía en cuestionamiento la globalización, y apoyé la idea de la dolarización de Centroamérica y los países caribeños, incluyendo la República Dominicana.

Las declaraciones de Romero posteriores al viaje del Presidente a la Cumbre parece que tuvieron efecto, pues al día siguiente, es decir ayer, día 17, se anunció en Santo Domingo que el diálogo avanza en cuanto al tema del control de la Liga Municipal y la membresía de la Junta Central Electoral. El Presidente se ha reunido con los delegados de los tres partidos, en presencia de Monseñor Agripino Núñez Collado y de Monseñor José Arnáiz.

Otra vez me doy cuenta de que tanto el Presidente Fernández como el Vicepresidente, quien estuvo hospedado en la residencia para el 25 de febrero, están muy preocupados porque la gente del PRD viene a Washington a traer sus quejas sobre el gobierno, y además creen que Linda Watt reporta sobre la situación dominicana en términos favorables para el PRD. Yo le había explicado al Presidente que desde aquí yo no manejaba información de fondo sobre la naturaleza de la crisis política y por lo tanto no podía dar muchas explicaciones y justificaciones, por lo que se necesitaba que alguien viniese, de tiempo en tiempo, por parte del gobierno a dar esas explicaciones. El Presidente ha estado de acuerdo conmigo y ha dicho que Danilo Medina vendría a Washington cada dos meses con ese propósito. Le he dicho que creía que esas visitas tan sólo serían necesarias hasta que Manatt llegue a Santo Domingo como Embajador. Parte del problema es que el fuerte de Linda Watt es su capacidad para manejos administrativos y no políticos. Originalmente ella iba a ser la Ministro Consejera de un distinguido funcionario de carrera, quien iría como Embajador y quien se encargaría de las cosas políticas. Además, apenas hay un agregado político en la Embajada norteamericana en Santo Domingo, quien tiene que dedicar la mitad de su tiempo a asuntos de drogas. El otro agregado político ha sido solicitado desde hace varios meses, pero todavía no ha llegado.

MARZO 22. Anteayer fui a una recepción donde Marie Arana, una escritora peruana residente en Washington y autora de libros muy exitosos.

Ese día participé en una sesión de la subcomisión de Comercio de la Comisión de Medios y Arbitrios en la que, junto con otros Embajadores centroamericanos y caribeños, me invitaron a exponer a favor de la paridad textil. Entre los congresistas que me escuchaban estaban Rangel y Crane. Como siempre, tenemos los sindicatos en contra, así como las críticas por abusos laborales en la República Dominicana, claramente concentradas en fábricas que pertenecen a coreanos y taiwaneses. Pienso que no vale la pena que sigamos teniendo ese tipo de industrias, pues los abusos son tales que es como una manzana podrida en un barril, que afecta a todo el resto de las zonas francas, donde aquellas empresas que trabajan bajo contrato con empresas norteamericanas están obligadas a mantener un código de conducta laboral que no permite ese tipo de abusos. Charles Rangel se me quejó de que no eran suficientes las industrias norteamericanas que lo estaban llamando para apoyar la paridad. El francés dueño de la empresa Mundo Gas, quien ahora se ha convertido en ciudadano norteamericano, hizo que sus abogados en Washington se movieran y escribieron una carta al Congresista Javier Becerra, Jefe del caucus hispano, quejándose de que el gobierno dominicano abusaba de su empresa. Becerra se pasó toda la sesión haciendo preguntas sobre si los inversionistas norteamericanos no estaban sufriendo en la región y aunque no citó el caso específico de Mundo Gas, ni siquiera el país, uno de sus ayudantes se me acercó y me mostró en privado la carta de los cabilderos citando el caso. Al salir de la sesión, el propio Becerra me trató el tema y fue bien específico. Le expliqué que se trataba de un francés y que el asunto estaba en litigio ante la Cámara de Comercio. Fue claro al admitirme que no sabía nada sobre el asunto. Esto significa que una firma de cabilderos puede enviar una carta a un congresista y éste defiende el caso, sin saber absolutamente nada sobre el asunto y sin siquiera saber si es el inversionista o el gobierno extranjero tiene la razón. La sobre valuación de Mundo Gas, que excede los US$6 millones, fue detectada por una auditoría de Coopers & Librand y está, tal como establece el contrato, en arbitraje ante la Cámara de Comercio.* Lo paradójico es que mientras el Presidente dominicano estuvo en París, allí el francés, quien es francés en Francia pero norteamericano en Washington, usó a cabilderos franceses para empujar sus puntos de vista. Dos periodistas dominicanos vinieron de Nueva York a cubrir estas vistas públicas. Uno de ellos no sabía absolutamente nada sobre el tema y me imagino que lo que saldrá en el periódico "Hoy" será un tollo. El corresponsal del "Listín Diario", David Viñuales, me explicó que los políticos domínico-americanos están haciendo muy poco por la comunidad.

Hoy recibí la visita del nuevo Nuncio Apostólico, Mons. Ga-

---

*Al momento de redactar estas líneas todavía lo está, aunque el nuevo dueño de la misma es un banco dominicano que le otorgaba créditos.

briel Montalvo. Le hablé sobre un proyecto de un congresista norteamericano de condonación de la deuda de los países pobres vinculado al año del Jubileo. Ignoraba el asunto y me lo agradeció.

Durante mi estancia en Santo Domingo tuvo lugar aquí una reunión en la Universidad de la Defensa, y me han reportado que varios generales dominicanos oyeron decir allí al Presidente del Senado dominicano, Ramón Alburquerque, que tan pronto ganaran las elecciones meterían preso a Leonel Fernández. Creo que esa universidad norteamericana cometió un error al invitar solamente a congresistas del PRD y no a ninguno del gobierno, o de los reformistas. Pienso llamar a la Directora de esa universidad, a quien conozco desde 1982, para que la próxima vez invite a congresistas de todos los partidos.*

Mi más grande decepción aquí en Washington ha sido que mientras los centroamericanos hacen grandes marchas y manifestaciones en esta ciudad a favor de legislaciones que beneficien a su comunidad, sobre todo con relación al tema migratorio, los dominicanos están totalmente pasivos y ni siquiera vienen a Washington en pequeñas delegaciones. Estoy tratando de que Hillary Clinton hable durante la reunión de la Mesa Redonda Domínico-Americana, el próximo mayo en Rhode Island, pero lo veo muy difícil. Estoy haciendo énfasis en la gran cantidad de votos disponibles de dominicanos que se han hecho ciudadanos norteamericanos y que residen en la zona de Nueva York, pues oigo por varias fuentes que Hillary Clinton aspira a ser senadora por ese Estado. Tengo que ayudar a la Mesa Redonda Domínico-Americana porque ellos todavía no tienen acceso a gente importante. Si Hillary Clinton no puede ir, trataré que lo haga el Senador Dodd. Ya ellos, por su cuenta y sin pedirme ayuda, trataron de que fuese a esa reunión el Vicepresidente de Estados Unidos. Ahora que está la paridad textil en el tapete, las empresas norteamericanas con problemas en Santo Domingo presionan en el Congreso norteamericano, para que les

*Así lo hice.

paguemos sus deudas y les resolvamos sus otros problemas.

MARZO 26. El ambiente ha estado tranquilo en Washington. Almorcé con los Embajadores de Latinoamérica y pude ir, durante cuatro horas, a los archivos nacionales. Participé en un almuerzo de despedida del Embajador de Portugal y anoche fui a Nueva York a una cena de gala de la Cámara de Comercio Domínico-Americana.

Acabo de revisar varios días de prensa dominicana. Hace una semana el diálogo se aplazó, pues los partidos no llegaban a ningún acuerdo. Morel Cerda, por su lado, acusó a Danilo Díaz, el Director de Migración, de estar falsificando cédulas con equipos que habrían sido sustraídos de esa institución. El propósito era expedir cédulas a extranjeros y luego desacreditar el trabajo que realiza la Junta. El Director de Migración admitió que "escaneó" una cédula para obtener varias copias, con el fin de demostrarle al Presidente de la Junta que ese documento era vulnerable. Antes era el Jefe del DNI quien desacreditaba la cédula, ahora es el Director de Migración.

Sin embargo, veo que hace dos días se llegó, por fin, a un acuerdo para dejar que sea la justicia la que decida sobre la Liga y aumentar a siete el número de jueces de la Junta Central Electoral. Uno de los periódicos dice que eso implica la renuncia de Morel Cerda, pero veo que Enmanuel Esquea lo desmiente. Llevamos siete meses sin resolver este problema de la membresía de la Junta. Todo esto ocurre dos semanas antes de la llegada a nuestro país de veinticinco Jefes de Estado para una Cumbre de la Asociación de Estados del Caribe. También leo que se anuncia que militares norteamericanos invertirán RD$160 millones en el país, a través de la Guardia Nacional, en la construcción de ocho escuelas en Monte Plata. Esto no lo sabía, pues los norteamericanos ni siquiera me consultan al respecto. Si me lo hubiesen adelantado, les hubiese dicho que fuesen muy específicos pues, como hemos tenido dos ocupaciones militares en este siglo, los dominicanos somos muy suspicaces sobre

---

*En efecto, surgieron todo tipo de rumores sobre esa actividad civil de los militares.

temas de esa naturaleza.* No sólo es en Santo Domingo que la situación está difícil, sino también aquí en Washington, pues Clinton ha decidido atacar a Yugoslavia.

MARZO 29. Parece que la presión está funcionando. Recibí una carta del Director de Aeronáutica Civil diciéndome que ha recomendado al Presidente firmar un acuerdo de cielos abiertos con Estados Unidos. Veremos si es verdad.* Mañana salgo para Santo Domingo para pasar allí la Semana Santa.

Abril

ABRIL 3. Regresé de las vacaciones de Semana Santa en Santo Domingo. Allí el pleito entre empresarios y sus familias está opacando las discusiones sobre las elecciones del 2000, por lo menos entre grupos empresariales y en conversaciones privadas.

ABRIL 8. La gran noticia es que aparentemente se ha llegado a un acuerdo sobre el tema electoral. Parece que la Junta podrá designar, por consenso, sus funcionarios administrativos y los integrantes de las Juntas Municipales, el Director de Cómputos, etcétera. También se acordó ampliar a siete el número de jueces, en base a una nueva ley que se va a enviar al Congreso, y esos nuevos jueces serán propuestos por el PLD y por los reformistas y con el consenso de todos los participantes en ese diálogo sietemesino. También se designó una comisión de seguimiento a la labor de la Junta, que incluye a Mons. Agripino Núñez y a otros. A cambio de lo anterior, la Liga quedó definitivamente en manos de los reformistas, pero Mons. Arnáiz, un senador y un reverendo, supervisarán la entrega de los fondos a los ayuntamientos. Luce que por fin se rompió el impasse. Menos mal. ¡Aleluya!

La encuesta Hamilton no favorece al gobierno, pues 68 de cada 100 encuestados creen que su situación económica particular es igual

---

*El acuerdo fue eventualmente firmado, pero todavía no ha sido aprobado por el Congreso dominicano.

o ha empeorado, en comparación con un año atrás. La economía crece, pero la distribución del ingreso empeora y la mejoría se concentra en sectores como el turismo, zonas francas y comunicaciones. La agricultura está estancada y de ahí esa percepción del ciudadano promedio de que la situación económica no ha mejorado. Es normal que ésto se refleja en la actitud frente al voto.

Aquí en Washington hay relativa poca actividad. Recepciones en honor del Embajador de Portugal, quien regresa a su país; conferencia de Jeffrey Sachs, almuerzo en la Embajada de Perú, en honor del nuevo Nuncio; visitas a cabilderos textiles y fiestas privadas en casas de gente de la alta sociedad de esta ciudad, que residen aquí no importa cuál sea gobierno.

ABRIL 12. La prensa dominicana anuncia que el Comité Central del PLD otorgó 142 votos a Danilo, 122 a Jaime David y 101 a Felucho. Serán los tres candidatos para la convención. Han tomado una decisión que luce democrática, aunque realmente el sistema de votos dentro del PLD no representa el voto popular de su membresía, sino de los comités. Vincho Castillo ha deplorado públicamente los acuerdos logrados en cuanto a la Junta Central Electoral y los ayuntamientos, pues declaró que perjudican al PLD y a los reformistas, y constituyen un gran triunfo para el PRD. Agregó que se sentía indignado por la forma en que el Presidente Fernández y el Presidente Balaguer manejaron las negociaciones. Definió los acuerdos llegados por los tres partidos como "una conspiración contra la paz nacional". Un miembro del Gabinete, como es él, se siente "indignado" por la forma en que su Presidente manejó ciertas negociaciones, lo declara públicamente y queda en su cargo. Eso no ocurre en otros países.

Tengo hospedados en la residencia de la Embajada a los integrantes del Teatro Gayumba. Como vivo solo en una casa de siete habitaciones, cuando me solicitan dinero para un ticket de avión, yo les respondo que si no es más lógico que les pague yo el hotel, a través de la estadía en la Embajada. Este es uno de varios casos en que he ayudado a grupos culturales dominicanos a visitar esta ciudad.

ABRIL 14. Escribí a la directiva de la Cámara Americana de Comercio en Santo Domingo, quienes vienen en los próximos días en su visita anual. Les pedí que tratasen de ver a un senador que ha presentado el único proyecto de ley que reduciría la deportación de criminales. Se trata de Patrick Moynihan.

ABRIL 18. Acabo de regresar de dos noches en Dallas, Texas, donde un grupo de Embajadores fuimos invitados por la Alcaldía de esa ciudad. Conocí a un importante abogado, socio principal de una conocida firma de abogados y quien aceptó mi propuesta de ser Cónsul Honorífico dominicano. Está bien conectado con el ambiente empresarial de la ciudad. Lo propondré al gobierno.* Mi viaje a Dallas, un compromiso de hace varios meses, me impidió ser la persona que presentase en los salones de la OEA el más reciente libro del General José Miguel Soto Jiménez. Tampoco pudo él cambiar la fecha, por ser ese el único día en que el salón de la OEA estaba disponible. De todas maneras, el Embajador Espinal me sustituyó. Pocos días antes de salir hacia Dallas, acompañé al Vicegobernador del Banco Central al Departamento del Tesoro para discutir la posibilidad de renegociar la deuda externa. La reacción del Tesoro fue bastante negativa. Cené en la Biblioteca del Congreso honrando a un hombre muy rico quien ha hecho fuertes contribuciones a esa venerable institución. Allí tuve una conversación muy interesante con el Director de esa Biblioteca.

En Santo Domingo luce que la segunda Cumbre de la Asociación de Estados del Caribe ha sido un éxito. También estuvo el Presidente Ernesto Zedillo de México, quien propuso al país una alian-

---

*El asunto no se materializó porque la Subsecretaria Encargada de Asuntos Consulares en Santo Domingo exigió que esa persona fuese a Santo Domingo "para ser evaluada", y si la evaluación era positiva entonces tendría que tomar un "cursillo". Cuando le dije que ya yo había hecho esa evaluación, me manifestó que eran ellos quienes tenían que hacerla. Le pregunté qué pasaría si el Cónsul honorífico fuese Bill Gates y me dijo que "ese Sr. Gates" también tendría que ser evaluado en Santo Domingo. Desistí de seguir buscando cónsules honorarios, pues no iba a apelar al Presidente para cada caso. Son gente del partido nombrada en la Cancillería.

za estratégica. Este ha sido otro gran éxito del Presidente Fernández y del Canciller Latorre. Veinticuatro Jefes de Estado estuvieron en el país, lo que significa que realmente nos estamos dando a conocer muy bien entre el Caribe angloparlante. Otro gran éxito del gobierno ha sido la transparencia con que se efectuó la privatización de la energía eléctrica. La distribución la ganó una empresa española, la Fenosa y la AES, de Virginia, muy cercana a Washington y cuyo principal ejecutivo he conocido. La AES es dueña de la planta que fue militarizada por el gobierno hace poco tiempo. Indudablemente que el ambiente de inversión ha mejorado para que gente que sufrió esa experiencia haya licitado. El Presidente aprovechó la presencia de tantos Jefes de Estado para declarar que eran injustas las exigencias del Club de París en cuanto a la renegociación de la deuda. La verdad es que con los huracanes no hemos conseguido nada en cuanto a la deuda externa, pero tampoco lo han obtenido Guatemala y El Salvador, pues son países con una deuda externa bastante reducida y luce que ni lo pidieron.

ABRIL 21. Tuve un almuerzo muy interesante, hace dos días, con un ex-funcionario de la Casa Blanca ligado a asuntos latinoamericanos, quien hace poco renunció y ahora trabaja precisamente en la firma de abogados del que luce será futuro Embajador norteamericano en Santo Domingo, "Chuck" Manatt. Con esta persona pude enterarme bastante sobre sus antecedentes y personalidad. Fui a una cena de smoking en la famosa Biblioteca Folger, donde existe la segunda mejor colección de documentos y libros sobre Shakespeare. Convirtieron la Biblioteca en un salón de baile. Hoy di una conferencia a un grupo de militares norteamericanos sobre el tema de las perspectivas en asuntos de seguridad en el Caribe. En las Fuerzas Armadas Norteamericanas, para llegar a ser coronel ahora prácticamente se tiene que tener un doctorado. Las preguntas que me hicieron estos militares fueron muy buenas y evidencian que están muy al día sobre los temas de la región. Acabo de regresar de una recepción en la Embajada de Israel, donde tuve una muy interesante conversación con Lane Kirkland, el ex-jefe de la AFL-CIO, sobre sus experiencias como inversionista en Santo Domingo y sobre el papel de los sindicatos en la discusión textilera. Luego asistí a un acto de entrega de los premios congresionales a una serie de grandes personalidades, entre ellas el General Colin Powell.

Acabo de leer la prensa dominicana. Después de que aparentemente se había llegado a un acuerdo en cuanto a la conformación de la Junta Central Electoral, en una declaración sorpresiva hace tres días, Morel Cerda acusó al Presidente Fernández y a los partidos políticos de violar la Constitución y la institucionalidad al aumentar a siete el número de jueces, y calificó ese hecho como vergonzoso por haber contado con la aprobación de la Iglesia y el patrocinio norteamericano. Agregó que eso implicaba un mal precedente, pues adecua las leyes y la vida de organismos a los caprichos de los gobernantes de turno. Leyendo el periódico del día siguiente minutos después, veo que Morel Cerda se retractó, recibió a Mons. Núñez y a los representantes de los partidos, quienes le entregaron unos documentos. Morel entonces acogió las sugerencias y aceptó discutir el nombramiento de los funcionarios. También dijo que pedirá una entrevista al Presidente, para conseguir fondos. Aclaró que él no había enviado la carta anterior, sino que había sido preparada por personas vinculadas a fines perversos y diabólicos, a quienes no identificó, que quieren desestabilizar el sistema democrático. El DNI anunció que investiga el origen de esa carta. Me luce que elementos no democráticos se inventaron la carta y la entregaron a la prensa para tratar de romper con el acuerdo a que se había llegado días antes. ¿Quiénes serán esos elementos? También veo que se moverá el aeropuerto de Herrera a otro lugar. ¿Por qué? No entiendo. También leo que el Presidente planteará en el diálogo la reforma de la Constitución. Otra vez la bendita reforma y el espectro de la reelección.

Lo que sí es cierto y que debe de llenarnos a todos de orgullo es la declaración de que nuestra economía es la de mayor crecimiento en todo el mundo. Lo preocupante es que es un crecimiento que empeora la distribución del ingreso, haciendo a los ricos más ricos y aumentando la distancia entre ricos y pobres. Esto tiene fuertes implicaciones políticas y sociales.

ABRIL 29. Estuve brevemente en Santo Domingo. Una semana de mucha actividad aquí en Washington. Di una conferencia en el City Club a un grupo de inversionistas y funcionarios públicos, en la cual estuvo presente el periodista dominicano Víctor Manuel Tejada, a quien había estimulado a que viniese a Washington para entrevistar a una serie de personas de origen dominicano que se han destacado en esta ciudad. Se hospeda en la residencia. Por otro lado, no pude ir a Santo Domingo a una reunión que promoví del Centro para Estudios Estratégicos e Internacionales (CSIS). Hace unos días estuve en Nueva York, en la Universidad CUNY, en el Centro de Estudios Dominicanos que preside Silvio Torres Saillant. Pronuncié una conferencia en presencia del Congresista Charles Rangel sobre lo injusto de las leyes de migración de 1996, la forma negativa en que estaba afectando a nuestra comunidad y cómo podemos unirnos a otros grupos y presionar para cambios en la misma. Hubo una buena representación de la comunidad y Rangel apoyó mis puntos de vista. El Cónsul dominicano, Bienvenido Pérez, llegó tarde y se fue antes de terminar la reunión y no hizo ninguna pregunta y ni siquiera se acercó a conversar con Rangel. ¿Será que no lo conoce, o que no habla inglés?

Me interesó una declaración de Danilo Medina en el sentido de que tiene plena confianza en que, en una eventual segunda vuelta el PLD y los reformistas reeditarán el Frente Patriótico. La alianza con Balaguer parece que continuará hasta el último día de los cuatro años. Lo que falta por ver es si Balaguer tiene el mismo entusiasmo de 1996. Hoy almorcé en la Embajada de Brasil, pues el Embajador Paulo Tarso Flecha de Lima ha sido trasladado a Roma y se despedía. Más tarde fui a una recepción en la Casa Blanca y luego a otra en la propia residencia, la cual había prestado para que el grupo teatral hispano "de la Luna" diera una recepción pro recaudación de fondos. Es algo que no cuesta nada, da prestigio y ayuda a una buena causa.

En la prensa dominicana leo que aparentemente un cubano de la escolta de Fidel Castro desertó. Aquí los norteamericanos no me dicen nada, y nuestra Cancillería ha declarado que tampoco sabe nada. En declaraciones dadas desde Washington, John Hamilton urgió a los dominicanos a que respeten las patentes, agregando que las acciones dominicanas contra la piratería son insuficientes. La presión es constante. Veo que presumiblemente por sugerencia de la Embajada norteamericana, nuestra Dirección de Migración y nuestra policía han establecido una unidad de reeducación del deportado. La medida fracasó en El Salvador.

Me encantó enterarme de que Costa Rica había ratificado el Acuerdo de Libre Comercio con Santo Domingo. Imagino que pronto lo harán el resto de los parlamentos centroamericanos, pero en Santo Domingo el PRD no quiere aprobar un acuerdo que obviamente va a beneficiarnos. El paquete de reducción arancelaria con compensación fiscal luce razonable. Lo que sí me sorprendió fue una declaración muy brusca del Presidente planteando que fue él mismo quien dispuso trasladar el aeropuerto de Herrera, y que tiene autorización para hacerlo. Ese traslado va a reducir la capacidad de ese aeropuerto de dar servicio, pues lo aleja de la capital. No entiendo esa actitud tan agresiva. ¿Será para vender las tierras de Herrera? ¿Para beneficiar a American Eagle para que vuele hasta allí? ¿Para ayudar a los norteamericanos en sus controles migratorios permitiendo que personal del INS opere desde nuestros aeropuertos?

ABRIL 30. Hoy envié mi carta de renuncia al Presidente Fernández, con copia al Canciller. Es simplemente la formalización de las conversaciones que he tenido con ambos. Hace tres días, en Santo Domingo, discutí otra vez el tema con el Canciller y ya ambos saben que la carta va a ser enviada. Acordamos que la renuncia será efectiva al 30 de junio, lo cual significa que me habré pasado dos años y medio aquí, en vez de los dos años originales que le prometí al Presidente Fernández.

A mi regreso a Washington oigo rumores de que el Presidente

quiere venir a esta ciudad a una reunión en el BID del grupo de Montevideo, que auspicia el Presidente Julio María Sanguinetti, de Uruguay. A esas reuniones vienen muchos ex-Presidentes y me imagino que como él sabe que no se va a reelegir, está buscando contactos para su período post presidencia y así fortalecer su prestigio internacional. Además, las conversaciones a puerta cerrada me imagino que son extraordinariamente ricas.* Sin embargo, quien trae la noticia sobre ese posible viaje del Presidente es el Secretario Técnico, y cuando hablé con el Canciller, hace pocos días, no me mencionó el asunto. Otra vez no se usan los canales apropiados, y me he enterado de milagro sobre esta posibilidad. He logrado convencer a la asesora política de la Primera Dama, Hillary Clinton, de que ella grabe una cinta de unos siete minutos para ser utilizada durante la reunión de la Mesa Redonda Domínico-Americana, a finales de mayo. Como argumento le cité la gran cantidad de votos dominicanos. Es obvio que a ella le interesa mantenerse en contacto con los dominicanos, que ya representan votos importantes en el Estado de Nueva York, donde oigo rumores de que va a ser candidata a Senadora aunque no he visto nada en la prensa sobre el asunto. Hoy recibí a la nueva representante de la Organización Internacional para las Migraciones, y luego participé en una cena celebrada en una residencia privada para recaudar fondos para CARE.

Mayo

MAYO 3. Envié al gobierno la historia de un caso patético. Un antiguo subdirector del Cuerpo de Paz en Santo Domingo se enamoró tanto del país (y de una dominicana) que, al retirarse, decidió invertir sus ahorros en un proyecto de diversificación agrícola. Para ese fin arrendó tierras del Ingenio Esperanza durante el gobierno de Salvador Jorge Blanco, pero luego Balaguer se las

---

*El primer viaje del ex-Presidente Fernández, en agosto del 2000, fue precisamente a Santiago de Chile a una reunión del grupo de Montevideo.

quitó, cuando ya había invertido apenas unos US$130,000.00.
Ahora reclama ese pequeño monto y hasta está dispuesto a recibirlo en tierra agrícola. Este evangélico me escribió diciéndome que
sabía que el gobierno estaba resolviendo casos millonarios de norteamericanos que han utilizado al Senador Helms como amenaza
(es cierto) y él, cuya deuda ha sido reconocida por nuestro gobierno, por no utilizar esas mañas no ha logrado que nadie le haga
caso. Me pidió consejo. Le dije que no fuera donde su senador,
pero se lo dije con angustia, pues me temo que a las buenas no va a
conseguir nada.

MAYO 5. A principios de semana estuve en la cena anual que
los corresponsales de prensa hacen en honor del Presidente norteamericano, y donde se hacen muchos chistes a costa suya. Estuve
acompañado por mi vieja amiga Sally Shelton Colby, a quien conocí a principios de los ochenta y quien fue Embajadora norteamericana en Barbados. Ahora es viuda de Richard Colby, el ex-Director
de la CIA, quien murió en un accidente trágico. Al día siguiente fui
a un almuerzo ofrecido por John MacLauglin, un muy influyente
comentarista de televisión, de ideas de extrema derecha y quien
está casado con una dominicana. Allí se reunieron gente muy importante. Nadie quiere dejar de asistir a sus recepciones, para no
quedar mal con el individuo. Allí estaba Pat Buchanan, el perpetuo candidato presidencial de la extrema derecha. También me reuní con el grupo de la Cámara Americana de Comercio de Santo
Domingo, que para esta época siempre visita Washington. Con ellos
almorcé y cené. Juegan un buen papel. Esta mañana salí a Atlanta
con un importante empresario turístico dominicano para ver si convencíamos al Presidente de la Delta de que su compañía volase a
Santo Domingo. La cita la consiguió nuestro influyente cónsul honorario en esa ciudad. Regresé a Washington con tiempo para ir a
una discusión en la Universidad de Georgetown sobre el último
libro de Michele Wucker "Por qué pelean los gallos", que trata sobre las relaciones entre Haití y la República Dominicana. Hay pocos
libros sobre este tema y menos en inglés, pero tal y como le dije a

la autora, su obra es esencialmente descriptiva y no hace ninguna sugerencia sobre cambios de políticas tanto por parte de los haitianos como de los dominicanos. Acabo de regresar de cenar con el cabildero de una de las firmas textileras más grandes de Estados Unidos, que se está expandiendo mucho en México y a quien estoy tratando de convencer de que también opere en Santo Domingo. Por una casualidad, leyendo un libro sobre Vietnam que tomé prestado en la Biblioteca del Congreso, me había dado cuenta de que esa persona también fue la última que abordó el helicóptero desde el techo de la Embajada norteamericana en Saigón. El libro dice que en ese entonces trabajaba para la CIA. ¡De la CIA a cabildero textil!

Acabo de leer varios días de prensa dominicana y veo que la Embajada norteamericana declaró que mantiene a nuestro país vigilado por piratería de programas de televisión. El Director de la Feria del Libro, mi amigo José Rafael Lantigua, declaró que Jorge Castañeda era un insolente, por haber ido a Santo Domingo a la Feria y no haber pronunciado su conferencia. Este es el segundo intelectual de reputación internacional insultado por personas relacionadas con el gobierno. El primero fue Alain Touraine, a quien funcionarios del Palacio criticaron fuertemente por unas supuestas declaraciones suyas. Cuando Leonel Fernández, en su condición de Presidente Electo, estuvo en París visitó a Touraine. Me consta que el Presidente quiere un acercamiento con intelectuales, pero gente que trabaja para él los critica.* Es cierto que se portan mal o dicen cosas poco agradables, pero no deberían ser funcionarios del gobierno quienes los critiquen. Mundogás, la empresa del francés que se hizo norteamericano para poder utilizar a Washington en su presión contra el gobierno dominicano, por haber éste descubierto que había sobrevaluado los subsidios, luce que se ha marchado del país y el banco dominicano que le prestó mucho dinero ahora ha tenido que quedarse con el negocio. Me imagino que el

*Jorge Castañeda se convertiría en Canciller del Presidente de México, Vicente Fox.

gobierno ahora dejará de cobrarle a la empresa los US$6 millones de los subsidios excesivos. La prensa dominicana habla mucho de la privatización de las empresas estatales, pero en ningún momento se habla de privatizar la mina de oro de la Rosario, a Radio Televisión Dominicana o el Banco de Reservas. Luce que son intocables. ¿Por qué?

Me imagino que presionado por los norteamericanos, el Presidente se propone enmendar el Código de Ordenamiento de Mercado que ya está en el Congreso, en lo relativo a los aspectos de propiedad intelectual y patentes farmacéuticas. Ese va a ser un pleito bien grande, pues Estados Unidos realmente no tiene la razón y quieren de nosotros más de lo que estamos obligados a hacer bajo los acuerdos internacionales de comercio. Sobre esto hace tiempo que he tenido largas conversaciones con el Embajador de Argentina, y también he hecho que el personal de la Embajada se reúna con los ministros y secretarios de la Embajada de Argentina para empaparnos sobre el asunto. Y es que la industria farmacéutica norteamericana contribuye con mucha plata a las elecciones. Sé que los demócratas saben que a quien más dan es a los republicanos, por lo que quién sabe si Clinton cambie de parecer al respecto.*

En el campo político veo que el gran estratega del PLD, Miguel Cocco, apoya públicamente que Medina sea candidato de ese partido, agregando que el voto reformista será decisivo en el próximo torneo electoral, aún cuando no guste a ciertos sectores. La estrategia está clara. Medina, y no el Vicepresidente Fernández Mirabal o un tercer candidato, debe ir en la boleta y con el apoyo de los

---

*Un año después, el 1ro. de mayo del 2000, la administración de Clinton dio un viraje violento en su actitud hacia la industria farmacéutica. Decidió no seguir presionando a los países directamente, por supuesto incumplimiento en el campo farmacéutico de la propiedad intelectual, optando porque todos los casos fuesen llevados a arbitraje en Ginebra. Clinton también dio instrucciones de que no se defendiese el derecho de propiedad intelectual en el caso de medicina que fuese vendida en países africanos para combatir el sida, ya que esas medicinas norteamericanas patentizadas se venden a precios inasequibles para los pobres africanos. ¿Por qué no lo hace también para Haití, donde también hay mucho sida? Si ganan los republicanos me temo que ese cambio será echado para atrás. Luce que en el cambio influyó el deseo de ayudar a Al Gore en su campaña, pues lo atacaban mucho sobre el tema farmacéutico.

reformistas.

MAYO 14. Esta semana participé en otra discusión sobre el libro de la Wucker sobre las relaciones domínico-haitianas. Inmediatamente después salí hacia la Universidad de Cornell, en el norte del Estado de Nueva York, donde pronuncié una conferencia ante un buen grupo de estudiantes sobre la importancia de la República Dominicana. Hace dos días almorcé con Sara Hagan, de la Universidad de Georgetown y buena amiga de Mario Vargas Llosa. Discutimos la posibilidad de un acercamiento entre intelectuales dominicanos y esa universidad. Ayer fue la reunión del círculo de Montevideo, a la cual no pudo venir el Presidente. Envió a su Secretario Técnico y a otros, pero no pudieron participar en las reuniones de puerta cerrada, pues la invitación fue a título personal. Logramos que Alain Touraine, quien participó en la reunión, diese unas declaraciones por teléfono a la prensa dominicana negando haber criticado al país en la forma que la prensa internacional dijo que lo había hecho. Desde el mismo BID partí hacia Nueva York a dar una conferencia ante la Americas Society sobre la República Dominicana como país con excelente ambiente para inversión. Hubo un buen grupo de representantes de inversionistas y las preguntas fueron muy apropiadas. Me dicen que hablé bien y en forma convincente. Veo por la prensa que hay cierto progreso en Santo Domingo, pues ya la Cámara de Diputados aumentó a siete el número de jueces de la Junta Central Electoral. Luce que el problema, que ya lleva más de nueve meses, está por resolverse. El PRD pospuso su convención hasta junio y me llamaron desde Santo Domingo para decirme que cuando la prensa le preguntó a Milagros Ortiz Bosch, candidata presidencial en esa convención, sobre cómo esa posposición le afectaba, lo que dijo, con una sonrisa, fue que tan sólo le impediría ir a Washington para estar presente en la boda de Soledad Alvarez y Bernardo Vega.

Poco antes de las declaraciones de Alain Touraine, Euclides Gutiérrez Félix fustigó a los intelectuales que van al país a denigrarlo, refiriéndose específicamente a él. Me preocupa el anuncio de que en junio el gobierno va a entregar el contrato para el tranvía. Ese proyecto sería un disparate extraordinariamente costoso al país. Luce que se trata de un préstamo al gobierno para manejar el tranvía, y no una concesión para que lo opere una empresa extranjera y que sea ella la que ponga toda la plata. Peor aún, veo que se anuncia que unos italianos van a hacer un acueducto en el noroeste del país, también sin concurso. Los norteamericanos obviamente no verán bien que las grandes obras se hagan sin que ellos puedan cotizar, pero lo más importante es el alto costo que esto representa para nuestro país.

El proceso de privatización continúa. Ahora se han adjudicado una serie de plantas eléctricas, y dos importantes empresas norteamericanas, la Seaboard y la Coastal han ganado la licitación. Parece que allí otra vez ha predominado la transparencia. Obviamente que ha sido un gran éxito para el gobierno licitar el sistema energético de una forma transparente, sin que los perdedores se hayan quejado.

MAYO 22. Acabo de regresar de una cena en la residencia del ex-Director del "Washington Times", un periódico bastante derechista. Hoy día esa persona maneja una de las cadenas de noticias internacionales más importantes. Éramos ocho personas y entre ellos estaba el famoso periodista de televisión Sam Donaldson. Esta gente tiene mucha influencia en Washington, a pesar de que los republicanos están fuera de la Casa Blanca. Hace unos días recibí la visita de Otto Reich, cubano-americano, ex-Embajador en Venezuela y ex-alto funcionario del Departamento de Estado. Hoy es cabildero del ron Bacardí y vino a quejárseme de que en la aduana dominicana estaban dando un tratamiento discriminatorio contra el ron extranjero. Poco después de su visita comencé a recibir llamadas de todos sitios sobre el mismo tema. Obviamente esta gente tiene mucha capacidad de presión.* El lobby de Bacardí también

*El asunto se resolvió en el mes de julio, cuando ya yo no era Embajador, a través de una modificación de una resolución de la Dirección General de Aduanas.

influye mucho sobre la Fundación Cubano-Americana, tanto que a veces uno no sabe si son la misma cosa, mascanosa. Bacardí está tratando de penetrar por primera vez en el mercado de ron dominicano. Siempre había oído decir que había un pacto de caballeros entre los principales productores de ron dominicano y Bacardí de no exportar ron dominicano a Estados Unidos, a cambio de Bacardí no meterse en el mercado dominicano. Si es que ese acuerdo existió, obviamente ya está roto, pues el ron dominicano está siendo agresivamente mercadeado en Estados Unidos y en Europa. Veremos quién gana este pleito. Si no somos competitivos con nuestro propio ron, ¡qué Dios nos salve!

Esta semana estuvo por aquí el reconocido psiquiatra dominicano Segundo Imbert, quien reside en La Florida y a quien invité a almorzar, junto con el pintor dominicano Aurelio Grisanti, residente en esta ciudad. Recibí la visita de Edward Kadunk, el nuevo Director de la AID para Santo Domingo, quien está preparando sus maletas para irse a residir allá. Tuvimos una reunión muy interesante sobre los éxitos y fracasos de la AID en Santo Domingo, durante la última década. Fui a una discusión en el Instituto Brookins, sobre el tema de la dolarización. Estoy cada día más convencido de que fue un error que nosotros saliéramos del dólar en 1947. Durante los primeros cincuenta años de este siglo tuvimos menos inflación que durante los segundos cincuenta años, y esto se debió principal aunque no exclusivamente a la existencia de un banco central, sobre todo a partir de la década de los sesenta. Creo que la dolarización de Centroamérica, el Caribe y México es tan sólo una cuestión de tiempo. Ya en el Congreso norteamericano hay grupos que presionan por la dolarización de México, después de los efectos negativos sobre las exportaciones norteamericanas que tuvo la fuerte devaluación del peso mexicano. Y es que no puede haber integración económica cuando un país es de moneda fuerte y el otro socio tiene una moneda débil. La creación del Euro y la unificación monetaria europea están siendo citadas como buenos ejemplos. Lo que no tiene sentido es comenzar a dolarizar con Argentina. Debe dolarizarse con países que tienen una mayor proporción de flujos comerciales y de servicios con Estados Unidos, y donde la proporción más alta de los depósitos del sistema bancario ya está en dólares. Ese es el caso de nuestro propio país y de los centroamericanos.* Hace unos veinte años yo aconsejé a los haitianos no crear su Banco Central, pero no tuve éxito. Qué triste es tener esta convicción después de haber estado vinculado al Banco Central dominicano durante catorce años de mi vida y de haber dedicado a esa institución los mejores años de mi juventud en la década de los sesenta. Aquí en Washington me he hecho buen amigo de Ricardo Haussman, economista principal del BID, y quien comparte conmigo plenamente el criterio a favor de la dolarización. El problema es que en Santo Domingo los que más se opondrían a esa medida serían los bancos comerciales, pues no tendrían un banco central donde redescontar sus deficiencias. El turismo y zonas francas me imagino que también se opondrían, y en cierto sentido con razón. También fui a otra cena de cigarros en el Press Club, donde de nuevo promoví el país en un discurso, aprovechando el tema de los cigarros dominicanos. Al otro día cené en la Embajada de Perú.

Acabo de leer un buen paquete de periódicos dominicanos. Por primera vez en el gobierno de Leonel Fernández tuvo lugar una huelga general, pero apenas duró un día. Estoy de acuerdo con la declaración de Félix ("Felucho") Jiménez en el sentido de que los dominicanos no podrán votar en el exterior en el 2000 porque la Junta no está en capacidad para lograrlo. Insisto en que lo primero que tiene que hacer esa institución es cuantificar el costo, en dinero, del voto en el exterior. Una vez se sepa esa cifra todo el mundo se dará cuenta de lo imposible del asunto. El Presidente Fernández ha criticado la intervención de la OTAN en Yugoslavia. Está siguiendo la línea de la mayoría de los países latinoamericanos. Danilo Medina se está quejando de que lo están combatiendo con fiereza dentro del PLD. Obviamente la lucha interna por la candidatura presiden-

*A finales del 2000 El Salvador se dolarizó y Guatemala comenzó a hacerlo.

cial es fuerte. También veo que el buen amigo Héctor Valdez Albizu, Gobernador del Banco Central, dice que la brecha entre nuestros ricos y pobres se está estrechando. No sé en qué estadística se basa para decirlo, pero me temo que está equivocado. Ojalá él tenga razón. Mientras Danilo se queja del combate dentro del PLD, Carlos Andrés Pérez se ha aparecido en Santo Domingo para tratar de llevar la paz entre los precandidatos perredeístas. El PLD no tiene ese tipo de "asesores extranjeros", y tal vez le convenga no tenerlos. Otra vez nuestro Cardenal atribuye la ola de asaltos al consumo de drogas y a los dominicanos que los norteamericanos repatrian después de reducirles sus sentencias en las cárceles de este país. El Presidente Fernández le contestó diciendo que era necesario llegar a nuevos acuerdos internacionales para un mayor control sobre esos repatriados, tras considerar que éstos han incurrido en acciones delictivas en países con mayor desarrollo que el nuestro. Observó que los delitos cometidos últimamente en el país han mostrado modalidades que antes no eran conocidas entre nosotros. También anunció una nueva estrategia ante la delincuencia. Aquí en Washington, desde hace varios meses los norteamericanos comienzan a mencionarme el fenómeno de la reincidencia criminal de parte de dominicanos que ya fueron deportados, pero que luego entran a Estados Unidos en forma ilegal y son apresados cometiendo crímenes otra vez. Ese es el mejor argumento para justificar que en Santo Domingo también están cometiendo crímenes. El problema es que al no tener un archivo de huellas digitales, en Santo Domingo no podemos identificar a los que cometen crímenes como

---

*A los pocos meses de mi regreso a Santo Domingo, después de haber renunciado, me enteré de que los norteamericanos habían convencido a Danilo Díaz, nuestro Director de Migración, para que prohibiera la salida del país, aún cuando fuese a un tercer país, de todos los deportados. Advertí sobre esto a un periodista quien lo entrevistó y lo confirmó públicamente. Eso quiere decir que los norteamericanos nos han puesto a violar nuestra propia Constitución y los derechos humanos al negar a un persona que no tiene problemas con la justicia el derecho a salir de su país. Nos hemos convertido en carceleros de dominicanos que cometieron crímenes en Estados Unidos. Esta es la solución que han encontrado los norteamericanos, para evitar la reincidencia de crímenes en Norteamérica, pero que implica mucho mayor cantidad de crímenes en nuestro propio país. Le mencioné esto al Canciller,

deportados, mientras que en Estados Unidos sí.* Veo que la Junta
Monetaria ha recomendado el cierre de la Rosario Dominicana, pero
¿por qué no recomienda su privatización? Lo que sí es buena noticia es que los ingenios del CEA serán licitados en julio. Ojalá se
logre la misma transparencia que se obtuvo con la licitación de los
productores de energía. Nuestros caficultores han pedido públicamente no repatriar haitianos del Cibao. Mientras durante todo este
siglo y hasta hace poco, los únicos que propugnaban por el uso de
mano de obra haitiana eran los dueños de los ingenios, ahora tienen como socios en ese objetivo a los caficultores.* La gente del
Vicepresidente Fernández Mirabal ha contratado a la firma Penn
& Schoen para que le hagan una encuesta dentro del partido y ésta
ha dado un 58% de votos para Jaime David, un 30% para Danilo
Medida y un 6% para Felucho. Le advertí a la gente de Penn &
Schoen que el sistema de votación interna dentro del PLD hacía
difícil predecir el resultado, porque no era un sistema de votos proporcional sino por comité. Un abogado domínico-americano, residente en Nueva York, se me ha quejado de que las declaraciones
de nuestro Cardenal empeoran la situación de los repatriados, al
responsabilizarlos por los crímenes en Santo Domingo.

MAYO 26. La cronista que cubre las fiestas diplomáticas en el
"Washington Post" escribió una columna muy bonita anunciando
que me voy del cargo y describiendo las buenas fiestas que ofrecí.
Me describió como un "Embajador erudito... quien se va, para es-

quien me dijo que ignoraba el asunto y luego supe que lo trató con el Presidente Fernández,
que aparentemente tampoco lo sabía, pero no echó para atrás la medida. Esa acción la tomó
el gobierno dominicano sin ni siquiera conseguir nada a cambio de los norteamericanos.
Peor aún, también me enteré de que los norteamericanos habían enseñado a nuestra gente
de migración a identificar "perfiles" de personas que, al viajar a un tercer país, realmente lo
que quieren es ir a Estados Unidos. Danilo Díaz declaró a la prensa que estaban negando
salida del país a aquellas personas que llenasen ese perfil, citando el caso de una familia de
un campo de Baní que quiso salir del país para viajar a Nicaragua y su salida le fue negada.
¡Estamos otra vez en la Era de Trujillo! ¡Qué barbaridad! Un funcionario de la Embajada
norteamericana me admitió todo, pero, subiendo los hombros, dijo que quienes violaban la
Constitución y los derechos humanos eran los dominicanos, no ellos.
  *El Secretario de Obras Públicas también declararía a la prensa que no debían repa-
triarse haitianos, pues afectaba el costo de las obras públicas del Estado.

cribir, de nuevo, artículos y hacer algo de consultoría". Luego dice que el perfil de mi país se ha elevado con las fiestas. Pero esa noticia fue recogida en el "Listín Diario", muy mal traducida, y no se dijo que era la cronista social quien lo escribía. Para el lector dominicano quedó la percepción de que yo aquí en Washington llevaba dos años y medio escribiendo libros, columnas periodísticas y haciendo consultoría. Me imagino quien fue la persona, aquí en Washington, que recogió el artículo, lo tradujo mal y lo envió a la prensa dominicana. Él y yo siempre estaremos en lados opuestos de la ribera.

Veo que en Estocolmo se está repartiendo dinero a los países perjudicados por el huracán Mitch, incluyendo países como El Salvador y Guatemala, que sufrieron menos que nosotros. Cuando yo sugerí que la República Dominicana se incorporara a ese mecanismo y que se incluyeran a las víctimas del huracán Georges se me dijo en Santo Domingo que eso era sólo para Centroamérica y que, además, afectaba nuestra imagen frente al turismo. Ahora resulta que nosotros y los haitianos hemos dejado de recibir buena plata. Conocí a Bill Denvers, miembro de una firma de cabilderos que ha sido contratada por el sector privado dominicano para cabildear la paridad textil. Los textileros dominicanos son demasiado jóvenes y no entienden su propia fuerza política ni la saben utilizar, pues para pagar a esos cabilderos han pedido y obtenido una donación de nuestro Banco Central. Los azucareros nunca cometerían un error de esa naturaleza. No me consultaron sobre cuál firma contratar, sino a un norteamericano que ha quedado muy bien, pues ahora esa firma le debe favores a él. Así funciona Washington.

Visité a Kenneth H. "Buddy" MacKay, el sustituto de "Mac" McLarty. Se trata de un ex-Congresista norteamericano de La Florida quien fue brevemente Gobernador de ese Estado. Me di cuenta de que sabe poco de América Latina, pero que aprende rápido. El hecho de ser un ex-congresista es algo positivo para el asunto de la paridad, que es el tema que más interesa a los dominicanos. Tenía una cita con el Embajador de Surinam y con el encargado en

Washington de la Oficina de las Naciones Unidas para Refugiados, el Sr. D'Oglio. La reunión no tuvo lugar, pues el Embajador de Surinam está bastante enfermo. Con él había hablado sobre la posibilidad de formalizar la migración haitiana desde Haití a Surinam, en volúmenes mayores que los actuales, pues hoy día grupos haitianos migran a Surinam donde ya hay unos treinta mil, pero lo hacen en forma desorganizada y tomando dinero prestado para el pasaje a tasas de usura. Yo le había propuesto que grupos religiosos, fundaciones, u organismos como Naciones Unidas contratasen aviones "charter" para reducir el costo del transporte y así formalizar el asunto. Surinam es un país muy despoblado y que ve bien la migración haitiana, pues hasta ahora no ha provocado ningún tipo de conflicto. Mientras Surinam era una dependencia de Holanda, los haitianos podían proseguir hacia Europa y por eso su migración no era estimulada por los holandeses. Pero ahora que Surinam es un país independiente ese uso como puente ya no existe.* Participé también en una reunión del Diálogo Interamericano con Jorge Domínguez y fui a una recepción en honor de "Buddy" MacKay, el sustituto de McLarty. También fui a un cóctel "bailable" en casa de una prominente pareja latinoamericana, residente en lo mejor del barrio de Georgetown.

MAYO 29. Acabo de regresar de la reunión de la Mesa Redonda Domínico-Americana, en Providence, Rhode Island. Fue un éxito, y más atendida que la reunión de Miami de 1997. No asistió el Concejal Guillermo Linares, lo que significa que se mantiene la división dentro de la comunidad, lo cual es terrible. El principal orador fue el congresista Charles Rangel, quien me explicó en privado que esa misma división había tenido lugar con los líderes políticos puertorriqueños hasta hacía muy pocos años. Hablé largamente con él y me prometió que trataría de limar las asperezas

---

*Después de haber dejado la Embajada, he seguido hablando sobre este tema con organizaciones que podrían estimular el proyecto.

**Meses después Rangel se reunió con ambos y luce que desde entonces hay menos tensión entre ellos.

entre Linares y Adriano Espaillat.**

Conseguí que la Primera Dama Hillary Clinton preparase el video de siete minutos que fue mostrado en Providence. Eso para mí significa que va a postularse como aspirante a senadora en el Estado de Nueva York. Durante la reunión pronuncié un discurso sobre los efectos negativos de las leyes de migración y cómo la comunidad tenía que votar en las elecciones norteamericanas para poder tener influencia política. Ahora lo que falta es que se establezca la oficina permanente de ese grupo en Washington, con una persona de origen dominicano que se dedique exclusivamente a cabildear. Se decidió que la tercera reunión será en Nueva York. Allí es donde hay más dominicanos, por lo que la reunión debería ser la mejor, pero también es donde existe más división entre los políticos de origen dominicano. Ojalá que resulte en una gran reunión.*

Junio

JUNIO 6. Acabo de regresar de dar una conferencia, en las afueras de la ciudad, ante un grupo de personas de origen haitiano que viven en Estados Unidos y que quisieron que yo les comentara la novela de Edwidge Danticat, *Cosecha de los huesos*, sobre la matanza de haitianos de 1937. Había conocido a la autora en la Universidad de Georgia, y ya antes me había comprometido, a través de Julia Alvarez, a enviarle mi libro sobre la matanza de 1937 y cualquier otro material sobre el tema. Cuando salió su novela agradeció en la introducción mi colaboración, y hasta incluyó un texto inédito que yo le había suministrado: una carta patética del Presidente Stenio Vincent a su Canciller, contándole sobre la matanza.** Sin embargo, al leer la novela, quedé bastante disgustado con la forma

---

*Tuvo lugar a mediados de octubre del 2000. Otra persona consiguió un video, esta vez, del propio Presidente Clinton. Se decidió abrir la oficina de cabildeo en Washington a principios del 2001.

**En la versión en español de la novela, se hace referencia a esa carta, pero no aparece reproducida.

1937
matanz

en que trata la matanza, sobre todo porque da la impresión de que nuestra población civil participó activamente en la misma. Además, la pone en el contexto de un ingenio azucarero mientras precisamente, no se mató a ningún haitiano en los ingenios porque estos pertenecían a norteamericanos. Le escribí una carta con mis críticas y ella me contestó con otra, de igual altura, la cual contesté y ella a su vez respondió con una cuarta. Sin embargo, no me ha autorizado a publicarlas. Es una pena pues creo que son cuatro buenos documentos.* Unas cincuenta personas de origen haitiano oyeron mi conferencia y me sorprendió que varias de ellas tenían la versión en francés de mi libro sobre la matanza de 1937. Fue una discusión de mucha altura y creo que pude exponer adecuadamente el punto de vista dominicano. Muchos de ellos se sorprendieron gratamente de que un Embajador dominicano estuviese dispuesto a tratar el tema de la matanza, y exponer el punto de vista dominicano.

Ayer, con un grupo de unos cuarenta dominicanos, participamos en la "Carrera a favor de la cura". Es un esfuerzo por recaudar fondos para la lucha contra el cáncer que implica caminar o correr desde el edificio de la OEA hasta el Capitolio norteamericano, y luego retornar hasta la Casa Blanca. Luego llevé al grupo, todos hambrientos, a desayunar a la residencia. El Embajador de Jamaica, Richard Bernal, un gran economista a quien conocía desde hacía varios años antes de yo llegar a Washington, me invitó a escuchar a un muy buen músico jamaiquino, en el mejor club de jazz de la ciudad. También esta semana almorcé con el Juez Sullivan, en su despacho en el Juzgado Federal donde labora. Tuvimos una discusión muy interesante, junto con otros colegas, sobre los acontecimientos internacionales del momento.

Leyendo la prensa dominicana veo que Linda Watt ha declara-

---

*En el año 2000, en el Centro Bonó, de los jesuitas, durante un acto en que se comentaba esa novela, leí la correspondencia. El público quedó muy impresionado por su contenido, pero advertí que los representantes de la prensa allí presentes no debían hacer referencia a la misma, por no estar yo autorizado. Cumplieron con mi solicitud.

do que la repatriación de dominicanos va a seguir, y al mismo ritmo del año pasado, pero que su gobierno está dispuesto a negociar un nuevo acuerdo que tienda a disminuirla. Esto es totalmente incierto, pues ni con nuestro país ni con ningún otro está Washington dispuesto a negociar nada sobre ese punto. Como respuesta a su declaración, al día siguiente nuestra policía dio a conocer ochenta y nueve casos en los que aseguró que están involucrados ciento dos dominicanos deportados de Estados Unidos, y a quienes acusa de las principales acciones delictivas registradas en nuestro país en los últimos meses. Otra vez nuestra Policía declara públicamente que el incremento de la violencia en Santo Domingo está ligado a los deportados. Aquí en Estados Unidos, por fin me han admitido que muchos de los que regresan ilegalmente a Estados Unidos también son reincidentes. Sacar de la cárcel a los extranjeros antes de cumplir su sentencia para reducir el costo de mantenerlos en las cárceles de Estados Unidos, está provocando un aumento en la criminalidad tanto en los países de origen como en los propios Estados Unidos, pero los norteamericanos no están dispuestos a hacer nada para enfrentar la situación y ni siquiera la reconocen.

El Cardenal, Mons. Nicolás de Jesús López Rodríguez pidió a la población firmeza frente a la delincuencia. Es frustrante el tema de las deportaciones de criminales, pues se ha tratado hasta a nivel del Presidente de Estados Unidos, pero las leyes vigentes no dan margen al gobierno norteamericano para hacer nada y tampoco hay ambiente para modificarlas.

Veo que Morel Cerda anda buscando RD$92 millones para celebrar las elecciones, pero el Tesorero Nacional le contesta que el gobierno no le ha entregado esos recursos pues si lo hace estaría pagando la ineficiencia con que opera ese organismo. Aunque luce que se ha resuelto el problema de la Junta, con el incremento en su membresía el gobierno sigue estrangulándola económicamente. ¿Qué se busca con ésto? Me alegró ver que el Presidente Fernández fue, por un día, a El Salvador para asistir a la juramentación del Presidente Francisco Flores. Como en Centroamérica, a diferencia de nuestro país, el tema principal con Washington es el problema de la migración, nuestro Presidente tomó para sí el tema, y a su regreso a Santo Domingo pidió públicamente a Estados Unidos una amnistía para los indocumentados. Es la primera vez que nuestro Presidente trata este tema, a pesar de que yo le he enviado varios oficios con copia al Canciller sobre la necesidad de que el país lo adopte como una prioridad de su política externa. Según las propias autoridades de migración norteamericana hay unos 75,000 dominicanos indocumentados. El Presidente Fernández planteó que los dominicanos queremos el mismo privilegio que se le ha dado a los centroamericanos, así como nuevos mecanismos legales para los repatriados que cumplieron condenas. También pidió que se extendiese el Permiso Temporal de Residencia, que fue concedido a los dominicanos tras el paso del huracán Georges y que los centroamericanos quieren que les sean extendidos. ¡Qué pena que nuestro gobierno haga suyo esos temas tan sólo cuando, por casualidad, el Presidente se da cuenta de que son importantes para los centroamericanos! Después del huracán Georges lo tratamos con nuestro gobierno, pero no se interesó. Danilo Medina, en viaje a Nueva York, también reclamó un trato especial para los dominicanos indocumentados, pero dijo que no se puede responsabilizar exclusivamente a los repatriados por el incremento en la delincuencia en el país. Obviamente está buscando el voto y la simpatía de los dominicanos residentes en Estados Unidos, quienes favorecen legalizar a los indocumentados, pero alegan que se comete un error al atribuir a los deportados el incremento en la criminalidad. Este es un punto de mucha divergencia entre los dominicanos residentes en Estados Unidos y los que residen en el país, pues sin decirlo, los que residen en Estados Unidos no quieren el retorno de los deportados, sino que se queden en Santo Domingo para que no cometan crímenes en las calles de Nueva York. También alegan, y tienen razón, que dañan su imagen al hacer creer que la comunidad es tan criminal como los deportados. En mis conferencias ante la comunidad dominicana y en artículos que he escrito, incluyendo cartas publicadas en el "New York Times", he demostrado que la cantidad de dominicanos presos en las cárceles norteamericanas más todos los deportados, como proporción de los dominicanos residentes en Estados Unidos, constituye una relación mucho más baja que la que existía entre los italianos, irlandeses y judíos a principios de siglo. He planteado que un 98.5% de los dominicanos residentes en Estados Unidos nunca han tenido problemas con la justicia. En fin, que el tema migratorio lo tratan nuestro Presidente y el candidato Medina de forma coyuntural y superficialmente.

Leo que Air Atlantic protesta por el monopolio de American Airlines, pero no se queja de que todavía se nos mantiene en la categoría 3, que es lo que le da ese monopolio. En una declaración, el Canciller Eduardo Latorre comentó mi renuncia. Cometí un error al dar la primera declaración a la prensa social de Washington sobre mi regreso a Santo Domingo, porque esa fue la forma en que se dio a conocer en la prensa dominicana. Debió de haber sido a través de un comunicado de Eduardo Latorre, quien se ha visto ahora obligado a comentar que mi renuncia obedece a que había formulado una petición al Presidente en ese sentido, pues quería regresar a mis actividades como escritor.

JUNIO 9. Ayer tuvo lugar el acto de promoción de inversiones de alta tecnología en las zonas francas dominicanas. Se invitó a un grupo de empresas de alta tecnología del condado de Fairfax. El asunto fue organizado por la OPI, que para economizarse un dinero, no contrató un salón en un hotel en el Condado de Fairfax, sino que consiguió el uso gratuito de un salón en un banco frente a la Casa Blanca. Me temo que la poca presencia de representantes de las empresas de alta tecnología se debió a que se vieron obligados a viajar a una ciudad donde es imposible parquear. De todas maneras, fue un buen simulacro y las presentaciones que hicieron los funcionarios de nuestras zonas francas provocó buena impresión. No pude quedarme para finalizar el acto, pues tuve que salir hacia Nueva York a la graduación de un sobrino. Esa noche fue el baile de Americas Society en "Tavern on the Green". Estuve allí, saludando a gente importante de las finanzas de esa ciudad.

Por la prensa dominicana veo que Hatuey Decamps e Hipólito Mejía firmaron un acuerdo mediante el cual se han comprometido a que el que resulte nominado en la Convención apoye al otro, en la búsqueda de la presidencia del partido. Esquea, quien es Presidente del partido, lo ha considerado inaceptable y es lógico, pues quedaría fuera no importa quién salga elegido. En cuanto a la lucha entre los peledeístas, veo que según la encuesta de la Hamilton Jaime David tiene un 64% de preferencias y Danilo un 29%. Jaime David ha aumentado 24 puntos con relación a marzo y Medina ha perdido 14 puntos. Pero Medina dice que cuenta con el 72% de los comités. El sistema de votos dentro del PLD es por comité, por lo que bien pudiese ser que Danilo controle la situación aún cuando no cuente con el voto popular. Así es en Estados Unidos, donde el voto tampoco es directo en las elecciones nacionales* por la existencia de los colegios electorales. Luce que nuestro próximo Presidente será o Hatuey o Hipólito, o Jaime David o Danilo Medina. Como siempre, el tema de los haitianos y su vinculación con las elecciones ha salido otra vez a relucir. Vincho Castillo ha denunciado que cerca de un millón de haitianos ilegales podrían obtener la nueva cédula porque el documento excluye la referencia a la nacionalidad. Reveló que existe un plan de extranjeros, y que fue consumado por las autoridades electorales anteriores junto con las actuales y con la complicidad de los partidos políticos, para cedular a los nacionales haitianos. Yo me pregunto si alguien ha hecho alguna encuesta entre los haitianos residente en Santo Domingo para ver con qué partido realmente simpatizan. En los años sesenta y setenta se creía que simpatizaban con Balaguer, pero ahora mismo no sé con quién simpatizan y creo que nadie lo sabe. De todas maneras, muerto ya Peña Gómez se insiste sobre un tema que más bien parece buscar el no reconocimiento del ganador si éste es el

---

*En el 2000, por segunda vez en la historia, el candidato perdedor, Albert Gore, sacó más votos totales.

candidato del PRD, alegando que ganó con el supuesto voto de los haitianos. Comenzaron a salir en "El Siglo" los artículos de Víctor Manuel Tejada sobre los dominicanos prominentes residentes en Washington.

Morel Cerda anuncia que va a viajar a Nueva York, para reunirse con la comunidad y para implementar el sufragio dominicano en el exterior. Me temo que está actuando demagógicamente, pues lo primero que debe hacerse es un estudio para ver cuánto costaría primero empadronar a los dominicanos y luego lograr el voto. Sospecho que sería una cifra que prácticamente duplicaría el presupuesto de la Junta Central Electoral. Me alegró la reelección de César Gaviria como Secretario General de la OEA. Rafael Ángel Calderón, de Costa Rica, estuvo buscando el voto dominicano, y políticos dominicanos de influencia trataron de convencer al Presidente Fernández de que se inclinaran por él. Tanto el Embajador Espinal como yo, pero sobre todo Espinal, a quien le toca el tema, mantuvimos que era prudente no ofrecer el voto a nadie hasta que la situación se definiera mejor, y así se hizo. Calderón sacó muy pocos votos, aunque estuvo diciendo que contaba con el voto dominicano. Esos políticos dominicanos que lo apadrinaban representan el caso típico de personas que se meten en asuntos de política externa sin trabajar para la Cancillería.

JUNIO 13. Estuve apenas una noche en Santo Domingo para asistir al entierro de doña Ligia de Bonetti, hermana de don Miguel, el padre de mi difunta esposa Cynthia. En Santo Domingo el comentario más importante que escuché fue que el Senado designó a dos nuevos jueces en la Junta, a pesar de que cuatro legisladores perredeístas se resistieron a apoyar su nombramiento. Luce que con esto se resuelve el dilema que ha durado unos diez meses. Ahora falta que le den plata a la Junta. Por suerte Morel Cerda suspendió su viaje a Estados Unidos, alegando que hay una querella en su contra pues se le acusa de estafa y falsedad en escritura pública. Ahora la gente del gobierno ni siquiera lo está dejando salir del país. Se siguen bloqueando los esfuerzos porque la Junta funcione bien. La votación en el Senado fue 18 a favor y 4 en contra, y los cuatro eran perredeístas. Lo que vi en Santo Domingo, y más me interesó, fue el dato en la encuesta Hamilton de que los peledeístas favorecen una alianza electoral con los reformistas, lo que es lógico pues lo mismo ocurrió en 1996, y les dio la victoria. Lo significativo es que, según esa misma encuesta, los reformistas rechazan esa alianza. Creo que no será tan fácil, como en 1996 repetir esa alianza, pues los reformistas sienten que no han conseguido nada con ella, ya que los peledeístas no los han hecho partícipes del botín de los cargos públicos.

JUNIO 16. Ayer llegó Soledad y nos casaremos el 19. Le había escrito al Canciller, medio en broma medio en serio, notificándole sobre mi matrimonio y advirtiéndole que aunque sabía que la ley orgánica de la Cancillería (del tiempo de Trujillo) exige que todo diplomático pida permiso al Canciller para casarse, aún cuando sea con una persona dominicana (¿recuerdos de Mata Hari?), yo rehusaba pedir ese permiso pues consideraba inconstitucional ese aspecto de la ley. Mis opciones, pues, le decía, era llevar el caso a la Suprema, o desafiar a la Cancillería. Había optado por lo segundo. Minou Tavárez fue la que respondió, muy graciosamente, con un breve mensaje: "se le autoriza boda, aunque se reconoce que no ha solicitado el permiso". Almorcé con Fernando Capellán, del Grupo Textilero M, de Santiago. Su empresa emplea unos catorce mil trabajadores, lo que significa que después del Central Romana es el empleador más grande del país. Sin embargo, es prácticamente desconocido. Creo que esto se debe a que las zonas francas no pagan impuestos ni dan anuncios, por lo que ni la prensa ni los políticos le dan importancia. Sin embargo, me imagino que ellos pueden estimular a sus trabajadores para votar de una forma u otra. Esta es la "nueva economía" dominicana que pocos reconocen. Las zonas francas emplean unas 200,000 personas cuando el gobierno, incluyendo los organismos descentralizados, emplea unas 325,000. Durante una cena en la Embajada de Uruguay, frente a todos los Embajadores latinoamericanos recibí la tradicional bandeja de plata de despedida. El Embajador de Uruguay tuvo palabras muy bellas referentes a mi gestión aquí. Yo he terminado siendo Vicedecano del Cuerpo Diplomático latinoamericano, a pesar de haber pasado aquí tan sólo dos años y medio.*

Ayer fui a Nueva York, por una noche, para estar presente en un homenaje a figuras destacadas del empresariado norteamericano y extranjero. Entre los premiados estuvo Fernando Capellán. Acabo de regresar de una cena de despedida que me dio una alta dama de la sociedad de Washington. Estuvo "la crema y nata" (con perdón de lo cursi) y pude presentarles a Soledad y a mis hijas a esas personas. En estos días felices para mí surgió algo desagradable. Luis Arias, miembro de la Junta Central Electoral y encargado del voto extranjero, declaró en Nueva York que ni las embajadas ni los consulados dominicanos, en Estados Unidos habían ayudado en nada a la Junta, cuando la realidad es que le he estado mandando constantemente material sobre el voto dominicano en el exterior, sobre todo lo relativo a la experiencia mexicana. Le he mandado a decir que si no aclara el asunto lo haré yo.** Estados Unidos está sacando sus tropas de Haití. Allí queda una policía haitiana ya bastante corrupta. No creo que se repita la experiencia exitosa de un Panamá sin fuerzas armadas. Ya hace meses que aquí en Washington la administración de Clinton no cita a Haití como uno de sus éxitos en política externa. Me temo que ese país está volviendo a las dictaduras que lo controlaron entre 1947 y 1984. Una buena noticia es que por fin la Smith & Enron y el Estado han puesto fin a sus conflictos y han firmado un nuevo contrato, desestimándose el viejo arbitraje que llevaba ya dos años dilucidándose. Este conflicto, el más importante entre inversionistas norteamericanos y el gobierno dominicano, ha sido resuelto. Ha sido un éxito para el gobierno dominicano, pues el monto que reclamaba la empresa

---

*Si me hubiera quedado cuatro meses más, hubiese sido decano, pues el Embajador de Uruguay, quien era decano, salió del cargo.

**Pocos días después Luis Arias se echó para atrás y dijo que la Embajada en Washington había colaborado mucho.

era mucho mayor que lo que ha acordado ahora reconocer que le debe el gobierno. Nos hemos economizado fácilmente US$20 millones. Lo del desertor de la escolta de Fidel Castro, cuando éste estuvo en Santo Domingo, ha resultado ser verdad, pues como era predecible ha aparecido en Miami. Ni nuestra Cancillería ni yo supimos más de lo que salía en los periódicos. Oigo, pero no sé si es verdad, que fue sacado por los norteamericanos por La Romana. La Rosario cerrará el 30 de junio. Se le pone candado a otra fuente importante de inorgánicos. La gallina de los huevos de oro, nacionalizada por Antonio Guzmán, en retrospectiva se convirtió en otra empresa tipo CORDE. Con los bajos precios del oro será difícil encontrar quien quiera adquirirla o manejarla, pero hay que hacer el esfuerzo.

JUNIO 20. Ayer tuvo lugar mi boda con Soledad, aquí en Washington. Fue un acto familiar. Estuvieron mis tres hijas, mi yerno, mis dos hermanos, la hija de Soledad y unos veinte o treinta amigos que vinieron desde Santo Domingo y desde los propios Estados Unidos. La boda fue en la Embajada y el oficiante fue nuestro Cónsul en Washington. Hoy siguió la celebración en el Restaurante "Jaleo", del amigo Roberto Álvarez, quien muy gentilmente ofreció un almuerzo en nuestro honor. En la prensa dominicana leí que se está esclareciendo lo de la Junta Central Electoral, pues los tres principales partidos acordaron proponer candidatos a los cargos claves de Director de Registro y de Elecciones en esa Junta. También se ha definido lo de la candidatura presidencial del PRD, pues Hipólito sacó el 73% de los votos, Fello Suberví el 15%, Milagros el 6% y Hatuey Decamps el 4.5%. Lo único penoso fue que Suberví dijo que no iba a aceptar el "fraude", a pesar de que inspectores de la Junta Central Electoral, presentes en la convención, negaron que hubiese tenido lugar. Lamentable esa posición de Suberví.

JUNIO 21. Visité a Arturo Valenzuela, en su oficina en la Casa Blanca. Mi amigo, profesor de la Universidad de Georgetown y con quien he compartido bastante durante estos dos últimos años y medio, y quien me invitó a dar varias conferencias en su Universidad, ahora ha sustituido a James Dobbins como Encargado de Asuntos Latinoamericanos en el Consejo Nacional de Seguridad. Fue una visita de despedida, pero aproveché para plantearle los temas básicos que interesan a los dominicanos. Lució muy receptivo, aunque ambos reconocimos las limitaciones de la administración frente a un Congreso que no controla. También fui a ver al Director de la AID para América Latina, para despedirme.

JUNIO 22. Acaba de terminar la recepción de despedida que ofrecí aquí en la residencia. Fue, para mí, un verdadero éxito, pues el grueso de las amistades que he hecho aquí en Washington estuvieron presentes. Soledad estuvo recibiendo conmigo y pudo conocer a esas personas. Estuvieron presentes no sólo importantes funcionarios, sino personalidades de la vida social de esta ciudad.

JUNIO 24. John Hamilton me ofreció un almuerzo de despedida en el Departamento de Estado, en el cual estuvo presente, entre otros, "Buddy" McKay, Encargado de Asuntos Latinoamericanos en la Casa Blanca. En su discurso Hamilton me alabó, diciendo que consideraba que yo era el Embajador mejor informado sobre lo que ocurría en Washington, y que a veces él había recurrido a mí para enterarse. También dijo que yo fui un excelente Embajador, pues siempre mantuve buenos contactos con el Canciller Latorre y con el Presidente Fernández, y por eso los mensajes norteamericanos podían llegar rápidamente a su destino. Igualmente alabó mis éxitos académicos y sociales. El Centro de Estudios Estratégicos (CSIS) me ha invitado para que sea asesor de esa institución, y el Diálogo Interamericano me ha pedido que me convierta en miembro de su subcomité sobre Temas Cubanos.

Luego del almuerzo fui a la Casa Blanca, al Salón Roosevelt, al lado de la Oficina Oval para participar en un cabildeo a favor de la paridad promovido por "Buddy" McKay. Reunió a líderes de la comunidad centroamericana y haitiana y los llevó a la Casa Blanca para que llevasen el mensaje a sus propias comunidades de que influyeran sobre sus congresistas a favor de la paridad. Lamentablemente la persona que utilizó para eso no tiene contactos con la comunidad dominicana, y por eso me lamenté de que no estuviese presente allí nadie de nosotros. También es culpa de la propia comunidad, que no se ha dado a conocer políticamente en Washington, a pesar de mis esfuerzos. Le expliqué a McKay que si me hubiera avisado que iba a promover esa reunión en la Casa Blanca yo hubiera traído el liderazgo de la comunidad dominicana a la Casa Blanca. Me prometió que mantendría al tanto sobre este asunto a Roberto Despradel (quien fungirá como Encargado de Negocios hasta que llegue el próximo Embajador), para lograr que la comunidad se integre al esfuerzo.

La prensa dominicana trae importantes noticias. Fello Suberví ya ha desistido del "fraude" y apoya a Hipólito. Esquea, como era predecible, ha renunciado como Presidente del PRD. Es una pena, pues yo lo percibo como representante de la institucionalidad dentro de ese partido. La buena noticia aquí, en Washington, es que el Senado ha aprobado la paridad textil. Ahora hay dos versiones, una en la Cámara y otra en el Senado. En los últimos años nunca como hoy día se había llegado a una situación tan cercana a la paridad, aunque falta mucho. Dejo el cargo satisfecho de haber colaborado en ese esfuerzo.*

Una sorprendente encuesta de Sigma Dos, en el "Listín Diario", dice que Danilo supera a Jaime David por nueve puntos porcentuales. O Medina ha mejorado mucho su popularidad durante los últimos días, o Sigma Dos está haciendo la encuesta en base a los datos que tiene el propio Medina, a partir de su control en los comités. Danilo plantea que cuenta con el 70% de los "votos orgánicos". ¡Quién tendrá los "inorgánicos"! Por otro lado, la firma encuestadora "Global" dice que Danilo está arriba con un 70% y Jaime David tan sólo tiene un 33%. La persona que maneja esa firma en las encuestas de Santo Domingo es un ex-empleado de Penn & Schoen quien fue sacado de la empresas por problemas éticos hace ya varios años. No confío en nada en sus resultados, y las

---

*La paridad textil se convirtió en ley pocos meses después.

encuestas que hizo en las elecciones de 1996 indican claramente que agregaba puntos porcentuales al PLD que no tenía. No es una firma encuestadora seria.* Penn & Schoen, por su lado, dice que Jaime David está arriba, pues tiene un 61%. Sin embargo, entrevistó a mil peledeístas y como en ese partido no hay un voto directo, bien puede diferir mucho de los votos por comités. La diferencia entre las dos encuestas es inmensa.

Me alegra ver que el Presidente Fernández está en Río de Janeiro, participando en la Cumbre. Nuestro Presidente ha adquirido un prestigio internacional extraordinario. Todos con los que yo hablo aquí en Washington se expresan muy bien de él, pues indudablemente impresiona con sus discursos y en sus conversaciones privadas. Está muy al día de la situación internacional. Otra buena noticia de Santo Domingo es que los reformistas y los peledeístas han decidido, por fin, retirar sus impugnaciones a la Junta Central Electoral, vinculadas a la reestructuración de 73 Juntas Municipales.

JUNIO 28. Hoy di mi conferencia de despedida en el Centro de Estudios Estratégicos e Internacionales (CSIS). Fue mucha gente y durante el coctel posterior recibí muchas alabanzas. Es inusual que un Embajador hable sobre su percepción de Washington y de su propia gestión.** La noticia de Santo Domingo es que Danilo, en la convención, sacó un 52% y Jaime David un 39%. Hamilton había dado victorioso a Jaime David con un 64% y Penn & Schoen con un 61%. Sigma Dos había dado victorioso a Danilo con un 51% y la Global con un 70%. ¿Por qué, en el último mes, la candidatura de Medina subió tanto? ¿Será cuestión de que controlando suficientes votos en un comité se consiguen los votos del mismo y que

---

*Ese mismo representante de la Global dio declaraciones, en abril del año 2000, a nombre de esa empresa, citando encuestas de ellos cuando ya hacía varios meses que la propia Global lo había sacado de la empresa. Se hacía pasar como que las encuestas eran de la Global, cuando realmente, si es que existían, la hacía él mismo. Su falta de ética es evidente. El escándalo se hizo público en Santo Domingo y el PLD dejó de utilizarlo.

**Ver el texto de esa conferencia en el anexo No. 8.

eso dista mucho del voto total de los miembros del partido?

JUNIO 29. Fernando Remirez, Jefe de la Oficina de Intereses Cubanos, me dio un pequeño almuerzo de despedida. El hombre indudablemente está muy enterado de la forma de sentir de los congresistas norteamericanos. Coincidimos en que los elementos más conservadores de la sociedad norteamericana son los que ahora están empujando, a través de los congresistas, para que se elimine el embargo. Son los campesinos del corazón de Estados Unidos, productores de soya, trigo y maíz, así como las Cámaras de Comercio, los que están empujando por tener acceso al mercado cubano. Sin embargo, salí pesimista en cuanto a las perspectivas de que Fidel Castro pueda abrirse un poco hacia la democracia.

Hoy, en la prensa dominicana, el Presidente Fernández anuncia que se integrará en cuerpo y alma a la actividad proselitista de Danilo Medina. El resultado final de la convención fue 51.7% a favor de Danilo y 39.6% a favor del Vicepresidente. Lo extraño es que un 8.6% de los votos no fueron emitidos, pues esa misma proporción de comités no logró una decisión, por registrarse un empate en los mismos. 163 Comités tuvieron empates y 28 no consiguieron el quórum. Eso suena raro. Siguen las presiones sobre el tema de la piratería, y la Embajada en Santo Domingo, consciente de que la mejor forma de presionar es a través de la prensa dominicana, confirma la petición de sanciones. El gobierno de Leonel Fernández, que comenzó no reconociendo el derecho de extradición a dominicanos que han escapado a la justicia norteamericana, y que tan sólo envió el primer extraditado un año después de su toma de posesión, ahora anuncia que entregará otros siete. El PRD ayudó, auspiciando y pasando la ley de extradición. Hemos claudicado en ese punto, sin recibir nada a cambio en temas migratorios o de deportación de criminales. No tendré tiempo de averiguarlo, pero creo que entre todos los países de América Latina somos ya el que más extraditados ha enviado a Estados Unidos. México y Colombia creo que no han extraditado a nadie, tal vez una persona. Somos los más complacientes con los norteamericanos en el tema de la extradición, y sin embargo ni siquiera lo admiten públicamente. Peor aún, nosotros no se lo restregamos en la cara.

La International Intelectual Property Alliance ha solicitado al gobierno norteamericano que seamos sancionados por el tema de propiedad intelectual. En los aspectos más técnicos de estos alegatos, el Departamento de Estado simplemente copia y hace suyos los alegatos de esos grupos de cabilderos, sin realmente saber si están o no justificados. La Embajada en Santo Domingo, con menos capacidad técnica aún, simplemente los echa para adelante sin entenderlos y mucho menos comprobar si obedecen a la realidad. La industria farmacéutica tiene un poderoso lobby en Washington. Los que mejor están enterados sobre ese asunto son los de la Embajada de Argentina, que ha enfrentado por años esa presión, sin claudicar ante la misma.

JUNIO 30. Peter Hakim, Secretario Ejecutivo del Diálogo Interamericano, me dio hoy una cena de despedida. Recordamos que cuando llegué a Washington promoví lo que fue su primer acto en la República Dominicana, y desde entonces otros han tenido lugar allí. Acordamos tratar de seguir manteniendo estrechas relaciones entre nuestro país y la gente del Diálogo.

Por la prensa dominicana veo que el PRD ha cometido un disparate al plantear que Leonel Fernández violaría un pacto histórico si hace campaña a favor de Danilo Medina. Todos los Presidentes en todos los países hacen campaña a favor de los candidatos de su partido. Ante la presión norteamericana, nuestra Fiscalía del Distrito ha comenzado a buscar "piratas" de software de computadoras por zonas y ha comenzado por los bancos de la Ave. John F. Kennedy, incluyendo los norteamericanos. Si eso mismo se hiciera aquí en Washington, el escándalo sería enorme. El pobre Esquea ha dicho que jamás ocupará un puesto en la Dirección del PRD. Es el gran perdedor, pero es el que mejor representa la institucionalidad dentro de ese partido. En Río de Janeiro nuestro Presidente reclamó de los países ricos que condonen la deuda externa dominicana. Los norteamericanos siguen presionando sobre el tema de lavado de dinero. Ahora Linda Watt ha dicho que espera que el Congreso dominicano adopte una legislación que amplíe las sanciones de los delitos de lavado de dinero. La legislación vigente, promovida por los propios norteamericanos, tiene apenas pocos años de vigencia y ahora ya quieren que cambie.* La gente de control de drogas dice que hay unos RD$48 millones vinculados al lavado, y que esos fondos deberían ir al Banco de Reservas y no quedarse en otras instituciones. Resulta que ahora los países que colaboran en la lucha contra el narcotráfico tienen el derecho a participar en el "botín" que se le captura a esos narcotraficantes, incluyendo los que se embargan en Estados Unidos. Creo que la proporción es de una tercera parte (en tiempos de la colonia era el quinto del rey). En el caso dominicano estamos hablando de mucha plata, no sólo en efectivo sino en aviones, yates y residencias. ¿Quién controla en el gobierno dominicano el buen uso de ese "botín? ¿Cómo lograr que esos recursos pasen al presupuesto nacional, o a Bienes Nacionales, y que no se pierdan en el camino? Por tratarse del tema de drogas, ese asunto tan sólo lo manejan los organismos de inteligencia, de drogas y los militares. Ni nuestra Contraloría ni la Secretaría de Finanzas se enteran sobre la cuantía y el destino final de esa nueva versión del "situado" colonial. Estados Unidos ha decidido asignar, en forma permanente, un Agregado Especial en nuestro país para seguir el tema del lavado de dinero. Se trata de Manuel Godinez.

Julio

JULIO 2. Almorcé con Ron Scheman, hoy día un influyente cabildero y gran conocedor de los asuntos dominicanos, pero que en el pasado ocupó posiciones importantes, tanto en la OEA como en

---

*En abril del 2000 el gobierno de Leonel Fernández complació a la Embajada norteamericana y sometió un proyecto de ley auspiciado por esa Embajada.
**En el año 2000 fue nombrado en un alto cargo en la OEA.

el BID.**

JULIO 7. Fui a Albany, a dos horas en tren desde Nueva York, para investigar en los archivos de un pequeño museo la colección de dibujos que hizo Camille Pissarro en el Caribe cuando apenas tenía unos veinte años. Había visto en 1998, en una exhibición en Nueva York, una selección pequeña de esos grabados. Tan sólo uno de ellos mencionaba que había sido hecho en Santo Domingo, pero yo pude identificar por lo menos otros dos como dibujos hechos en Santo Domingo, pues era obvio que se trataba de la mal llamada "Fuente de Colón", en Timbeque, y de la Cueva de Santa Ana. En Albany pude identificar cuatro otros dibujos que nunca han sido exhibidos, y un excelente óleo sobre el puerto de Santo Domingo de la autoría de un pintor que acompañó a Pissarro. Todos tienen un extraordinario interés, no sólo desde el punto de vista estético sino que ayudan mucho a nuestros historiadores. Pienso escribir sobre ese tema.*

En la prensa dominicana leo que inmediatamente después de su regreso de Brasil, el Presidente Fernández ha autorizado la compra de cinco helicópteros de ese país. Eso va a crear problemas con los norteamericanos, pues obviamente no se les ha invitado a cotizar. Si mal no recuerdo, también se había anunciado una compra de helicópteros durante el viaje del Presidente a Francia.** La Hamilton ha aclarado que su encuesta fue hecha entre simpatizantes del PLD, no entre miembros de los comités y con derecho al voto. Eso mismo ocurrió con Penn & Schoen. Es muy difícil predecir en base a una encuesta cómo va a votar cada comité de base. Realmente el PLD no es un partido democrático en el sentido de que no predomina el voto popular, el de todos los miembros, sino que se vota por comité. Teóricamente, una minoría puede elegir al candidato presidencial. La prensa dominicana recoge una declara-

---

*A finales del año 2000 edité un folleto de unas treinta páginas, con esos dibujos, los cuales fueron exhibidos en una importante galería de Santo Domingo en octubre.

**Se trata de los mismos helicópteros franceses, pero fabricados en Brasil. El asunto devino un escándalo y la Embajada norteamericana se quejó. En las postrimerías del gobierno del Presidente Fernández se adquirieron unos pequeños helicópteros, de manufactura norteamericana, pero fueron financiados por el gobierno español. ¡Algo insólito!

ción mía en el sentido de que lo que más me enorgullece de mi trabajo en Washington ha sido lograr que la imagen del país se acrecentara tanto ante el gobierno norteamericano como ante su Congreso. También cita que lamenté no haber logrado que el Presidente Clinton visitase la República Dominicana. Advertí, finalmente, que todavía faltaban votos para lograr la paridad textil. Ahora, por fin, todos los partidos han decidido apoyar a la Junta Central Electoral. El pleito duró once largos meses. ¿Por qué? ¿Quién salió ganando? Definitivamente el país salió perdiendo. Un pleito de once meses que se resolvió simplemente agregando a dos miembros a la Junta Central Electoral y haciendo que los nombramientos claves dentro de esa Junta se efectuasen por consenso entre los partidos. ¿Por qué requirió once meses? Veo que Danilo Medina ha visitado al Presidente Balaguer. Obviamente se trata de repetir la experiencia de las elecciones de 1996. ¿Tendrá el Presidente Balaguer el mismo entusiasmo de entonces? Creo que no, pues mientras en 1996 él no era candidato a la presidencia, sino Peynado, ahora sí creo que lo será. Eso significa, me parece, que le será difícil dar apoyo a Medina mientras no esté convencido de que él mismo no tiene posibilidades de obtener más votos que el PLD. ¿Estará Balaguer promoviendo encuestas?

A pesar de que en el país ahora estamos haciendo algo que nunca se hace en Estados Unidos, es decir, visitar negocios calle por calle para ver si están utilizando "soft ware" pirateados, la Embajada norteamericana sigue afirmando que en nuestro país no hay política contra la piratería. Mientras tanto, aquí en Washington los cabilderos farmacéuticos siguen buscando sanciones contra nuestro país.

JULIO 8. Fui a un coctel de despedida de amistades sociales y luego al cumpleaños de una buena amiga y alta personalidad de la sociedad de Washington, casada con un prestigioso venezolano. Mañana abandono Washington, definitivamente más gordo, con más experiencia, más sobrio y con una percepción más realista sobre cómo funciona hoy esta complicada ciudad, para bien o para mal capital del mundo.

Compartiendo con el Presidente Bill Clinton y la Primera Dama Hillary Clinton, durante una cena en la Casa Blanca.

Con el Vicepresidente Al Gore y su esposa Tipper, en la residencia oficial del Vicepresidente.

DEBILIDADES EN LA CONDUCCIÓN DE LA POLÍTICA EXTERNA DOMINICANA FRENTE A LOS ESTADOS UNIDOS

Debilidades en la conducción de la política externa dominicana frente a los Estados Unidos

Es evidente que un país pequeño y tan cercano, para no decir dependiente, de los Estados Unidos, como la República Dominicana, enfrenta limitaciones naturales en la conducción de su política externa, frente a la nación, por mucho, la más poderosa del mundo. No obstante, debilidades en los aspectos administrativos, vinculadas a la conducción de esa política, hacen esa labor aún más difícil. Como mejorar el manejo de esa política, es el tema de este ensayo.

Una forma de evidenciar las deficiencias y los errores en la conducción de la política externa dominicana frente a Estados Unidos es mostrando, como contraste, cómo ésta es llevada a cabo en Washington.

Comencemos al más alto nivel. Cuando el Presidente de los Estados Unidos se reúne con otro Jefe de Estado, los subalternos de ambos ya han discutido entre sí los temas que ambos van a tratar. De esa forma el Presidente norteamericano evita ser "sorprendido" con un tema sobre el cual sus subalternos no le han preparado un "documento de posición". Cuando el Presidente Leonel Fernández, por ejemplo, fue invitado por el Presidente Bill Clinton a visitarlo en Washington el 10 de junio de 1998, nosotros discutimos con un funcionario del Departamento de Estado los temas que ambos tratarían. De esa forma ambos Presidentes estaban enterados previamente sobre la agenda y pudieron prepararse al respecto. Si el temario incluye un asunto de especial interés a un Departamento del gobierno norteamericano, por ejemplo, drogas, en la reunión de los dos Presidentes estará presente, como lo estuvo, el Encargado de Asuntos de Drogas de la Casa Blanca. Una persona, dentro del grupo norteamericano presente en la reunión, se encarga de tomar notas sobre lo discutido, circulando luego un memorándum al respecto por todos los diferentes departamentos del gobierno a quienes conciernen los temas tratados. Otra copia es enviada a la embajada norteamericana en Santo Domingo, y, a veces, a embajadas en países cercanos como Haití, o las repúblicas centroamericanas.

Cuando el Canciller de los Estados Unidos se reúne con algún canciller latinoamericano, el procedimiento es exactamente el mismo. Recuerdo más de una discusión preparatoria con representantes del Departamento de Estado, quienes pedían que la señora Albright no fuese "sorprendida" con un tema que no hubiese previamente estudiado. Cuando un Embajador pide una cita en Washington con funcionarios de otros departamentos (Inmigración, Justicia, Agricultura, Tesoro, etc.) siempre se le pide de antemano una lista de los temas que va a tratar y un funcionario del Departamento de Estado está presente en la reunión, o recibe después un resumen de lo discutido. Esos Departamentos, en sus respuestas a los Embajadores, se guían por lo que el Departamento de Estado ha opinado posteriormente al respecto.

Tan sólo existe una excepción a esta norma y es cuando un Embajador, o un cabildero que trabaja para una embajada, logra que un congresista presente un proyecto de ley que interese a esa embajada, o haga una gestión a favor de uno o varios países. El Congreso es otro poder, independiente del Ejecutivo. Esto podría ocurrir, en el caso dominicano, en asuntos de migración, azucareros o textileros. Los congresistas, por supuesto, también podrían tomar iniciativas que perjudican a un país y que podrían constituir acciones que la Casa Blanca y el Departamento de Estado no necesariamente comparten. Se trata, por ejemplo, de casos como la suspensión de la ayuda bilateral norteamericana a nuestro país, auspiciada por el congresista Benjamín Gillman, por el país no haber

extraditado a un par de dominicanos solicitados por la justicia norteamericana, o el caso de la Ley Helms-Burton contra el gobierno
de Cuba, la cual establece una política no compartida por el Departamento de Estado, pero que éste tiene que apoyar.

En Santo Domingo la política de la embajada norteamericana
es llevada a cabo en forma exactamente contraria, pues funcionarios de esa embajada visitan directamente a miembros del gabinete, o a directores de departamentos claves, sin que la Cancillería
dominicana autorice las citas, sin que uno de sus funcionarios esté
presente en la reunión y, en la mayoría de los casos, sin que la persona visitada sepa, de antemano, el motivo de la reunión. Esos funcionarios de la Embajada americana negocian y resuelven sus problemas con un funcionario dominicano que se siente "muy importante" porque le está resolviendo problemas a "la Embajada". La
Cancillería dominicana casi nunca se entera, ni siquiera posteriormente, de lo tratado y negociado.

Para facilitar un desenlace conveniente a los norteamericanos
en esas negociaciones, la embajada de ese país invita a esos funcionarios dominicanos a visitar Washington, y en esos casos las negociaciones ni siquiera se llevan a cabo en nuestro país. Como la Cancillería no sabe nada de lo que está ocurriendo o va a ocurrir, no
puede notificar a su Embajador en Washington sobre esas visitas y
los Embajadores no pueden acompañar al funcionario a sus citas.
El Departamento de Estado, por supuesto, prefiere que el Embajador dominicano no esté presente en esas reuniones, pues su presencia normalmente dificultaría las negociaciones, en la medida
en que ese Embajador quiera ligar los aspectos que en ese momento se negocian, con otros temas de interés del gobierno, o porque
sabe que lo que está dispuesto a aceptar el funcionario dominicano
va en contra de la política general del país y a veces de la región.

A nivel presidencial, el Embajador norteamericano pide una visita directamente al Presidente dominicano, la mayor parte de las veces
sin adelantarle la agenda a tratar, y el Presidente toma su decisión
sobre el asunto de inmediato y sin consultar a los departamentos

que lo manejan. Ni el Canciller, ni un Subsecretario de Relaciones Exteriores participan en la reunión, ni se enteran posteriormente de lo tratado. En más de una ocasión, en conversaciones con funcionarios del Departamento de Estado me hice el que estaba enterado sobre lo discutido en una reunión entre el Presidente Fernández y la Embajadora Donna Hrinak, o la Encargada de Negocios, Linda Watt, y hábilmente lograba extraer información sobre lo que se había tratado y decidido, llamando inmediatamente al Canciller Latorre para ponerlo al tanto de la situación.

Es de esta forma que "la Embajada" resuelve su agenda sin pasar por la Cancillería dominicana y, cuando el canciller dominicano quiere negociar algo con los norteamericanos, se encuentra con que ya no cuenta con "fichas" en su tablero de negociación, pues otros funcionarios dominicanos las han entregado. Esto ha ocurrido, entre otros, en asuntos relativos a temas de migración, justicia, drogas y aviación civil. Tomemos como ejemplo el caso de algunos temas migratorios.

MIGRACIÓN

En 1996 el Congreso norteamericano, dominado por la oposición republicana, pasó leyes a las que se oponía la Casa Blanca, que tuvieron el efecto de limitar severamente el otorgamiento de visas de residentes a dominicanos. De hecho la cantidad de dominicanos que han obtenido visas de emigrantes para los Estados Unidos se ha reducido en un 20% desde poco después de la entrada en efectividad de esas leyes. Al mismo tiempo, Estados Unidos presionó a los países centroamericanos y del Caribe a cooperar con ellos para reducir la migración ilegal. Esto tomó la forma de acuerdos "shipriders" ("vigilancia compartida") que, en el caso nuestro, permiten a barcos de la Guardia Costera Norteamericana interceptar, en aguas territoriales dominicanas, a yolas con indocumentados, con tal de que oficiales dominicanos estén a bordo de esos guardacostas. También incluye cooperación en los aeropuertos para evitar viajar con documentos falsos, o de otras personas.

Muchos dominicanos viajaban con los llamados pasaportes "machetes" y niños dominicanos se iban a los Estados Unidos utilizando el acta de nacimiento en los Estados Unidos y la tarjeta de turista de otro niño, un norteamericano de origen dominicano de su misma edad. El niño norteamericano también regresaba utilizando su pasaporte, o un duplicado del acta de nacimiento.

Inicialmente, el objetivo norteamericano fue tratar de establecer, en el Aeropuerto de las Américas, una oficina de migración separada, para los vuelos hacia los Estados Unidos donde laborasen funcionarios del Servicio de Migración norteamericano. Bajo ese esquema, los dominicanos pasarían por la migración norteamericana en el aeropuerto de Santo Domingo y tan sólo por las aduanas una vez llegasen a los Estados Unidos. Ese proyecto, por la falta de espacio físico en nuestro aeropuerto, ha sido pospuesto hasta que, bajo el esquema de privatización, se pueda ampliar el área de migración en ese y otros aeropuertos privatizados.

En lo que se implementa ese último plan, el objetivo norteamericano pasó a ser el de lograr que funcionarios de la Dirección General de Migración dominicana fuesen adiestrados por funcionarios del servicio norteamericano de migración en las técnicas de detección de documentos falsos, así como lograr que las computadoras de nuestra Dirección General de Migración tuviesen acceso a los bancos de datos del Servicio de Inmigración norteamericana, para así los inspectores dominicanos poder detectar pasajeros con problemas de acceso a ese país. Como las líneas aéreas que transportan personas con papeles que no están en orden y que tienen que ser devueltos a Santo Domingo reciben fuertes multas por permitir viajar a esas personas, éstas, por supuesto, han aplaudido con entusiasmo el plan. Igualmente, como el documento más difícil de falsificar es el pasaporte, a las autoridades norteamericanas se les ocurrió la peregrina idea de convencer a la Directora de Migración dominicana, durante un viaje a Washington a la cual fue invitada a principios de mayo de 1997, de requerir el pasaporte a toda persona que quisiera visitar la República Dominicana. Con eso se le resolvía a los norteamericanos el problema de los niños que retornaban con actas de nacimiento y de adultos que entraban a los Estados Unidos con la tarjeta de identificación de un familiar ya residente en Norteamérica. Por supuesto, eso significaba que todos los turistas, europeos y norteamericanos que visitasen nuestro país, tendrían que tener un pasaporte. Una proporción muy baja de los europeos (quienes pueden viajar sin pasaporte dentro de la Unión Europea) y de los norteamericanos poseen pasaportes, simplemente porque no los necesitan como turistas. La puesta en ejecución de esa medida implicó, hasta su derogación, tres semanas después, una fuerte reducción en los flujos de turistas hacia nuestro país, pues se fueron a otros destinos en el Caribe y Centroamérica.

Solicitudes de cooperación de ese tipo, que buscan reducir la migración indocumentada, fueron hechas a los gobiernos de México, Centroamérica y el Caribe. Los embajadores de la región, encabezados por el de México, tomamos la posición de que esa cooperación requeriría, como contraparte norteamericana, modificar las leyes de migración de 1996, para que la migración legal se mantuviese a los mismos niveles de antes, mientras ayudábamos a reducir la ilegal. Una reducción simultánea en la migración legal y en la indocumentada crearía presiones internas extraordinarias en nuestros países. Nuestras cancillerías apoyaron esa decisión. En México no fue difícil, pues los gobiernos de ese país siempre han considerado a la migración indocumentada como un problema norteamericano, no mexicano, y no han tomado nunca medidas para dificultarla.

A los indocumentados que son deportados a Centroamérica y Belice, por ejemplo, las autoridades de esos países les señalan donde queda la Carretera Panamericana en dirección hacia el norte. A finales de abril de 1997 leímos en los resúmenes de prensa dominicanos que la Directora de Migración había sido invitada a visitar Washington. La Cancillería no sabía nada, por lo que opté por enviarle un fax pidiéndole que pasase por la embajada, antes de su primera reunión. Nunca lo hizo. A su regreso a Santo Domingo, a principios de mayo, declaró en la prensa que había llegado a un gran acuerdo con el Servicio de Migración norteamericano. Tanto la Cancillería como yo seguíamos ignorantes de lo ocurrido. Pronto anunció que todo extranjero que viajase a República Dominicana necesitaría un pasaporte. Los Estados Unidos no es una fuente importante de turismo hacia nuestro país, pero, aún así, de inmediato la central de teléfonos de la embajada quedó totalmente congestionada de llamadas preguntando si ese aviso, que ya aparecía en los requisitos de viajes en las computadoras de líneas aéreas, era cierto.

Di instrucciones de decir que no sabíamos y busqué como aliado a un muy alarmado Secretario de Estado de Turismo. Se requirió toda la presión del sector turístico dominicano para que la funcionaria echara para atrás su decisión tres semanas después. Además, fue cancelada de su cargo. Mientras tanto, el daño ya estaba hecho. Por supuesto, ningún otro país centroamericano o caribeño aceptó esa propuesta norteamericana.

Otro caso parecido fue el de los deportados criminales. Desde que llegué a Washington me dediqué a crear conciencia sobre este grave problema que, por la cantidad de personas envueltas, ha estado creando un fuerte aumento en la criminalidad en nuestro país, Haití, Centroamérica y el Caribe angloparlante.

Logramos que la prensa norteamericana hablase sobre el tema y que organismos como el Diálogo Interamericano prepararan estudios y organizaran seminarios sobre el mismo. Me consta que el propio Presidente Leonel Fernández externó personalmente su preocupación sobre el asunto, tanto al Presidente norteamericano, como a la Primera Dama, Hillary Rodham Clinton. El Canciller Latorre también lo planteó varias veces a la propia Secretaria de Estado Madeleine Albright. La prensa dominicana está llena de denuncias sobre el incremento en la criminalidad resultante de esas expulsiones, hechas por nuestro Jefe de la Policía y por el Secretario de las Fuerzas Armadas. Lo que se buscaba reducir era la cuantía de esas deportaciones. Sin embargo, al año de mi llegada a Washington, comencé a escuchar expresiones de preocupación por el hecho de que las autoridades norteamericanas estaban encontrando evidencias de "reincidencias", es decir, que muchos deportados retornaban ilegalmente a los Estados Unidos y allí, de nuevo, violaban la ley. Eso me sirvió para combatir los argumentos norteamericanos de que no era cierto que estaba aumentando la criminalidad en nuestra región como resultado de esas deportaciones, pues la "reincidencia" se estaba dando tanto en los Estados Unidos como en nuestra región.

Pero, para mi gran sorpresa y desaliento, a los pocos meses de regresar al país, a mediados de 1999, comencé a leer declaraciones de nuestras propias autoridades de migración[1] en el sentido de que éstas estaban negando pasaportes y el derecho a salir del país a los miles de "deportados criminales", aún cuando su intención fuese viajar a Europa, Panamá, Costa Rica o Venezuela. Con eso se complacía a los norteamericanos, quienes presumen que esos deportados lo que quieren es regresar ilegalmente a los Estados Unidos a través de terceros países. El gobierno dominicano ha aceptado convertirse, por presión de la embajada norteamericana, en carcelero de los dominicanos deportados. Eso, por supuesto, constituye una clara violación de la Constitución y las leyes dominicanas, pues un dominicano que no tiene ni ha tenido problemas con la justicia dominicana, y ya cumplió su pena con la norteamericana, tiene todo el derecho a viajar a cualquier país que esté dispuesto a otorgarle visa.

Pero el control norteamericano sobre nuestras autoridades de migración ha llegado a un nivel tal que éstas han admitido públicamente[2] que los americanos les han enseñado cómo detectar el "perfil" de los dominicanos que quieren viajar a un tercer país, para luego de allí pasar ilegalmente a los Estados Unidos. Esas declaraciones hasta citan el caso de una familia de un campo de Baní que quería viajar a Centroamérica y le fue negada la salida, a

[1]Ver "El Siglo", enero 9 y 10, 2000; "Listín Diario", enero 9 y junio 11, 2000; "Hoy", noviembre 15, 1999 y "Última Hora", mayo 31 y noviembre 21, 1999.
[2]Ver nota anterior.

pesar de que ninguno de los integrantes de esa familia habían tenido nunca problemas con la justicia dominicana, y no habían tratado de salir antes del país.

Desde el fin de la dictadura de Trujillo, todo dominicano tiene derecho a un pasaporte. Ahora, por su "perfil" se le niega ese derecho. Eso ocurre cuando precisamente en los Estados Unidos la opinión pública y las cortes están atacando e impugnando la política del uso de "perfiles" por parte de la policía, cuando optan por detener en las calles, o autopistas, a personas que llenan ese "perfil" (negros, hispanos) de delincuentes.

Me consta que ni el Presidente Leonel Fernández, ni el Canciller Latorre fueron consultados, ni supieron sobre estas decisiones de política de nuestras autoridades migratorias. Cuando personalmente me enteré del asunto, aunque ya no era diplomático, sí se lo mencioné al Canciller Latorre. También, cuando lo supe, me quejé, como ciudadano, a funcionarios de la Embajada americana, quienes admitieron que habían presionado a la Dirección de Migración para lograr esa política, pero me señalaron que quienes violaban la Constitución y las leyes eran funcionarios dominicanos, no ellos. Es decir que el que presiona está exento de culpa, mas no el presionado.

Todo esto lo ha logrado la Embajada norteamericana sin que el gobierno dominicano pidiese, o lograse algo a cambio. Ése es el éxito de la política norteamericana de negociar directamente con las agencias de un gobierno que no mantienen contacto alguno con el resto de su propio gobierno.

LA EXTRADICIÓN

Uno de los asuntos de mayor interés para los norteamericanos en su agenda bilateral con la República Dominicana, a partir de los años noventa, ha sido lograr la extradición de dominicanos que han cometido crímenes en los Estados Unidos y se han refugiado en su país de origen.

El problema radicaba en que la convención bilateral de principios de siglo sobre el tema hacía muy difícil que el gobierno dominicano pudiese extraditar. Se necesitaba, pues, un nuevo instrumento legal. Además, durante el primer año del gobierno de Leonel Fernández la actitud de sus autoridades judiciales fue contraria a las extradiciones y así lo manifestaban en declaraciones públicas. De hecho, la primera extradición tan sólo fue concedida en agosto de 1997, precisamente coincidiendo con la visita a Washington de una misión de alto nivel de las autoridades dominicanas involucradas en la materia. Además, el Congreso dominicano estaba dominado por el Partido Revolucionario Dominicano (PRD). La táctica de la Embajada norteamericana fue negociar con el PRD y convencer a uno de sus senadores, Darío Gómez Martínez, a que introdujera un proyecto de ley de extradición que cumpliese con los objetivos norteamericanos, lo que hizo el senador en febrero de 1997. Fue convertido en ley en julio de 1998.

Cuando, pocos días antes de las elecciones congresionales de agosto de 1998, *The New York Times* publicó un artículo de primera página sobre el tema de las drogas en nuestro país y donde autoridades del gobierno de Leonel Fernández advertían que si el PRD ganaba las elecciones congresionales los "capos" de la droga controlarían al país a través de los congresistas del PRD, la embajada norteamericana ni siquiera comentó que la ley que más necesitaban y que más podía preocupar a esos "capos", la de extradición, ya había sido pasada en julio de 1998, es decir un mes antes, precisamente por la cooperación de los congresistas perredeistas.

CÓMO LLEVAR A CABO LA POLÍTICA EXTERNA BILATERAL

Los ejemplos anteriores evidencian cómo las autoridades norteamericanas en Santo Domingo logran sus objetivos, sin tener que ocuparse de negociarlos a cambio de otros que son de particular interés para los dominicanos.

Cuando estos últimos, a nivel de la Presidencia, o la Cancillería, o su Embajada en Washington llegan a plantear su agenda, lo hacen sin contar ya con municiones, representadas por temas que son de interés de la otra parte, pues ésta ya los ha logrado sin un quid-pro-quo significativo. En las negociaciones internacionales el quid-pro-quo es la regla, no la excepción. Pero para que los dominicanos podamos aprender a hacer esto se requieren cambios fundamentales en el manejo interno de la política externa. Estos cambios no requieren leyes, ni decretos, ni de nuevos presupuestos, pues simplemente implican asuntos de coordinación y subordinación.

Primero, el Presidente de la República, al autorizar una entrevista al Embajador norteamericano debe indagar sobre los puntos que desea tratar. Debe, además, de estar acompañado por su Canciller, o, en su ausencia, por un Vicecanciller, y, según la naturaleza de los temas, por el Encargado del departamento que tiene que ver con la materia (Migración, Drogas, Interior y Policía, Secretaría de Industria, etc.). El equipo dominicano debe de discutir la agenda entre sí y llegar a una posición negociadora antes de recibir al Embajador.

Segundo, ningún jefe de un departamento (con la posible excepción de nuestras agencias de seguridad, nuestras Fuerzas Armadas y la Dirección de Control de Drogas) debe de recibir a un funcionario de la Embajada norteamericana, sin que sepa previamente sobre los temas a tratar y siempre con la presencia de un funcionario de la Cancillería. La embajada norteamericana no podría objetar esto, pues refleja la práctica cotidiana del gobierno de Washington.

Tercero, ningún funcionario del gobierno (con las excepciones antes señaladas) debe de aceptar una invitación a viajar a los Estados Unidos, sin que la Cancillería lo apruebe y sin que se sepa lo que se va a negociar. La Cancillería debe de estar representada en esas reuniones, ya sea por un funcionario suyo que viaje con ese fin, o por un funcionario de la Embajada dominicana en Washington.

Cuarto, el Presidente de la República, con la ayuda de su Canciller, debe de concebir la estrategia negociadora de la agenda bilateral. Ningún otro funcionario puede negociar contradiciendo esa estrategia.

Quinto, es iluso pensar que la República Dominicana, por sí sola, puede imponer el grueso de sus objetivos en negociaciones entre países tan desiguales. Pero muchos de éstos, tanto en el campo comercial como en el de la migración y otros, son compartidos por los gobiernos de los países centroamericanos y del Caribe. De ahí la necesidad de coordinar esas estrategias, tanto cuando los Presidentes de la región se reúnen con el Presidente de los Estados Unidos, como cuando el Canciller norteamericano se reúne con los cancilleres de nuestra región y cuando los Embajadores centroamericanos y caribeños se reúnen, como lo hacen con suma frecuencia, en Washington.

LOS CONSULADOS

Los cónsules dominicanos en los Estados Unidos no están desempeñando su papel. Los que están ubicados en zonas donde habitan muchos dominicanos y/o donde se exporta mucha mercancía, reciben ingresos extraordinarios, que se ven obligados a utilizar en las campañas electorales del partido entonces en el poder y que los nombró, quedando el grueso de los recursos restantes en sus bolsillos. De ahí que esos cargos sean de los más apetecidos. Pocos recursos son utilizados para dar servicios a la comunidad domínico-americana. Esos consulados son la principal fuente de ingresos fiscales del país que no pasa por el presupuesto nacional, ni es fiscalizada por la contraloría, aunque los ingresos "ordinarios" sí son depositados en la cuenta "República Dominicana". En fin, que nuestra diáspora es explotada por nuestros cónsules. Además, estos cónsules consideran que tan sólo responden al Presidente de la República, por lo que hacen caso omiso tanto a su jefe inmediato, el Embajador en Washington, como a su Canciller. Una de nuestras frustraciones más grandes como Embajador fue darnos cuenta de lo inútil de nuestros esfuerzos por lograr que los consulados dieran mejor servicio a sus conciudadanos, a través de medidas que ya han puesto en ejecución consulados con diáspora de igual importancia. Entre las medidas que sugerí, después de consultar a las embajadas de México, Centroamérica y Jamaica, están las siguientes:

1. La entrega de una tarjeta a los miembros de la comunidad, que puedan enseñar a la policía si son arrestados, que explica los derechos que bajo la Convención de Viena tiene todo extranjero en los Estados Unidos, y que incluye, al momento de ser arrestado, llamar a un abogado y no contestar las preguntas que le hace el policía. Esa distribución estaría acompañada por la contratación de abogados a quienes podrían llamar los dominicanos arrestados. Esta tarjeta ya está siendo distribuida por los consulados mexicanos y ha tenido una gran aceptación en la comunidad.

2. Un servicio legal gratuito a los que, desde las cárceles, enfrentan deportación. Se estima que una alta proporción de los deportados se auto-incriminan ante el juez, por ignorancia, y que, con un buen abogado, llegado el momento del juicio en la cárcel, se reduciría sustancialmente el flujo de los deportados.

3. Contratación de abogados expertos en migración, quienes darían consultas gratuitas a los dominicanos sobre su status migratorio, en base a un análisis de los datos básicos recogidos para cada caso en los consulados, cuando el dominicano los visita. Eso ya lo están haciendo los consulados centroamericanos. Esos datos básicos son enviados por correo electrónico a la oficina de los abogados, quienes contestan a los consulados por la misma vía.

Un problema muy serio que tiene la mayoría de los cónsules se origina en el hecho de que, o son ciudadanos americanos (de origen dominicano), o son dominicanos con residencia, poseedores del llamado "green card". Basándose en lo establecido en la Convención de Viena, el Departamento de Estado sólo reconoce como cónsules a ciudadanos extranjeros y sin permisos de residencia. El nombramiento de cónsules con ciudadanía americana, o con residencia, y que consecuentemente no son reconocidos como tales por el gobierno americano, provoca muchos problemas, entre ellos los siguientes:

1. El Departamento de Estado los considera como "usurpadores" de su cargo y así lo informan al gobierno dominicano. Como no son reconocidos, no aparecen en las listas consulares en las ciudades donde ejercen, por lo que no pueden oficialmente pedir una cita al alcalde, ni son invitados a recepciones, etc.

2. No gozan de ninguna inmunidad diplomática.

3. Su firma no tiene ninguna validez en una corte norteamericana, por lo que pueden ser acusados de falsificación de escritura pública por una persona afectada por la nulidad de un documento.

Durante nuestra gestión, muy pocos cónsules eran reconocidos por el Departamento de Estado. Los principales, los de Miami y Nueva York eran ciudadanos norteamericanos y portadores de un "green card", respectivamente.

Otro problema radica en que, debido a la necesidad de proteger los consulados ante la creciente ola de atentados terroristas, Estados Unidos prácticamente ha congelado la autorización de apertura de nuevos consulados, sobre todo si están cerca de ciudades donde ya existe uno.

Sin embargo, líderes políticos de diferentes comunidades dominicanas aspiran a tener sus propios consulados (para ciudades en el Estado de New Jersey, por ejemplo, se hicieron solicitudes), a pesar de que esos lugares están a menos de una hora de Nueva York, pues esa es una forma de repartir el "pastel político" en base a una distribución geográfica más amplia. Esos consulados tampoco serían reconocidos.

Frustrado, opté por concentrar mis esfuerzos en nombrar cónsules honorarios a norteamericanos prominentes en ciudades donde operan compañías norteamericanas con potencialidad de convertirse en inversionistas en nuestro país. Para esto logré el entusiasmado apoyo del Presidente Leonel Fernández, quien quedó muy bien impresionado con nuestro cónsul honorario en Atlanta, un abogado de la firma más prominente de esa ciudad, y quien, cuando el Presidente visitó esa ciudad, le ofreció una recepción donde le presentó al gran liderazgo empresarial y político de la ciudad. En nuestro caso particular, nos consiguió una cita nada menos que con el Presidente de la línea aérea Delta. Recibí autorización del Presidente Fernández de buscar abogados socios de las firmas más prominentes en otras ciudades donde no hay comunidades dominicanas, pero sí inversionistas, como Minneapolis, Dallas, Cleveland y otros. La primera ciudad donde fui invitado por el alcalde, para otros fines, lo fue Dallas, en Texas, donde pude localizar a uno de sus abogados más prominentes y quien aceptó ejercer esas funciones. Sin embargo, cuando envié el expediente a nuestra Cancillería, cayó en manos de una Subsecretaria Encargada de Asuntos Consulares, quien me informó que era necesario que esa persona viajase a Santo Domingo para ser sometida a una "evaluación". Le planteé que esa evaluación ya la había hecho yo. No se inmutó. Le pregunté si ésa era una regla general, o si podían haber excepciones. Me dijo que no las habría. Le cité, sin ser cierto, la posibilidad de conseguir como cónsul honorario a Bill Gates. Me contestó que "ese señor Gates" también tendría que ir a ser evaluado en la Cancillería y luego tomar un curso de adiestramiento. Tenía tres alternativas: o dirigirme al Canciller, o pasarle por encima a la Cancillería y dirigirme directamente al Presidente de la República, u olvidarme del asunto. Como mi propósito era conseguir entre seis y ocho cónsules "de primera", eso implicaría molestar al Canciller o al Presidente ese mismo número de veces. Opté por olvidarme del asunto. Ciertamente el Presidente estaba interesado en esos cónsules honoríficos, pero también había designado en la Cancillería a una Subsecretaria que no entendía nada sobre la materia.

Por otro lado, la firma de abogados Herrera Pellerano & Asociados, que tiene en computadora todos los decretos del país desde el 1844, a solicitud mía suministró una lista de todos los decretos nombrando cónsules honorarios que no habían sido cancelados.

¡Fueron unos ochenta! Muchos habían muerto y otros no contestaban el teléfono, ni se sabía de ellos. Envié el análisis a la Cancillería y ésta logró un largo decreto del Presidente cancelándolos.

LA CONTRATACIÓN DE CABILDEROS

Desde que surge un nuevo gobierno en nuestros países, o desde que llega un nuevo Embajador de nuestra región a Washington, es asediado por cabilderos, quienes buscan representar los intereses del país por una muy alta suma de dinero. En nuestro caso, nunca recibí ninguna sugerencia en ese sentido del Presidente Fernández, o de la Cancillería, pero sí recibí una llamada de un alto funcionario del gobierno norteamericano sugiriéndome a un cabildero, el cual, nunca contratamos.

No consideramos imprescindible que el gobierno dominicano gaste grandes sumas teniendo un cabildero permanente en Washington. Sin embargo, para casos muy específicos estos servicios se requieren. Tal fue la situación de la ley de paridad textil, cuando esos servicios fueron contratados por el sector privado dominicano, no por el gobierno. Si se me preguntara si en la actualidad debemos contratar algún tipo de cabildero, diría que para lo único que hoy día necesitamos ese servicio, es en el campo de la modificación de las leyes de migración norteamericanas, para facilitar tanto la migración legal dominicana a los Estados Unidos, como para modificar leyes que mejorarían las condiciones de vida de los dominicanos que ya residen en ese país. Ese cabildero uniría sus esfuerzos a los de otros gobiernos, como los centroamericanos, Haití y México. Éste es un asunto que ni siquiera la propia comunidad dominicana en los Estados Unidos entiende que le afecta mucho, a pesar de existir allí más de 75,000 dominicanos indocumentados, o con visas de turista vencidas; de haber disminuido notablemente la migración legal hacia los Estados Unidos y de existir una política de deportación por cosas tan banales como haber robado en un supermercado. Ni en el área comercial, ni en otras, considero que se requiere hoy día de ese tipo de servicios.

EL PERSONAL DE LA EMBAJADA DOMINICANA EN WASHINGTON

El edificio de la embajada dominicana en Washington es compartido por la embajada ante la Casa Blanca, la Misión Permanente ante la Organización de Estados Americanos (OEA), la Agregaduría Militar y el Consulado. El espacio asignado a la representación ante la Casa Blanca, es tan reducido que allí apenas pueden trabajar seis personas. Sin embargo, a veces la nómina es el doble, pues se asignan "botellas" de la más diversa índole.

Consideramos apropiada esa limitación física de los seis escritorios, pues, en la realidad, no se requieren más. Se necesita de un Ministro Consejero, economista, encargado de todo el área que tiene que ver con asuntos económicos y comerciales; de un joven abogado, experto en temas de migración y propiedad intelectual y que pase la mayor parte de su tiempo en el Congreso americano, cabildeando a los ayudantes de los congresistas y que también actúe como enlace con los consulados y la comunidad; de un funcionario de la Oficina de Promoción de Inversiones (OPI), que se dedique a visitar diferentes ciudades en los Estados Unidos tratando de atraer inversionistas y a resolverle los problemas a aquellos que ya están en el país. Una secretaria y una recepcionista cubrirían los dos asientos restantes. Me falta alguien... ¡ah sí, el Embajador!

LA AGREGADURÍA MILITAR

A los pocos días de llegar a Washington, y estudiando la "lista diplomática" me di cuenta que éramos uno de los pocos países del continente que no contaba con por lo menos un Agregado Militar. Tan sólo Costa Rica y Panamá, que no tienen ejércitos, y la mayoría de las Antillas angloparlantes, por la misma razón, no contaban con ese personal. En el caso dominicano, llevábamos once años sin un Agregado, pues la política de Joaquín Balaguer había sido no enviarlos.

Redacté un oficio al Presidente de la República y al Canciller sugiriendo que nombrase por lo menos un Agregado Militar. Poco después lo tuvimos. La presencia del General José Miguel Soto Jiménez ayudó a que enviásemos a una serie de cursos a una buena cantidad de militares dominicanos, cupos que no habíamos utilizado durante muchos años. Su papel durante los días subsecuentes al huracán Georges fue particularmente útil, por los contactos que ya había establecido con el Pentágono. Luego devino rutina la presencia de altos militares dominicanos, de visita a la embajada, antes de iniciar sus cursos de entrenamiento en los Estados Unidos. También, a través de los actos sociales que organizó el general, uno pudo conocer a oficiales de muy alto nivel de otros países latinoamericanos, que se desempeñaban como Agregados en Washington.

EL HURACÁN GEORGES

La tragedia del huracán Georges puso en estado de emergencia a la embajada, con reuniones diarias de todo el personal. De particular importancia fue lograr el rápido desplazamiento de los grandes helicópteros militares norteamericanos hacia nuestro país. Ésa era función de la Agregaduría Militar, y el General José Miguel Soto Jiménez lo hizo con suma efectividad, pero se requería del permiso de algunos líderes congresionales norteamericanos para esa movilización, y tuvimos que hablar con sus ayudantes. Como el huracán amenazaba con seguir hacia la Florida las fuerzas armadas norteamericanas tardaron en enviar esos helicópteros, ya que nos admitieron cándidamente que primero tenían que atender las posibles adversidades contra su propio país. Cuando, poco después, ocurrió la tragedia del huracán Mitch, participé en una reunión de los embajadores centroamericanos para nutrirlos con mi reciente experiencia y para enfatizarles la necesidad de lograr el envío de los helicópteros.

También visitamos influyentes congresistas para lograr que viajaran a la región, lo cual hicieron, y así crear conciencia sobre la necesidad de la ayuda y las donaciones. Cuando los organismos internacionales cuantificaron los daños en Santo Domingo y Centroamérica nos esforzamos en subrayar frente a todos los que nos escucharan que después de Nicaragua y Honduras el tercer país más afectado había sido el nuestro, y que si se pensaba de alguna forma condonar las deudas de países como El Salvador y Guatemala, menos afectados que nosotros, debía también condonarse la nuestra. Sin embargo, eventualmente tan sólo se condonó la de Nicaragua y Honduras. Tan pronto sucedió la catástrofe, iniciamos una campaña de recolección de fondos que fue exitosa y que canalizamos a través de la Cruz Roja norteamericana. Todos los conocedores de cómo enfrentar las consecuencias de un huracán, nos dijeron que era más importante enviar dinero que furgones llenos de medicinas y comida, ya que había existencias, aunque reducidas en el país, pero no había dinero con qué comprarlas. Esas existencias deberían de ser agotadas primero. Nuestro Poder Ejecutivo, como es natural, quería que el dinero fuese enviado al propio gobierno y no a las agencias internacionales de socorro, pero las corporaciones norteamericanas y los propios ciudadanos norteamericanos tan sólo hacen donaciones que sean deducibles del impuesto sobre la renta, y esto no se logra si se envía el cheque a una embajada, consulado, o a un gobierno extranjero.

Advertimos a muchas organizaciones de la comunidad dominicana que la recolección de ropa iba a crear problemas, pues alguien tendría que pagar por el envío del furgón. Además, no era ropa lo que más necesitaban los que en ese momento estaban en los techos de sus bohíos rodeados de agua.

Salí en varios programas de televisión exhortando al pueblo norteamericano a hacer su contribución, siempre a través de la Cruz Roja norteamericana. En ningún momento se me ocurrió aparecerme en Santo Domingo con furgones de ayuda para que la prensa lo vinculase a una gestión mía. Meses después me enteré de comentarios en el sentido de que los que manejaron la ayuda para las víctimas del huracán reconocían que habían recibido de la comunidad de los Estados Unidos ropa, medicinas, etc. en montos superiores a los que podían utilizar.[3]

Con el sector privado logramos recolectar casi US$100,000 en base a llamadas y cartas personales. Michael Camilo se ofreció a dar gratuitamente un concierto en el Kennedy Center, lo que también ayudó mucho la recaudación.

ASPECTOS CULTURALES

Dados mis antecedentes como ex Director del Museo del Hombre Dominicano, autor y editor, sentí una inclinación natural a tratar de hacer algo en el campo cultural, pero la falta de tiempo y otros factores limitaron el desempeño de esas funciones. En la Biblioteca del Congreso ubiqué una colección de mapas antiguos sobre nuestro país que logré reproducir y que hoy constituye el grueso de la Sala de Mapas de nuestro Museo de Historia y Geografía. Asimismo, encontré antiguas grabaciones de música folklórica dominicana, que reproduje y distribuí entre instituciones oficiales dominicanas vinculadas al tema, así como entre artistas y folkloristas. En lo que concierne a universidades, fui invitado a dar conferencias a diez de ellas: Cornell, Pennsylvania, Georgetown, Johns Hopkins, Athens, Illinois, Middlebury, CUNY, Rutgers y Creighton. Francamente me sería imposible citar cuantas veces asistí a reuniones en los célebres "think tanks" de Washington. Dadas las facilidades de exhibición de pinturas en el edificio de la OEA, como es natural la promoción de esas exhibiciones fue auspiciada por nuestro Embajador ante ese organismo.

Antes de mi estadía oficial en Washington, el grueso de mis visitas a esa ciudad habían sido para hacer investigaciones en los archivos históricos de esa ciudad. Pero fue tan sólo a los seis meses de haber llegado como Embajador, durante el cálido verano de 1997,

---

[3]En septiembre del 2000 la prensa local citaba la existencia, en muelles dominicanos, de furgones de ayuda con mercancía dañada, que nunca pudieron ser sacados de las aduanas.

cuando pude sacar tiempo para efectuar mi primera visita a ese archivo. En mis dos años y medio no creo que pasé más de treinta horas en ese centro, principalmente los sábados y los jueves por la noche, cuando están abiertos hasta las nueve.

Sin consultarme, fue nombrado un Agregado Cultural. Además de que pienso que un Agregado Cultural dominicano es más efectivo dentro del consulado dominicano en Nueva York y/o Miami, por ser la primera la capital de la cultura norteamericana y la segunda donde se concentra hoy día la pintura latinoamericana dentro de los Estados Unidos, el Agregado Cultural que me fue asignado puedo dar constancia de que no hizo nada mientras estuve allí, ni siquiera asistir regularmente a la oficina. Reconozco que el ambiente cultural en Washington es tal, que no es el mejor sitio donde auspiciar exhibiciones y conferencias. Aún así, el hecho de que esa persona no asistía a la oficina, y ganaba un sueldo tres veces superior al de cualquier miembro del escaso personal que trabajaba en la Embajada, la mayoría de los casos en jornadas de horas extras, causó cierto grado de desmoralización entre ese personal. En cuanto a mí se refiere, dejé de pensar en auspiciar exhibiciones en Washington, de vincular al Centro Kennedy con nuestro Teatro Nacional y otras iniciativas, pues esas funciones ya no me correspondían.

*Acompañando a Plácido Domingo, su esposa Marta y Selwa Roosevelt,
durante una cena en el Kennedy Center.*

*Con Andrea Mitchell, conocida comentarista de televisión
y esposa de Alan Greenspan, Gobernador de la Reserva Federal,
a la izquierda, y Patty Preston, viuda del ex-Presidente del Banco Mundial
Lewis Preston, durante una cena ofrecida en la Embajada Dominicana.*

LA AGENDA BILATERAL.
LAS PRIORIDADES DESDE
EL PUNTO DE VISTA DOMINICANO

La agenda bilateral. Las prioridades desde el punto de vista dominicano

En cualquier agenda, los asuntos prioritarios sobre política exterior cambian según el tiempo y las circunstancias. Tan sólo basta recordar que, durante más de 40 años y desde 1947, uno de los objetivos de la política dominicana fue convencer a los americanos que éramos anticomunistas.

Las prioridades dominicanas a las que me voy a referir son las que existieron durante el ejercicio de mis funciones, la mayoría de las cuales siguen vigentes en este año 2000 en que escribo.

A. Temas migratorios

Esta es una prioridad que debo admitir la asumí por mis propias convicciones y no porque el gobierno dominicano así lo considerase, pues ésta es una causa hasta ahora sin dolientes, y sin fuerza política. Los perjudicados son miles de dominicanos que quisieran emigrar para reunirse con familiares ya residentes en los Estados Unidos. Muchos de ellos, desesperados, optan por la yola, o por otra forma de emigración ilegal. También está el caso de los indocumentados, quienes viven en los Estados Unidos en la ilegalidad; los que son deportados por violaciones menores a la ley y los que son encarcelados, pero ven reducidas sus sentencias, para así poder ser deportados y con eso ahorrarle dinero a las cárceles americanas. Otros son los que han visto reducido su acceso a la seguridad social. Mientras esos son temas que los partidos políticos enarbolan como suyos en Centroamérica, presionando a sus

Presidentes para que los resuelvan, en el caso dominicano ni la comunidad en el exterior ha aprendido a exigirlos, ni son considerados básicos por los políticos norteamericanos de origen dominicano como Guillermo Linares y Adriano Espaillat, o por los políticos en Santo Domingo. Tampoco forma parte de la agenda de los partidos políticos dominicanos, a pesar de que éstos se nutren de los ahorros de la diáspora dominicana, sin poder ofrecerle o prometerle, a cambio, nada que mejore su situación en los Estados Unidos.

Sin embargo, en términos económicos y para lograr una reducción en el sufrimiento humano, lograr nuestras prioridades en el área de migración sería tan importante como haber obtenido la paridad textil. En ese caso, como el de la cuota azucarera, y en contraste con los problemas migratorios, grupos empresariales logran presionar a los gobiernos y a los partidos para que defiendan su causa, y también contratan eficientes cabilderos en Washington para lograr la legislación que requieren.

En cambio, este tema migratorio sí es una prioridad para Centroamérica, incluyendo México. El presidente electo Vicente Fox se ha convertido en su abanderado. (Véase el anexo No. 7 al final de este libro para más detalles sobre el impacto regional.)

En 1996, año de elecciones en los Estados Unidos, la mayoría conservadora del Partido Republicano logró imponer nuevas leyes de migración cuyo propósito fue y es, reducir sustancialmente la inmigración legal procedente de países pobres. La administración de Clinton se opuso, sin éxito, a esas leyes. En el anexo No. 7 se evidencia que el 98.7% de todas las visas de emigrantes otorgadas por los cónsules norteamericanos en Santo Domingo son para unificación familiar, unificación que es auspiciada por el familiar establecido en los Estados Unidos. La nueva legislación exige que el familiar auspiciador garantice al gobierno norteamericano, mediante un compromiso legal (*el affidavit of support*) que el nuevo inmigrante no se convertirá en una carga para el fisco y, para poder ofrecer esa garantía, éste tiene que demostrar un nivel de ingresos monetarios que muy pocos dominicanos alcanzan, y, si lo tienen, en la medida que no lo declaran al impuesto sobre la renta, no pueden demostrar su existencia. El compromiso legal es tan fuerte que si una persona "pide" a su cónyuge y, varios años después se divorcian y el ex cónyuge queda desempleado, el solicitante original todavía está obligado a hacer el pago al gobierno. La entrada en vigencia de esa parte de la ley, en 1998, ha hecho que las visas de residencia otorgadas a los dominicanos se haya reducido de 39,000 a 23,000 por año. ¿Cuántos de los que no pueden irse en forma legal por las nuevas leyes, optan por la vía ilegal? ¿Cuántos perecen al intentarlo? ¿En cuántos casos el familiar residente en los Estados Unidos opta por regresar para poder reunirse con su familia, reduciéndose así el flujo de remesas? ¿Cómo cuantificar el costo humano de familias que tienen que vivir separadas?

Un legislador de la Florida, presionado por votantes de origen dominicano, sometió un proyecto de ley, enmendando la de 1996, para beneficiar a los migrantes de países pobres que quieren reunirse con sus familias, pero como la comunidad dominicana y caribeña en general residente en los Estados Unidos, no ha apoyado el asunto y tampoco los gobiernos de la región han presionado a la Casa Blanca para que lo apoye, sus posibilidades de convertirse en ley son mínimas. El tema ni siquiera ha sido citado en la prensa dominicana.

El propio Servicio de Inmigración Norteamericano estima que unos 75,000 dominicanos viven en los Estados Unidos en forma ilegal, ya sea porque viajaron con visas de turistas y de estudiantes y se quedaron a vivir allí, ya sea que tomaron la yola, o cruzaron ilegalmente la frontera norteamericana con México y Canadá. El anexo No. 7 explica cómo los indocumentados (i.e. ilegales) centroamericanos, cubanos y haitianos lograron que sus gobiernos y comunidades cabildearan en Washington y obtuvieran amnistías a través de varias leyes, por medio de las cuales pudieron regularizar su situación, convirtiéndose en inmigrantes legales con todos los derechos que eso implica: la capacidad de optar por la ciudadanía, el acceso legal al empleo, a la seguridad social, el derecho a viajar a su país de origen y retornar, etc.

La injusticia de otra ley pasada en 1996 puede ser descrita usando un ejemplo real. Un dominicano, muy pobre, emigró legalmente a los Estados Unidos y en sus primeros días de penuria fue capturado robando en un supermercado mercancía valorada en US$20. Fue condenado y amonestado por el juez, pero nunca fue a la cárcel. Con el tiempo se convirtió en un ciudadano ejemplar y líder de su comunidad. Decidió, por fin, viajar a su país de origen, y, al regresar a los Estados Unidos, la computadora de migración puso en evidencia su error de juventud, por lo que fue detenido y deportado. No puede nunca retornar a los Estados Unidos, donde ha quedado su familia. Esto impide que muchos, con antecedentes menores de ese tipo, opten por no viajar nunca.

B. La deportación de criminales

Aunque con anterioridad Estados Unidos deportaba delincuentes, es tan sólo con motivo de leyes migratorias pasadas en el año electoral de 1996 cuando, conjuntamente con un incremento en los recursos presupuestales otorgados al Departamento de Migración Norteamericano, los flujos tomaron proporciones que han creado serios problemas geopolíticos en México, Centroamérica y el Caribe.

Las leyes de 1996, auspiciadas por los republicanos, que contaban con la mayoría congresional, pocos días antes de las elecciones presidenciales de ese año, buscaban el apoyo electoral de votantes conservadores, contrarios a la migración. Las mismas establecen la deportación por violaciones como evasión de impuestos, juegos de azar, venta y consumo de drogas, robo, fraude y hasta brincar por encima de la entrada del "subway" para evitar el pago del pasaje.

En los Estados Unidos, el gasto del gobierno en mantener gente en la cárcel es mayor que el gasto en educación. En ese país hay más encarcelados por cada mil personas que, por ejemplo, en la antigua Unión Soviética. Mil seiscientos millones se encuentran tras las rejas, lo que representa poco más de un 0.3% de la población total. La parte más grande del presupuesto norteamericano para la lucha contra las drogas está dedicada a mantener en la cárcel a los vendedores y consumidores. Ante esta situación, se consideró que una de las formas de aliviar el costo de las cárceles es reduciendo el período de las sentencias originales y deportando a los extranjeros. Aún cuando estos últimos representan apenas un 5% de los encarcelados, su costo anual asciende a unos US$400 millones.

Existe cierta confusión sobre las estadísticas de los deportados. Algunos usan el año calendario, otros el año fiscal norteamericano, que termina el 30 de septiembre, y otros se confunden utilizando la cifra total de deportados, que incluye a personas deportadas por residir ilegalmente (indocumentados), o por habérsele vencido el plazo de su visa. La cantidad total de los deportados que son sacados de las cárceles subió a 31,618 en el año fiscal de 1995, y a 50,434 en el año fiscal de 1997, es decir, después de la entrada en vigencia de las antes referidas leyes. En el año fiscal de 1998 la cifra subió a 50,957. El ritmo de los primeros seis meses del año fiscal de 1999 indica que este año habrá un nivel de deportación de unas 60,000 mil personas. El país a donde más delincuentes son deportados es México, con unos 38,000 mil, seguido por la República Dominicana y luego por El Salvador, Jamaica, Honduras y Guatemala.

En el caso dominicano las cifras han aumentado de 1,024 en 1993 a 1,900 en 1999. Las estadísticas sobre cuántos dominicanos quedan en las cárceles norteamericanas y cuántos nuevos entran cada año están disponibles para las cárceles federales, mas no para las estatales, pero las indicaciones son de que el problema no se va a resolver por sí solo, es decir, por falta de deportables.

En ciertos círculos existe la errada percepción de que en la comunidad dominico-americana predominan los delincuentes. Nada más alejado de la verdad. Los 8,251 deportados en estos seis años, más los que podrían hoy estar en las cárceles, no exceden del 1.5% del total de los dominico-americanos que viven en los Estados Unidos.

Esto significa que el 98.5% de esa población no está, ni ha estado nunca, en la cárcel. Es indudable que el índice de criminalidad de los emigrantes irlandeses e italianos de hace cien años, quienes se caracterizaron precisamente por la violencia y el crimen organizado en las grandes ciudades norteamericanas, fue mucho más alto. Sin embargo, muchos de los políticos norteamericanos que hoy critican nuestra comunidad, tuvieron abuelos y bisabuelos que conformaron parte de esas mafias.

La criminalidad ha aumentado en toda Latinoamérica y el Caribe, aún en países donde los deportados han sido mínimos, v.g. Argentina. Tanto así, que el Banco Interamericano de Desarrollo (BID) está preparando un estudio sobre éste fenómeno tan perjudicial a nuestra sociedad y a nuestro desarrollo. Sus causas son múltiples y complejas e incluyen el fenómeno de la producción, el tráfico y el consumo de drogas.

Sin embargo, no deja de ser cierto que la criminalidad se ha incrementado más en los países donde hay un alto volumen de deportación de delincuentes, sobre todo en El Salvador, República Dominicana, México, Jamaica, Haití y las Antillas Menores. Un 92% de los dominicanos deportados cometieron violaciones ligadas a la venta y el consumo de drogas. El prototipo fue condenado a un promedio de 6.1 años, pero fue absuelto al cumplir 3.3 años de sentencia. Los deportados a El Salvador, originarios en su mayoría de California, reproducen el sistema de "gangas" en un país que, hasta hace poco, sufrió una guerra civil. En Jamaica controlan barrios enteros. En Haití también son un gran problema, al no existir unas Fuerzas Armadas que los controlen. En México concentran sus actividades en la zona fronteriza. Como dijo un Canciller del Caribe angloparlante a la Canciller Madeleine Albright, imitando la famosa frase escrita en la base de la Estatua de la Libertad: "Nosotros les enviamos a nuestros pobres, a nuestros golpeados y ustedes nos los devuelven criminales y expertos en la violencia".

El objetivo principal del dominicano deportado por actos delincuenciales es retornar a los Estados Unidos. La gran mayoría no tiene lazos familiares fuertes en su país de origen y sí en Norteamérica. Además, puede desarrollar mejor su negocio de venta de drogas en los Estados Unidos, país donde aprendió, donde tiene experiencia y donde el mercado es mayor. Muchos han retornado, la gran mayoría ilegalmente, ya sea con pasaportes falsos, tomando la yola, o viajando a través de Centroamérica y México. En la comunidad dominicana en Nueva York, por ejemplo, existe la percepción de que muchos retornan, aunque cada día el regreso es más difícil por un mayor control sobre la documentación y por la colocación de guardacostas en el Canal de La Mona. El Contralmirante Luis Alberto Humeau Hidalgo declaró a nuestra prensa, en junio de 1998, que la mayoría de los delincuentes deportados reinciden a su llegada al país, o tratan de irse de nuevo a territorio norteamericano.

Una de las preocupaciones norteamericanas es el alto nivel de reincidencia de los delincuentes que regresan ilegalmente a los Estados Unidos, pues muchos han sido capturados de nuevo violando la ley. La prensa dominicana citó el caso de uno que fue encarcelado por asesinato y deportado, quien luego retornó a Estados Unidos y mató al hermano de su víctima anterior. Como sus huellas digitales están registradas y computarizadas en los Estados Unidos, se les puede reconocer como deportado con anterioridad. En nuestro país, por el contrario, el cambio de nombre, el uso de documentos falsos y la ausencia de computarización de los nombres y las huellas digitales de aquellos capturados violando la ley, hace muy difícil comparar esa lista con la base de datos de los deportados. Consecuentemente, los datos suministrados por nuestra policía sobre el nivel de reincidencia en el país, probablemente representan un nivel mínimo. Urge obtener información más confiable para poder probar, fuera de toda duda, ese alto nivel de reincidencia.

Este era un tema poco discutido en Washington. Una de nuestras labores como Embajador en esa ciudad fue crear conciencia sobre el mismo. En un trabajo nuestro publicado por el Centro para Estudios Estratégicos Internacionales (CSIS), describimos las

deportaciones de delincuentes como "equivalente a que, durante
la Guerra Fría, la Agencia Internacional para el Desarrollo (AID)
hubiese financiado el retorno a su país de origen de gente entrena-
da en Moscú, en actividades guerrilleras". Ese símil fue citado por
varios autores, entre ellos, Abraham Lowenthal. También describimos el fenómeno como uno de "marielitos al revés". Igualmente,
logramos que el Diálogo Interamericano auspiciara el primer estudio sobre el tema y un subsiguiente seminario para analizarlo. En
una de las reuniones anuales de periodistas norteamericanos corresponsales en América Latina, ofrecimos una conferencia que
estimuló la aparición de varios artículos largos, incluyendo uno en
el "New York Times", sobre el fuerte impacto negativo en los países receptores. El autor también planteó el tema en seminarios para
funcionarios del Pentágono. Además, nos consta que ha sido tratado en más de una ocasión, al más alto nivel, entre nuestro gobierno
y el norteamericano. Entre la diplomacia norteamericana existe el
consenso de que cuando fueron pasadas esas leyes no se tuvo conciencia del impacto desestabilizador que las mismas tendrían en
países tan cercanos a los Estados Unidos. Un alto funcionario de la
Casa Blanca escribió al autor: "Reconozco que las deportaciones
de extranjeros criminales en grandes cantidades han creado un reto
muy serio a varios países vecinos". Pero también existe el consenso en Washington de que, hoy día, no existe el ambiente político
necesario para modificar esas leyes.

Ante la falta de voluntad política para modificar esas leyes por
parte de un Congreso controlado por la oposición, hasta ahora la
administración Clinton se ha limitado a mejorar el proceso administrativo bajo el cual se llevan a cabo esas deportaciones. Ahora,
el grueso llega en vuelos "charters". En esto influyó un escándalo
en la prensa norteamericana, al hacerse público que ciudadanos
norteamericanos que tomaban vuelos comerciales corrían peligro,
dada la presencia entre ellos de delincuentes deportados. La medida, además, reduce el costo del transporte aéreo y hace más difícil
que los deportados puedan volver inmediatamente a los Estados

Unidos, con documentación que todavía no aparece en las computadoras como de alguien que ha sido deportado. También se mejoró el envío de información previa sobre quiénes serán deportados, incluyendo datos sobre su última sentencia. Cuando, en la Cumbre de San José de principios de 1997, ante lo fuerte de las leyes de migración de 1996, los presidentes centroamericanos y dominicano pidieron al Presidente Clinton que evitara la deportación masiva de indocumentados, éste los complació afirmando que tales deportaciones masivas no tendrían lugar, pero agregando que el Departamento de Migración se concentraría entonces en la deportación de criminales. También se ha tratado en forma discreta de que el Departamento de Migración no sea tan eficiente encontrando y deportando a extranjeros ubicados en las cárceles. Ese Departamento, sin embargo, continuamente presionado por Lamar Smith, un congresista republicano conservador que preside el Subcomité de la Cámara sobre Inmigración y representa una zona fronteriza con México, ha rehusado actuar así, pues ya en más de una ocasión, Smith ha pedido públicamente la renuncia de su director.

Posibles soluciones al problema:

1. Modificación de las leyes de 1996. Se ha sugerido, por ejemplo, que no sean deportadas personas que salieron de su país de origen cuando eran niños, bajo el argumento de que sólo en la sociedad que los recibió llegaron a delincuentes, por lo que es esa sociedad y no otra la que debe acogerlos. Además, es probable que tengan más lazos familiares en los Estados Unidos que en su país de origen. El único proyecto de ley que ha sido introducido al Congreso sobre este asunto es el auspiciado por el senador Patrick Moynihan, de Nueva York. De convertirse en ley, resolvería el grueso de las deportaciones a Santo Domingo, pues las limitaría a crímenes como el asesinato, cuando un 92% de los deportados dominicanos han estado presos por vender o consumir drogas, violaciones excluidas en el proyecto, el cual también proveería asistencia legal gratuita a los potenciales deportables. Sin embargo, esta sugerencia de un senador que no iba a reelegirse, encontró poco

apoyo. La comunidad dominico-americana, cuyo apoyo sería muy efectivo pues el grueso de su voto está concentrado en Nueva York, está dividida sobre el tema. Algunos consideran que el pueblo y el gobierno dominicanos tratan de identificar a toda la comunidad con la criminalidad. Otros, sin admitirlo públicamente, prefieren que los delincuentes no sean liberados dentro de los Estados Unidos, pues pondrían en mayor peligro a los propios barrios donde viven. Tan sólo una minoría opina que, desde el punto de vista humano, es preferible que al salir de la cárcel los delincuentes se reincorporen a su familia en los Estados Unidos, y no regresen a un país donde sus lazos familiares son ya muy débiles. Desde la Embajada dominicana en Washington encontramos poco entusiasmo entre la comunidad dominico-americana para apoyar ese proyecto de ley. Como nos dijo un asistente de Moynihan, "si ese proyecto de ley no es apoyado por los que votan por Moynihan, ¿por qué debe éste seguir auspiciándolo?" La Casa Blanca tampoco lo apoya. No deportar delincuentes extranjeros y dejarlos en los Estados Unidos, no es un tema popular para un político norteamericano en términos domésticos y si algo aprendimos en Washington, fue que allí "toda la política es doméstica".

2. Una segunda alternativa es la firma de un Tratado Bilateral de Ejecución de Sentencias Penales, por medio del cual los nacionales dominicanos cumplirían su sentencia completa, en lugar de que ésta sea reducida, como ahora, pero la cumplirían en su país de origen. México, por ejemplo, firmó un tratado de esa naturaleza en 1977. Sin embargo, como para que el tratado sea constitucional en los Estados Unidos se requiere que el reo acepte voluntariamente su traslado, tan sólo unos trescientos mexicanos se acogen a él anualmente, en comparación con los 38,000 que son deportados. La explicación es simple: si se queda en los Estados Unidos su sentencia será reducida y llegará a México como hombre libre. Si regresa bajo el tratado, seguirá preso en un México donde las condiciones carcelarias posiblemente sean peores que en los Estados Unidos. De lograr República Dominicana un tratado de esa naturaleza, un

problema sería que nuestra población carcelaria se duplicaría en seis años, requiriendo la construcción de cárceles adicionales, con sus fuertes implicaciones presupuestales. Se le podría pedir a los Estados Unidos donaciones de dinero para esos fines, pero si el propósito inicial de las leyes de 1966 fue, precisamente, reducir los gastos de encarcelamiento, el traslado de ese costo al presupuesto de ayuda extranjera no luce que sería muy bien visto en Washington.

Varios gobiernos, incluyendo el nuestro, han tratado recientemente de negociar acuerdos de este tipo, tanto bajo esquemas voluntarios como involuntarios. La administración norteamericana ha respondido manifestando que en el Congreso norteamericano no hay interés en acuerdos de esa naturaleza, haciendo referencia al poco entusiasmo por ratificar la Convención sobre Transferencia de Presos Sentenciados, de 1983, auspiciada por el Consejo Europeo, o la Convención Interamericana sobre la Ejecución de Sentencias Penales en el Extranjero, auspiciada por la OEA.

3. Una tercera alternativa, sugerida por unos pocos, es que Estados Unidos construya y administre cárceles en el extranjero, lo que reduciría el costo de encarcelamiento. En el caso dominicano se trataría de una especie de cárcel en zona franca. Esta idea tampoco ha prosperado por sus múltiples implicaciones jurídicas, incluyendo el tema de la soberanía. Hasta se ha pensado en una especie de nueva "Isla del Diablo" en el Caribe, para alojar a deportados de toda la región.

Ante este impasse, y para mostrar que se está tratando de hacer algo, el Departamento de Migración y Naturalización ha iniciado un plan piloto en El Salvador, que también ha comenzado a discutir en Santo Domingo. En esencia, se trata de proveer fondos a una o varias ONGs, para que reeduquen a aquellos delincuentes deportados que voluntariamente quieran acogerse a ese programa, tomando en consideración lo débil de los lazos familiares. Cuando esa idea fue originalmente discutida en un seminario en la Universidad de Georgetown, en Washington, fue fuertemente atacada por expertos en reeducación de delincuentes y en derecho penal. Estos plantearon que el lugar para reeducar delincuentes es precisamente la cárcel, y que reducir el plazo de la sentencia para deportar a su país de origen a esas personas y luego pedirles que, voluntariamente, se reeduquen, refleja candidez. Además, una vez deportados lo que más quieren es regresar a Estados Unidos.

Nuestros países no pueden rehusarse a recibir a sus propios ciudadanos, aun cuando lleguen deportados, pues eso violaría la esencia misma de los principios jurídicos internacionalmente aceptados. Además, en el caso nuestro se establecería un precedente al cual podría acudir Puerto Príncipe para negarse a recibir a aquellos haitianos que deportamos por residir ilegalmente en nuestro país. Tan sólo Cuba, Laos, Camboya y Vietnam rehúsan recibir delincuentes deportados.

Tampoco podemos meter a la cárcel a alguien porque salió del país cuando apenas tenía tres años de edad, no había regresado y después cometió un delito en el extranjero, habiendo ya servido allí su pena. Esa persona no tiene deuda con la justicia, ni en los Estados Unidos, ni en la República Dominicana.

Para enfrentar el problema, Jamaica aprobó una ley en 1994, por medio de la cual los deportados tienen que reportarse a las autoridades de tiempo en tiempo. Esa ley la envié al gobierno dominicano en marzo de 1998, sugiriendo que se estudiase su constitucionalidad, a la luz de nuestro sistema jurídico. La disyuntiva es si un dominicano que no ha cometido una infracción a la ley en nuestro país, puede ser sujeto a limitaciones en sus libertades, por el solo hecho de haber violado la ley en otro país, donde ya cumplió su condena.

El gobierno podría instruir a nuestro Consulado en Nueva York, Estado de donde procede la mayoría de los deportados, para que cubra los costos de servicios legales de aquellos delincuentes que enfrentan una deportación, pues por falta de asesoramiento muchos dominicanos pasan más tiempo de lo necesario en prisión, o son deportados cuando podrían quedarse en los Estados Unidos. Dado que la cárcel en que están ubicados los deportados está lejos de cualquier ciudad grande, los grupos que tradicionalmente ofrecen

servicios legales gratuitos no los están proveyendo a los extranje- *Father Bob*
ros deportables, quienes reciben sólo el asesoramiento de un sacerdote católico de Brooklyn, que ni siquiera es abogado. La prensa de
Nueva York reportó cómo un delincuente dominicano se condenó él
mismo ante el juez, al declarar voluntariamente algo que obligó al
juez a deportarlo. El gobierno norteamericano no ofrece servicios
legales gratuitos en casos civiles, como los de deportación.

Por supuesto, se puede y se debe seguir insistiendo con los
norteamericanos para que reduzcan administrativamente el envío
de deportados, modifiquen sus leyes, y/o negocien tratados con
nosotros. Según una encuesta de la Gallup, de octubre de 1998, un
38% de los dominicanos atribuyen a la deportación de delincuentes el fuerte incremento de la criminalidad en nuestro país. También se podría ejercer presión política, vinculando el tema a algo
que interese mucho a los Estados Unidos. Se pudo haber planteado, por ejemplo, que nuestro Congreso no modificaría la ley de
extradición a no ser que se resolviesen las deportaciones. El Presidente Leonel Fernández, en la Cumbre de Presidentes de Santiago,
en abril de 1998, ligó públicamente el tema de las deportaciones de
delincuentes con el de las extradiciones. Sin embargo, nuestro Congreso pasó la ley de extradición, sin pedir nada a cambio.

Sabemos de por lo menos un país que no tiene tratado de extradición y que piensa negociarlo a base de lograr algunos objetivos en el tema de los delincuentes deportados; aunque es probable
que la administración Clinton alegue que, como no controla el
Congreso, no cuenta con margen de maniobra para negociar una
cosa a cambio de la otra.

C. Otros asuntos migratorios

Uno de los pocos casos en los que se ha podido modificar una
parte de las leyes anti-migración de 1996 fue el del acceso al seguro
social por parte de los inmigrantes legales. Para demostrar lo injusto
de esa ley, la prensa de Nueva York utilizó ejemplos de ancianos

dominicanos residentes en los Estados Unidos, quienes de pronto, dejaron de recibir sus cheques.

Una oportunidad que los dominicanos no han aprovechado todavía, y que tiene posibilidades de expansión, es el caso de la migración temporal de obreros, que luego retornan a su país de origen. Antes conocido como el "Programa de los Braceros Mexicanos", llegó a abarcar a miles de jamaiquinos que hasta hace pocos años, viajaban a cortar caña en la Florida. Como el grueso del sueldo se le paga al obrero cuando retorna a su país, teniendo casi garantizado su reempleo para la próxima cosecha, aquellos que optan por violar la ley y quedarse ilegalmente en los Estados Unidos son muy pocos. Hoy día, miles de centroamericanos, caribeños angloparlantes y mexicanos, viajan cada año a los Estados Unidos a recoger cosechas de frutas y hortalizas, trabajar en granjas de pollos, y cosechar el tabaco, entre otros. Ante la situación de pleno empleo existente en los Estados Unidos, recientemente se han presentado proyectos de ley no sólo para ampliar la migración temporal de asiáticos diestros en la alta tecnología, sino de caribeños y centroamericanos para que trabajen en hoteles, moteles y restaurantes. Pero aún cuando esa ley no sea ampliada, nada impide que empresas cosechadoras de tabaco en Virginia, Carolina del Norte y Connecticut empleen a dominicanos, de la zona de Villa González, por ejemplo, mas cuando ambas cosechas de tabaco no coinciden.

D. El tema comercial

Dentro del tema comercial, en los últimos seis años es indudable que la paridad textil fue la gran prioridad, ya felizmente lograda. Pero ese tema textil se mantiene. Además de que la ley de paridad estará vigente sólo hasta el año 2008, persiste el peligro real de un descalabro de las exportaciones textileras del Caribe y Centroamérica en el año 2005, cuando expirará el Acuerdo Multifibras que permite a los Estados Unidos imponer cuotas de importación a la ropa confeccionada con telas de terceros países, y que procede principalmente de China, Hong Kong, Ceilán y la India.

Entre los expertos existe el consenso generalizado de que el día en que se eliminen las cuotas asiáticas, y aún cuando la ropa de esa procedencia pague más impuestos que la caribeña, y esta última goce de la ventaja de los embarques más rápidos por la menor distancia, al Caribe y Centroamérica les será muy difícil competir con Asia. Hoy día, a pesar de las cuotas y los impuestos, los dos principales suplidores de ropa de los Estados Unidos son, precisamente, China y Hong Kong.

La posible entrada de China en la Organización Internacional de Comercio (OMC) fue un cuchillo de doble filo para los dominicanos. En el muy corto plazo nos benefició, pues la Casa Blanca y el sector privado norteamericano se dieron cuenta que si el Congreso no pasaba la paridad, tampoco iban a aparecer los votos para regularizar el status comercial con China, paso previo indispensable a su incorporación a la OMC. Pero con este país dentro de la OMC, después del 2005 se le hará muy difícil a los Estados Unidos seguir manteniendo obstáculos a las exportaciones chinas de ropa, pues en la medida en que esté violando los acuerdos de la OMC China podría llevar su caso ante los comités de arbitraje de ese organismo internacional, cosa que no puede hacer ahora.

Desde los años cincuenta y hasta que tuvo lugar, a mediados de los ochenta, el fantástico desarrollo de nuestras zonas francas, la cuota azucarera dominicana era nuestro principal tema comercial en Washington. Todavía recordamos cuando llevábamos a esa ciudad hasta a nuestras reinas de belleza para pedir la cuota. Hoy día, la diferencia entre contar con cuota o exportar azúcar al mercado mundial, representaría apenas una reducción de 4% del total de nuestros ingresos en divisas por concepto de exportaciones de bienes y servicios. No obstante, para la industria azucarera nacional, hoy por fin administrada totalmente por el sector privado, representaría mucho. El Acuerdo de Libre Comercio entre los Estados Unidos, Canadá y México (ALCAN) establece que a partir del año 2007 México podrá exportar todo el azúcar que desee a los Estados Unidos. Los guatemaltecos, por su lado, piensan que podrán pasar su azúcar a México, a través de la frontera entre ambos países, y a precios americanos, bajo la premisa de que las autoridades de Washington no se darán cuenta de que esa reexportación no es de origen mexicana. Es más, desde 1995, los mexicanos han alegado que no existe ese supuesto compromiso de no exportar más azúcar hasta el año 2007, y que la libre exportación debe entrar ya en vigencia. Recientemente decidieron llevar el asunto a arbitraje. Todos los expertos están de acuerdo en que con México exportando azúcar libremente, el sistema de cuotas tendería a desaparecer. Consecuentemente, a más tardar dentro de unos siete u ocho años, y a no ser que los dominicanos entremos pronto a un ALCA que contemple el libre comercio del azúcar, nuestra cuota azucarera desaparecerá. En términos históricos, nuestro país sólo comenzó a beneficiarse de esa cuota a partir de 1962, por lo que los beneficios de ese moderno "situado" habrían durado apenas media centuria, y ese acceso se ha debido exclusivamente a la Revolución Cubana. La cuota también podría desaparecer antes del 2007, si un cambio político en Cuba induce a los americanos a ayudar a ese país lo más posible, devolviéndole su cuota de antes, y consignada en gran parte a los dominicanos a partir de 1960.

Mientras tanto, los dominicanos, después de pasarnos años criticando a la Unión Europea por subsidiar su azúcar con precios internos muy elevados, estamos haciendo lo mismo con nuestra producción para consumo local. ¿Podrá nuestro consumo interno subir a unas 700,000 toneladas dentro de siete años para el país poder consumir todo el azúcar que produce, y así mantener viable la producción, aunque sea a costa del consumidor dominicano? ¿Cómo afectará a la política azucarera del país el hecho de que ya todos nuestros ingenios son administrados por grupos privados y el presupuesto nacional ya no contribuye a subsidiar las pérdidas en la producción azucarera? ¿Estaremos obligados bajo la OMC a eventualmente permitir la libre importación de azúcar?

E. Problemas comerciales con Puerto Rico

Otro reto en las relaciones comerciales con Norteamérica es la continua violación de los acuerdos bajo la Organización Internacional del Comercio (OMC) por parte de los Estados Unidos, a pesar de los reclamos formales de la Embajada dominicana en Washington. Se trata de resoluciones para proteger la producción local, tomadas por el gobierno de Puerto Rico hace ya muchos años, y que dificultan extraordinariamente nuestras exportaciones de cerveza, plátanos, café y guandules a ese país. En las negociaciones bilaterales comerciales este es un asunto que puede ser negociado a cambio de otro, pues el esfuerzo por resolverlo aisladamente no ha tenido éxito. Los Estados Unidos tan sólo nos harán caso en este tema cuando condicionemos algo que ellos quieren a la solución de este expediente. Es recomendable, además, que nuestro gobierno prepare anualmente un listado de las trabas que existen para otros productos nuestros poder acceder al mercado norteamericano.

F. La integración continental

Dada la renuencia del Congreso norteamericano de otorgar al Presidente Clinton la autorización bajo el "carril expedito" (fast track), durante nuestra presencia en Washington las negociaciones para un acuerdo de libre comercio hemisférico ("ALCA") se estancaron. Algunos países, como los centroamericanos, expresaron, en presencia nuestra a las más altas autoridades norteamericanas su interés en negociar un acuerdo de libre comercio, aún con la ausencia del "carril expedito". La respuesta fue: "Estados Unidos no está en condiciones, en estos momentos, de iniciar discusiones sobre ese tema". Y la razón es muy sencilla: ya más del 50% de las importaciones centroamericanas (¡y dominicanas!) provienen de los Estados Unidos y éstos son mercados muy pequeños, por lo que el valor del aumento en las exportaciones norteamericanas a la región, resultante de una situación de libre comercio, sería muy bajo en comparación con el costo político de convencer a un Congreso renuente a refrendar acuerdos de libre comercio. Para Washington, el mercado realmente interesante es el suramericano, para no hablar del chino.

En la medida en que un nuevo gobierno norteamericano perciba que cuenta con el apoyo congresional para acelerar las negociaciones del ALCA, para su firma que hoy luce muy improbable en el año 2005 el tema de la incorporación de la República Dominicana a ese esquema será nuestro objetivo comercial más importante. En ese entonces probablemente encontraremos dos opciones: negociar junto a CARICOM, quien pediría un período de ajuste y cláusulas de excepción que impliquen una integración más lenta, o negociar con los centroamericanos, que encabezados por El Salvador y Costa Rica apoyan una integración acelerada.

Mi experiencia ha sido que nadie mejor que los Embajadores ante la Casa Blanca para enterarse sobre cuál es la posición norteamericana en asuntos comerciales y de integración, dados sus contactos casi diarios y en ambientes informales con altos funcionarios de la oficina del U. S. Trade Representative (USTR), el Consejo Nacional de Seguridad y los ayudantes de los congresistas claves. Nuestros ministros de Comercio Exterior y de Industria sólo logran esos contactos durante reuniones internacionales, y con mucho menor intensidad y apertura.

G. Problemas de aviación

En 1994, debido a un accidente de Dominicana de Aviación, un aparato que se estrelló en una urbanización en Miami, las autoridades federales norteamericanas de aviación (el FAA) colocaron a nuestro país en la llamada "Categoría 3", lo que implica que un avión de matrícula dominicana no puede llevar carga o pasajeros a los Estados Unidos, hasta que no salgamos de esa categoría.

Entre mis objetivos como Embajador estaba tratar de sacar al país de esa categoría, pues empresas de aviación nacionales facilitan el turismo, y su rentabilidad depende de su capacidad de poder volar a los Estados Unidos. Por otro lado, el dominio de la zona del Caribe por una sola línea aérea norteamericana, American Airlines, hace conveniente que busquemos la competencia para ella, ya sea a través de otras líneas aéreas extranjeras o líneas nacionales, sean estas últimas privadas o estatales. Jamaica y los centroamericanos, por ejemplo, han logrado reducir esa dependencia.

Nunca ha quedado claro en mi mente hasta donde la FAA toma sus decisiones por razones de seguridad (en el accidente de CDA murieron varios americanos cuando el avión se estrelló), o para proteger a las líneas norteamericanas contra la competencia de empresas de la región. Tampoco me ha quedado claro si las autoridades dominicanas de Aeronáutica Civil realmente querían que el país saliese de esa categoría, o si, en el fondo, defendían los intereses de las líneas aéreas extranjeras. Lo cierto es que a los pocos días de llegar a Washington recibí la buena noticia de que nuestras autoridades de Aeronáutica Civil, a sugerencia de un desinteresado empresario dominicano, iban a contratar a Booz Allen, una muy reconocida firma de consultores y cabilderos, con excelentes contactos con la FAA, para ayudarles en sus esfuerzos. Hasta conversé con un representante de la firma y acordamos que coordinaríamos nuestros esfuerzos. Pero, poco después, por la prensa dominicana supe que nuestras autoridades de Aeronáutica Civil habían desistido y, a cambio, contratarían a una agencia de las Naciones Unidas experta en asuntos de aviación civil, basada en Canadá.

Durante mis dos años y medio en Washington nunca recibí una llamada de nuestras autoridades de Aeronáutica Civil pidiendo que les ayudase. Sí me escandalizó la súbita llegada a Washington de un coronel, que traía tres pasaportes de altos funcionarios de esa agencia, más los de sus esposas, y quien había viajado con el exclusivo propósito de obtener visas australianas para esas seis personas, quienes viajarían en primera clase a un congreso que tendría lugar en ese país. Por supuesto, ayudé al coronel en su gestión, pero no pude dejar de comentarle que haber enviado los pasaportes por Federal Express hubiese sido más económico, para no decir que ése era un tipo de función que no debería de llevar a cabo un coronel dominicano. Luego, durante una visita a Washington de un funcionario de muy alto nivel de nuestro gobierno, le cité mi frustración sobre este tema y me contestó: "Bernardo, Aeronáutica Civil es un coto cerrado que nuestro gobierno ha entregado a los reformistas, como parte de nuestros acuerdos con ese partido".

Terminaron los cuatro años del gobierno de Leonel Fernández y los aviones de matrícula dominicana todavía no pueden volar a los Estados Unidos. Según nuestras autoridades de Aeronáutica Civil, se gastaron entre el 1996 y el 2000 US$12 millones para preparar y acondicionar a nuestro país para salir de la Categoría 3. Durante ese período la Categoría 3 fue fundida con una Categoría 2, dividida ahora en Categoría 2 con asterisco y categoría 2 sin el asterisco. La peor de esas dos categorías es la de asterisco, pues ningún avión de ese país puede llegar a los Estados Unidos; y allí está nuestro país junto con Haití, Belice, Gambia, Honduras, Nicaragua, Paraguay, Surinamé, Uruguay y Zaire. Un país tan pobre y atrasado como Guyana está en la categoría uno, junto a Jamaica, Panamá, Costa Rica, Trinidad & Tobago y Barbados. Y nosotros en la peor.

Mientras tanto, Colombia, Kuwait, Malta y Costa Rica, que estaban en la categoría 2 y 3, ya han salido de ella y sus aviones pueden volar a los Estados Unidos.

En la categoría dos sin asterisco (las líneas que volaban cuando cayó en esa categoría pueden seguir volando), está Bangladesh, Bolivia, Costa de Marfil, Ecuador, El Salvador, Guatemala, Pakistán y las islas del Caribe oriental.

H. Cielos abiertos

Un tema relacionado es el de un acuerdo de cielos abiertos que hubiese permitido a las líneas aéreas extranjeras operar en nuestro país, sin tener que pasar por largos trámites. La administración del Presidente Clinton estimuló a que acuerdos de esa naturaleza fuesen firmados en San José, Costa Rica, durante la visita a ese país del Presidente Clinton en mayo de 1997, cuando se reunió con los Presidentes centroamericanos y el Presidente Fernández. Dos años después, como resultado de esos acuerdos, la cantidad de asientos disponibles en vuelos desde y hacia Centroamérica había aumentado en forma extraordinaria, y los precios también habían descendido.

Como el Presidente Fernández iba a estar en Costa Rica, los norteamericanos propusieron que nuestro país también firmase un acuerdo de esa naturaleza. El Canciller dominicano apoyó la iniciativa, y junto con las autoridades de Aeronáutica Civil comenzaron a negociar el texto con la Embajada norteamericana en Santo Domingo; pero un funcionario de esa embajada, tal vez considerando que nuestro Congreso estaba en manos del PRD y que tomaría mucho tiempo en lograr la ratificación del acuerdo, tuvo la infeliz idea de exigir que el acuerdo dijese que entraría en vigencia tan pronto fuese firmado, y no cuando fuese ratificado por nuestro Congreso, como exige nuestra Constitución. Nuestra Cancillería, por supuesto, no podía aceptar una cláusula de ese tipo, y cuando, al fin, pude convencer al Departamento de Estado de lo absurdo de la demanda de su subalterno en Santo Domingo, ya era muy tarde para firmar el Acuerdo en San José. Cuando el Departamento instruyó a su Embajada a respetar nuestras normas Constitucionales ya no existía la presión política para firmar el acuerdo, como la que existía durante los días previos a la reunión de San José, y entonces fue Aeronáutica Civil la que comenzó a darle largas al asunto. Ese acuerdo sólo fue firmado en 1999, y luego enviado a nuestro Congreso, donde la mayoría perredeísta decidió, por lo menos a la fecha de redacción de este texto, archivar el expediente. Por supuesto, están felices las líneas aéreas extranjeras que ya vuelan a nuestro país, pues se reduce la competencia, y nuestros pasajeros no saben el perjuicio que han sufrido. El argumento de que un acuerdo de esta naturaleza perjudica a las líneas aéreas nacionales luce baladí, pues de hecho éstas prácticamente no existen, y CDA tan sólo en el papel. Bajo argumentos proteccionistas es absurdo negar los "cielos abiertos" en esta etapa de globalización, en un país que vive del turismo y donde un 10% de su población reside en el exterior y visita su patria.

I. La promoción de inversiones

Una de las funciones principales de un Embajador en el mundo de hoy es promover las inversiones extranjeras en su país. Para ese propósito dicté conferencias tanto en Washington como en Nueva York (Council of the Americas y Harvard Club), y en ciudades tan diversas como Tucson, Pittsburg, Atlanta y Miami. También visité varias empresas como America On Line (AOL). Cuando nuestro gobierno creó la Oficina para Promoción de la Inversión (OPI) coordiné con ella mis actuaciones, de forma tal que logré que uno de sus funcionarios fuese nombrado como enlace en la Embajada dominicana en Washington. Lamentablemente esa parte activa tiene como contraparte la parte reactiva, es decir, tratar de actuar como intermediario para resolver los problemas que tienen las empresas norteamericanas en nuestro país, pues un potencial nuevo inversionista lo primero que hace es contactar a las empresas que ya operan entre nosotros para así evaluar el clima de inversión. Pero las empresas americanas también utilizan a sus congresistas y al Departamento de Estado como elementos de presión. En más de una ocasión empresas o inversionistas con problemas reales o imaginarios con o sin justificación, me amenazaron con lograr que un congresista se opusiese a la paridad textil, o al programa de ayuda bilateral a nuestro país, o que simplemente hiciese una declaración hostil al gobierno dominicano.

En esos casos mi función fue informar al Departamento de Estado y a los congresistas que habían recibido la queja de que ésta se alejaba de la verdad, presentando los argumentos de mi gobierno. Por otro lado, cuando el inversionista tenía la razón me veía en la necesidad de alertar a mi gobierno sobre las consecuencias de no resolver el problema.

J. La alta tecnología

A mi llegada a Washington tuve una conversación muy interesante con un alto funcionario del gobierno del Presidente José María Figueres, quien me explicó como ese país estaba abandonando el esquema de zonas francas textiles y se movía hacia la alta tecnología. Me contó cómo el propio Presidente José María Figueres había negociado exitosamente con el Presidente de la empresa INTEL para que ésta se estableciese en su país, y no en Asia o Brasil. En 1998, esa empresa contribuiría con un 2% del crecimiento del Producto Nacional Bruto de Costa Rica. A pesar de reconocer la diferencia en los niveles de educación y civismo entre nuestro país y Costa Rica, y a pesar del pesimismo de un reciente reporte del Banco Mundial sobre las posibilidades de exportaciones en base a la alta tecnología en los países del Caribe angloparlante, quedé convencido de que ése era el futuro de nuestro país, sobre todo ante las difíciles perspectivas del ensamblaje textil a partir del año 2005.

Cuando hablé sobre ésto con el Presidente Fernández, ya éste estaba convencido del asunto por conversaciones que había sostenido con el Presidente Figueres y con otros Presidentes centroamericanos con quienes había viajado a Chile. Cuando el Director de la OPI me visitó por primera vez en Washington y le expuse mis ideas, encontré que sus consultores ya le estaban hablando de lo mismo. En una conversación que luego sostuve con el Presidente Figueres le pregunté por qué no visitaba Washington, sino otras ciudades norteamericanas. Me contestó cándidamente: "Porque allí no hay nada que buscar". De ahí me surgió la idea de que nuestro Presidente visitase el Valle del Silicio, en California, donde está la mayor concentración de industrias de alta tecnología en los Estados Unidos. Para tener la lista de las empresas allí ubicadas contacté a nuestro Cónsul en San Francisco. Éste se entusiasmó con la idea, y junto con la OPI se encargaría de preparar el viaje del Presidente Fernández, originalmente programado para septiembre de 1998, y que fue suspendido por el desastre del huracán Georges. La segunda mayor concentración en los Estados Unidos está en el Condado de Fairfax, a pocos minutos al sur de Washington. Preparándonos para lo del Valle del Silicio convocamos una reunión entre las empresas de alta tecnología de Fairfax, representantes de las zonas francas dominicanas y representantes de la OPI. Ésta tuvo lugar en junio de 1999, poco antes de yo dejar el cargo.

En agosto de 1998 pronuncié una conferencia en Santiago (ver Anexo No. 5), en presencia del Presidente Fernández, donde expuse las bondades de los "call centers", el ensamblaje de alta tecnología, el trabajo para la oficina fuera de la oficina, y otros. Me dicen que el Presidente quedó bien impresionado de mis argumentos.

En septiembre de 1999 pudo, por fin, el Presidente Fernández ir al Valle del Silicio y también recorrer empresas del Condado de Fairfax. Aunque ya no era Embajador, el Presidente tuvo la gentileza de invitarme al viaje y asistí a la etapa de Fairfax. Por razones familiares, no pude participar en la de San Francisco. Como es conocido, todo esto resultaría en la decisión de establecer el Parque Cibernético. Varios de nuestros empresarios dueños de zonas francas así como de empresas textiles, como resultado de acompañar al Presidente en sus viajes a Asia y a California han quedado convencidos de lo correcto de movernos hacia la alta tecnología. También fui invitado al viaje a Asia, pero tampoco pude participar en él.

K. La promoción del turismo

Ligado a la inversión está el tema del turismo, tan importante para nuestro país sobre todo porque deberíamos contar con más turismo norteamericano. Sin embargo, pronto me di cuenta de la dificultad de un Embajador para actuar como promotor de ese sector. ¿Dónde encontrar a potenciales turistas para hablarles? ¿En una reunión de Rotarios? ¿Por televisión? Más efectivo era ante una convención de operadores turísticos; pero eso ya lo hacen, y con mayor efectividad, nuestros propios dueños de hoteles. Excepto en conversaciones en actos sociales, y específicamente con dueños de franquicias de hoteles (Hilton, Best Western, etc.), tengo que admitir que fue poco lo que logré. Por otro lado, ni el sector turístico privado ni el público me pidieron que hiciera algo específico, tal vez con buenas razones.

L. La ayuda y la deuda bilateral

El monto de la ayuda bilateral norteamericana se ha reducido tanto que es poco lo que puede hacer un Embajador al respecto. Por otro lado, la política norteamericana y europea con relación a la condonación o el diferimiento de deudas no se aplica a países con niveles de ingresos como los que ya hemos logrado. Lo que sí contemplamos fue trocar parte de la deuda bilateral por inversiones relacionadas con la biodiversidad y la conservación del medio ambiente, algo que ya había logrado Perú y Jamaica. Pero, después de un largo análisis llegamos a la conclusión de que los precios de la deuda en el mercado, así como las limitaciones presupuestarias de la legislación norteamericana vigente, imposibilitaban toda operación. Sin embargo, los norteamericanos, a sabiendas de que no es viable, nos siguen hablando de condonación para estimularnos a cumplir con las "condiciones previas", y en nuestra ignorancia, por momentos les seguimos creyendo.

Con nuestros representantes ante el Banco Mundial, el Banco Interamericano de Desarrollo y el Fondo Monetario Internacional, así como con nuestro Embajador ante la OEA, nos reuníamos en almuerzos mensuales para coordinar nuestras acciones. Por supuesto, cuando miembros de nuestro gabinete económico visitaban Washington también nos reuníamos con ellos. Consideré de particular interés mantener contactos continuos con nuestro Embajador ante la OEA, Flavio Darío Espinal, para analizar lo que se discutía ante esa Organización. A veces, por mis contactos con los Embajadores ante la Casa Blanca y con altos funcionarios del Departamento de Estado, podía aportarle información útil a sus labores, y viceversa. También intercambiábamos información sobre nuestras conversaciones con nuestra Cancillería. Sin embargo, siempre estuvo claro que uno no se inmiscuía en las labores del otro.

M. El tema haitiano

Lo que haga Estados Unidos con relación a Haití afecta, para bien o para mal a la República Dominicana, y por eso me hice el propósito de conocer y discutir con los principales funcionarios del gobierno norteamericano que tenían que ver con ese asunto. A final de los años sesenta, como funcionario del Banco Central, visitaba con frecuencia el "escritorio" dominicano en el Departamento de Estado, ubicado en una pequeña habitación, y que era compartida por el "escritorio" haitiano y un pequeño librero con publicaciones que tenían que ver ya sea con asuntos dominicanos o haitianos. Cuando, como Embajador, solicité visitar el "escritorio" haitiano, me asombré al ver que esa oficina estaba ubicada precisamente al lado de las del Subsecretario de Estado Encargado de toda América Latina y de las oficinas los Subsecretarios Asistentes, y que ese "escritorio" no consistía de una sola persona, sino de todo un grupo. La prioridad del tema haitiano era evidente. Aunque nunca visité el "escritorio" de asuntos cubanos, me imagino que consta de menos personal que el que maneja el caso haitiano. El "escritorio" dominicano, al igual que hace treinta años, consiste de una sola persona.

A mi llegada a Washington la ciudad estaba llena de funcionarios que se habían "quemado" por la crisis de Haití. Uno, por haber apoyado demasiado a Aristide provocó la ira de un importante senador ultra-conservador, y al saberse que no sería confirmado como Embajador, por el veto de ese senador, había sido Encargado de los Asuntos Latinoamericanos en el Consejo Nacional de Seguridad. Tenía yo, pues, que discutir temas dominicanos con alguien que había hecho (y también perdido) carrera defendiendo a Aristide. Por otro lado, conocí a un profesor de la Universidad de Georgetown que poco tiempo atrás había sido el jefe en la CIA para todos los asuntos latinoamericanos. Este profesor había preparado un reporte crítico sobre la estabilidad mental del ex -Presidente haitiano, el cual había hecho público el antes referido senador para perjudicar a Aristide. El Presidente Clinton, airado y al no poder salir del senador, había optado por quitar de su cargo al funcionario de la CIA, quien luego había renunciado para dedicarse a tiempo completo a dar clases.

A todos con quienes pude hablar les expliqué que la política norteamericana había colocado a la isla Española "entre paréntesis", pues la guarda costera norteamericana impedía el acceso de dominicanos a Puerto Rico y de haitianos a la Florida. Cuando los haitianos, que tenían concentradas sus esperanzas de mejoría económica en el surgimiento de la democracia se dieron cuenta de que con ésta no había más comida, su decepción los movía a cruzar la frontera, única forma de salir de su país. El condicionamiento de la ayuda europea y norteamericana a que Haití tuviese un Congreso funcional y celebrase elecciones libres deterioraba la situación económica aun más, sin lograr resolver el problema político. El Embajador haitiano ante la Casa Blanca era Jean Casimir, un viejo amigo mío, que ya sentía poco entusiasmo por el gobierno que representaba.[4] Según una revista norteamericana, Haití es el séptimo país del mundo que más dinero gasta en cabilderos en Washington. Sin embargo, ese Embajador me admitió que nada de esa plata pasaba por su Embajada. Un país tan pobre gasta tanto dinero presumiblemente a través de contratos firmados directamente en Puerto Príncipe. El gobierno dominicano no gasta un centavo en cabildeo político, excepto el caso de la paridad textil. El cabildeo azucarero, con la privatización de los ingenios, me imagino lo paga totalmente el sector privado.

Cuando llegué a Washington ya Clinton había dejado de mencionar a Haití como uno de sus grandes éxitos en política externa.

---

[4]Renunció, y en el año 2000 firmó una carta, junto con otros destacados intelectuales, muy crítica de Aristide y sus tendencias dictatoriales.

Al mismo tiempo, el Presidente Leonel Fernández había iniciado el período de mayor acercamiento y contactos con el gobierno haitiano, desde principios de los años treinta.

En los círculos académicos y en los "tanques de pensadores" ("think tanks") norteamericanos me fue particularmente difícil criticar las leyes de migración de 1996 y, en general, la política de deportación de los Estados Unidos, pues sabía que de inmediato, se me mencionarían las deportaciones de haitianos desde mi país. A pesar de ésto, me hice el propósito de vincularme y asistir a toda reunión que tratase sobre el tema haitiano en lugares como la Universidad de Georgetown, la más influyente de Washington, pues quería que siempre se oyese el punto de vista dominicano. Cuando un grupo de haitianos, residente en las afueras de Washington, se enteró que yo era el autor del libro *Trujillo y Haití,* que ha sido traducido al francés, me pidieron que les diera una conferencia y los complací. En una reunión de la Universidad de Athens, Georgia, conocí a la escritora de origen haitiano Edwidge Danticat. Ya sabía que estaba escribiendo un libro sobre la matanza de 1937, y le suministré lo que había escrito al respecto. Cuando salió su novela le escribí, criticando sus esfuerzos por dar la sensación de que la parte civil del pueblo dominicano participó en la masacre, cuando ésta estuvo limitada a los militares y presos de confianza. Me contestó. Yo le volví a escribir y me dio respuesta. Esa correspondencia, de mucha altura aunque con gran disidencia, todavía no estoy autorizado a publicarla.[5]

N. Cuba

También asistí a toda reunión de importancia donde se tratase el futuro de las relaciones entre los Estados Unidos y Cuba, pues una situación de violencia en Cuba puede provocar un éxodo masivo

---

[5]La leí en un conversatorio en el Centro Bonó, bajo el compromiso de los periodistas presentes de no citarla.

desde ese país, que, al no ser ya bienvenido en la Florida, trataría de ubicarse en la República Dominicana, Haití o Jamaica. Una vez establecimos de nuevo relaciones diplomáticas con Cuba, mantuve, por supuesto, contacto con la Oficina de Intereses Cubanos en Washington, cuyo amplio conocimiento sobre el *modus operandi* del Congreso norteamericano me sorprendió. Durante mi permanencia en Washington, sin embargo, el tema cubano estuvo "congelado", en el sentido de que el Senado no permitió a la Casa Blanca el más mínimo margen de maniobra sobre la materia. El funcionario del Departamento de Estado que no cumpliese a cabalidad con lo establecido en la ley Helms-Burton, corría el riesgo de no verse confirmado por el Senado como Embajador, o como alto funcionario de ese departamento.

O. Las drogas

Otro tema que también encontré "congelado" fue el de la lucha contra las drogas. Asistí a por lo menos media docena de seminarios donde se discutió el asunto, y no escuché ninguna idea innovadora. Se admitía que esa lucha se estaba perdiendo, pues no se reducía el consumo de las drogas, y su bajo precio en el mercado reflejaba su abundancia. No existe en Washington la voluntad política para encarcelar a los consumidores de drogas de la clase media y alta, y aunque las cárceles están llenas de traficantes y consumidores, la mayoría está compuesta por afro-americanos o hispanos. Cuando pregunté por qué ningún actor famoso, deportista, o corredor de Bolsa de Wall Street estaba preso por consumir drogas, cuando es ampliamente conocido que la consumen, no encontré ninguna respuesta satisfactoria. La legalización del consumo, tal y como ocurrió con el alcohol en 1933, aunque cuenta con el apoyo público de personalidades como el ex-Secretario de Estado George Schultz y varios ex-jefes de la policía de importantes ciudades de los Estados Unidos, tampoco luce viable políticamente, y la experiencia europea al respecto tampoco indica que es algo recomendable. Desde el punto de vista de una República Dominicana ubicada entre el centro de mayor producción de drogas, Colombia, al sur, y el gran mercado, Estados Unidos, al norte, la única esperanza luce ser que surjan cambios en los hábitos de consumo de la droga en los Estados Unidos, que resultaría en que una proporción aún mayor de ese consumo que hoy está en un 20%, esté compuesto por drogas producidas químicamente y que no requieran de un insumo importado, como es hoy día el caso de la cocaína. Recuérdense que en los años sesenta el LSD era la droga de mayor consumo, y es de origen químico.

Con la entrega del Canal de Panamá y el fin de la Guerra Fría, se pensaba que Estados Unidos desmilitarizaría la zona del Caribe, pero la lucha contra las drogas ha creado una tendencia contraria. Ya hay bases militares anti-drogas en el aeropuerto de El Salvador y en las Antillas Holandesas, y la flota norteamericana y sus guardacostas han aumentado su presencia en el Caribe. (Para más detalles sobre este tema ver nuestro trabajo "La segunda Guerra Fría. Las relaciones entre el Caribe y los Estados Unidos", Anexo No. 1 de esta obra.)

En el caso particular dominicano, la lucha contra las drogas quiso ser convertida, por ciertos elementos dentro del gobierno de Leonel Fernández, en una lucha contra el principal partido de oposición, el PRD, tratando de convencer a los Estados Unidos de que ese partido estaba muy influenciado por vendedores de drogas. Por suerte, y a pesar de toda esa propaganda, ni el DEA ni el Departamento de Justicia, ni mucho menos el Departamento de Estado creyó en la misma. La Embajada norteamericana también logró, en las elecciones de mayo del 2000, un acuerdo entre los diferentes partidos políticos dominicanos para que las acusaciones de recibir dinero de las drogas no fuesen parte de la campaña electoral, como en efecto no lo fueron por primera vez.

Uno de los problemas vinculados al tema de la droga, que requirió de nuestra atención, fueron los esfuerzos del Departamento del Tesoro por dificultar cada vez más las remesas de dólares de la comunidad dominicana, bajo el argumento de que implicaban lavado de dinero. Durante un tiempo, en 1997, en Nueva York y Puerto Rico todas las remesas a Santo Domingo, por encima de un valor determinado estaban sujetas a que el remitente se identificase, con nombre y dirección. Pero, a diferencia del caso de las remesas a Colombia, terminado ese período el Departamento del Tesoro no anunció que había encontrado evidencias sobre lavado de dinero. Sin embargo, las indicaciones son claras de que el Tesoro se sentiría más seguro si el grueso de las remesas a Santo Domingo se hiciesen a través de compañías norteamericanas, pues éstas supuestamente respetan más los reglamentos sobre lavado de dinero que las remesadoras pertenecientes a grupos étnicos. El caso de las remesas mexicanas y el mayor control sobre las mismas por parte de la banca norteamericana, evidencia esa tendencia. Los Estados Unidos han logrado que pasemos leyes sobre lavado de dinero.*

P.   El empoderamiento de la diáspora

Poco tiempo después de llegar a Washington pude valorar mejor que antes la capacidad de la comunidad cubano-americana de influir sobre la política norteamericana hacia su país de origen. No sólo hay tres congresistas en Washington de origen cubano, sino que existe toda una organización capaz de hacer llegar su mensaje a todo el Congreso, así como a la Casa Blanca, y con la habilidad de donar fuertes sumas de dinero a las campañas electorales.

El "lobby" de los haitiano-americanos, aunque menos poderoso, se nutre de las vinculaciones de esa comunidad con las diferentes iglesias a las que pertenecen y a su afinidad con el "lobby" y el "caucus" afro-americano. Por supuesto, desde hace años la comunidad judía e irlandesa influye mucho en la política norteamericana hacia Israel e Irlanda. La comunidad mexicana puede influir a

---

*A principios del año 2000 lograron que el Presidente Fernández enviase al Congreso otra ley sobre el mismo tema, la cual, a finales de ese año todavía no había sido discutida.

través de los once congresistas mexicano-americanos que hay en el Congreso. Pero los dominico-americanos, a pesar de constituir el segundo grupo de este hemisferio que en mayor cantidad está obteniendo la ciudadanía norteamericana (superado tan sólo por los mexicanos), no cuenta con influencia proporcional a su tamaño. En algo influye el hecho de que están concentrados en Estados ubicados en el Este, y que son tradicionalmente demócratas, por lo que el voto dominicano no representa un voto "bisagra" como el cubano-americano en la Florida. Las dos personas de origen dominicano que sí han sido elegidas y que ejercen funciones en el Estado de Nueva York, Guillermo Linares y Adriano Espaillat, lamentablemente dedican mucho tiempo a pelearse entre sí. De ahí que, en Washington, como aliado natural de la República Dominicana en el Congreso sólo encontré a Charles Rangel, en cuyo distrito de Harlem hay muchos dominicanos y, más por nostalgia que por necesidad del voto de origen dominicano al senador Christopher Dodd, quien vivió varios años en nuestro país como miembro del Cuerpo de Paz. Mi convicción sobre la necesidad de promover el empoderamiento político a la comunidad domínico-americana para que influya sobre las leyes de migración, seguro social, salud, etc. que beneficiarían directamente a esa comunidad, así como sobre leyes que podrían beneficiar a su país de origen (la paridad, por ejemplo), quedó reforzada cuando en la Embajada de México me fue mostrada una lista de computadora de todas las organizaciones culturales, deportivas, políticas, recreacionales, etc de mexicanos-americanos, ubicadas en cada distrito de cada congresista americano. De esa manera, cuando hay que cabildear a un congresista dado, la embajada tiene los nombres, números de fax, y otros datos de todas las organizaciones en el distrito de ese congresista que responden a los intereses de la comunidad de origen mexicano.

Me hice el propósito de ubicar y juntar a los grupos de esa naturaleza de origen dominicano que existiesen en los diferentes Estados de la Unión, para que organizaran una institución desde Washington que operase, cabildeando al Congreso y la Casa Blanca.

Ya existía una organización en ciernes, por lo que los invité a Washington y les busqué asesoramiento, pero sobre todo los reuní con personas influyentes de la ciudad para que comenzaran a establecer sus relaciones políticas. Con el tiempo esto dio origen al Dominican American National Roundtable (DANR), la Mesa Redonda Nacional Domínico Americana, cuya función será establecer una oficina en Washington, aunque sea de una sola persona, que cabildee los intereses de la comunidad. Su ámbito debe ser exclusivamente la política norteamericana y nunca la dominicana, pues ésto último desviaría su atención y recursos. Si se logra, si la Mesa se hace operativa, creo que habrá sido el mayor logro de mi gestión.

El 19 de diciembre de 1998, el mismo día en que el Congreso norteamericano decidió enjuiciar al Presidente Clinton, tuvo lugar una fiesta bailable en la Casa Blanca.

Con Katharine Graham, editora del periódico "Washington Post", y Oscar de la Renta, en un acto benéfico.

LAS PRIORIDADES
DESDE EL PUNTO DE VISTA
NORTEAMERICANO

Las prioridades desde el punto de vista norteamericano

Es lógico que en la agenda bilateral existan puntos de vista coincidentes y otros muy conflictivos, quedando la mayoría en áreas intermedias. Tanto el pueblo dominicano como el norteamericano y su gobierno están de acuerdo en que en nuestro país debe florecer la democracia y las libertades públicas, y que debemos celebrar elecciones libres. Hay que admitir que particularmente durante los últimos siete años Estados Unidos ha presionado a favor de nuestra democracia. En lo concerniente a la política de migración, ésta es un área muy conflictiva, y temas como drogas y los derechos de propiedad intelectual y laborales quedan como áreas intermedias.

Durante mi desempeño como Embajador la conducción de la política norteamericana hacia nuestro país estuvo sujeta a una situación muy inusual: la ausencia de un Embajador durante dos años.*

La Embajadora Donna Hrinak fue ascendida y nombrada en Bolivia en septiembre de 1997, después de una exitosa misión en Santo Domingo bajo condiciones iniciales muy difíciles. Se esperaba que su sustituto, otro Embajador de carrera, llegaría pronto. En diciembre de 1996, siendo Embajador designado (es decir no confirmado aún por el Senado) comencé a oír en Miami rumores sobre las aspiraciones de por lo menos dos cubano-americanos de convertirse en el próximo Embajador en Santo Domingo. Uno de ellos,

---

*El Embajador Charles Mannat llegó en diciembre de 1999, y la Embajadora Donna Hrinak salió en diciembre de 1997, por lo que la ausencia total fue de dos años.

por cierto, luego sería Embajador en un país centroamericano. Sin embargo, poco después de llegar a Washington, supe de muy buena fuente que el Embajador sería un diplomático de carrera muy bueno. Adelantándose a su llegada, Linda Watt fue enviada como Encargada de Negocios, con mucha experiencia en asuntos administrativos y quien complementaría los amplios conocimientos del Embajador en asuntos políticos. Sin embargo, cuando la propuesta de designación del Embajador llegó a la Casa Blanca, la oficina encargada de relaciones políticas con la comunidad hispana logró imponer como candidata a una puertorriqueña, muy activa en Washington en asuntos de su isla y quien había colaborado de cerca con el Partido Demócrata. El diplomático de carrera fue entonces designado como Embajador en un país suramericano. Como la Embajadora seleccionada no era de carrera, el chequeo de seguridad tomó más tiempo de lo acostumbrado y en Santo Domingo comenzó a rumorarse que "algo pasaba"; que el país, o su gobierno, eran mal vistos, pues por primera vez desde 1960 no había Embajador americano, aunque entre finales de 1963 y principios del 1964 tampoco lo habíamos tenido. Como el rumor sobre la designación de la dama puertorriqueña había salido en la prensa de Washington, envié esos artículos informalmente a varios directores de periódicos dominicanos para calmar esos rumores. Sin embargo, en mayo de 1998 me dijeron, muy confidencialmente, que esa candidatura tenía problemas en su confirmación con el poderoso senador Jesse Helms. Como luego publicaría la prensa de Washington, se le acusó de tener un amigo de origen cubano que no era lo suficientemente anti-castrista, y que hasta había visitado la Oficina de Intereses Cubanos en esa ciudad. Aunque nunca lo he podido confirmar, intuyo que fueron los cubano-americanos quienes llamaron la atención al Senador Helms sobre el asunto, ya sea para que ella fuese sustituida por un cubano-americano o por alguien que fuese más anti-fidelista, pues iría a un país que había establecido relaciones diplomáticas con Cuba en abril de 1998, es decir un mes antes. También envié los recortes de prensa a los periódicos dominicanos sobre el retiro de la candidatura de la puertorriqueña. Aunque fueron reproducidos, en mi país no se creía en ellos y continuaban los rumores sobre una supuesta frialdad de Washington. Nadie quería admitir que la ausencia de un Embajador americano nada tenía que ver con las relaciones entre los dos países. Cuando la candidatura de la dama puertorriqueña fue formalmente retirada, lo que tardó algunos meses, el Departamento de Estado decidió proponer a un Embajador de carrera, de origen hispano pero no cubano, para así evitar que otra vez la Casa Blanca le impusiese un candidato hispano. En esos días, noviembre de 1998, la Primera Dama, Hillary Clinton, viajó a Santo Domingo. En presencia mía, el Presidente Fernández, con una amplia sonrisa, le preguntó que cuándo Washington iba a confirmar a Linda Watt como Embajadora, una forma sutil y caballeresca de recordarle la ausencia de un Embajador a la Primera Dama norteamericana en presencia de la Encargada de Negocios. Por supuesto, por razones profesionales, Linda no podía ser ascendida a Embajadora. Luego, en conversaciones privadas que sostuve con la Asistente de la Primera Dama para Asuntos Políticos, le expliqué que los dominicanos no podían entender ese vacío sino como indicativo de la existencia de un problema. Al principio creyó que yo estaba haciendo un chiste y tuve que explicarle el síndrome de conspiración que nos aqueja. La solicitud del Presidente no estaba exenta de riesgos, pues al poner a la Primera Dama al tanto sobre el asunto, se corría el peligro de que sugiriese a un político, en vez de alguien de carrera. Para suerte de los dominicanos, el candidato escogido, poco tiempo después del regreso de la Primera Dama, fue un gran abogado y político de gran prestigio y, sobre todo, experto en la supervisión de elecciones, fundador de dos instituciones que se dedican a esa labor. Cuando corrió el rumor sobre su inminente nombramiento, varios colegas latinoamericanos me felicitaron, pues Charles Manatt es ampliamente conocido y respetado en esa ciudad. Cuando se supo que aceptaba el cargo, más de un congresista sugirió que debería de ir a una embajada en un país más importante, de las muchas que seguían vacantes. Por suerte para los dominicanos, declinó y se convirtió en el primer Embajador norteamericano, no de carrera en nuestro país, desde 1963.

Durante los dos años de ausencia de un Embajador, el Departamento de Estado siguió la política que le es tradicional y que consiste en enviar a altos funcionarios de ese Departamento en visitas de corta duración. La primera de ellas fue la de John Hamilton, Secretario Asistente de Estado. La segunda, de jerarquía más alta, del Secretario Encargado de Asuntos Latinoamericanos, Peter Romero.[6] Ambos, en sus declaraciones públicas y en sus entrevistas enfatizaron la necesidad de que en el país tuviesen lugar elecciones libres y que no se violase la Constitución. Fueron enfáticos en declarar que no veían bien esfuerzos reeleccionistas o de ampliación del período para el cual fueron elegidos los miembros del Congreso. También apoyaron la reforma judicial y una Junta Central Electoral independiente. La visita de Hillary Clinton y sus declaraciones, tanto públicas pero sobre todo las privadas, también subrayaron esa línea.

Durante el período de gobierno del Dr. Leonel Fernández la composición misma del personal de la Embajada norteamericana en la República Dominicana reflejó sus prioridades: un equipo dedicado a tiempo completo a los temas migratorios, incluyendo el asesoramiento a la Dirección General de Migración y todo un personal en la lucha anti-drogas, incluyendo gente ligada a la presencia de la Guarda Costera en nuestras aguas. Durante varios meses esa misión no contó ni siquiera con un Agregado Político que pudiese dar seguimiento a los temas de democracia, derechos humanos y elecciones.

A. Los norteamericanos y la lucha contra las drogas

No siempre el mundo anglosajón se ha opuesto el consumo de drogas en países subdesarrollados. Durante las guerras del opio en China (1839-1892) los ingleses auspiciaron el consumo de ese

---

[6]Haría una Segunda visita en octubre del 2000.

producto en Asia, como forma de aumentar la riqueza de su propia nación. Para suerte de todos, el mundo anglosajón ha cambiado hoy día de parecer y está del lado de los ángeles.

La gran discusión, y que aparentemente nunca terminará, es si Estados Unidos está colocando suficientes recursos y está siendo suficientemente duro en la eliminación del consumo de drogas a través del lado de la demanda, es decir, apresando, castigando y rehabilitando a consumidores y vendedores de drogas dentro de los propios Estados Unidos. Aunque las estadísticas indican que una mayor proporción del presupuesto de la lucha anti-drogas está ahora siendo aplicada al combate por el lado de la demanda, muchos expertos en la materia coinciden en que esa lucha fue mucho más intensa e inteligente durante el gobierno del Presidente Richard Nixon que en la actualidad. El ataque por el lado de la oferta en el Caribe, las naciones andinas, México y Centroamérica, que busca limitar el acceso de las drogas a los Estados Unidos, a pesar de la cantidad capturada no ha logrado el aumento del precio en el mercado norteamericano, lo que ante una demanda que no se reduce tiende a indicar que hay una amplia oferta que sigue llegando a los Estados Unidos. Como ya dijimos, esa lucha, que hemos denominado "La Segunda Guerra Fría", ha obligado a los Estados Unidos a expandir de nuevo su frontera militar, que había reducido tanto con motivo del fin de la guerra fría como por la entrega del Canal de Panamá.

Uno de los mecanismos utilizados por los norteamericanos son los acuerdos llamados "shiprider" ("presencia a bordo"), por medio de los cuales un gobierno autoriza a guardacostas norteamericanos a penetrar en aguas territoriales de ese país en busca de barcos con drogas y también de emigrantes ilegales siempre y cuando a bordo se encuentre personal militar del país que otorga el permiso. Las negociaciones de acuerdos de esa naturaleza, tanto en CARICOM como en Centroamérica, a partir de 1997, fueron largas y altamente conflictivas pues las autoridades de esos países, sobre todo sus Congresos, consideraron el asunto inconstitucional y violatorio de la soberanía. Durante largos meses hubo resistencia a niveles ejecutivo y congresional tanto en CARICOM como en Centroamérica a firmar esos acuerdos. En el caso dominicano ocurrió todo lo contrario. En 1995, sin ni siquiera aparecer en la prensa dominicana y sin ser enviado al Congreso, el gobierno dominicano firmó un acuerdo, el cual ha sido extendido en varias ocasiones. Cuando me preparaba para irme a Washington a desempeñar mi nuevo cargo comencé a oír entre los americanos sobre ese acuerdo y lo pedí en nuestra Cancillería. Allí se me dijo que no existía. Cuando llegué a Washington pedí al Departamento de Estado copia del mismo, bajo la excusa de que venía en mis maletas junto con el resto de mis archivos, pero que necesitaba usarlo de inmediato. Cuando recibí esa copia la hice llegar a nuestra Cancillería para que constara en archivo. Ese fue el primer éxito de la política sobre drogas de los Estados Unidos en Santo Domingo, pues lo consiguieron rápidamente sin ningún costo político, mientras tardaron meses sino años en lograrlo en el resto de la región.

B. La extradición y el lavado

Un segundo éxito norteamericano fue en referencia a la extradición. Ya hemos explicado cómo, con la ayuda de los congresistas del PRD la Embajada norteamericana logró un nuevo acuerdo de extradición, bajo el cual han logrado extraditar una cantidad de dominicanos muy superior a la de cualquier otro país en Centroamérica, o el Caribe. En el caso de Colombia nos consta que apenas han sido extraditados dos, y en México ninguno. Francia e Israel son dos países que no reconocen ese derecho.

Un tercer éxito en Santo Domingo ha tenido que ver con el caso del lavado de dinero. En el año 1995 la Embajada norteamericana logró que el Congreso dominicano pasase una ley sobre lavado de dinero, y poco tiempo antes de las elecciones presidenciales de mayo del 2000, convencieron al gobierno de Leonel Fernández de enviar otro proyecto que amplía el concepto de lavado.[7]

---

[7]A diciembre del 2000 todavía estaba pendiente de aprobación.

Puede afirmarse que en ningún otro país de la región los norteamericanos han sido tan exitosos en lograr la rápida aceptación
por parte del gobierno y el Congreso de legislaciones y acuerdos
vinculados con el tema de la droga. En la puesta de ejecución de
esos acuerdos y leyes es probable que el gobierno dominicano, tal
vez con la excepción de Costa Rica y Barbados, haya también sido
el mayor cooperador. Donde ha fracasado el asunto es con la conversión de Haití en un importantísimo centro de tráfico de droga
desde Colombia hacia Norteamérica. Desde finales de 1999 la política norteamericana se concentra en tratar de que los dominicanos
impidan el paso de la droga desde Haití hacia nuestro país. En Washington, en más de una ocasión tuve que citarle a funcionarios de la
Casa Blanca, el Departamento de Estado y el Departamento de Justicia la historia de cómo, entre 1916 y 1924 los infantes de marina de
los Estados Unidos controlaban tanto Haití como la República Dominicana y las aduanas, incluyendo los puestos de la frontera de
ambos países que eran controlados por funcionarios de una dependencia del Departamento de Interior de los Estados Unidos. Aún
así, no se pudo detener el contrabando ilegal de ron barato haitiano
(Clerén) hacia una República Dominicana donde los Estados Unidos había colocado impuestos internos a la producción de ron. Los
márgenes de beneficios en el negocio de las drogas son mayores que
en el ron de ayer, y aun cuando la tecnología de hoy permite una
mayor detección es difícil prever cómo se podrá impedir ese trasie-
go. Más aún, en la medida que los Estados Unidos presione para un
mayor control sobre la frontera, de hecho estará presionando también para un mayor control sobre el movimiento de personas, pues
sólo supervisando y controlando a los que pasan, se puede encontrar la droga. Esto aumenta las posibilidades de violencia en la frontera, incluyendo derramamiento de sangre, pues la migración
indocumentada se convierte cada día mas en un mecanismo de traspaso de drogas. La migración ilegal haitiana ya tiene sus vínculos
con la droga, como la tiene desde hace algún tiempo la migración
ilegal dominicana, en yolas, hacia Puerto Rico.

C. Otros asuntos policíacos

En Estados Unidos propiciar juegos de azar a través de la Internet constituye una violación a leyes federales, pues es un negocio ilícito que abarca a más de un Estado de la Unión. Desde hace varios años ese negocio se ha trasladado a países del Caribe, incluyendo la República Dominicana. Durante nuestra gestión, Estados Unidos comenzó a presionar para que en la República Dominicana se cerrasen los sitios de apuestas ligados a operaciones, a través del Internet, con los Estados Unidos. Ubicar esos centros requiere de la cooperación de las compañías telefónicas.

Otro tema de carácter policíaco que constituye una vergüenza para los dominicanos, es los divorcios "a vapor" a través de la Internet. Durante nuestra estancia en Washington habíamos detectado, a través de la red, firmas americanas de abogados que anunciaban divorcios en Santo Domingo sin requerir la presencia de ninguno de los dos cónyuges en el país, cosa que no autoriza la legislación dominicana. Sin embargo, firmas de abogados dominicanas falsifican los documentos sobre la presencia de los cónyuges, y así un americano se entera que lo han divorciado sin ni siquiera haber hecho presencia física en un tribunal dominicano. Se requiere que nuestra Suprema Corte de Justicia intervenga, como lo ha comenzado a hacer, para que la documentación evidenciando esos divorcios demuestre claramente que ambos cónyuges han comparecido en el país. Mi opinión es que esos divorcios perjudican tanto la imagen del país y dejan beneficios tan sólo a unos cuantos abogados inescrupulosos, que lo correcto sería derogar esa ley.

D. La migración ilegal

Ya hemos demostrado que en el caso de la migración ilegal la cooperación dominicana ha sido total, tanto por parte de la Marina de Guerra como por parte de la Dirección General de Migración. En ese campo hemos hecho para los americanos lo que ningún país está dispuesto a hacer, y sin haber logrado nada a cambio. Otro gran éxito de la política bilateral norteamericana.

E. Derechos de propiedad intelectual y laborales

Durante nuestra gestión se nos hizo evidente que la industria farmacéutica norteamericana, a través de su capacidad para influir políticamente, estaba exigiendo a países como la República Dominicana, Argentina, India, etc. que pusiesen en vigencia leyes sobre propiedad intelectual que iban más allá de lo que nuestros países habían acordado en la OMC. Países más poderosos como Israel, Rusia y la India pudieron enfrentar exitosamente esas presiones, pero en nuestro continente la batalla la encabezó Argentina. En varias ocasiones me reuní con personal de esa embajada para conocer a fondo la situación. La presión contra Santo Domingo se hizo más fuerte cuando los intereses farmacéuticos norteamericanos se dieron cuenta que podrían perder el pleito en Santo Domingo, y si lo perdían en un país tan pequeño más difícil sería ganarlo en los grandes. También se hizo evidente que la industria farmacéutica dominicana, con fuerte capital argentino, estaba recibiendo asesoramiento técnico de fuentes argentinas.

Por suerte, el 1 de mayo del año 2000, en parte como resultado de lo que ocurrió durante la reunión de la OMC en Seattle, y en parte debido también a las quejas públicas que durante muchas comparecencias del candidato Al Gore manifestaron grupos homosexuales, quienes acusaban al gobierno americano de estar propiciando la muerte, por SIDA de cientos de miles de africanos para beneficiar a la industria farmacéutica, el gobierno norteamericano decidió suspender, por lo menos temporalmente, las presiones ejercidas directamente contra los gobiernos de Argentina, República Dominicana, la India y otros. En esa fecha Washington decidió llevar a la propia OMC el pleito con Argentina y otros países, donde un panel de técnicos neutros decidirá si los Estados Unidos tiene razón en sus acusaciones de violaciones al Acuerdo. Al día siguiente, el 2 de mayo, el Presidente Clinton declaró que no perseguiría a ningún país que violase las leyes de propiedad intelectual, aún las normas prescritas por la OMC, si ese país era africano y esa violación tendía a abaratar el costo de la medicina utilizada para luchar contra el SIDA. La industria farmacéutica se quejó de que esa excepción se iría ampliando para incluir a otras enfermedades y a otros países. Y es lógico. Si se trata de SIDA, ¿por qué no incluir a Haití, por ejemplo? Pero sólo el tiempo dirá si esta presión podrá seguir contenida. La legislación pasada en Santo Domingo a mediados del 2000 sobre propiedad intelectual, luce que cumple con las obligaciones que hemos contraído bajo la OMC.

En cuanto a las acusaciones de violación de los derechos laborales, la misma entrega de la administración de los ingenios azucareros estatales a grupos privados, deberá reducir esas violaciones en la medida en que los nuevos administradores no puedan utilizar a las Fuerzas Armadas dominicanas como elemento de coerción sobre los obreros de origen haitiano. En cuanto a la segunda fuente de quejas, las empresas ubicadas en las zonas francas industriales, contamos ahora con la ventaja de que la mayoría de las empresas grandes que producen ropas para las grandes empresas norteamericanas se han visto obligadas, por sus propios clientes norteamericanos, a aceptar un código de conducta auto-impuesto y a seguirlo so pena de perder los pedidos. Las violaciones que persisten parecen concentrarse en industrias pertenecientes a capital asiático, sobre todo surcoreano y taiwanés. Allí existe un problema de origen cultural, y quejas en la prensa norteamericana contra ese tipo de empresas, como ocurrió en *The New York Times* durante nuestra gestión sobre una fábrica de gorras en Villa Altagracia, crean la sensación de que se trata de un caso generalizado, cuando realmente representa una pequeña excepción. No veríamos mal si el gobierno dominicano, como política, comienza a limitar la presencia de capital asiático en nuestras zonas francas textiles, pues, a pesar de su costo, resguardaría al resto del sector. Alternativamente, la Secretaría de Trabajo podría vigilar sus actividades con especial énfasis.

ANEXOS

ANEXO I

La segunda guerra fría: la ley y el orden en las relaciones de los Estados Unidos con el Caribe

Conferencia en el Centro de Estudios
Estratégicos Internacionales (CSIS),
septiembre 9, 1998.

Introducción

Desde 1960 hasta el fin de la guerra fría, la política estadounidense con respecto al Caribe se vio determinada por el síndrome de la "segunda Cuba". En otras palabras, la política de los Estados Unidos -incluso las intervenciones militares norteamericanas en la República Dominicana (1965) y en Granada (1984), así como la Alianza para el Progreso del Presidente Kennedy de principios de los años sesenta y la Iniciativa para la Cuenca del Caribe (ICC) del Presidente Reagan de principios de los años ochenta- procuraba, en gran manera, evitar una segunda Cuba a toda costa.

El interés que manifestó Washington por la transición de dictadura a democracia en la República Dominicana, a raíz del derrocamiento de Rafael Trujillo, fue influenciado, en gran medida, por el temor a la posibilidad que se repitiera un régimen comunista en el Caribe. Luego de treinta años en el poder, Trujillo fue asesinado apenas seis semanas después de la invasión de Bahía de Cochinos en Cuba en 1961. Tres meses después de la crisis cubana con los misiles, en 1962, Juan Bosch ganaba las primeras elecciones presidenciales democráticas dominicanas desde 1924. Temiendo un nuevo régimen izquierdista en el Caribe, Estados Unidos interviene en 1965. El objetivo de Washington era evitar un segundo Castro, aunque ello significara la posposición, o desaparición, de la democracia.

Por ende, la agenda bilateral Estados Unidos/Caribe para los años noventa se formula a partir de una serie de factores claves:

- El fin de la guerra fría (incluida la disminución de la importancia estratégica del Canal de Panamá).
- Cambios en los vínculos políticos y económicos del Caribe con Europa.
- Las continuas crisis políticas y económicas de Haití.
- La fijación de Washington con el régimen de Fidel Castro en Cuba (aunque en la actualidad a Cuba se le percibe más como un espectáculo político de relleno que como una verdadera amenaza política para la región).
- La globalización de los mercados y el carácter de la política exterior de los Estados Unidos en la actualidad, movida por el comercio.
- El proceso de paz en América Central, una región que había sido prácticamente destruida por guerras civiles.
- Mayor atención a cuestiones de derechos humanos a través de la región.
- El uso del Caribe como punto de transbordo de drogas producidas en América del Sur y destinadas al mercado estadounidense.
- El aumento de la migración ilegal hacia los Estados Unidos desde las islas del Caribe, especialmente República Dominicana y Haití.
- El papel de la diáspora caribeña que vive en los Estados Unidos como una posible influencia sobre la política de ese país hacia la región.

La segunda guerra fría

Podría decirse, y es una tesis por demostrar, que los Estados Unidos y el Caribe se encuentran actualmente enfrascados en una "segunda guerra fría". Naturalmente, existen diferencias entre la primera guerra fría y la que en estos momentos se libra en el Caribe: no hay amenaza europea, ausencia de batallas ideológicas y de conspiraciones para el derrocamiento de gobiernos, por lo menos hasta ahora. Sin embargo, sí existen algunas similitudes que llaman la atención: la lucha que hoy se libra contra las drogas, el lavado de dinero y la inmigración ilegal quizás no suponga un conflicto militar en el sentido formal aunque sí requiere de un elevado nivel de compromiso de parte del accionar policial, militar y de inteligencia regulares. Ambas guerras exigen de esfuerzos para controlar a los grupos amenazantes, aunque en el pasado la tarea se limitó a contener el libre movimiento y las acciones de los comunistas mientras hoy en día se aplica a los narcotraficantes y los inmigrantes ilegales. Ambas guerras requieren que los aparatos militares y de inteligencia desempeñen un mayor papel, así como el respaldo que a estos brindan los Estados Unidos. El tradicional ambiente de seguridad militar de los años cincuenta ha cedido su puesto a "acuerdos de presencia a bordo",* más específicos y con mayor tendencia a la intrusión, que responden a las motivaciones de las políticas migratorias y antinarcóticas. La presencia del Military Assistance and Advisory Group (MAAG/Grupo Consultivo y de Asistencia Militar) de los años sesenta y setenta ha dada paso a la presencia de los representantes de la Drug Enforcement Administration (DEA/ Dirección de Control de Drogas). La hostilidad que muestra Washington hacia los gobiernos que son condescendientes con la problemática de las drogas ha venido a sustituir actitudes similares mostradas hacia países que fueron condescendientes con el comunismo.

La coincidencia entre la política exterior y la política interna

Hay tres asuntos de política exterior que son claves con respecto al Caribe –drogas, migración y comercio– y que a la vez constituyen parte fundamental de la política interna de los Estados Unidos. Cada vez se hace más difícil determinar dónde termina la política interna estadounidense y dónde comienza su política exterior.

*"Shiprider agreement" –cuerdo bajo el cual un militar de otro país puede estar a bordo de un buque nacional, en aguas territoriales nacionales, y un oficial nacional puede estar a bordo de un buque extranjero, en aguas internacionales.

Esta situación se acentúa por el hecho de que los principales intereses de la agenda estadounidense con respecto al Caribe son también parte integral de su propia agenda nacional, con lo que la política de ese país hacia la región se ve en gran parte determinada por cuestiones de política interna. En el pasado, la política exterior de los Estados Unidos fue forjada por un consenso élite de política exterior –por ejemplo, la política de contención de George Kenan de 1947–. Todavía hay ciertos asuntos que siguen determinándose de esta manera, como la expansión de la OTAN. Con todo, debido a la "práctica" cotidiana en las relaciones Estados Unidos/Caribe, miles de consumidores de drogas de los Estados Unidos y miles de empleadores de inmigrantes ilegales ayudan a formular la política exterior de los EEUU. Esto se ha "privatizado" y, en gran medida, se le ha escapado de las manos al Departamento de Estado y demás organismos oficiales.

Históricamente, los embajadores caribeños en Washington se ocupaban fundamentalmente del aspecto formal de las relaciones diplomáticas. Hoy en día eso está cambiando: ya vemos cómo se celebran reuniones con la Procuradora General Janet Reno; la Comisionado del INS Doris Meissner; el "Barón de la Droga" General Barry McCaffrey; y el Comandante en Jefe del Comando Sur de los EEUU General Charles Wilhelm. En otras palabras, la diplomacia caribeña actúa relacionándose directamente con las personas responsables del manejo de las políticas, como son narcóticos e inmigración. El Ministerio de Hacienda de los Estados Unidos también juega un papel económico en la relación bilateral por sus esfuerzos para detener el lavado de dinero en el Caribe.

La forma en que se maneja en Washington la política de ese país relativa a cuestiones de aplicación y cumplimiento de la ley, así como su agenda impulsada por el comercio, coloca a los diplomáticos del Caribe en una posición sumamente reactiva, parte de lo cual ya tiene su calendario fijo: 1ro. de marzo, cuando los Estados Unidos anuncian los países que han sido "certificados" según su nivel de cooperación en la lucha contra las drogas; 1ro. de abril, cuando se publican las libretas de calificaciones de cada país en relación a las violaciones de derechos de autor; etcétera.

Narcóticos

Durante gran parte del Siglo XX, Estados Unidos supeditó los intereses estratégicos del Caribe al control de las vías marítimas de comunicación regionales. De ahí la prominencia del Canal de Panamá y, durante la guerra fría, especulaciones de amenazas soviéticas. Hoy en día la región es estratégicamente importante porque es una zona de tránsito de las drogas que tienen por destino los Estados Unidos. La lucha contra las drogas es difícil. Hasta Puerto Rico, una isla cuyas fronteras y espacio aéreo son controlados por el gobierno federal de los Estados Unidos, además de su presencia militar, es un punto importante de trasbordo de drogas.

La nueva importancia geopolítica del Caribe se desprende del hecho que Estados Unidos consume mayormente drogas importadas provenientes, en su mayoría, de América del Sur. Sólo veinte por ciento de las drogas consumidas en los Estados Unidos son producidas localmente (principalmente marihuana y drogas producidas químicamente). Sin embargo, ese porcentaje va en aumento y los furores de la moda (¿recuerdan la locura de los años sesenta con el LSD?) podrían generar una forma perversa de política de sustitución de importaciones -no motivada, naturalmente, por la ideología que durante los años cincuenta abanderó la Comisión Económica para América Latina de las Naciones Unidas-. En teoría, si Estados Unidos sólo consumiese lo que produce localmente, la importancia estratégica del Caribe disminuiría proporcionalmente. Aún así, quedarían la inmigración ilegal y los "balseros" como problemáticas destacadas, debido en gran parte a la proximidad geográfica entre el Caribe y los Estados Unidos.

Migración y "balseros"

Existe una estrecha correlación entre las diversas crisis políticas y económicas del Caribe y la alarma que se ha generalizado en

Europa y América del Norte con respecto a la migración. En los días apacibles de principios de los años cincuenta, la Francia de Charles de Gaulle promovió la emigración legal de 35,000 haitianos a la Guyana Francesa. Mas en la época de los "balseros" de los años noventa, los Guardacostas de los Estados Unidos han colocado a La Española "entre paréntesis", patrullando los canales de la Mona y de Barlovento para evitar que yolas cargadas de emigrantes ilegales puedan alcanzar las costas de la Florida y de Puerto Rico. Esta situación ha agravado la presión, ya existente, de la emigración haitiana a la República Dominicana. La política estadounidense hacia Cuba y Haití ha sido, y todavía es, en gran parte, impulsada por los intentos de detener flujos masivos de "balseros". El final de la dictadura haitiana y la decisión tomada a nivel mundial de ofrecer una mano amiga a la nación más pobre del Hemisferio Occidental coincidieron con un momento en que se encontraban en su punto más negativo la actitud hacia la migración, tanto en Europa (la popularidad de Le Pen) como en los Estados Unidos (las estrictas leyes de inmigración de 1996). Es por ello que las propuestas de auspiciar un flujo migratorio legal desde Haití (algo que la Organización de las Naciones Unidas había sugerido desde 1949) nunca fueron consideradas. La ironía es que la economía de Haití, en la actualidad, no es viable sin un alto volumen migratorio: la cruda realidad es que las remesas monetarias que envían los haitianos residentes fuera de su país exceden la totalidad de las rentas públicas.

Comercio

Estados Unidos salió victorioso de la guerra fría -de hecho el único vencedor superpotencia- aunque con una gran debilidad: un gran déficit comercial financiado por los ahorros del resto del mundo. Cuando, en el verano de 1997, se interpretó que durante una conferencia en la Universidad de Columbia el Ministro de Finanzas de Japón había dicho que el banco central de su país estaba considerando trasladar a oro parte de sus reservas depositadas en bonos del tesoro de los Estados Unidos, el índice Dow Jones cayó tres por ciento. Este nivel de dependencia de los ahorros de los demás países explica por qué la política exterior de los Estados Unidos está tan impulsada por el comercio. Esto es particularmente cierto en el campo de los servicios, pues Washington considera que Estados Unidos es más competitivo en dicho campo, y es la razón por la que la oficina del Representante Comercial de los Estados Unidos es tan importante para los diplomáticos caribeños. También ayuda a explicar por qué las violaciones de los derechos de propiedad intelectual preocupan a Washington, aun en el caso de pequeños países del Caribe donde la "piratería" es parte tan integral de la historia de la región.

En consecuencia, la política exterior de Washington hacia el Caribe está sumamente influenciada por consideraciones de índole comercial y hace recordar los esfuerzos de Summer Welles como el latinoamericanista de más alto nivel del Departamento de Estado en firmar convenios comerciales recíprocos con las naciones de América Latina a mediados de los años treinta. Cuando, durante los años ochenta, los gobiernos de Ronald Reagan y Margaret Thatcher promovieron el llamado "Consenso de Washington" de regionalización neoliberal, esto se convirtió en la receta única que se aplicaría a todas las economías, independientemente de su tamaño. A los economistas de los años sesenta y setenta, incluso algunos del Banco Mundial, les preocupaba el peligro potencial de que los beneficios del libre comercio se polarizaran entre los países más y menos desarrollados, a favor de los primeros.

El Consenso de Washington, sin embargo, no prestó atención a la experiencia histórica del Caribe, que durante un tiempo ha servido de laboratorio económico y político, hasta para regímenes socialistas tropicales. De hecho, durante décadas han existido en el Caribe condiciones al estilo ALCAN (Acuerdo de Libre Comercio de América del Norte) si se considera que bienes producidos en Puerto Rico pueden trasladarse libremente a los Estados Unidos y viceversa. Lo mismo puede decirse de las islas francesas de Guadalupe y

Martinica con respecto a la Unión Europea. Es cierto que estas islas muestran algunos de los niveles de ingreso per cápita más elevados de la región, pero esto no se debe al libre comercio. Más bien sus economías se benefician de factores que en nada tienen que ver con el ALCAN, tales como mayor capacidad migratoria y subsidios apreciables provenientes del continente, sea Estados Unidos o Europa.

El libre comercio no ha dado por resultado un aumento de las exportaciones de estas tres islas, bien sea de productos agrícolas (salvo los rubros tradicionales de tipo plantación) o de bienes industrializados confeccionados a base de insumos locales. Uno se pregunta, pues, ¿qué nuevas exportaciones se originarán de Jamaica, Haití, República Dominicana y otros países a causa de la globalización económica para contrarrestar la pérdida de empleos y nuevas erosiones de divisas al desaparecer la producción agrícola local no competitiva? Quizás la historia ya ha demostrado que la condición de pequeña isla tropical, con su oferta restringida, impone serias limitaciones sobre los posibles cambios de producción que resultan en una situación de libre comercio. Es más, no se ha investigado suficiente si en el Caribe la globalización generará mayores presiones para emigrar. Si la alternativa que queda a las islas es crear economías más dependientes de los servicios, la forma lógica para iniciar el proceso de globalización no sería a través del libre intercambio de bienes.

El asunto del banano, por ejemplo, presenta con mayor claridad todas estas cuestiones. También crea un conflicto entre dos objetivos: si bien posibilita un mayor acceso al mercado europeo de parte de las compañías estadounidenses de la industria bananera, en definitiva promueve el narcotráfico, ya que a las pequeñas islas, como Santa Lucía y Dominica, les quedan pocas otras alternativas para cultivar sus tierras.

Problemáticas de aplicación y cumplimiento de la ley

Uno de los aspectos de la política exterior de los Estados Unidos con respecto al Caribe que más tensión genera tiene que ver con lo que podrían llamarse asuntos policiales: extradición de criminales hacia los Estados Unidos; deportación de delincuentes caribeños a sus países de origen; acuerdos de presencia a bordo que permiten a los Estados Unidos perseguir y abordar embarcaciones dentro de aguas territoriales; esfuerzos para detener el lavado de dinero; y decomiso de drogas.

Algunos de estos propósitos se neutralizan entre sí. En 1996 regresaron al Caribe, deportados, casi 3,200 delincuentes (de los cuales el 90 por ciento había guardado prisión por delitos relacionados a drogas) con el objetivo de reducir los costos y el apiñamiento en las prisiones de los EEUU, pero que pudo servir quizás para dotar de un nuevo nivel de sofisticación al narcotráfico en la región. Esta decisión fue, en potencia, el equivalente a que la Agencia para el Desarrollo Internacional de los EEUU (USAID) hubiese financiado, durante los años sesenta, los gastos de viaje de regreso a sus países de cientos de guerrilleros caribeños entrenados en Moscú. En algunos casos, como el de la República Dominicana, el asunto de la extradición se ha convertido en el tema de discusión más importante en la agenda bilateral de Washington, lo que contrasta con la situación de principios de los años sesenta, cuando el principal tema bilateral era impedir que los comunistas dominicanos regresaran a su país.

La perspectiva caribeña

En la otra cara de la moneda, la agenda Estados Unidos / Caribe, vista desde la perspectiva caribeña, está compuesta por una formulación alterna de otros temas y prioridades. Ante todo figuran los temas relativos a migración y bienestar / asistencia social, particularmente a raíz de la legislación sumamente restrictiva sancionada en Washington durante el año electoral de 1996 que afecta no sólo el potencial migratorio de la región sino también a la diáspora caribeña en los Estados Unidos. Esto plantea mayores dificultades para la migración legal de la gente del Caribe que desea reunirse a sus familiares ya establecidos en los Estados Unidos, así como pérdida de algunos beneficios de seguridad social.

En cuanto al comercio, hay temas como el banano, la paridad textil con el ALCAN y el azúcar, algunos de los cuales se relacionan entre sí. La política azucarera podría verse afectada a la larga, debido a los derechos de México en virtud del ALCAN y a la posibilidad de que una Cuba libre vuelva a conseguir una gran cuota azucarera.

El tema de la deuda externa, que representa una gran carga para algunas economías de la región, ya no existe en la pantalla del radar de Washington.

Un tema común en ambas agendas es la promoción de las inversiones estadounidenses en la región, a pesar de ciertas restricciones impuestas por los trabajadores organizados de los Estados Unidos sobre la capacidad de la USAID para participar en este esfuerzo.

Finalmente, el desenlace de la situación cubana. El que ocurra sin contratiempos o como resultado de una guerra civil es sumamente importante para Jamaica, Haití o la República Dominicana debido, en parte, a la posibilidad de que genere emigraciones masivas de "balseros", especialmente porque es muy probable que los cubanos no sean bienvenidos en la Florida.

El papel de la diáspora

Para bien o para mal, la política exterior de los Estados Unidos respecto a un país en particular se ha visto, en una serie de casos, sumamente influenciada por los nacionales de ese país que residen en los Estados Unidos. Dos ejemplos en este sentido, de países vecinos y cómo han afectado la formulación de la política estadounidense son:

1. la influencia de los cubano-americanos para mantener el embargo de los Estados Unidos sobre Cuba, y

2. la influencia de la diáspora haitiana en la formulación de la posición de los Estados Unidos con respecto al ex-presidente Jean-Bertrand Aristide y su regreso a Haití después de haber sido expulsado por los militares. Los judíos y los católicos americanos han tenido mucho que ver con la formulación de políticas que afectan

a Israel e Irlanda. Las personas de descendencia armenia han mantenido una oficina en Washington, para fines de cabildeo y promoción de sus intereses, desde principios de los años setenta. Sin embargo, no todas las diásporas están tan bien organizadas, como por ejemplo los mexicano-americanos que han tenido mucho menos que ver con las políticas estadounidenses hacia México.

A medida que la política exterior de los Estados Unidos responde cada vez más a la política interna del país, resulta lógico que los gobiernos extranjeros pidan a sus diásporas influir tanto como sea posible en la formulación de políticas que afectan a sus países. Las diásporas, por su parte, tienen sus propias agendas políticas que tratan, en su mayoría, asuntos de política interna tales como prestaciones sociales, bienestar / asistencia social, sellos para la compra de alimentos, control de alquileres, escuelas, tolerancia religiosa, censo y redistribución de distritos electorales.

La manera más directa de influir sobre Washington es a través del voto en las elecciones de los Estados Unidos. De todo el hemisferio, los dominicanos, después de los mexicanos y los cubanos, se han convertido en el tercer grupo más grande en obtener la ciudadanía estadounidense y, en consecuencia, el derecho a voto. De todo el universo de emigrantes a los Estados Unidos, ocupan la posición número siete. Se estima que hay 700,000 dominicanos en los Estados Unidos, de los cuales 75,000 son ilegales. De los 625,000 restantes, 195,000 han adoptado la ciudadanía de ese país. La mayoría de los dominicanos vive en Nueva York, Nueva Jersey, Connecticut, Massachusetts, Rhode lsland y Florida. A raíz de cambios constitucionales recientes en sus países de origen, los mexicanos, dominicanos y muchos otros pueden ahora conservar su ciudadanía original aunque adopten la americana, factor que facilita la decisión de nacionalizarse. A más de esto, por cada dominicano que se convierte en ciudadano de los Estados Unidos, cuatro obtienen el derecho a residir legalmente en ese país. Con una cantidad cada vez mayor de residentes permanentes legales en los Estados Unidos, el potencial para aumentar la cantidad que adopta la ciudadanía estadounidense también aumenta. En 1996 los dominicanos ocuparon el sexto lugar entre los inmigrantes legales a los Estados Unidos provenientes de todo el mundo, y el segundo lugar a nivel hemisférico, después de México.

Una diáspora con derecho a votar en los Estados Unidos, a contribuir fondos en las campañas electorales, a formar grupos de presión y a escribir a sus representantes en el Congreso puede muy bien, y con mucha eficacia, influir en los intereses comunitarios locales en los Estados Unidos, así como en otros asuntos que afecten el bienestar de sus países de origen.

Todo candidato presidencial que coloque a Florida, Arizona y California en su mirilla necesita el voto de la diáspora para ganar, así como los congresistas de Manhattan y Nueva Jersey. La recaudación de fondos con fines políticos de parte de nacionales es, naturalmente, una actividad legal. Aquellos con aspiraciones a la alcaldía de la ciudad de Nueva York usualmente visitan Puerto Rico y la República Dominicana en el transcurso de sus campañas políticas. Pero las cifras, por sí solas, no garantizan el éxito inmediato: la concentración de ciertas diásporas, como la dominicana, en unos pocos estados de la costa oriental marcadamente inclinados en una sola dirección política (en otras palabras, demócratas), disminuye su eficacia –su influencia podría ser mayor, para decidir en qué dirección gire la balanza del voto, si se concentrara en otras partes de los Estados Unidos. En recientes elecciones locales en el sur de la Florida se vieron, no obstante candidatos haitiano-americanos en la boleta republicana.

El voto hispano, que incluye no sólo a mexicano-americanos, sino también a personas de descendencia cubana, dominicana, salvadoreña, nicaragüense y guatemalteca, cobrará cada vez mayor importancia debido, pura y simplemente, a la demografía. Durante los últimos 10 años, la cantidad de hispanos que vive en los Estados Unidos ha aumentado 53 por ciento, siete veces más que el resto de la población estadounidense. En estos momentos, los hispanos constituyen más del 10 por ciento de la población total; de la población hispana, 64 por ciento es de descendencia mexicana, 10 por ciento puertorriqueña y 4 por ciento cubana.

Cuarentiocho por ciento de los hispanos, prácticamente la mitad, tiene menos de 25 años de edad, lo que implica una elevada tasa de aumento poblacional. Según proyecciones hechas por la Oficina del Censo de los Estados Unidos, para el año 2005 los hispanos se habrán convertido en la mayor minoría de ese país. Para el año 2035, se estima que uno de cada cinco americanos será de descendencia hispana.

Para las elecciones presidenciales de 1996 en los Estados Unidos, los hispanos inscritos en el registro electoral ascendieron a 6.6 millones (de un total elegible de 8 millones), 30 por ciento más de los que se habían inscrito para votar en las elecciones de 1992. De estos 6.6 millones, 60 por ciento, ó 4 millones, de hecho votaron - cantidad significativamente mayor que el promedio nacional de electores inscritos que de hecho votó, 47 por ciento-. Parece ser, pues, que los hispanos están más dispuestos a votar que el resto de la población. 72 por ciento de los hispanos votaron por el Partido Demócrata, en comparación, por ejemplo, con 53 por ciento de los católicos. El alto porcentaje de hispanos que vota también se refleja en la composición del Congreso de los EEUU: el cónclave hispano ha aumentado de 6 en 1987 a 17 en 1996.

En resumen, los hispanos de diversos orígenes nacionales desempeñarán un papel cada vez más importante en la política interna de los Estados Unidos, lo que se reflejará en el diseño y la ejecución de la política exterior de ese país. Teniendo en cuenta el efecto de las consideraciones nacionales al determinar la política exterior estadounidense y en vista del éxito que han tenido las comunidades cubana y haitiana en los Estados Unidos para influir sobre las políticas que afectan a sus países natales, otros gobiernos de la región están considerando cómo impulsar esfuerzos para aumentar el potencial de empoderamiento de sus comunidades asentadas en los Estados Unidos.

En términos políticos, muchos de los primeros inmigrantes nacidos en la República Dominicana se quejan de que han contribuido mucho financieramente en las elecciones de ese país para luego ser olvidados. Han intentado conseguir que la Dirección de Aduanas de la República Dominicana les brinde un mejor tratamiento cuando van de visita, así como oportunidades seguras de inversión y hasta el derecho a tener miembros en el Congreso dominicano en representación de sus distritos estadounidenses. En 1994 la Constitución dominicana fue cambiada para permitir la doble nacionalidad, alentando así a los dominicanos que residen en los Estados Unidos a optar por la ciudadanía de ese país. Ahora pueden votar en las elecciones estadounidenses y conseguir prestaciones sociales mientras siguen siendo dominicanos, legalmente. En 1997 en la República Dominicana se aprobó una ley que permite a los dominicanos votar en el exterior en las elecciones presidenciales dominicanas, a partir del año 2000. Debido a la gran cantidad de votantes que esto implica (aproximadamente 10 por ciento del electorado dominicano) queda por verse si, en la práctica, podrán ser incluidos en el registro electoral y si podrán identificarse suficientes lugares "neutrales" donde puedan votar, con un máximo de unas 400 personas por mesa electoral. La logística y los costos de ese proceso parecerían insuperables. Sin embargo, por lo menos un domínico-americano que reside en los Estados Unidos está considerando postularse para la presidencia dominicana, contando con los votos logrados en suelo estadounidense.

Existe un segundo grupo, compuesto por profesionales jóvenes -algunos nacidos en los Estados Unidos, la mayoría educados en ese país- que aunque no tienen interés alguno en la política dominicana sí tienen un gran interés en desempeñar algún papel en la política interna de los Estados Unidos y, en el proceso, ayudar a la comunidad dominicana y hasta influir sobre la política y la legislación estadounidenses que puedan ayudar a su país de origen. Desde finales de 1997 existe un grupo domínico-americano, que representa a muchas organizaciones de base y comunitarias de por lo menos 10 estados, que se ha reunido tres veces, una de las cuales fue en Washington, donde se pusieron en contacto con otros grupos de defensa, funcionarios del gobierno americano y miembros del Congreso. Su objetivo es tener una oficina permanente en Washington para principios de 1999 dedicada a la promoción de los intereses de la comunidad domínico-americana.

Conclusión

Durante la primera guerra fría Estados Unidos respaldó las dictaduras militares de corte derechista en el Caribe y América Central porque se les consideraba más eficaces en la lucha contra el comunismo, por lo menos hasta que Castro sucedió a Batista. En la segunda guerra fría que se vive hoy existe el riesgo de que Estados Unidos respalde los aparatos militares y de inteligencia de las estructuras políticas de la región, a pesar del riesgo que esto podría representar para la democracia y los derechos humanos.

La caída del Muro de Berlín señaló el fin de la primera guerra fría. El nuevo muro es un Caballo de Troya colocado allí no por los enemigos de la sociedad estadounidense sino por las propias contradicciones internas de los Estados Unidos. Por ejemplo, será sólo la sociedad estadounidense, por ella misma, al reconocer y enfrentar los problemas sociales y educativos que han intensificado el aumento del consumo de drogas (naturalmente, también se consumen drogas en el Caribe) la que será capaz de resolver el problema de drogas con eficacia. La limitación de la oferta es algo que puede ayudar, aunque no es el factor decisivo. Aún si cesara todo abastecimiento extranjero de drogas, sería sustituido por fuentes internas. Sólo la reducción de la demanda puede funcionar eficazmente. Así mismo, la imposición de más trabas a la migración legal sólo sirve para acentuar los problemas de la región.

Si es que el Caribe está destinado a ser una región cada día más vinculada a los Estados Unidos, y si la geografía será lo que determine la historia, las "problemáticas de política" que existen hoy deben desaparecer. Unas mejores relaciones entre los Estados Unidos y el Caribe dependerán, en consecuencia, de cambios que se den en la sociedad estadounidense misma.

ANEXO II
La cambiante agenda domínico-norteamericana

Conferencia en el almuerzo mensual
de la Cámara Americana de Comercio,
julio 23, 1997.

Señor Presidente y demás miembros
de la Directiva de la Cámara Americana de Comercio,
Damas y caballeros:

Hace más de un cuarto de siglo que ofrecí mi primera conferencia ante esta Cámara, y desde entonces he dictado algo más de una docena. No sé si lo que acabo de decir es una admisión de mi vejez, de mi persistencia, o simple evidencia de la generosidad de la Cámara.

En mi nueva perspectiva como diplomático las cosas no lucen tan diferentes como desde el mundo académico y editorial, desde el Banco Central, o desde la consultoría privada, donde me desempeñaba en el ayer. Simplemente ahora hay que aprender a decir las mismas cosas, pero con diplomacia, pero sin llegar al extremo de aburrir. Hagamos el intento.

Los objetivos generales como nación, tanto de los Estados Unidos como de la República Dominicana, siempre han sido los mismos, por lo que la agenda bilateral luciría que, en principio, debería de ser poco dificultosa. En efecto, cuando nos hicimos una nación independiente, adoptamos una Constitución prácticamente copiada de la norteamericana, tan común eran nuestros credos políticos y nuestro amor por la democracia y la libertad. Es cierto que ambas naciones han pasado por tiempos infelices, como la discriminación racial y el macarthismo en los Estados Unidos y los Generales de la montonera y las crueles dictaduras en el nuestro, pero esos objetivos comunes siempre han sobrevivido.

Lo que sí es interesante notar es cómo, manteniéndose esos objetivos comunes, cambian tan rápidamente los componentes de esa agenda común, pues la agenda de hoy es muy diferente a la de hace diez años.

La nueva agenda

En la nueva agenda domínico-norteamericana influyen cinco grandes factores: el fin de la guerra fría; la menor dependencia económica de nuestro país de los Estados Unidos y nuestro creciente acercamiento a Europa; la transición política dominicana, iniciada en 1994; la crisis de Haití y el proceso de globalización.

El fin de la guerra fría representó un cambio extraordinario en la política norteamericana hacia el Caribe, la cual, desde 1960, buscaba evitar una "segunda Cuba" en la región.

La Alianza para el Progreso en los sesenta y la Iniciativa para la Cuenca del Caribe en los ochenta, los altos volúmenes de ayuda externa bilateral y los programas de asistencia militar, a través del MAAG, para dar cuatro ejemplos, representaron esfuerzos para contrarrestar la penetración cubana y soviética en nuestra región.

La caída de Trujillo y los primeros balbuceos de nuestra democracia coincidieron, y agregaría, lamentablemente, con los momentos más calientes de esa guerra fría: Trujillo desaparece seis semanas después del fracaso de Bahía de Cochinos, o Playa Girón, y Bosch fue elegido tres meses después de la crisis de los misiles.

La caída del Muro de Berlín, la paz en Centroamérica y la pérdida del valor estratégico del Canal de Panamá, hicieron que Cuba pasara de ser una amenaza, a representar para Norteamérica tan sólo una simple incomodidad. Por cierto, me lució irónico notar cómo el mismo día que en Santo Domingo algunos empresarios expresaron temor por la apertura de una oficina comercial dominicana en un Hong Kong ya perteneciente a China, en Washington el Congreso aprobaba, abrumadoramente, otorgar preferencias arancelarias a esa misma China continental.

Los ingresos de divisas de nuestro país, en 1967, es decir hace treinta años, dependían en una muy alta proporción de decisiones que tomaba Washington, principalmente a través de los montos de la ayuda bilateral y el tamaño de la cuota azucarera.

Hoy día, la desaparición de esa cuota y de esa ayuda representarían una reducción de no más de un 4% de nuestros ingresos totales en divisas. Sin embargo, habría que admitir que nuevas exportaciones, como los textiles, dependen de la Iniciativa de la Cuenca del Caribe, que las remesas provienen de los Estados Unidos, así como el grueso de nuestras importaciones.

Nuestros lazos con la Comunidad Económica Europea prácticamente no existían. Hoy día el turismo y la ayuda bilateral europea son muy significativos y muy superiores a esos mismos flujos procedentes de los Estados Unidos.

Por otro lado, la crítica internacional por violaciones de derechos humanos y por mantener un sistema político poco democrático, ha amainado desde el año pasado, dada nuestra refrescante, aunque aún incompleta transición política. Pero, así como la política norteamericana hacia nuestro país estuvo por más de treinta años inducida por el síndrome de una "segunda Cuba", hoy en día, en algunos aspectos, esa política es un corolario de su política hacia Haití. Lamentablemente, cuando, por primera vez, la comunidad internacional puso atención al drama haitiano, ese momento coincidió con la actitud más negativa hacia la migración que jamás haya existido, tanto en Europa como en Norteamérica, por lo que la emigración hacia países industrializados nunca fue considerada como una solución al drama haitiano, sino, todo lo contrario, como algo que había que evitar. En los años cincuenta, en contraste, el gobierno de Charles de Gaulle auspició la emigración legal de 35,000 haitianos a la Guyana Francesa. Sin proponérselo, esa política afecta negativamente a nuestro país, ubicado en una isla colocada ahora "entre paréntesis", por la presencia de una guardia costera norteamericana que patrulla tanto el Canal de los Vientos, como el De la Mona, para evitar la migración ilegal. También, la coincidencia de la crisis electoral dominicana de 1994 con los esfuerzos por hacer efectivo el embargo contra Haití, puso a Washington ante el dilema de si sacrificar su apoyo a la democracia en la parte este de la isla, para favorecer sus esfuerzos por la democracia en la parte oeste, o reconocer, como al fin hizo, que no tenía sentido apoyar la democracia en un lado de la isla, a expensas de esa misma democracia en la segunda nación.

Todo lo anterior también ha coincidido, en el tiempo, con el proceso de globalización, lo cual coloca en la agenda bilateral toda una serie de temas de carácter económico, muy diferentes a los que las agencias norteamericanas nos comenzaron a sugerir desde los inicios de los años sesenta.

La segunda guerra fría

Es cierto que desapareció la guerra fría que se inició en 1947, pero también es una realidad que enfrentamos otra guerra fría: la lucha contra las drogas, el lavado de dinero y la migración ilegal. Mientras antes los Estados Unidos percibían al Caribe como una zona estratégica, geopolíticamente importante por el Canal de Panamá y por el peligro de la penetración soviética y cubana, hoy en día es percibido como una zona estratégicamente importante, pero tan sólo porque a través de ella llegan las drogas de Suramérica y por representar un área del mundo con un alto volumen de emigración ilegal, precisamente cercana a sus costas. Lo anterior ha hecho que los componentes de esa agenda bilateral sean esencialmente temas policíacos vinculados a la lucha contra el narcotráfico y la emigración ilegal: extradición de criminales dominicanos hacia los Estados Unidos; deportación de delincuentes dominicanos hacia nuestro país; negociación de acuerdos para que buques y aviones norteamericanos puedan penetrar las aguas territoriales y los cielos de los países caribeños y centroamericanos en búsqueda de drogas y de emigrantes ilegales, y acuerdos para tratar de evitar el lavado de dinero.

En términos de la política de Washington, es importante destacar que todos estos nuevos tópicos son asuntos que influyen mucho en la agenda doméstica norteamericana y forman parte de la misma. Esto es más cierto aún, si tomamos en cuenta la cercanía del Caribe con los Estados Unidos. Permítanme darles un ejemplo: los refugiados que buscan salir ilegalmente de Albania no constituyen un tema de política externa norteamericana tan importante como el de los emigrantes ilegales caribeños, por la simple razón que los del Caribe pueden llegar, con relativa facilidad, a los Estados Unidos. El resultado de lo anterior es que cada día es más difícil diferenciar la política externa norteamericana de la interna, y, al mismo tiempo, cada día más su política externa está determinada por factores vinculados a la interna. Los Estados Unidos estimularon la intervención colectiva en Haití, preocupados por la violación a los derechos humanos, pero también porque su política interna le obligó a tomar medidas para impedir la emigración ilegal hacia la Florida. De seguro existieron y existen iguales preocupaciones con relación a los derechos humanos en Liberia, pero allí no hubo intervención, hace dos años, a pesar de que muchos liberianos son descendientes de esclavos libertos norteamericanos, porque el que toma una yola en ese país no llega a nuestro hemisferio.

Los Estados Unidos salieron de la primera guerra fría totalmente victoriosos, pero con una debilidad: un enorme déficit en cuenta corriente, lo que le obliga a depender de los ahorros del resto del mundo. Hace menos de dos meses, el Ministro de Hacienda de Japón, en una conferencia en la Universidad de Columbia, fue interpretado como diciendo que su país tendría que considerar si le convenía seguir manteniendo las reservas monetarias de su banco central invertidas en bonos del Tesoro norteamericano, o en oro. Al día siguiente, la Bolsa de Valores de Nueva York bajó casi un 3%.

Esa debilidad obliga a la política norteamericana contemporánea a poner mucho énfasis en incrementar sus exportaciones de bienes, y, sobre todo, de servicios, por tener estos últimos mayor potencial. La Oficina del Representante Especial del Comercio de los Estados Unidos era prácticamente desconocida para los diplomáticos latinoamericanos acreditados en Washington hace diez años, como también lo era el despacho del Procurador General, persona encargada de problemas migratorios y de delincuencia. Hoy día, sin embargo, es probable que sean más importantes las reuniones que tienen lugar allí, que la mayoría de las que discurren en el Departamento de Estado.

El resultado de todo lo anterior es que los países latinoamericanos y del Caribe enfrentan una agenda norteamericana a la cual tienen que reaccionar en forma defensiva. El 1 de marzo es la fecha para saber si un país ha sido o no "certificado" en la lucha contra las drogas; el 1 de abril para conocer en qué lista de las que prepara, a sugerencia del sector privado, la Oficina del Representante Especial de Comercio, por el asunto de violaciones a los derechos de propiedad intelectual, se encuentra el país. Sin fecha específica, pero frecuentes, son los alegatos de violación de derechos laborales, así como los esfuerzos norteamericanos de ligar ese tema al del comercio.

Un ejemplo de lo dicho anteriormente, lo encontramos en las doce condicionalidades que aparecieron en el Proyecto de Ley de Paridad Textil, preparado por la Oficina del Representante Especial de Comercio de los Estados Unidos y hecho público en el pasado mes de junio. Estas incluyeron: cumplimiento con los derechos de propiedad intelectual; tratamiento a las inversiones privadas norteamericanas; luchar contra el narcotráfico; derechos laborales; medio ambiente; cumplimiento con el Acuerdo Internacional de Comercio; posibilidades de los Estados Unidos de competir en las compras gubernamentales y en la adjudicación de obras públicas, existencia de tratados de extradición; intercambio de información impositiva y reciprocidad comercial.

Sin embargo, la paridad textil beneficia al sector laboral y a la industria textil norteamericana, pues, se prevé que para el año 2005 el Acuerdo Multifibras dejará de existir y el grueso de la ropa que se consuma en los Estados Unidos, ante la falta de cuotas de importación, provendría de Asia, eliminándose, consecuentemente, la producción norteamericana de tela y ropa. Con la paridad, por lo menos la producción de tela sobreviviría, pues ésta se cortaría y cosería al sur de los Estados Unidos, continuando un patrón histórico de la industria textil norteamericana, en vigencia durante más de 100 años, de irse moviendo desde Nueva Inglaterra en el norte, hacia el sur. La producción de tela se mantendría en ese sur, sobre todo en las Carolinas, pero la parte de mano de obra intensiva de la conversión a ropa se haría en el Caribe y Centroamérica.

El proceso unilateral de "certificación" ha sido descrito por el portavoz de la Cámara de Representantes norteamericano, Newt Gingrich, como "ofensivo y sin sentido". Con relación a este asunto, el Primer Ministro de Jamaica, P. J. Patterson, ha dicho: "El país es sometido, condenado y sentenciado, sin derecho a apelación. Por ese proceso no pasa ni el más notorio traficante de drogas, quien tiene el derecho a todos los procesos de las cortes". Por eso fue tan estimulante tomar nota de la propuesta bipartidista que este mismo mes hicieron conjuntamente los senadores Christopher Dodd, demócrata, y ex-miembro del Cuerpo de Paz en nuestro país, y John McCain, republicano, de establecer una moratoria de dos años sobre el proceso de "certificación", al tiempo que se convocaría a una cumbre sobre el tema del narcotráfico. Lamentablemente esta propuesta fue derrotada 60 votos a 38, no sin antes haber recibido el apoyo abierto de la Casa Blanca, a través de declaraciones, tanto del Asesor de Seguridad Nacional, Samuel Berger, como del propio General retirado Barry R. MaCaffrey, Director de la Oficina de Política sobre Control de Drogas.

La agenda dominicana

Las prioridades dominicanas en sus relaciones bilaterales con los Estados Unidos, tienden a diferir de las norteamericanas.

Para mala suerte nuestra, luce que siempre nos metemos a producir cosas que están sujetas a restricciones en el mercado internacional, aún en estos días en que prácticamente todo está sujeto al libre comercio. El azúcar, que comenzamos a producir comercialmente hace más de cien años, sigue sometido a cuotas y con el peligro de que México, como miembro del NAFTA, acapare toda la cuota de importación de los Estados Unidos, si no es que Cuba lo logra antes. Nos convertimos, hace unos diez años, en importantísimos exportadores de ropas, cuando ese ramo tiene restricciones a nivel mundial, por lo menos hasta el 2005. También nos involucramos en algo tan políticamente sensitivo como el guineo, para suplir a Europa, y ahora estamos entre dos fuegos representados por Sur y Centroamérica, los Estados Unidos y los alemanes, por un lado, y la República Dominicana, el Caribe angloparlante, Inglaterra y Francia, por el otro. Por supuesto, también exportamos gente y eso también está sujeto, cada día más, a fuertes restricciones. Según estadísticas del Departamento de Inmigración norteamericano, en los Estados Unidos deben de estar unos 75,000 dominicanos que entraron allí ilegalmente, sin documentación alguna, pero que representan apenas un 1.5% de todos los indocumentados. Sin embargo, su deportación masiva sería traumática para nuestro país, tanto en términos humanos, como económicos. Por eso fue tan importante que, en la Cumbre de San José hace dos meses, el Presidente Clinton aclarara que no habrían deportaciones masivas.

Otro tema de particular importancia para nuestro país es la necesidad de renegociar la deuda externa, asunto que después de la "década perdida" de los ochenta, no es considerado prioritario por los países acreedores.

Es indudable que, desde el punto de vista dominicano, su mayor preocupación en sus relaciones bilaterales lo debe ser el daño que las leyes de migración de 1996 pueden acarrear, primero, a la comunidad dominicana que reside en los Estados Unidos y, segundo, a la propia economía dominicana. La menor posibilidad de los dominicanos de emigrar legalmente a los Estados Unidos, el peligro de deportaciones que provoquen separación de familias, a través de la salida de dominicanos que, legalmente allí, todavía no han podido hacerse ciudadanos norteamericanos, las reducciones en los recursos del "welfare"; y hasta los esfuerzos por eliminar los controles de los alquileres en Nueva York, son todos asuntos de extraordinaria importancia para nuestra diáspora y para nuestro país.

La interacción entre la agenda de seguridad y la agenda económica

Donde se juntan, acoplan y devienen complementarias la agenda de seguridad norteamericana hacia nuestra región y la agenda económica proactiva dominicana frente a Washington, es cuando se tiene conciencia de que la mejor forma de enfrentar la agenda policíaca, es a través de medidas que aceleren el desarrollo económico.

La presión a emigrar, tanto legal, como ilegalmente, se reducirá, en la medida en que República Dominicana sea un país más agradable donde vivir y con más oportunidades de empleo. Menos emigración implicaría menos deportaciones de jóvenes que devienen en delincuentes, como parte de su proceso de transformación cultural en las grandes urbes del norte y en menos solicitudes de extradición de delincuentes que buscan refugio en su país de origen. Una República Dominicana con una economía fortalecida, sería un país donde los sindicatos serían más fuertes y serían menos frecuentes las alegadas violaciones de los derechos laborales. En cuanto a las drogas y sus subtemas (la certificación, los acuerdos de participación conjunta en apresamientos en aguas territoriales, etc.), reconocida la escasa posibilidad de la legalización de su consumo, así como lo inapropiado de esa política, valdría la pena plantearse si la región del Caribe, Centroamérica y México podría verse beneficiada, consciente de su trágico costo para otros, de la continuación de la actual tendencia a que una mayor proporción del consumo de drogas en América del Norte tome la forma de drogas de origen químico, o de origen botánico, pero cosechables en esa región en forma difícil de detectar (v.g. la marihuana), pues ese proceso, que algunos podrían definir como una versión tenebrosa del canon cepalino de sustitución de importaciones, reduciría el papel actual de nuestra región como zona de tránsito.

Las críticas a los países caribeños, incluyendo la República Dominicana, debido a que sus autoridades son incapaces de suprimir el narcotráfico procedente de Suramérica, nos lucen injustas a la luz del hecho palpable de que siendo Puerto Rico una isla donde el gobierno federal norteamericano ejerce las funciones de control sobre sus costas y espacio aéreo, se ha convertido precisamente en uno de los mayores puentes de drogas desde Suramérica hacia el norte.

En fin, que un Caribe con más empleos y con un reducido papel en el narcotráfico, sería menos inseguro, en términos geopolíticos y sus habitantes vivirían mejor.

El conflicto entre los objetivos comerciales de los Estados Unidos y sus preocupaciones geopolíticas se hace evidente, por ejemplo, en el caso del banano. Aunque el objetivo comercial busca beneficiar a las empresas norteamericanas comercializadoras de ese producto, una gran crisis económica en pequeños países monocultivadores del fruto, como podría ser el caso de Dominica y Santa Lucía, facilitaría su control por parte de los narcotraficantes, por aquello de que se habla mucho de diversificación, pero se citan pocos productos alternativos, por lo menos productos legales.

En un reciente seminario que tuvo lugar en Washington en la prestigiosa Universidad de Georgetown, un documento preparado por esa institución planteó lo siguiente: "El aparato militar y de inteligencia norteamericano está llegando cada vez más a la conclusión de que las políticas comerciales y de ayuda externa norteamericanas han estado realmente contribuyendo al deterioro de la seguridad en la región y, consecuentemente, amenazando los intereses norteamericanos". Un funcionario norteamericano encargado de analizar temas de seguridad en nuestra región, le comentó a un académico de esa institución que: "Funcionarios de comercio puede que estén resolviendo sus propios problemas, pero están ocasionándonos enormes dolores de cabeza".

La deportación de unos 1,800 dominicanos narcotraficantes este año a nuestro país (un 30% más que el año anterior) que han sido juzgados, condenados y encarcelados en Norteamérica, indudablemente es un derecho que le asiste a los Estados Unidos, lo que además le reduce el costo de mantener sus cárceles, en la medida en que esos delincuentes vean reducidas sus sentencias, como paso previo a su deportación, lo que ocurre en la gran mayoría de los casos. Sin embargo, choca con otro objetivo norteamericano, pues el envío de "técnicos" en narcotráfico a nuestro país, donde, por no haber cometido crímenes, tienen que ser liberados a su llegada, indudablemente está promoviendo ese comercio ilícito y, al incrementar la criminalidad, tiende a desestabilizar a un país que vive ya, precisamente, de un turismo que requiere de un ambiente de tranquilidad.

El papel del domínico-americano

Ya hemos visto como la nueva agenda norteamericana con relación a nuestro país está concentrada en temas que son internos a los Estados Unidos, es decir que conforman parte de su política doméstica y que han devenido también en componentes importantes de su política externa. Son los casos de la inmigración y el narcotráfico, a diferencia de temas exclusivamente de política externa, como el de la defensa hemisférica y la lucha anticomunista de los años cincuenta, o el incremento de la membresía de la OTAN, en estos días.

En cierto sentido se puede decir que ha tenido lugar un proceso de "privatización" de la política externa norteamericana, pues, mientras los temas de ayer se originaban y se resolvían entre una élite de funcionarios en Washington, hoy día la decisión de vender drogas, o de emigrar, la toman miles de personas, todas dentro del sector privado. Si es cierto que el Caribe, Centroamérica y México proveen, a través de su sector privado, a los emigrantes ilegales y a los revendedores de drogas, no es menos cierto que el sector privado norteamericano provee los consumidores de esas drogas y a los empleadores de esos ilegales, como recientemente comentó Stephen Rosenfeld, en el "Washington Post".

Dada esta duplicidad de ubicación de una misma agenda, consideraciones puramente domésticas condicionan, cada vez más, la formulación de la política externa. Las muy fuertes leyes sobre migración del año electoral de 1996 son un buen ejemplo. De ahí la necesidad de que presiones domésticas positivas influyan en el diseño de la agenda bilateral norteamericana con relación a nuestro país. Así como la comunidad cubano-americana y la judía han logrado influir en el diseño de la política norteamericana hacia La Habana y Tel Aviv, asimismo la comunidad domínico-americana tiene que desempeñar un papel similar. El desenlace de la situación política cubana y la forma en que los Estados Unidos actúe frente a ella, asunto en que la política doméstica norteamericana influirá en forma extraordinaria, puede que tenga un impacto enorme sobre los dominicanos. En Europa del Este, muchos decidieron no esperar a ver si la transición hacia el capitalismo iba a funcionar y optaron por emigrar. Si lo mismo ocurre en Cuba, pero esos cubanos no son bienvenidos en la Florida, como ya no lo son, entonces nuestro país podría convertirse en un destino añorado por muchos miles. Otra razón para que tratemos de influir, desde dentro, en la política norteamericana al respecto.

Es importante notar que, después de los mexicanos y cubanos, los dominicanos somos el tercer grupo del hemisferio que en mayor volumen ha adoptado la ciudadanía norteamericana durante los últimos cuatro años, obteniendo, consecuentemente, el derecho al voto. Entre 1992 y 1995, unos 10,500 dominicanos al año, se hicieron ciudadanos norteamericanos. Bien hizo el Presidente Fernández el año pasado en solicitarle a los dominicanos residentes en los Estados Unidos, con capacidad de hacerlo, que se nacionalizaran norteamericanos, más cuando, gracias a una enmienda constitucional, que precedió en dos años a una mexicana similar, los dominicanos no pierden la ciudadanía dominicana, cuando obtienen la norteamericana. El potencial para aumentar la cantidad de dominicanos que se hacen ciudadanos norteamericanos es alto, pues en los últimos cuatro años el promedio de dominicanos que han sido admitidos como inmigrantes ha sido de 43,500 al año, es decir cuatro veces más de los que se nacionalizan. El año pasado, los dominicanos fueron el sexto grupo, de todo el mundo, que en mayor cantidad emigró legalmente a los Estados Unidos, y el segundo de este hemisferio, tan sólo superado por México.

Miles de dominicanos con derecho al voto en los Estados Unidos, aportando recursos a las campañas electorales norteamericanas, conformando grupos de presión ciudadana, escribiendo a sus congresistas y participando como candidatos en esas elecciones, sería la mejor forma de lograr influir en el diseño de la política norteamericana hacia nuestro país. Ya contamos con un congresista estatal y un regidor, ambos en Nueva York, de origen dominicano. En la Embajada en Washington hemos movilizado, creemos que por primera vez, a docenas de grupos de domínico-americanos, organizados en asociaciones e instituciones privadas de la más diversa índole, en una campaña de envío de cartas a sus congresistas, buscando su apoyo para la paridad textil. Ese mensaje le cala a un congresista más efectivamente que lo que pueda decir el más locuaz embajador. Por otro lado, no hay candidato a alcalde de la ciudad de Nueva York que se respete a sí mismo, que no visite Santo Domingo para tratar de obtener el voto de nuestra gente. Varios congresistas en Washington saben lo mucho que cuentan los votos dominicanos para poder ser reelegidos y actúan tomando eso en consideración. Charles Rangel, por ejemplo, congresista demócrata del alto Manhattan, dio su voto favorable, a principios de este mes, no sólo al proyecto de ley de paridad textil presentado por los republicanos, sino que también presentó y apoyó el preparado por la administración demócrata. Con un asunto de tanto interés para los dominicanos, podía tal vez ser inconsistente, pero no podía equivocarse.

Lamentablemente, nuestra gente tiende a estar concentrada en Estados de la Unión fuertemente demócratas, por lo que su voto no cuenta tanto como contaría si estuviesen ubicados en un estado donde un grupo "bisagra" decide las elecciones. Si la comunidad dominicana estuviese, por ejemplo, en Dakota del Sur, su senador es casi seguro que ya sería de origen dominicano.

La economía del futuro

Digamos ahora algo sobre la economía dominicana del futuro, que es algo diferente de hablar sobre el futuro de nuestra economía. Desde los inicios de los años ochenta, nos hemos ido convirtiendo cada día más en una economía de servicios, es decir una economía donde la producción y exportación de bienes tangibles, es cada día menos importante. Las exportaciones de azúcar, café, cacao y tabaco, por ejemplo, eran nuestra principal fuente de divisas. Ahora lo son el turismo, las remesas y el ensamblaje de insumos extranjeros. Pensamos que esta tendencia continuará, pero adoptando nuevas modalidades. Más que ensamblaje en zonas francas, tendremos más telepuertos desde donde, utilizando la tecnología de la informática, y aprovechando nuestros excelentes servicios telefónicos, podríamos convertirnos en lo que se llama la "oficina de atrás" de América del Norte. Así como los departamentos de contabilidad, archivo, procesamiento de datos, reclamaciones, etc. se están mudando de Manhattan a Nueva Jersey, para reducir costos, y para que sus empleados vivan mejor, esas mismas operaciones podrían hacerse en República Dominicana, recibidas y retransmitidas por cables de fibra óptica. Estamos hablando de más "productos", pero no producidos por la fuerza muscular, sino bienes intangibles, producidos tan sólo por el conocimiento.

También, en vez de cortar y coser telas, podríamos crear un "valle del silicio tropical". De ahí la importancia y lo acertado de la política del actual gobierno del Presidente Fernández, anunciada durante su campaña electoral, de colocar una computadora en cada aula, pues el manejo de computadoras es tan importante para nuestras nuevas generaciones, como lo fue el saber manejar el machete hace dos de ellas.

Igualmente, cada día más, gracias a los cambios tecnológicos, los trabajos que antes se hacían en la oficina, ahora se siguen realizando para la oficina, pero desde la casa, a través de la computadora, el modem y el fax. Más aún, esos cambios tecnológicos permiten que esa casa esté bien lejos de la oficina, siempre que la comunicación telefónica sea eficiente. Muchos podrían optar por trabajar para su oficina, pero desde su casa de playa en el Caribe, y no desde un friolento suburbio de Chicago. Ya hay docenas de norteamericanos, empleados de firmas de contadores públicos, que trabajan para Norteamérica desde las playas de Barbados, y allí también se diseña "software", pues ingenieros y técnicos prefieren un país de excelente clima el año entero, al no tener que estar cerca de las grandes empresas de Wall Street que lo utilizan.

Los potenciales servicios que se podrían ofrecer desde nuestro país incluyen, entre otros, la preparación de bases de datos; la programación de "software"; el procesamiento de datos; servicios audiovisuales, de contabilidad, ingeniería y asesoramiento impositivo; consultoría en administración y entrenamiento; diseño arquitectónico; sistemas de información geográfica y cartografía; servicios de respuesta telefónica, tipo llamadas a la línea 800; servicios de encuestas por teléfonos, así como composición y diagramación de textos. Igualmente, comunidades para gente retirada, balnearios y termas de salud, clínicas de cirugía estética y para tratamientos por adicción.

La agenda común

Y esto nos trae a la agenda común. A nuestro país le conviene que empresas norteamericanas inviertan aquí y los Estados Unidos desean que esas empresas se establezcan entre nosotros. A nosotros nos conviene que tengamos una alta proporción de turistas provenientes de una Norteamérica mucho más cercana que Europa y los Estados Unidos desean que esos turistas estén entre nosotros.

Es una temática sin conflictos. Consecuentemente, uno de los objetivos principales de la política exterior dominicana frente al mundo, y especialmente de cara a los Estados Unidos, debe de ser la de la promoción de las inversiones privadas en nuestro país y nuestro servicio diplomático debe de considerar esa labor como una de sus prioridades. En lo que a mí concierne, considero una de mis funciones más potencialmente efectivas y definitivamente principales, el salir de Washington y pronunciar conferencias sobre las bondades de invertir en nuestro país y así lo estoy haciendo, incluso con la valiosa cooperación de la recién creada Oficina para la Promoción de la Inversión Extranjera en la República Dominicana. Por suerte, nuestro Presidente, el Dr. Leonel Fernández, es un excelente expositor y "vendedor", en el buen sentido de la palabra, de las razones por las cuales se debe de invertir en nuestro país. Creo que todo aquel que lo oyó en Miami, en diciembre pasado, estará de acuerdo conmigo.

El Presidente Figueres, de Costa Rica, considera que el mayor éxito en su política externa lo ha sido precisamente el haber convencido al Presidente de la Junta Directiva de INTEL, que estableciera una gran planta de "micro-chips" en su país, donde dará empleo a varios miles de personas, incluyendo a cientos de ingenieros. Para lograr eso, el propio Presidente Figueres se trasladó a las oficinas principales de esa empresa, y cuando se le mostró que el puntaje indicaba que un destino asiático era más favorable para INTEL, modificó la propuesta de su país para lograr el mejor de los puntajes. Recientemente el Presidente Figueres visitó los Estados Unidos, pero no pasó por Washington. Ante una pregunta nuestra, un costarricense nos dijo, cándidamente: "¿Y qué hay que buscar en Washington?" El Presidente sí pasó varios días en el Valle del Silicio, en California, buscando atraer otras empresas.

Pero, para nosotros estimular a los inversionistas extranjeros, necesitamos mejorar el clima de inversión. Necesitamos que exista un sistema jurídico confiable, bajo el cual un empresario, sobre todo uno extranjero, pueda saber, con confianza, que "tendrá su día en la corte". Y eso sólo lo podemos resolver nosotros. No es culpa de los norteamericanos. Necesitamos energía eléctrica confiable y eso sólo nosotros podemos resolverlo. No es culpa de los norteamericanos. Necesitamos resolver, de una forma u otra, las varias docenas de litigios pendientes con compañías extranjeras, para que ellas sean nuestros principales propagandistas, no detractores, como lo son algunas, incluso ante importantes congresistas en Washington.

Necesitamos un Banco Central independiente y un arancel más reducido, para garantizar la estabilidad monetaria, poder negociar acuerdos de libre comercio y poder competir bajo ellos. En fin, que así como en los Estados Unidos su política externa está cada día más ligada y condicionada a la interna, en el caso dominicano, un aspecto básico de la misma, la promoción de inversión extranjera también está unida, y muy íntimamente, al diseño y a las consecuencias de su política interna.

Somos nosotros, y no más nadie, quienes podremos crear las condiciones para hacer exitosa esta nueva prioridad en nuestra política externa.

¡Manos a la obra!

Muchas gracias.

ANEXO III

Las relaciones domínico-americanas: geopolítica frente al nuevo milenio

Conferencia durante el almuerzo mensual
de la Cámara Americana de Comercio,
13 de enero de 1999.

Señor Presidente y demás miembros de la directiva
de la Cámara Americana de Comercio.
Integrantes de la mesa presidencial.
Distinguidos invitados.

Durante los últimos 27 años he comparecido ante este auditorio más de una docena de veces. Este será mi último discurso en el siglo, por lo que he decidido hablar en esta conferencia sobre "Las relaciones domínico-americanas: geopolítica frente al nuevo milenio".

Las relaciones bilaterales de ayer y de hoy

Nuestras relaciones bilaterales han variado muchísimo durante el último tercio de este siglo.

A fines de 1974 publiqué un artículo donde explicaba que en 1969 un 27% de la totalidad de los ingresos en divisas del país dependía de decisiones tomadas por el gobierno norteamericano, tan importante eran el monto de la ayuda bilateral y el tamaño de la cuota azucarera. Azúcar, café, cacao y tabaco eran nuestras principales fuentes de ingreso. Eramos, pues, una economía de insumos para el desayuno norteamericano.

Hoy día, en contraste, seguimos siendo un país pequeño, pero con una economía mucho más grande y definitivamente mucho menos dependiente de decisiones políticas de Washington.

A nivel mundial, somos el socio número treinta en cuanto al mayor nivel de intercambio comercial con los Estados Unidos.

Nuestro comercio bilateral es mayor que el de los Estados Unidos con la India, Sudáfrica o Suecia, por ejemplo.

Con relación a América Latina, somos el séptimo socio de mayor volumen comercial. Nuestro intercambio es dos veces superior al de los Estados Unidos con Costa Rica o Guatemala, y tres veces al de El Salvador. Exportamos unos 4.3 billones de dólares a los Estados Unidos, lo que nos convierte en el quinto exportador más grande de América Latina a ese destino, superado tan sólo por México (país fronterizo y socio en NAFTA), Venezuela (por el petróleo), Brasil (la economía más grande en Latinoamérica) y por Colombia. Exportamos a los Estados Unidos más que Argentina, Chile o Perú.

La relación comercial no sólo es importante en términos absolutos, sino que es muy dinámica, pues durante los últimos cinco años nuestras exportaciones a los Estados Unidos y nuestras importaciones de ese mismo origen crecieron a un impresionante ritmo de l3% anual.

A nivel mundial, somos el cuarto suplidor extranjero más grande de ropa a los Estados Unidos, superados tan sólo por China, Hong Kong y México; el octavo suplidor más importante de zapatos y somos el suplidor número uno de azúcar, cigarros y, por qué no decirlo, de jugadores de pelota. Los ingresos anuales de estos jugadores exceden ya nuestras exportaciones conjuntas de café y cacao.

Además, están surgiendo nuevos rubros importantes: somos el octavo suplidor extranjero más importante de cerveza; exportamos unos US$800 millones anuales en ensamblaje de equipo médico y electrónico, joyas, frutas, vegetales y tubérculos. Somos el comprador número veinte, a nivel mundial, de automóviles norteamericanos y entre los maquiladores textiles, somos el país que en mayor proporción utiliza tela norteamericana. En el campo de los servicios, las llamadas telefónicas desde los Estados Unidos a nuestro país representan el sexto mayor volumen, superadas tan sólo por las llamadas a Canadá, México, Gran Bretaña, Alemania y el Japón.

El 72% del valor de todo lo que exportamos a los Estados Unidos entra libre de todo impuesto a ese país, pero el 28% restante paga aranceles a una tasa promedio de un 14.5% ad valorem, generando al fisco norteamericano unos US$176 millones al año. Los aranceles pues, no lucen ser un obstáculo para nosotros acceder a ese mercado. El problema reside en el sistema de cuotas de importación que afecta a dos de nuestras principales exportaciones: ropas y azúcar. Además, nuestras exportaciones a Puerto Rico de café, cerveza, guandules y plátanos están sujetas a restricciones que violan el espíritu, sino la letra, de los compromisos internacionales sobre libre comercio. Las remesas familiares estuvieron brevemente sujetas a ciertos requisitos de información, hoy felizmente eliminados.

En términos geopolíticos, hemos podido diversificar nuestros mercados y las fuentes de nuestros ingresos de divisas. Mientras hace un tercio de siglo casi todas nuestras divisas provenían de los Estados Unidos, y el grueso de ellas dependía de decisiones políticas tomadas en Washington, hoy día la dependencia de esas decisiones políticas es mucho menor (a pesar de las cuotas textileras y azucareras), y ahora contamos con Europa como una fuente muy importante de divisas, pues no sólo el 65% de nuestro turismo viene del Viejo Mundo, sino que, en los últimos años, el grueso de la inversión privada extranjera ha provenido de Europa, especialmente de España, y ha habido años en que los flujos financieros netos provenientes de ese continente han sido mayores que los de Norteamérica. Esta diversificación incluye hasta el propio mercado norteamericano, pues hoy día las remesas y el ensamblaje en zona franca son las principales fuentes de divisas, las cuales eran prácticamente inexistentes hace apenas veinte años.

Como la geografía es la madre de la historia, seguiremos teniendo a los Estados Unidos como nuestro principal socio comercial.

Las relaciones bilaterales del mañana

Mirando hacia el futuro, creo que, al igual que el resto del Caribe, nuestra ya acelerada conversión en economía de servicio irá creciendo, a expensas de la agricultura y de la industria de insumos locales y para el mercado interno. Como dije en mi conferencia ante ustedes, en junio de 1997, el telepuerto cada día será más importante y, terminando el siglo, la computadora es más útil como instrumento de trabajo que el machete de principios del mismo.

Y con esos cambios surgen nuevos temas y problemas: los de derechos de propiedad intelectual; sobre normas laborales, y los de jurisdicción de arbitraje, por ejemplo. Igualmente, cada día más las empresas norteamericanas están presionando a nivel mundial contra la corrupción, sobre todo en las compras gubernamentales; y ya existen listas de países en base a índices de corrupción, así como instituciones que estudian el tema, Transparencia Internacional, por ejemplo. En el caso de República Dominicana este interés es entendible, pues si antes de 1961 sólo podía robar una persona, al caer Trujillo una de las cosas que primero democratizamos fue la corrupción.

También hay cambios significativos en lo que respecta a los intereses dominicanos en la agenda bilateral. Como también dije en la conferencia anterior, los temas de nuestro interés estarán cada vez más ligados a la política doméstica norteamericana. Son temas "interdomésticos" (internacional-domésticos) como bien los definió Bayless Manning y lo ha reiterado, recientemente, Abraham Lowenthal. Son asuntos como los de migración y el bienestar de nuestra comunidad en los Estados Unidos, para los cuales es importante que nuestra comunidad tenga peso político específico en Washington, como ya lo han logrado los cubanos, los haitianos y los judíos, para tan sólo mencionar tres grupos. Más importante que la gestión de nuestro Embajador ante la Casa Blanca, lo será ese peso político de nuestra comunidad para resolver esos problemas. El voto hispano en las elecciones congresionales de noviembre último pasó de un 3% del electorado en 1994, a un 5%. Como ilustración recordemos que en 1994 George Bush logró en Texas el 24% del voto hispano y en noviembre pasado un 46%. En la Florida, su hermano se llevó la mayoría del voto hispano. Los republicanos, pues, se están dando cuenta de que no les conviene que el grueso de ese voto quede en manos de los demócratas.

El futuro del libre comercio en el continente

El "Journal of Commerce" recientemente publicó lo siguiente: "los Estados Unidos y la Unión Europea están en una nueva competencia: ver quién gana primero el corazón, el cerebro y el bolsillo de MERCOSUR", ese mercado suramericano que cada día incluye a más países y que ya es el cuarto mercado más grande, a nivel mundial, después de la Unión Europea, los Estados Unidos y Japón. La Unión Europea vende a MERCOSUR $27 billones de dólares al año y los Estados Unidos $22 billones. La Unión Europea ha propuesto un acuerdo de libre comercio con MERCOSUR y los Estados Unidos, en ausencia de la legislación del "carril expedito" ("Fast Track"), encuentra dificultades en integrarse con Centroamérica, Suramérica y el Caribe. Pero, a los europeos también les será difícil ceder a las demandas de MERCOSUR para abrir su mercado a productos agrícolas (granos, soya, azúcar, carne), hoy día altamente protegidos.

La gran pregunta es cuál de los dos logrará primero ese acuerdo con MERCOSUR.

Mientras tanto, dentro del propio proceso de integración continental existe un fuerte pugilato entre las posiciones norteamericanas y las de los brasileños, pues mientras los primeros quieren negociar aceleradamente y sin el "carril expedito", los segundos buscan negociaciones más lentas y que incluyan la agricultura.

Uno de los grandes problemas es que Estados Unidos probablemente nunca aceptará ceder su soberanía en cuanto a aceptar decisiones regionales mientras negocia y participa en la integración hemisférica; a diferencia de una Europa que hace tiempo acepta decisiones regionales, así como el libre movimiento de la mano de obra regional y, ahora, hasta una moneda única.

Canada, por su lado, cada día ejerce una influencia moderadora y actúa como buen componedor en las negociaciones regionales.

Centroamérica, por ejemplo, ya ha indicado su interés en un acuerdo de libre comercio con ese país. Igualmente, la República Dominicana busca jugar un papel de buen componedor entre Centroamérica y CARICOM, en la creación de un espacio de integración regional, en base a una alianza estratégica, que luego incluiría a Colombia, Venezuela y México.

Pero no debemos desesperarnos por lo lento y complejo de todas estas negociaciones, ya que a Europa, el único esfuerzo exitoso de integración económica, le tomó cuarenta años llegar donde está hoy.

El proceso de integración económica en nuestro continente puede que conlleve eventualmente a la adopción de una moneda única y la reducción del papel de los bancos centrales, o hasta su desaparición. Eso ya está ocurriendo en Europa. En México ya existe una vigorosa discusión interna sobre si se debe adoptar el dólar de su socio de NAFTA como moneda, al estilo de Panamá. Después de todo, los bancos centrales de Centroamérica y el Caribe tan sólo han existido desde la segunda mitad de este siglo, y sus bondades son cuestionables. Nuestro país, por ejemplo, tuvo menos inflación y menos quiebras de bancos entre 1900 y 1947 que a partir de la existencia de su Banco Central. Cajas de conversión, al estilo de las de Hong Kong o Argentina, son fórmulas intermedias. El Prof. Dornbush, de MIT, al defender la dolarización de México explica que: "inmediatamente se desplomarían las tasas de interés, lo cual significaría mayor acceso al crédito para la pequeña y mediana empresa y el crecimiento económico se intensificaría". Creo que uno de los debates regionales del siglo XXI será el de las bondades y los costos del regreso a la dolarización de la primera mitad de este siglo. Es la forma más segura de reducir los demasiado altos intereses actuales. Esto, por supuesto, obligaría a los bancos nacionales a ser más eficientes, y también más competitivos internacionalmente, como en Panamá; en vez de limitarse, esencialmente, al mercado interno, como ocurre ahora. Por supuesto, también provocaría retornos de capitales actualmente expatriados.

La crisis del neoliberalismo

Durante este siglo que termina el comunismo tomó el control político en importantes países, pero ese control también se perdió en este siglo, durando apenas unos ochenta años. El proceso de sustitución de importaciones en el Tercer Mundo duró menos, apenas cuarenta años. Luce que el paradigma neoliberal ortodoxo, es decir la ideología de la globalización, apenas durará unos quince años. La crisis del neoliberalismo se debe a dos factores que se retroalimentan entre si:

1. Primero, el hecho de que el recetario neoliberal no ha logrado mejorar las condiciones del ciudadano promedio. Un reciente estudio del BID enfatiza, precisamente, el empeoramiento, en años recientes, en la distribución del ingreso en América Latina y el Caribe, incluyendo países como Chile, que han sido líderes en la adopción del recetario. Por cierto, el reporte escoge como ejemplos los casos de la República Dominicana y de Chile, donde, en ambos, el ingreso de quien pertenece al 10% más rico de la población es más de 30 veces el del 10% más pobre. El reporte agrega que las diferencias de ingresos entre ricos y pobres en América Latina y el Caribe son las mayores en el mundo, y que el año 1982 fue el momento de *menor* inigualdad en América Latina, empeorando ésta a partir de la crisis de la deuda. Ese empeoramiento en la distribución del ingreso ha hecho que en las elecciones se vote contra el recetario neoliberal. En Latinoamérica y el Caribe hay "rabia" y la gente vota con rabia, expresando así su frustración. Por otro lado, en sólo un año, Japón entró en la recesión más fulminante de la postguerra, la economía rusa se pulverizó y los "tigres asiáticos" perdieron sus uñas.

2. Segundo, porque el mal llamado "consenso de Washington" fue, esencialmente, una alianza entre dos gobiernos conservadores, el de la Sra. Thatcher y el de Ronald Reagan. Hoy día, los gobiernos en catorce de los quince países que componen la Unión Europea están en manos de los socialdemócratas, incluyendo ese centro del dogmatismo que durante tantos años fue Alemania. En los

Estados Unidos las elecciones congresionales de noviembre pasado indican que la gente prefiere el camino del medio, en vez de los extremos. Cuando al Presidente Clinton se le preguntó en Tokio cuál era el reto económico más importante que enfrentaba el mundo, contestó, sin titubear: "adaptar los sistemas económicos internacionales a la realidad del siglo XXI", agregando: "no se dejen engañar. Cuando 1.5 billones de dólares se mueven alrededor del mundo cada día, la posibilidad de la inestabilidad es muy grande". El Presidente podría haber agregado que esos dólares equivalen a todo el producto nacional bruto de Francia. El poder en el mundo se ha trasladado de los gobiernos, a mercados financieros fuera de todo control político Tony Blair, en Inglaterra, ha abogado por un "tercer camino".

Toda ideología requiere de algún sustento académico (llámese Marx, Prebish o Friedman). Hoy en día, sin embargo, ante la crisis del neoliberalismo, muchos académicos de gran renombre lo atacan, así como al Fondo Monetario Internacional.

Joseph Stiglitz, muy admirado por Clinton y quien fue Jefe de su Consejo de Asesores Económicos y, hoy día, es el economista principal del Banco Mundial, se refirió, en octubre pasado, al "fracaso del consenso de Washington", al no poder promover el desarrollo ya que "con demasiada frecuencia ha confundido los medios con los fines", pues auspició medidas como la privatización, la estabilidad de precios, la estabilidad del tipo de cambio y la liberación comercial, como fines en sí mismos. Agregó que la crisis asiática ha servido para evidenciar la debilidad de esa estrategia, pues allí no se hizo énfasis en una fuerte regulación financiera como pre-requisito para la liberación de ese sector. En Rusia, por otro lado, se enfatizó la privatización, olvidándose de la importancia de la competencia y eso provocó un extraordinario crecimiento en la desigualdad, coincidiendo con una fuerte reducción en la producción nacional. Stiglitz mantuvo: "ahora reconocemos que existen problemas sistémicos, problemas que no se limitan a países individuales. Nos damos cuenta de que por cada deudor hay un prestamista y que el prestamista tiene tanta culpa como el deudor". El economista principal del Banco Mundial explicó que una evidencia del fracaso del "consenso de Washington" es el hecho de que: "sus normas, aún cuando fuesen seguidas al pie de la letra, no han garantizado el éxito" (léase Chile), mientras otros países, como China, han sido exitosos, sin aplicar esas normas. Finalizó manifestando que: "el imponer el cambio desde fuera no podía funcionar, como se ha visto, repetidamente". El periodista inglés William Pfaff, ha comparado a la globalización con una ciudad sin semáforos, un símil que los dominicanos entendemos bien.

Recientemente, Jeffrey Sachs, de la Universidad de Harvard, ha sido un fuerte crítico del Fondo Monetario Internacional y de la política de culpar a la víctima, cuando, en realidad "los acreedores del sector privado se fueron con los fondos que había prestado el FMI", una crítica que hace años hemos estado haciendo desde América Latina. La izquierda tercermundista siempre ha criticado al Fondo Monetario, pero ahora también lo critica la derecha norteamericana, acusándolo de velar por los intereses de la banca internacional, el tal llamado "peligro moral". James Wolfensohn, Presidente del Banco Mundial, dijo en octubre: "tenemos que aprender a mantener un debate donde las matemáticas no dominen el humanismo". Por otro lado, la noción de que el neoliberalismo promueve la democracia también ha resultado ser falsa, sobre todo en Asia y en la antigua Unión Soviética. Henry Kissinger ha llegado a decir que el Fondo Monetario "está amenazando a las democracias del mundo".

Estos cambios de actitudes, con el consecuente cambio en el recetario, tienen altos costos para nuestros países. Cuando la Alianza para el Progreso, el gobierno norteamericano se opuso a la privatización de las empresas que heredamos de Trujillo y hoy la auspicia. Casi todas nuestras empresas de sustitución de importaciones recibieron el grueso de sus recursos del FIDE, el cual se alimentó con recursos del BID y la AID, organismos que abogaban por las bondades de esa estrategia. Como recientemente me dijera en Washington un alto funcionario del Banco Mundial: "pasamos mucho tiempo cambiando lo que nosotros mismos propusimos antes".

En lo personal, nunca he apoyado el fanatismo ideológico y así lo he manifestado en mis escritos y en mis acciones. Siempre he apoyado la zona gris, no los extremos blancos y negros y por eso he cosechado la crítica de la izquierda revolucionaria doméstica de ayer y de los gurúes y tarotistas económicos del fundamentalismo neoliberal de hoy. Creo que el tiempo me ha dado y me está dando la razón. La mayoría de los primeros ya han admitido que estuvieron equivocados.

El nuevo recetario

Todavía es demasiado temprano para conocer cuál será el nuevo recetario, aunque se conocen algunos lineamientos específicos del mismo. La crisis agregó a la apertura de los mercados financieros la reapertura del mercado de las ideas, clausurado por la inquisición neoliberal. Hoy casi todo está otra vez en discusión. El dilema básico es cómo lograr que las fuerzas del libre mercado no empeoren la distribución del ingreso y evitar que el libre movimiento de capital no sea un elemento desestabilizador. El recetario para el primer dilema está todavía por adoptarse, y para enfrentar el segundo, los estudios y las decisiones del grupo de países industrializados, el llamado G-7, indican que habrá un nuevo énfasis en la transparencia de los Estados Financieros y un endurecimiento en el contenido y en la aplicación de las normas bancarias de Basilea. Las firmas internacionales de contadores públicos tendrán que ser más severas con sus filiales en el tercer mundo, para que los Estados que certifiquen reflejen más fielmente la realidad. Los bancos centrales deberán ser más transparentes en la frecuencia y en la amplitud de sus divulgaciones sobre sus reservas monetarias. El contagioso riesgo cambiario que asuma la banca comercial y las empresas privadas será estudiado con mucho mayor rigor. Lo que se busca es reducir la oscuridad en la contabilidad corporativa y en las estadísticas financieras nacionales. El remedio por el que aboga el G-7 es la transparencia, a partir de normas internacionales de contabilidad más estrictas. Con eso se busca que los prestamistas, oficiales o privados, puedan evaluar mejor los riesgos del crédito en los mercados emergentes. Se busca evitar lo que ocurrió en Asia, donde la banca y los inversionistas extranjeros prestaron, a corto plazo, a cinco países, un monto dos veces mayor que las reservas líquidas internacionales de los sistemas bancarios de esos países. La súbita salida de esos fondos fue la causa inmediata de la crisis. También se estudian las bondades (muy controversiales, por cierto) de imponer algún tipo de control a los influjos de capitales de corto plazo. Como lo ha dicho recientemente el Vicepresidente de Goldman Sacks, Robert Hormat: "la volatilidad internacional ha sido tal, que el capitalismo de mercado libre está a la defensiva".

Gran Bretaña y Japón pudieron enfrentar exitosamente sus crisis de 1992 y 1998, respectivamente, sin que su sistema bancario entrara en un colapso, porque los bancos no tenían importantes montos de deuda en moneda extranjera, mientras que en Asia ocurrió todo lo contrario, pues se debía mucho en moneda extranjera, sin contar con un monto equivalente en activos en divisas. Una situación de esa naturaleza garantiza que una crisis cambiaria, es decir una devaluación, provoca también un colapso del sistema bancario privado.

Todo lo anterior implica que al tercer mundo se le hará más difícil tener acceso al crédito internacional. A pesar de nuestro país no contar con fuertes influjos de capitales de corto plazo, no podremos escapar a las consecuencias de las crisis en Asia y en Brasil, Chile y México. No dejaremos de sentir los efectos negativos vinculados a esa percepción generalizada de que latinoamérica es, ahora, un mercado peligroso donde invertir y donde prestar. Inversionistas norteamericanos, europeos y asiáticos pueden estar viendo a nuestro país a través de ese nuevo prisma y todos tenemos los dedos cruzados en cuanto a qué pasará en Brasil. Las empresas clasificadoras de riesgos han reducido la puntuación dada a nuestra región y por lo tanto a nuestro país. Para la banca comercial dominicana y para nuestros importadores es ahora más difícil obtener crédito de corresponsalía y de suplidores.

Al fin de la Segunda Guerra Mundial Keynes encabezó, en Bretton Woods, el diseño de un nuevo sistema monetario internacional. Ahora, al final de la Guerra Fría, buscamos un nueve Keynes para rediseñar el sistema. Todavía no ha aparecido.

¿Qué significa para nuestro país todo este cuestionamiento y esta búsqueda actual de un nuevo recetario? Muchas cosas. Tan sólo citaremos dos:

Por un lado, que el haber llegado tarde a las reformas, a pesar del enorme costo que esto implica, tiene una ventaja, pues con el atraso hemos evitado el haber caído en los errores de los iniciadores del proceso, teniendo tiempo aún para incorporar los diseños que la experiencia ha demostrado que son convenientes.

Y segundo, que si cada día vamos a depender más de los servicios, es en los aspectos de la reforma que atañen a ese sector donde, por razones estratégicas, debemos concentrar nuestra atención. El acceso a mercados para nuestros servicios, deviene cada día más importante que el acceso a los mercados tradicionales de bienes. Los acuerdos internacionales sobre telecomunicaciones y el libre comercio a través del internet, para sólo dar dos ejemplos, incidirán cada día más sobre nuestra generación de divisas.

El nuevo milenio

A pesar de lo anterior, no debemos sentirnos pesimistas, sino todo lo contrario. Estamos por comenzar un siglo donde las relaciones de nuestro país con los Estados Unidos serán más maduras, más beneficiosas para nosotros y mucho más independientes que en el pasado. Veamos esas perspectivas del siglo XXI a través de un lente retrospectivo de esas mismas relaciones durante el siglo XX: durante casi la mitad del siglo nuestras aduanas fueron administradas por el gobierno norteamericano y sufrimos dos intervenciones militares. Durante casi cincuenta años enfrentamos la guerra fría y sus consecuencias y eso incluyó treinta años bajo la noción de que tal vez podríamos convertirnos en una segunda Cuba. Pero también hemos tenido cuarenta años de cuota azucarera y dieciséis años de los beneficios de la Iniciativa de la Cuenca del Caribe.

Comparando lo anterior con la vigorosa relación comercial de hoy día, que describí al comienzo de esta intervención que ya termina, no podemos dejar de concluir que ciertamente en cien años hemos progresado y tomado un camino más positivo y prometedor.

No sólo ha tenido lugar un cambio material y cuantitativo. También la percepción que nuestros líderes e intelectuales tienen sobre las relaciones domínico-americanas ha sufrido un cambio radical. Al iniciarse este siglo, precisamente en el año 1900, el uruguayo José Enrique Rodó publicó "Ariel", una obra que fue un llamado a la unión de todas las naciones latinoamericanas, atadas por la lengua y la religión hispanas, para enfrentar la expansión imperialista norteamericana, que amenazaba con destruir los valores fundamentales de los hispanoamericanos. El antiamericanismo, la esencia del arielismo de Rodó, rápidamente se convirtió en el estandarte de la intelectualidad y de los políticos de latinoamerica, incluyendo los dominicanos. Pero hoy día en nuestro continente denominamos, sarcásticamente, "la reconquista" a la nueva presencia masiva de la banca privada española.

Cinco años antes de terminar el siglo pasado, citando su estadía en los Estados Unidos, José Martí había dicho: "viví en el monstruo y le conozco las entrañas y mi honda es la de David".

Pocos años antes, nuestro Gregorio Luperón, quien se autodenominó "el implacable enemigo de los yankees" había dicho: "entre yankees y dominicanos, no hay asimilación posible, en nada podrán entenderse, mucho menos el avenirse".

Esa retórica de hace 100 años difiere totalmente de la que predomina hoy entre nosotros: entre nuestros líderes e intelectuales y también entre el pueblo; entre los que se han quedado aquí, entre los que quieren irse y no pueden, y entre ese 10% que se ha ido a vivir, precisamente, a los Estados Unidos.

Luperón decía que no era posible avenirnos. Ahora lo que queremos es irnos. ¡Qué contraste! Terminamos el milenio con una percepción totalmente diferente a la que existía cuando comenzó el siglo. Eso ofrece los mejores augurios de unas excelentes relaciones bilaterales en el nuevo milenio.

Muchas gracias.

ANEXO IV
El papel político de los dominicanos residentes en los Estados Unidos

Conferencia en el seminario auspiciado por DASA,
agosto 7 y 8, 1997.

La segunda guerra fría

Es cierto que desapareció la guerra fría, que se inició en 1947, pero también es una realidad que nos enfrentamos a otra guerra fría. La de la lucha contra las drogas, el lavado de dinero y la emigración ilegal.

En el pasado, los Estados Unidos percibían al Caribe como una zona estratégica, geopolíticamente importante, por el Canal de Panamá y por el peligro de la penetración soviética-cubana. Hoy, la zona es estratégicamente importante, pero tan sólo porque a través de ella transitan las drogas de Suramérica, y porque se ha convertido en un área con un alto volumen de emigración ilegal, precisamente cercana a sus costas. Por estos factores, los componentes de la agenda bilateral son esencialmente temas policíacos, vinculados a la lucha contra el narcotráfico y la inmigración ilegal: extradición de criminales dominicanos hacia los Estados Unidos, deportación de delincuentes dominicanos hacia nuestro país; negociación de acuerdos para que buques y aviones norteamericanos puedan penetrar las aguas territoriales y los cielos de los países caribeños y centroamericanos en busca de drogas y de emigrantes ilegales y pactos en contra del lavado de dinero.

En términos de la política de Washington, es importante destacar que todos estos nuevos tópicos son asuntos que influyen mucho en la agenda doméstica norteamericana, pues forman parte de la misma. Esto es más cierto aún, si tomamos en cuenta la cercanía del Caribe con los Estados Unidos. Permítanme un ejemplo: los refugiados que buscan salir ilegalmente de Albania no constituyen un tema de política externa norteamericana tan importante como el de los emigrantes ilegales caribeños, por la simple razón de que estos últimos pueden llegar, y llegan, con relativa facilidad, a los Estados Unidos. El resultado es que cada día es más difícil diferenciar la política norteamericana externa de la interna, y que cada día más su política externa está determinada por factores vinculados a la interna.

Sin dudas, desde nuestro punto de vista dominicano, la mayor preocupación en las relaciones bilaterales es el daño que las leyes de migración de 1996 pueden acarrearnos. Primero, a la comunidad dominicana residente en los Estados Unidos; y, segundo, a la economía nacional. Las menores posibilidades de migración legal a los Estados Unidos, el peligro de las deportaciones de dominicanos que, siendo residentes legales, todavía no han podido hacerse ciudadanos norteamericanos y que provoquen la trágica separación de familias, las reducciones en los recursos de los programas de asistencia social ("welfare") y hasta los esfuerzos por eliminar los controles de alquiler en Nueva York, todos, son asuntos de extraordinaria importancia, no sólo para nuestra diáspora, sino también para todo el país, y presiento que todavía, en amplios sectores de la vida nacional, hay mucho desconocimiento sobre el asunto.

Según estadísticas del Departamento de Inmigración norteamericano, en ese país viven unos 75,000 dominicanos ilegales, sin documentación alguna, pero que apenas representan un 1.5% de todos los indocumentados. A pesar de que ese porcentaje es irrisorio en la magnitud del problema para los Estados Unidos, su deportación masiva sería traumática para nuestro país, tanto en términos humanos, como económicos. Por eso fue tan importante que en la Cumbre de San José, hace tres meses, el Presidente Clinton aclarara que no habrían deportaciones masivas.

El papel del domínico-americano

Como hemos visto, la nueva agenda norteamericana con relación a nuestro país está concentrada en temas que forman parte de la política doméstica de los Estados Unidos, y que también han devenido componentes importantes de su política externa. Son los casos de inmigración y narcotráfico –a diferencia de temas exclusivamente de política externa–, como fueron los de defensa hemisférica y lucha anticomunista en los años cincuenta, –y en Europa–, el incremento en la membresía en la OTAN en nuestros días.

Dada esta duplicidad de ubicación de una misma agenda, consideraciones puramente domésticas condicionan, cada vez más, la formulación de la política externa. Las muy fuertes leyes sobre migración del año electoral del año 1996 son un buen ejemplo. De ahí la necesidad de que presiones domésticas positivas influyan en el diseño de la agenda bilateral norteamericana con relación a nuestro país. Así como la comunidad cubano-americana y judía han logrado influir en el diseño de la política norteamericana hacia La Habana y Tel Aviv, asimismo la comunidad domínico-americana tiene que desempeñar un papel similar.

Por otro lado, importa tener en cuenta que, después de mexicanos y cubanos, los dominicanos somos el tercer grupo del hemisferio que en mayor volumen ha adoptado la ciudadanía norteamericana en los últimos cuatro años, obteniendo, en consecuencia, el derecho al voto. Entre 1992 y 1995, unos 10,500 dominicanos al año se hicieron ciudadanos norteamericanos. Hizo bien el Presidente Fernández cuando, el año pasado, exhortó a los dominicanos residentes en los Estados Unidos, con capacidad para hacerlo, a nacionalizarse norteamericanos, más aún cuando, gracias a una enmienda constitucional que precedió, en unos dos años, a una mexicana similar, los dominicanos no pierden su nacionalidad al optar por una segunda ciudadanía. El potencial de compatriotas con posibilidad para convertirse en ciudadanos norteamericanos es alto, pues en los últimos cuatro años los dominicanos que han sido admitidos como inmigrantes, promedian los 43,500 es decir, cuatro veces más que los que se nacionalizan. En 1996, los dominicanos ocuparon el sexto lugar, a nivel mundial, entre los grupos de mayor cantidad de emigrantes legales a los Estados Unidos y el segundo de este hemisferio, sólo superado por México. Por supuesto, esto ocurrió antes de entrar en vigencia las nuevas leyes de migración.

Miles de dominicanos con derecho al voto en los Estados Unidos, aportando recursos a las campañas electorales norteamericanas, conformando grupos de presión ciudadana, escribiéndoles a sus congresistas y también participando, como candidatos, en las elecciones, son los mejores elementos para influir en el diseño de la política de ese país hacia el nuestro. De hecho, ya contamos con un congresista estatal y un regidor, ambos en Nueva York, de origen dominicano. En la Embajada dominicana en Washington hemos movilizado, creemos que por primera vez, a docenas de grupos de domínico-americanos, organizados en asociaciones e instituciones privadas de la más diversa índole, en una campaña de envío de cartas a sus congresistas, buscando su apoyo para el proyecto de paridad textil. Ese mensaje le cala a un congresista más efectivamente que lo que pueda decir el más locuaz embajador. Por otra parte, no hay candidato a la alcaldía de Nueva York que se respete, que no visite Santo Domingo para tratar de obtener el voto de nuestra gente. Varios congresistas en Washington saben cuanto cuestan los votos dominicanos para ser reelegidos y actúan tomando eso en consideración. Charles Rangel, es el mejor ejemplo.

Lamentablemente, nuestra gente se concentra en Estados de la Unión fuertemente demócratas, por lo que su voto no cuenta tanto como contaría si estuviesen ubicados en un Estado donde un grupo "bisagra" decide las elecciones. Si en Dakota del Sur hubiese una comunidad dominicana del volumen de la que existe en Nueva York, es seguro que su senador ya sería de origen dominicano.

La creciente importancia del voto hispano

En términos poblacionales, durante los últimos diez años, el número de hispanos ha aumentado en los Estados Unidos en un 53%, una tasa siete veces superior al del resto de la población norteamericana. Los hispanos constituyen hoy en día un 10% del total de la población norteamericana. De esa cantidad, un 64% es mexicano, un 10% puertorriqueño, un 4% cubano, y el 22% lo constituyen personas de otros orígenes, incluyendo la República Dominicana.

Sin embargo, un 48%, es decir, casi la mitad de los hispanos, son menores de 25 años de edad, lo que significa que su tasa de crecimiento seguirá siendo muy alta. En efecto, según proyecciones del censo norteamericano, en el año 2005 los hispanos sumarán unos 32 millones, convirtiéndose entonces en el segundo grupo minoritario más importante, después de los afroamericanos.

Pero, para el año 2035, es decir dentro de treintisiete años, período equivalente a una generación, uno de cada cinco norteamericanos será de origen hispano. Ante esa proyección, ya se habla en Washington de un nuevo estribillo, pues así como los afroamericanos usaron, en los sesenta, el estribillo "We shall overcome" (nosotros sobrepasaremos) los hispanos están pensando en el estribillo "We shall overwhelm" (nosotros apabullaremos).

El efecto actual del voto hispano sobre las elecciones norteamericanas

Para las elecciones del año pasado, es decir las de 1996, existían ocho millones de hispanos elegibles para votar, de los cuales 6.6 millones se habían registrado para ejercer el voto, un 30% más de los registrados para las elecciones de 1992. De esa cantidad, unos 4 millones efectivamente votaron, lo que implica una tasa de participación de un 60% de los registrados, muy por encima del 47% que sufragó en los Estados Unidos a nivel nacional. Lo anterior implica que los hispanos tienen un mayor nivel de concientización política que el resto de la población. Un 72% de los hispanos votaron por los demócratas, en comparación con un 53% de los católicos. Apenas un 21% de los hispanos votaron por los republicanos. Su voto fue clave en Estados como el de la Florida, Arizona y California, pues representaron grupos "bisagra". Existe la creencia errónea de que el voto cubano es decisivo en la Florida, cuando realmente el que es decisivo es el de los hispanos no cubanos.

Los hispanos aumentaron su registro electoral y su voto efectivo en las elecciones de 1996, como una reacción de auto-defensa por las leyes que fueron pasadas ese año y que afectaron negativamente los temas migratorios y de asistencia. Existen indicaciones de que los líderes republicanos hoy día se encuentran arrepentidos por haber tomado una actitud tan contraria en esos dos asuntos y no es una casualidad que el Congreso norteamericano, con apoyo republicano, reimpuso, hace una semana, la participación de los emigrantes legales de más de sesenta años de edad en los beneficios del "welfare", gracias a una campaña publicitaria donde, incluso, se citó el caso de varios ancianos dominicanos, residentes en Nueva York, en estado de desesperación.

El voto hispano aumentó un 29% entre las elecciones de 1992 y 1996 y, entre otros efectos, implicó un aumento sustancial en la cantidad de congresistas de origen hispano. El llamado "caucus" hispano aumentó de seis congresistas, en 1987, a diecisiete en 1996. Ya hay tres hispanos en el gabinete del Presidente Clinton y si uno le hace caso a rumores citados en la prensa de Washington, como creo que hay que hacerle, la representación latina en el cuerpo diplomático norteamericano también aumentará, incluso en el Caribe.

La presencia hispana en la agricultura norteamericana

Un 42%, es decir, casi la mitad de la mano de obra agrícola en los Estados Unidos es hispana, encontrándose concentrada en labores como la recogida de frutas frescas y vegetales, incluyendo labores itinerantes, siguiendo la época de cosechas en diferentes Estados. La tal llamada "latinización" de las áreas rurales norteamericanas se concentra en cultivos mano de obra intensivos, a contrario de cultivos altamente mecanizados como el del maíz, la soya y el trigo. Unos 670,000 hispanos se encuentran dedicados a la agricultura. Lo anterior sugiere la importancia de estudiar la conveniencia de que la República Dominicana participe en el Programa de Importación Temporal de Obreros, tal y como ocurría con los jamaiquinos que cortaban la caña en la Florida y que, en un

futuro, podría incluir la recogida de café en Puerto Rico y de vege-
tàles y frutas en la costa Este de Norteamérica, por parte de dominicanos. Esto no luce tan poco probable, si se toma en consideración que el Canciller de Taiwan recientemente declaró, en Centroamérica, la disposición de su país de importar obreros temporeros
centroamericanos, para sustituir a los filipinos y tailandeses, pues,
hoy en día, esos países reconocen a China Continental.

La sorprendente actitud de los dominicanos y otros latinos ante el tema de la asistencia social

Existe una percepción errónea, que llega ya al nivel de mito,
especie de leyenda negra, de que todos los latinos mantienen la
supuesta actitud de los puertorriqueños de favorecer su continua
dependencia de recursos estatales norteamericanos provenientes
de los programas de asistencia social.

Sin embargo, estudios evidencian que los hispanos no puertorriqueños ubicados en Queens dependen un 50% menos de la asistencia social, que los puertorriqueños ubicados en el Bronx. En las
elecciones de 1996, el presidente Clinton sacó un 80% de los votos
en Queens, pero, según una encuesta promovida por la Federación Hispana de Nueva York, y hecha hace apenas dos meses, un
69% de los dominicanos y un 58% de los hispanos (no dominicanos, pero tampoco puertorriqueños) apoyan el establecimiento de
un límite de cinco años en los pagos de la asistencia social. Lo anterior implica claramente que los dominicanos no se perciben como
manteniendo una vinculación parasitaria con los mecanismos de
un Estado asistencial.

El Alcalde de Nueva York, el señor Giuliani, es republicano,
pero, dada su actitud favorable hacia la inmigración, las encuestas
están mostrando que los hispanos apoyan su candidatura a una
reelección en una proporción de dos a uno, con relación a la demócrata Ruth Messinger. Otro punto a tomar muy en consideración
es la creciente importancia de una clase media hispana en los Estados Unidos.

Como organizar políticamente a los domínico-americanos

Al inicio de esta conferencia explicamos el porqué de la importancia de que los domínico-americanos jueguen un papel cada vez más importante en la política norteamericana, no sólo para defender sus propios intereses como comunidad, sino también los de su patria de origen, influyendo sobre las decisiones que se toman en Washington.

La gran pregunta es cómo mejor organizar a esa comunidad, para que cada día tenga una creciente influencia política. No creo tener la respuesta, pero sí creo que puedo comenzar mencionando cómo pienso que no debe hacerse.

No creo en la fórmula que se estableció en Haití, de crear un Ministerio de la Diáspora, pues implicaría que el esfuerzo se vería afectado por los fenómenos políticos dominicanos. Tampoco creo conveniente la creación de una organización que dependa de la Embajada dominicana en Washington, o del Consulado en Nueva York, pues, tarde o temprano, ésta se politizaría, y sería utilizada para fines proselitistas y, además, su directiva cambiaría con cada elección presidencial dominicana. Tampoco creo factible que esa organización se logre a través de la representación de los partidos políticos dominicanos en los Estados Unidos, pues correría el mismo riesgo de su politización.

Tal vez la forma más efectiva y duradera de organizar políticamente a los domínico-americanos sería a través de un proceso de autogestión, que surja y se desarrolle dentro de la propia comunidad. Bien podría ser que resulte de un proceso de aglutinamiento de instituciones ya existentes dentro de esa comunidad. En la Embajada en Washington hemos comenzado a elaborar una lista de instituciones privadas dominicanas en los Estados Unidos, ya existentes, sin fines de lucro, cuyos objetivos son típicos de la sociedad civil, y me ha sorprendido la cantidad y variedad de las mismas.

Hay una institución representada en toda la comunidad y que tal vez podría jugar un papel protagónico. Me refiero a la Iglesia

Católica. La institución que representaría los intereses de la comunidad ¿debería contar con una oficina en Washington? ¿Debería no contar con esa oficina, pero sí contratar cabilderos en Washington? ¿Debería estar ligada a instituciones ya existentes con objetivos comunes?

La raza

Una de las instituciones ya existentes que podría ayudar a dinamizar políticamente a la institución dominicana lo es "La Raza", una organización privada, sin fines de lucro, no partidista, creada en 1968, es decir hace casi treinta años y que opera ya a través de unos 20,000 grupos de hispanos. Aunque comenzó como una institución cuyo objetivo era proteger a los chicanos, es decir a los hispanos de origen mexicano, hoy en día ya está considerando expandir sus funciones a la ciudad de Nueva York y a otros grupos hispanos. Sus dos principales funciones son:

1. analizar las políticas propuestas por Washington y por los Estados de la Unión para, a través de su equipo de técnicos y sus cabilderos, influir sobre decisiones políticas que afectan a su membresía;

2. movilización de los votantes, especialmente en los momentos de elecciones, a través de campañas vinculadas a temas específicos (migración, asistencia social, etc.) que afectan a su membresía. Para que tengamos una idea de la fuerza política con que ya cuenta "La Raza", en su convención anual, que tuvo lugar en Chicago hace dos semanas, hablaron tanto Al Gore como Dick Gebhart, los dos principales candidatos presidenciales del Partido Demócrata. Ni siquiera fue necesario invitarlos, pues insistieron en hablar. El Presidente de México también estuvo presente.

Tal vez lo que nos conviene sería un grupo de autogestión, ligado a "La Raza" y, con algún apoyo, pero indirecto, del gobierno dominicano.

La experiencia mexicana

Hasta 1990, el gobierno mexicano no daba importancia alguna a su comunidad en los Estados Unidos, ni a organizaciones como

"La Raza". Fue el inicio de las negociaciones para un acuerdo de libre comercio con los Estados Unidos y la conciencia de la importancia del voto de los mexicano-americanos en los Estados Unidos, lo que movió al gobierno mexicano, a crear, en 1990, su "Programa Para las Comunidades Mexicanas en el Extranjero", dependiente de la Cancillería mexicana. Aunque su objetivo "formal" es el de la "incorporación de nuestros compatriotas en el extranjero a la nación mexicana, que conformamos juntos los de aquí y los de allá", también tiene un objetivo no mencionado muy importante, que es el de influir sobre las decisiones de Washington, a través de los mexicanos residentes en los Estados Unidos. El programa establece que "el multiculturalismo es fuente de fortaleza y no de debilidad", e incluye:

1. La promoción de exportación de productos a través de ventas al mercado étnico mexicano en los Estados Unidos.

2. La promoción de visitas de connacionales a México, algo parecido al caso de las visitas de los "dominicanos ausentes".

3. Educación de adultos en los Estados Unidos.

4. Educación de hijos de inmigrantes.

5. Facilitar la revalidación de títulos escolares, para que niños mexicanos puedan continuar sus estudios en México y viceversa.

6. Promoción de torneos deportivos.

7. Programas culturales, incluyendo exposiciones itinerantes.

8. Promoción de negocios a través de Cámaras de Comercio Hispanas.

Una de sus labores principales, hasta la fecha, ha sido la preparación de una base de datos sobre líderes comunitarios de origen mexicano en todos los Estados Unidos, información que es utilizada para el envío de cartas a congresistas y a otras personalidades. También se ha establecido una condecoración mexicana que se otorga anualmente a alguien que se haya destacado por su trabajo de apoyo a la comunidad mexicana en Norteamérica. Además, se imprime un periódico, La Paloma, que, en el caso dominicano, su versión bien pudiese ser colocada gratuitamente, dentro de los periódicos dominicanos que se editan en Nueva York. También se publica el boletín "Raíces".

En fin, que sus dos objetivos coinciden y se complementan. El financiamiento del programa proviene tanto de empresas mexicanas con intereses en los Estados Unidos, como empresas norteamericanas con intereses en México, más aportes de la propia Cancillería mexicana.

Por cierto, mientras los dominicanos modificamos nuestra Constitución, para permitir la doble nacionalidad, en 1994, los mexicanos apenas lo hicieron en 1996, por lo que, en algunas cosas sí nos les hemos ido adelante.

La experiencia de otros grupos étnicos

No es necesario describir la influencia política que las comunidades cubanas e israelíes han adquirido. La haitiana, a través del influyente "caucus" afro-americano, logró presionar al gobierno norteamericano para el regreso del Presidente Aristide, incluso a través de una intervención armada. Como algo anecdótico, vale la pena citar cómo el Primer Ministro de Canadá, el Sr. Jean Chretien, conversando en Europa con el Primer Ministro de Bélgica, ante un micrófono que ambos pensaban que estaba apagado, opinó que el verdadero objetivo del Presidente Clinton para incluir a Lituania en la OTAN, era el lograr el apoyo de la comunidad lituana en Chicago, en las elecciones primarias del año que viene. La comunidad irlandesa también influye mucho en la actitud norteamericana frente a la violencia en su país. Los armenios establecieron una oficina de cabildeos en Washington en 1973, cuyo modus operandi pretendo estudiar.

En fin, que la comunidad dominicana en los Estados Unidos, tiene ante sí, como un reto, una agenda de interés propio, no partidista, y representada, principalmente, por los temas de migración y servicios sociales. También puede influir en asuntos que afectan su madre patria: la paridad textil, el azúcar, la deuda externa y la promoción de inversiones privadas norteamericanas, entre otros.

No debemos subestimar nuestra propia capacidad. ¿Quién habría pensado, hace treinta años, que tendríamos más de cuarenta peloteros en las Ligas Mayores? Los Linares y Espaillat de hoy, son los Osvaldo Virgil del ayer, el primer pelotero dominicano que llegó a las Grandes Ligas. Bien podría ser que pronto tendremos senadores federales, alcaldes y gobernadores de origen dominicano. Y, ¿por qué no? antes del 2044, fecha de nuestro bicentenario, un presidente en la Casa Blanca, de origen dominicano.

Muchas gracias.

ANEXO V
Las ventajas comparativas dominicanas - Las exportaciones del futuro

Conferencia en la Asociación de Industrias
de la Zona Franca Industrial de Santiago,
6 de agosto de 1998.

Damas y caballeros:

Dar una conferencia en Santiago siempre ha sido para mí, en lo personal, algo muy emotivo, ya que gran parte de mi familia proviene de aquí y en esta ciudad fue donde yo nací. Poder decir, aquí y en el extranjero, ayer, hoy y mañana que soy santiaguero, siempre ha sido, es y será motivo de extraordinario orgullo.

Un país que cambia rápido y radicalmente

A principios de la década de los ochenta, es decir hace apenas unos quince años, nuestro país se caracterizaba por ser una nación exportadora de azúcar, café, cacao, tabaco y un poco de níquel y oro. Era una economía esencialmente agrícola, donde más de la mitad de la población residía en la zona rural.

Hoy en día más de la mitad de los ingresos de divisas de la nación provienen de la exportación de servicios. Hemos pasado, rápidamente, de una economía agrícola a una economía de servicios donde, las exportaciones de bienes apenas generan el 22% de nuestros ingresos totales en divisas y donde las remesas de la comunidad dominicana residente en el extranjero representan un 25%. El azúcar, considerada hasta hace pocos años como la columna vertebral del país, apenas genera un 4% de nuestros ingresos totales en divisas. El valor agregado de nuestras exportaciones de ropas y telas, es cuatro veces mayor que el de nuestra industria azucarera. El país recibe más turismo que cualquier otro destino del Caribe, con la excepción de México y las Bermudas. Contamos con unas 37,000 habitaciones turísticas, una cifra cuatro veces superior a la de Puerto Rico. Somos el cuarto mayor exportador de ropa a los Estados Unidos, a nivel mundial, superado tan sólo por China Continental, Hong Kong y México. A nivel mundial, somos el socio comercial número treinta para los Estados Unidos, en términos de volúmenes totales de exportaciones e importaciones, lo que nos coloca por encima de Rusia, la India o Egipto. Constituimos el sexto mercado más grande para productos norteamericanos en nuestro hemisferio, superado tan sólo por Brasil, Venezuela, Colombia, Argentina y Chile. También somos el suplidor número uno de cigarros a los Estados Unidos, con un valor de exportación de más de un cuarto de billón de dólares el año pasado. Somos el octavo exportador más grande a los Estados Unidos, a nivel mundial, de zapatos, superando a Gran Bretaña, Corea y Taiwan. El gobierno dominicano, incluyendo sus empresas estatales y organismos autónomos emplea unas 244,000 personas. Las zonas francas dominicanas emplean 170,000 personas. Es decir, una cifra prácticamente igual a los empleos totales del sector público dominicano.

Unas cinco docenas de dominicanos trabajan en los Estados Unidos tan sólo parte del año, y sus salarios combinados exceden nuestras exportaciones totales de café y cacao. Me refiero, por supuesto, a los sesentiún dominicanos jugadores de pelota en las Grandes Ligas. Si agregamos los que trabajan en las Ligas Menores, sus salarios totales excederían nuestras exportaciones de café, cacao y níquel, y todo este cambio ha ocurrido en menos de veinte años.

En el aspecto político la evolución también ha sido muy impresionante. Hemos pasado de tener al presidente más viejo del hemisferio, a tener el presidente más joven y, por fin, contamos con una Suprema Corte de Justicia independiente. En cuanto a las elecciones, ya aprendimos a contar los votos, y el que las pierde, al día siguiente ya admite su derrota. Pocos recuerdan que hace una generación el camino del progreso en este país estaba pavimentado con cadáveres.

Santiago y sus alrededores han participado más que proporcionalmente en este progreso de los últimos quince años. Así como los viñedos de Francia son visitados por los adoradores de Baco del mundo entero, hoy día turistas vienen a esta ciudad a ver cómo se siembra el tabaco y cómo se producen nuestros muy famosos cigarros. En la embajada dominicana en Washington he ofrecido más de una recepción para promocionar nuestros cigarros y muchas personalidades de la política norteamericana, que nunca se ven en recepciones diplomáticas, han asistido a éstas, por su gran interés por el cigarro dominicano. Siempre había oído decir que las grandes decisiones políticas de Washington se tomaban en habitaciones íntimas llenas de humo. Eso, sigue siendo verdad, excepto que en la mayoría de los casos ese humo es de origen dominicano. La ciudad de Santiago, donde se concentra la exportación textilera nacional, puede ser descrita como el sastre de los Estados Unidos. El Cibao también es la zona de mayor concentración de remesas familiares y desde donde se exporta el grueso de los zapatos.

En resumen, que los motores del crecimiento dominicano han estado representados por sectores en el área de los servicios y Santiago ha participado, en forma extraordinaria, en la generación de esos servicios.

Es lógico que nos preguntemos si es sostenible esta dependencia en los servicios; si éstos continuarán siendo los motores de nuestro crecimiento. Soy de los que cree que el crecimiento futuro de nuestra nación seguirá dependiendo de los servicios. Hay economías en nuestra región que dependen exclusivamente de servicios, como lo son las pequeñas islas de Antigua y Gran Caymán, pero aún islas de tamaño mediano, como Barbados, que por muchos años fue la economía mejor administrada del Caribe, dependen hoy día casi exclusivamente de los servicios para seguir creciendo, generar empleos y divisas.

La paridad textil

Por supuesto, debo decir algo con relación al tema de la paridad textil. Las exportaciones dominicanas de ropa y tela crecieron un 17% en 1995, un 1% en 1996, un 21% en 1997 y apenas un 4% durante los primeros cinco meses de 1998. De seguir esta tendencia es probable que en 1998 las exportaciones textileras tengan una tasa de crecimiento negativa, es decir, que se reduzcan en vez de crecer, lo que, de ocurrir, sería la primera vez en casi treinta años. El sector textil dominicano está sufriendo de lo que en la ciencia económica se llama una "desviación del comercio", ya que las exportaciones mexicanas de telas y ropas reciben un tratamiento arancelario en los Estados Unidos más beneficioso que las exportaciones caribeñas y centroamericanas. Las exportaciones mexicanas a los Estados Unidos de tela y ropa crecieron un 59% en 1995; un 42% en 1996, en un 38% en 1997 y un 21% durante los primeros cinco meses del año actual. No es que México sea más competitivo que la República Dominicana, sino que tiene una ventaja arancelaria sobre nosotros. Es un caso donde el libre comercio en vez de promover la "creación" de comercio, estimula una "desviación" del mismo.

Las exportaciones dominicanas también se ven afectadas por las fuertes devaluaciones asiáticas. Durante los primeros cinco meses de 1998 las exportaciones asiáticas a los Estados Unidos han crecido un 24%. Las de China y Hong Kong, en su conjunto, apenas han crecido un 1%, ya que son países que apenas han devaluado. Sin embargo, otros que sí lo han hecho han tenido tasas de crecimiento muy elevadas como, por ejemplo Filipinas con un 14%, Tailandia con un 35% e Indonesia con un 32%.

Sin embargo, a pesar de la desviación del comercio y de las devaluaciones asiáticas, las exportaciones centroamericanas de tela y ropa a los Estados Unidos han crecido un 16% durante los primeros cinco meses de este año. Esto se ha debido a factores tales como la fuerte devaluación hondureña y el hecho de que el uso de tela local permite un valor agregado mayor que en el caso dominicano. También hay que reconocer que, por muchos años, la industria textil en Centroamérica se vio afectada por la inestabilidad política, por lo que es lógico que esté creciendo ahora, dado el retorno de la paz a esa región.

A principios de los años ochenta las exportaciones textileras de Haití y República Dominicana eran prácticamente las mismas, pero, mientras las exportaciones dominicanas crecieron aceleradamente, las del vecino país decrecieron, dada su crisis política. Hoy día, las exportaciones dominicanas son 36 veces superiores a las haitianas. Uno de los países que potencialmente podría beneficiarse más de la paridad textil si hay estabilidad política, lo sería Haití, dado sus menores niveles de salario, su cercanía a los Estados Unidos y la productividad de su mano de obra. La forma de generar empleos más rápidamente en Haití, es a través de su industria textil y allí los empresarios dominicanos podrían concebir algún tipo de alianza, a través de conceptos tales como el establecimiento de plantas gemelas.

Finalmente, está el tema de las cuotas. Los productores de telas tienden a establecerse en países donde queda cuota sin satisfacer. En el caso dominicano hay muchos renglones donde ya hemos agotado las cuotas, precisamente por nuestro fuerte crecimiento.

La combinación de todos los factores antes citados, es lo que ha hecho que pedidos de producción de ropa que antes se hacían a fábricas dominicanas, hoy día estén siendo transferidos a productores en otras regiones.

La industria textil norteamericana

La industria de tela y de ropa norteamericana está en crisis. Las importaciones de telas y ropa de los Estados Unidos han crecido un 6% en 1995; un 4% en 1996, un 20% en 1997 y un 15% durante los últimos cinco meses del actual año. Lo anterior significa que la producción local ha disminuido y ya más de la mitad de toda la ropa que se usa en los Estados Unidos es importada. El empleo en la industria textil norteamericana se ha reducido a apenas 900,000 personas.

Visto desde una perspectiva histórica, la industria textilera norteamericana se inició en la Nueva Inglaterra del norte, y, en busca de salarios más bajos, se fue trasladando hacia el sur de los Estados

Unidos. Una alianza entre los textileros norteamericanos y los del Caribe y Centroamérica, a través de la paridad textil, implicaría que esa industria seguiría moviéndose hacia el sur, es decir, hacia el Caribe y Centroamérica, en busca de salarios más bajos. Para el año 2005 debe desaparecer el Acuerdo Multifibras, lo que implicaría la desaparición de las cuotas norteamericanas y de otros países a las importaciones de ropa y textiles. Eso implicaría importaciones masivas de ropa asiática hacia Norteamérica. La única forma en que la industria de tela norteamericana podrá sobrevivir, bajo esas circunstancias, es si la conversión de esa tela americana en ropa ocurre en el Caribe y Centroamérica. Si esa asociación no tiene lugar, las importaciones de tela y ropa asiática acabará con la producción norteamericana. Consecuentemente, a los productores norteamericanos de tela les conviene que su tela sea convertida en ropa en nuestra región, como forma de evitar su desaparición. He dado este tipo de explicación, en Washington, a líderes sindicales, como el caso de UNITE, sindicato que liderea a los textileros norteamericanos y a presidentes de grandes empresas textileras. Algunos opinan que yo tengo razón y que ésa es la línea a seguir, pero otros mantienen que aunque los Estados Unidos tiene un compromiso internacional de eliminar el Acuerdo Multifibras para el año 2005, presiones empresariales y sindicales harán que ese acuerdo no desaparezca.

Aun cuando los costos de producir telas son más bajos en Asia, por sus fuertes devaluaciones y bajos salarios, no es menos cierto que el Caribe cuenta con importantes ventajas:

Nuestra cercanía no sólo reduce el costo de transportar la tela y la ropa desde y hacia los mercados norteamericanos, sino que permite un mínimo de inventarios en las factorías y tiendas norteamericanas, en comparación con una producción asiática que tarda mucho más tiempo en llegar. La cercanía también facilita la supervisión y todo esto implica lo que se llama la "reacción rápida", con relación a cualquier tipo de vinculación de la industria textil norteamericana con productores asiáticos.

En fin, que el futuro de la industria textil norteamericana implica una estrategia en base a la cual la tela, hecha en los Estados Unidos, sea convertida en ropa en el Caribe y Centroamérica. Es obvio que a todos nos convendría que nuestras exportaciones de ropa fuesen efectuadas con tela hecha en la República Dominicana, con algodón dominicano, o con tela de terceros países, más barata que la norteamericana, lo que aumentaría nuestra competitividad. Algunos de los países de la región, como Nicaragua y El Salvador, tienen una tradición de ser importantes productores de algodón. Sin embargo, la realidad política es que eso iría en contra de los intereses de la industria textil norteamericana y de sus sindicatos, por lo que difícilmente una legislación que permita el uso de tela regional, o de terceros países, recibiría el apoyo de esas fuerzas, lo que dificultaría mucho su aprobación en el Congreso norteamericano.

Pero las exportaciones de ropa dominicana no son las únicas sujetas a cuotas en los Estados Unidos, por lo menos hasta el año 2005. También tenemos el caso del azúcar, cuya cuota perderemos una vez México pueda exportar, bajo el NAFTA, sin ningún tipo de limitaciones. Precisamente México está tratando de dar una interpretación al texto del NAFTA para que esa ausencia de limitaciones ocurra años antes de lo previsto en el acuerdo. Nuestro país tan sólo comenzó a recibir acceso al mercado azucarero norteamericano en 1960 y, debido exclusivamente a la eliminación de la cuota azucarera cubana, por lo que, un cambio político en Cuba bien podría hacer que nuestro país perdiese la cuota y volviésemos a la situación previa a 1960. Pero así como somos un país que exporta tela y azúcar y ambos son productos sujetos a cuotas en los Estados Unidos, también somos un país que, al igual que el resto de las islas caribeñas, exporta gente a los Estados Unidos, y eso también está sujeto a crecientes restricciones. Hasta nuestras remesas familiares estuvieron temporalmente sujetas a supervisión en Nueva York y Puerto Rico por parte del Departamento del Tesoro norteamericano y, presiones norteamericanas también lograron que, por suerte, tan sólo durante breve tiempo, estuviésemos exigiendo pasaportes a los extranjeros que viniesen a nuestro país, lo que obviamente redujo el flujo turístico, ya que ese requisito no lo imponen otros países competidores.

Los Estados Unidos nunca ha querido tener un imperio, pero sí quieren tener a mucha gente convertida.

Con razón la industria textil dominicana ha planteado que en ausencia de una legislación de paridad, los Estados Unidos ayuden a las exportaciones dominicanas, ya sea admitiendo, administrativamente, ciertos cambios en las interpretaciones que hace la aduana de algunos procesos de conversión de ropa, al tiempo que modifican algunas de las cuotas.

La legislación de paridad

Durante seis largos años se ha tratado de que el Congreso norteamericano pase una ley de paridad. Hoy día existen varios proyectos de ley, tanto en el Senado, como en la Cámara de Representantes, con diferentes peculiaridades. En algunos los beneficios para nuestro país son mayores que en otros, pues mientras algunos permiten el uso de tela nacional, regional o hasta asiática, en otros las exenciones arancelarias se limitan a tela hecha en los Estados Unidos, con hilo norteamericano. Igualmente, mientras las condicionalidades para poder recibir la exoneración aduanera en algunos proyectos son muy pocas, en otros son extremamente estrictas. Por ejemplo, en uno de los proyectos de ley, las exenciones son para apenas 18 meses, pero los países, para comenzar a recibirlos tendrían que pasar legislaciones que otorgarían beneficios permanentes a los Estados Unidos en materias que más bien deben negociarse como parte de un acuerdo de libre comercio, y no ser sujeto de legislaciones individuales de un país. Uno de los proyectos de ley, por ejemplo, obligaría a nuestros países a poner en ejecución unilateralmente, capítulos enteros del acuerdo NAFTA en asuntos tales como derechos de propiedad intelectual; procedimientos aduaneros; y protección de inversiones. También obligaría a que nuestros países fuesen "certificados" por los Estados Unidos en cuanto a drogas, acuerdos de extradición y la Convención Interamericana contra la corrupción.

¿En qué renglones tenemos ventaja comparativa y, al mismo tiempo, no hay problemas de acceso? Esta es una de las grandes preguntas que nos tenemos que hacer. ¿En qué debemos concentrar nuestras exportaciones, por estar claro que tenemos ventaja comparativa con relación a otros países, pero porque también sabemos que los mercados extranjeros no nos impondrán cuotas u otro tipo de restricciones? Ante una pregunta tan difícil, vale la pena plantear lo siguiente: la falta de opciones aclara las ideas. Oigo mucho sobre la necesidad de diversificar nuestra agricultura, pero muy poco sobre siembras alternativas, por lo menos de sembrados que sean legales y que no crean hábitos entre los consumidores. Si preparamos un cuadro mostrando el crecimiento en las exportaciones agropecuarias no tradicionales de nuestro hemisferio, como porciento de las exportaciones de bienes totales, notaremos que todas las islas del Caribe se caracterizan por haber logrado, en los últimos veinte años, la menor proporción en los no tradicionales. Y es que mientras en Centroamérica, con sus montañas, las Jarabacoas y las Constanzas abundan extraordinariamente, lo que permite exportaciones de vegetales de invierno, esas condiciones se dan muy poco en las Antillas. Mientras el camarón puede desarrollarse en el Pacífico, todos los esfuerzos en el Caribe han fracasado. Pocos han sido los éxitos en exportaciones agrícolas no tradicionales dominicanas y muchos han sido los fracasos. Lo mismo ha ocurrido en Jamaica y en Barbados. Y es que parece que islas pequeñas tropicales, como las caribeñas, no cuentan con recursos naturales que permitan la diversificación, en el grado en que existen en el resto del hemisferio.

Por otro lado, nuestra producción está pasando de bienes que requieren del uso del esfuerzo muscular, hacia productos basados en el uso del conocimiento. Cuando comenzamos el siglo, un dominicano que supiese manejar el machete tenía todos los conocimientos necesarios para poder trabajar en nuestra economía. Al terminar este siglo, el que no sabe utilizar una computadora está sujeto a serias limitaciones en nuestro mercado laboral.

Los telepuertos. Las zonas francas del futuro

Dentro de nuestras zonas francas han surgido nuevas modalidades que consideramos representan el futuro de nuestro crecimiento. Hoy día si en Washington yo llamo, en un teléfono público a la operadora solicitando ayuda, es probable que me conteste alguien desde Santo Domingo. Un laboratorio en Boston está haciendo un "sofware" conjuntamente con otro en Santo Domingo, a través de la pantalla y el modem.

Por supuesto, no somos los únicos que hemos descubierto estas nuevas fuentes de empleos y divisas. Las Filipinas, Irlanda, Barbados y Costa Rica también están compitiendo con nosotros en estos nuevos sectores.

Permítaseme citar cinco áreas donde creo que el país podrá expandir sus exportaciones de servicios:

1. **Los centros de llamada.** En los Estados Unidos la ciudadanía a cada rato hace llamadas, sin costo, a un número 800, para colocar pedidos; hacer reclamaciones; hacer preguntas sobre cargos hechos a su tarjeta de crédito; pedir explicaciones sobre un software con el cual están teniendo dificultades; etc. Esas llamadas van a un "centro de llamadas" ubicado a miles de millas de distancia. Hoy día algunas de esas llamadas al número 800 son contestadas en Filipinas, o en Irlanda. En muchos casos, dada la concentración de personas hispano-parlantes, en ciertas partes de los Estados Unidos, hasta hay un número especial donde se llama y se le contesta en español. La República Dominicana podría aumentar su participación en estos centros de llamadas que incluyen hasta la entrega de mensajes que una persona deja a otra. Podemos hacerlo ya que contamos, por suerte, con el servicio telefónico más moderno y eficiente de todo el Caribe. En Costa Rica, por ejemplo, la empresa taiwanesa de computadoras ACER tiene allí su servicio de llamadas de clientes, donde unos 420 costarricenses responden las preguntas. Se

ubicó allí dado el nivel de educación, la cantidad de personas bilingüe, el bajo costo de las comunicaciones y la alta proporción de la mano de obra que sabe manejar computadoras. De ahí la necesidad de que nuestro sistema educativo se oriente hacia poder colocar al país en capacidad de competir en esas nuevas áreas. No fue demagogia la promesa electoral del hoy Presidente Leonel Fernández, de colocar una computadora en cada aula, sino que ésa es una precondición para que el país pueda ser competitivo, en cuanto a su mano de obra, en estos nuevos renglones.

2. **La conversión de nuestro país en la "oficina de atrás" de Norteamérica.** Desde hace tiempo, empresas norteamericanas han mudado parte de sus empleados de oficina desde Manhattan hacia Nueva Jersey, buscando reducir el costo de alquiler y proveyendo a su personal de una vida más agradable. Y es que con las nuevas tecnologías de las computadoras, los modems, las conversaciones telefónicas múltiples, y en pantalla, ha surgido el fenómeno de lo que algunos han denominado "la muerte de la distancia". La llamada "oficina de atrás", que es donde se hace la contabilidad, se archiva, etc., puede estar a miles de kilómetros de la oficina principal, sin afectar la efectividad de esta última. En vez de estar en Nueva Jersey, esa oficina bien puede estar localizada en la República Dominicana. En esas "oficinas de atrás" es que se reciben y se analizan los formularios de solicitud de tarjetas de crédito, de solicitudes de reclamaciones de seguros médicos, etc. En fin, implica la transferencia de parte de la mano de obra intensiva de una oficina, a un lugar donde la misma cuesta menos. Algo de eso ya estamos haciendo en nuestro país, pero el sector podría crecer en forma extraordinaria.

3. **La producción de software.** Costa Rica ha dicho que quiere convertirse en un segundo Valle del Silicio. Nosotros podemos hacer lo mismo, aunque hay que estar consciente de que también estaríamos compitiendo con Corea del Sur y con Malasia. La nueva oficina de INTEL en Costa Rica empleará a unas 3,500 personas con una inversión de medio billón de dólares. La empresa ha admitido que

escogió a ese país por la excelencia de su sistema educacional. Sin embargo, el propio éxito de Costa Rica ha implicado que la mano de obra capacitada con que contaba, específicamente los ingenieros, ya ha encontrado empleo, por lo que ya cuenta con limitaciones, lo que permite que la República Dominicana pueda competir en esa área.

4. **El ensamblaje de alta tecnología.** Así como estamos ensamblando ropas y zapatos, bien podríamos concentrarnos en el ensamblaje de productos de alta tecnología. En Costa Rica, para citar otra vez a ese país, la empresa alemana Veba, ha invertido US$7.5 millones en el ensamblaje de semi-conductores. También se producen "paneles de circuito electrónico" y componentes para comunicaciones por satélite. Pero en esa nación su sistema educativo gradúa 2,000 diseñadores de sistema de computación al año. Durante sus cinco años como presidente de Costa Rica, Figueres nunca viajó a Washington, pero sí al Valle del Silicio, y el haber logrado que empresas como INTEL hayan optado por establecerse allí, y no en otros lugares, ha generado volúmenes de empleo y divisas mayores que los que podría haber logrado en términos de ayuda bilateral norteamericana. Esto explica porqué el Presidente Leonel Fernández tenía programada una reunión con empresas de alta tecnología en el Valle del Silicio, y porqué en el próximo mes de septiembre la embajada dominicana en Washington y la Oficina de Promoción de Inversiones auspiciarán una reunión promocional en el condado de Fairfax, Virginia, donde existe la segunda mayor concentración de industrias de alta tecnología en los Estados Unidos, después del propio Valle del Silicio de California. Los hindúes de Madras son famosos por ser genios en matemáticas y por concebirse allí muchos de los programas de computadoras modernos. Sin embargo, pocos de ustedes tal vez sepan que en la cercana isla de Barbados se está desarrollando una industria de producción de software importando hindúes, quienes a su vez, entrenan al talento local. Quien les habla, como embajador, pasa buena parte de su tiempo en los Estados Unidos visitando empresas de alta tecnología,

tratando de promover el traslado de su componente de mano de obra intensivo, hacia República Dominicana. Como muchos de los trabajos de alta tecnología están vinculados a universidades, en lo que va de año he visitado ocho de ellas, promoviendo el país como centro de inversión.

5. **Trabajando para la oficina, pero fuera de la oficina.** Los cambios tecnológicos promovidos por la computadora, el modem, etc., permiten que cada día más gente trabaje para su oficina, pero desde su hogar. En los Estados Unidos es ya muy usual que personas, desde el hogar y a través de la computadora, trabajen uno o dos días allí, sin que ello afecte la calidad de su labor. Abogados, ingenieros, consultores en asuntos impositivos, contadores públicos, etc. trabajan ya para su oficina desde el hogar. Con la "muerte de la distancia", por supuesto, no importa que uno esté cerca o muy lejos de su oficina. Se puede trabajar desde el Caribe para una oficina ubicada en Miami, Nueva York o Cleveland. Anteriormente, tan sólo poetas, traductores y escritores venían a nuestras playas para trabajar desde aquí. Hoy en día lo pueden hacer muchos otros profesionales. Nuestra cercanía a los Estados Unidos permite viajes frecuentes de los supervisores de aquellos que trabajan para la oficina, lejos de la oficina. Los dominicanos estamos ubicados en un punto intermedio entre Norteamérica y Sudamérica, y en un punto que representa el primer contacto aéreo de vuelos desde Europa y también en la ruta de los productos asiáticos que cruzan por el Canal de Panamá. Esta excelente ubicación permite establecer oficinas en nuestro país que ofrecen servicio tanto a Norteamérica, como a Sudamérica, a Europa y a Asia.

Nuevas formas de turismo

Aun en el campo del turismo, existen nuevas áreas de concentración que debemos explorar. El turismo ecológico es algo ya conocido en nuestro país. Pero lo que tal vez no sepamos es que una de las nuevas exportaciones de Costa Rica está constituida por oxígeno, y que países europeos pagan buena plata por ella. El anunciar que se va a reservar una proporción de nuestra foresta para parques nacionales, que generarán oxígeno al resto del mundo, hace que algunos países escandinavos premien a las naciones tropicales que hacen eso dándole dinero, es decir, "comprándole" el oxígeno que producen para el mundo. Menos dependencia de un turismo sexual que nos humilla y mayor dependencia en el turismo ecológico, es parte del futuro de nuestro país. Convertir el turismo de una semana, en otro permanente, a través de la promoción de nuestro país, para que aquí se retiren personas que han llegado a la edad de jubilación, es también parte de nuestro futuro, como lo es la promoción de "spas", es decir, lugares donde el turista pasa unos días bajo un régimen alimenticio especial, haciendo ejercicio bajo supervisión médica y hasta tal vez bebiendo aguas termales, como ha sido tan común durante siglos en Europa. Nuestras subestimadas "zurzas" bien pueden tener ese uso. Clínicas de cirugía plástica también hacen sentido en un país a la luz del alto costo en los Estados Unidos de los seguros que tienen que contratar los médicos para defenderse contra demandas.

Ciertos renglones que antes lucían promisorios, han sido víctimas de la guerra contra las drogas, como es el caso de la banca "offshore", que tantos empleos han generado en las Islas Caimán, las Islas Vírgenes Británicas y en el propio Panamá.

Dentro del sector de los servicios y a nivel continental, es importante tomar nota de un fenómeno que algunos, jocosamente, han denominado "La Reconquista", es decir la adquisición por parte de la banca española de muchos bancos latinoamericanos. La presencia de un banco español en nuestro país creo que sería altamente conveniente.

El futuro de la integración continental

La ventaja competitiva de un país queda muy afectada por el proceso de integración. Una cosa es que el libre comercio se vea estimulado a nivel mundial, por medio de reducciones arancelarias simultáneas por parte de todos los países, a través de la Organización

Mundial del Comercio (OMC), y otra cosa es que un país participe en un esquema de integración, como el caso de la Unión Europea o el ALCA. Este último, busca precisamente, conformar un área de libre comercio desde Alaska a Tierra de Fuego, como forma de proteger la producción local contra importaciones europeas y asiáticas, al tiempo que los productos originarios del esquema están sujetos al libre comercio. Bajo el primer esquema, no hay disminución, bajo el segundo, la hay y afecta la ventaja comparativa.

Lo que sí está claro es lo que los Estados Unidos no aceptará dentro del proceso de integración continental. En esencia, no aceptará seguir el modelo europeo, a pesar de ser el único caso de un proceso de integración económica exitoso en el mundo. Los Estados Unidos no aceptarán cuatro de los principios básicos del proceso de integración europea:

1. El otorgar, dentro de un esquema integración, a países de menor desarrollo relativo mayor tiempo para ajustarse y de exigirle reciprocidad en muchas áreas. En Europa, países como Turquía, España, etc. recibieron ventajas, sin tener que reciprocar.

2. La transferencia de recursos de los países de mayor desarrollo relativo a favor de los más pequeños. En Europa se estableció un fondo regional, a través del cual países como Alemania y Francia contribuyen recursos para el desarrollo de la infraestructura física de Grecia, España, etc.

3. Los Estados Unidos tampoco admitirán la libre movilidad de la mano de obra, junto con la libre movilidad de bienes, servicios y capital. Mientras en Europa los españoles y turcos pudieron ir a trabajar en fábricas alemanas, el movimiento hacia el libre comercio en nuestro continente, coincide, en el tiempo, con la actitud más negativa hacia la emigración por parte de los Estados Unidos.

4. Los Estados Unidos no aceptarán lo que ya es común en Europa en cuanto a ceder soberanía y aceptar una autoridad supranacional, al nivel regional que decida conflictos e imponga condicionalidades. La Bruselas de Europa no existirá en nuestro hemisferio.

Mientras en el proceso europeo el libre comercio de mercancías coincidió con el libre movimiento de capital y de mano de obra, en nuestro hemisferio no solamente se restringe cada vez más el libre movimiento de la mano de obra, sino que existen tendencias hacia limitar el libre movimiento de capital, por considerar que, en ocasiones, promueve movimientos especulativos que perjudican las economías de ciertos países. Chile es un ejemplo de un país que ha impuesto restricciones a los movimientos de capital a corto plazo. La guerra contra la droga también está promoviendo restricciones al movimiento del capital y también crea problemas para el libre movimiento de los bienes. Recientemente estuve en la frontera de México con los Estados Unidos y vi como algunos furgones tenían que pasar hasta doce horas esperando ser chequeados por los modernos equipos de rayos x norteamericanos que buscan la droga. Las exportaciones haitianas hacia la República Dominicana es probable que también se vean afectadas.

Los Estados Unidos están conscientes de que, a nivel mundial, son más competitivos en el campo de los servicios que en el de los bienes. Su fuerte déficit comercial refleja eso, al igual que su muy fuerte superávit en exportaciones de servicios. De ahí su énfasis en eliminar restricciones a las exportaciones de servicios en las cuales son muy competitivos. Esto se refleja en su lucha por el respeto a los derechos de propiedad intelectual y en la eliminación de trabas a inversiones en los campos del seguro y la banca.

El Caribe y la integración

Al estudiar las alternativas de integración económica del Caribe, debemos ver el tema desde cierta perspectiva histórica, pues en el Caribe, al igual que en las boticas, hemos tenido y tenemos de todo. Hay islas de esta región que son parte integral del esquema de integración europeo, como el caso de Martinica y Guadalupe. Hay islas con total libertad de comercio, de movimiento de mano de obra y de capital frente al mercado norteamericano, como el caso de Puerto Rico. Tenemos museos de socialismo tropical, como el caso de Cuba, y también contamos con países que no tienen acuerdos de acceso preferencial a mercado alguno, como es el caso de República Dominicana.

Para saber cómo le irá a un país caribeño cuando existan condiciones como las de NAFTA, no es necesario especular, ya que por lo menos una isla caribeña ha contado, durante casi un siglo, con reglas de juego tipo las de NAFTA. Los bienes que se originan en la isla de Puerto Rico entran a los Estados Unidos sin pagar ningún tipo de impuesto. Según la teoría económica eso debería haber desarrollado exportaciones puertorriqueñas hacia ese gran mercado, en base a sus ventajas comparativas naturales. Lo mismo puede especularse sobre Guadalupe y Martinica. Estas tres islas poseen los ingresos per cápita más altos del Caribe, lo que podría poner a alguien a pensar que sus condiciones tipo NAFTA son las que más estimularían el crecimiento en la región. Sin embargo, como diría Pedro Mir.

Esos altos niveles de ingreso y de crecimiento, se han debido precisamente a la existencia de condiciones *ausentes* en NAFTA, pues son el resultado del libre movimiento de mano de obra y de subsidios de la metrópolis. Un 40% de los puertorriqueños vive fuera de Puerto Rico y los subsidios federales a Puerto Rico son de una magnitud tan sólo comparables en el Caribe, a los que en una ocasión dio la Unión Soviética a Cuba. Sin el libre movimiento de mano de obra, y sin los subsidios metropolitanos, las economías de Puerto Rico y las Antillas Francesas, no estarían a los altos niveles de hoy día. Más preocupante aún, el libre acceso a los grandes mercados de Europa y Norteamérica no ha logrado que se desarrollen exportaciones de bienes originarios de esas islas. A principios de siglo la agricultura puertorriqueña producía azúcar y piñas, hoy en día produce lo mismo, pero en mucho menos escala y no han surgido exportaciones no tradicionales agrícolas. El grueso de la industria de Puerto Rico es del tipo de la que existe en la República Dominicana en nuestras zonas francas, operando con materias primas importadas.

Puerto Rico y las Antillas Francesas generan sus empleos básicamente en el campo de servicios, no en bienes primarios. Consecuentemente, no es difícil predecir que en el caso del resto de las Antillas, incluyendo República Dominicana, una situación del libre acceso al mercado norteamericano no generaría volúmenes importantes de nuevas exportaciones de bienes, que no existan ya hoy en día. Tampoco el Caribe volvería al monocultivo de plantación de principios de siglo. Tampoco volvería al recetario de Naciones Unidas de sustitución de importaciones. Habría entonces que cuestionarse cuáles son las ventajas de la integración hemisférica para un país donde más de la mitad de su generación de divisas ya proviene de los servicios, si ese proceso de integración lo que va a hacer es acelerar el proceso de dependencia en bienes importados. ¿Cómo pueden islas pequeñas tropicales competir, bajo un esquema de libre comercio, tanto con Brasil como con los Estados Unidos? Aquellos que abogan por el fundamentalismo del mercado dicen que bajo el libre comercio nuestras islas deben de especializarse en aquellas cosas en que tienen ventajas comparativas. Eso implicaría, por ejemplo, la desaparición de la producción de arroz en nuestro país, volviendo a la situación que existía antes de 1933, cuando todo nuestro arroz era importado. ¿Qué uso alternativo existiría para esas tierras hoy dedicadas al arroz bajo un esquema de libre comercio? Si la respuesta es que no hay uso alternativo, entonces habría que hacerse la pregunta de ¿qué empleo alternativo encontrarían aquellos que hoy están en las zonas arroceras en el campo de los servicios?

Si la capacidad de generar nuevos empleos a través de las exportaciones de servicios es menor que la pérdida de empleos que causaría la libre importación de bienes agrícolas, entonces habría que plantearse si, por lo menos en sus etapas iniciales, los esquemas de libre comercio no estarían auspiciando mayores presiones para emigrar, precisamente en un momento en que Norteamérica y Europa han establecido las mayores trabas hacia la migración legal. La firma del acuerdo de NAFTA coincidió con la construcción de los muros en la frontera entre los Estados Unidos y México. La opinión pública norteamericana pensó que NAFTA era una forma de reducir la migración mexicana, pero mientras definitivamente NAFTA ha promovido empleos en el norte de México, otra cosa ha ocurrido en el sur, y el resultado neto ha sido una mayor presión hacia la migración legal o ilegal hacia Norteamérica.

Dentro de este tipo de análisis futurista tendríamos que plantearnos también cual papel, si alguno, tendría la mano de obra en la agricultura dominicana y hasta donde el libre comercio estimula una mayor migración haitiana hacia nuestro país, por la reducción en la protección a la agricultura nacional. ¿Queremos más, igual, o menor dependencia de la mano de obra haitiana? ¿Cuáles esquemas de desarrollo estimulan o desestiman esa dependencia? Algún día nos daremos respuesta a esas preguntas. Es una variable que pocos ponen en sus modelos para la economía dominicana, por lo menos explícitamente.

Las perspectivas de un acuerdo de libre comercio continental en los próximos años

La integración económica europea tomó cuarenta años. ¿Es dable esperar que para el año 2005 tengamos libre comercio a nivel continental en nuestro hemisferio? Creo que la respuesta es negativa, pues, por un lado, importantes fuerzas políticas en los Estados Unidos se oponen a ese esquema y es por eso que el presidente norteamericano no ha podido recibir de su Congreso autorización para negociar nuevos acuerdos. Por otro lado, el segundo país más importante de la región, Brasil, tampoco tiene mucho entusiasmo por la integración, dado el extraordinario tamaño de su mercado interno. Consecuentemente, creo que poco sucederá en las negociaciones hacia el libre comercio durante los próximos dos años. Sin embargo, no dudo que un MERCOSUR ampliado, en el cual participen los países andinos y que, consecuentemente, abarque a todos los países de Sudamérica, firme un acuerdo de libre comercio con Canadá, como ya lo ha hecho Chile con Canadá. Como México ya tiene libre comercio con los Estados Unidos y Canadá, hace poco por estimular el proceso regional. El flirteo de la Unión Europea con MERCOSUR indudablemente crea una presión política para que los Estados Unidos cambien de posición, pero si es difícil negociar con los norteamericanos, existe el consenso entre los que saben que negociar con los europeos es más difícil aún, sobre todo en el campo de los productos agrícolas, altamente protegidos dentro de la Unión. Los Estados Unidos, por otro lado, no están interesados en negociar acuerdos con mercados pequeños y donde la proporción de las importaciones que provienen de los Estados Unidos ya es muy alta, como lo es el caso de Centroamérica y el Caribe.

Si surge una unificación de MERCOSUR con el Grupo Andino y en los Estados Unidos se hace evidente que no va a existir un interés por participar en los esquemas de integración continentales, entonces es probable que inversionistas norteamericanos opten por establecer sus fábricas dentro del mercado común de América del Sur, para poder exportar libremente dentro del mismo. Una vez una cantidad suficiente de empresas norteamericanas operen dentro de esa nueva región, el sector privado norteamericano se convertirá en proteccionista y enemigo de las reducciones arancelarias frente a los Estados Unidos y Europa, pues eso reduciría su protección. En fin, que el empresariado norteamericano comenzaría a adoptar una actitud como la que hoy día mantiene México.

Ante la perspectiva de un acuerdo de libre comercio entre todos los países suramericanos, es decir, la integración de MERCOSUR con el Grupo Andino, por un lado, y el NAFTA que integra a Norteamérica, tenemos que hacernos la pregunta sobre cual debe ser la estrategia a seguir por los países centroamericanos y caribeños, un reducido jamón entre esos dos pedazos tan grandes de pan.

La iniciativa del Presidente Leonel Fernández de una alianza estratégica entre los centroamericanos y caribeños cobra todavía mayor importancia ante esta perspectiva. La República Dominicana bien puede jugar el papel de "país-puente", tal y como lo citó Ramón Tamanes en 1967, entre Centroamérica y el Caribe. La integración económica de Centroamérica con las islas tiene sentido, al igual que la ampliación de nuestros esquemas de integración para abarcar al Grupo de los Tres, es decir México, Colombia y Venezuela.

Para algunos de ustedes, mucho de lo que he dicho hoy suena poco ortodoxo y hasta contradictorio. Lo he hecho muy a propósito. Busco estimular un debate con ideas originales, que reflejen nuestras propias condiciones y particularidades. Por demasiado tiempo hemos importado ideas concebidas para países grandes y por personas que veían la realidad mundial en términos de esos grandes países. Carlos Marx, escribiendo en la biblioteca del Museo Británico, concibió una revolución socialista que tan sólo tendría lugar después que se agotase la etapa capitalista en las grandes naciones de Europa, y la historia mostró que allí fue precisamente donde no se estableció el comunismo, sino en países que nunca pasaron por la etapa capitalista. Prebisch y la CEPAL, concibieron su sustitución de importaciones pensando en los grandes mercados de Brasil y Argentina, no en economías caribeñas. Sin embargo, todos, pequeños y grandes aceptamos el recetario. El profesor Friedman y la Escuela de Chicago, con su fundamentalismo del mercado, también establecen su tabla rasa ideológica y hoy día el empeoramiento de la distribución del ingreso en aquellos países que han seguido su recetario, está moviendo a reconsideraciones. Lo de Jorge Castañeda y su grupo y la reciente discusión en la Cumbre de Chile, tan sólo son dos manifestaciones de esa inquietud.

Muchas gracias.

ANEXO VI
La evaluación de un Embajador de sí mismo y de Washington

Conferencia de despedida en el Center for Strategic
and International Studies (CSIS), de Washington,
28 de junio de 1999.

Ellis Briggs fue Embajador de Estados Unidos en la República Dominicana entre 1944 y 1945, a mitad del vía crucis de la sangrienta dictadura de Trujillo (1930-1961).

En uno de mis libros[8] reproduje uno de sus primeros y más largos oficios, donde el Embajador sugería un cambio de política hacia el régimen de Trujillo y que terminaba diciendo que, a no ser que recibiese del Departamento instrucciones contrarias, consideraría lo anterior como representando sus términos de referencia y ejercería sus funciones basado en ellas.

Cuando fui nombrado Embajador dominicano en Estados Unidos, a finales de 1996, tomé la iniciativa de redactar lo que yo consideraba que eran mis objetivos, mis metas como Embajador, y envié el texto a mi Canciller, con una nota donde copiaba, sin atribuírselo a él, la bravuconada del Embajador Briggs. De una forma muy cortés, pero también muy firme, mi Canciller me contestó, felicitándome por mi iniciativa, pero también declarando que yo haría todo lo que mi Cancillería, de tiempo en tiempo, considerase que debería hacer.

Le había dicho a mi Presidente que aceptaría el cargo por dos años, los cuales, en realidad, se convirtieron en dos años y medio. Después de mi renuncia y mientras empacaba mis maletas para regresar a Santo Domingo, al finalizar mi primer cargo diplomático,

---

[8]*Los Estados Unidos y Trujillo 1945*, Fundación Cultural Dominicana, Santo Domingo, 1982, páginas 66-75.

encontré y leí de nuevo mis así llamados "términos de referencia" y comencé a hacer una comparación mental entre esos objetivos y mis logros y fracasos. Me temo que mi promedio de bateo no ha sido bueno. Quisiera pensar que eso se debió a que mis objetivos no fueron muy realistas.

El primero de ellos era el asegurarme de que tan pronto la Embajadora norteamericana abandonase Santo Domingo, como era ampliamente anticipado, para ocupar otra embajaduría, fuese rápidamente sustituida por otro diplomático igualmente competente. Casi dos años han pasado desde que ella se fue y su sustituto todavía no ha llegado. Esta es la primera vez en cuarenta años que esto ocurre en mi país. Poca gente en Santo Domingo cree que esto se debe a un problema limitado estrictamente a la política interna de Washington y tan generalizado que la misma situación existe para Argentina y Brasil, para tan sólo mencionar dos otros casos. Aunque expliqué esto en Santo Domingo, en programas de televisión y en declaraciones a la prensa, pocos me creyeron. Teóricos sobre conspiraciones abundan también en los trópicos y el rumor es que nuestro país ha hecho algo, o ha dejado de hacer algo, que ha causado que Washington nos vea con desprecio. En resumen, que estamos en desgracia. Por supuesto, hay quienes van un paso más allá y culpan al Embajador dominicano en Washington por este problema, y en la medida en que, después que yo regrese, finalmente contemos con un Embajador norteamericano en Santo Domingo, estoy seguro de que se sentirán totalmente reivindicados.[9]

Mi segundo objetivo era ayudar a rectificar un error histórico. Bolivia y la República Dominicana son los únicos dos países latinoamericanos que nunca han sido visitados por un Presidente en funciones de los Estados Unidos, a pesar de que, en nuestro caso, hemos tenido más de 115 años de relaciones diplomáticas. Frederick

[9]Charles Manatt, un prominente abogado, fue nominado y confirmado como Embajador en Santo Domingo a finales de 1999 y llegó al país en enero del 2000.

Douglass fue uno de los primeros ministros norteamericanos acreditados en Santo Domingo. El otro lado de la isla, Haití, ha sido visitado tres veces por un Presidente norteamericano y todos los países centroamericanos han recibido ese honor, como también han sido honrados países como Jamaica, Barbados y Grenada, que cuentan con menos de cuarenta años de independencia. Durante mi permanencia como Embajador, el Presidente Clinton visitó a todos los cinco países centroamericanos, más Barbados, pero no la República Dominicana. Aunque es verdad que el huracán Mitch fue responsable de cuatro de esas visitas, uno no puede dejar de sentirse frustrado por la no percepción de que una visita a Santo Domingo podría, por ejemplo, permitir la presencia de Presidentes, tanto de Centro América como de CARICOM, en una sola Cumbre, con el Presidente de Estados Unidos, en vez de en dos reuniones separadas.

Mi tercer objetivo fue convencer a la Casa Blanca a que invitase a mi joven y demócrata Presidente, muy orientado hacia lo internacional, a una visita de Estado. Después de todo, durante los 115 años de nuestras relaciones diplomáticas, este honor tan sólo ha sido extendido una vez a un Presidente dominicano. Mi consuelo por no haber logrado esto es que durante los siete años de la administración de Clinton tan sólo seis Presidentes latinoamericanos han recibido una invitación de esa naturaleza y todos han provenido de los países más grandes: Brasil, Argentina, Chile, México, Venezuela y Colombia.

Una ley sobre la paridad textil fue mi principal objetivo en "la loma", un tema que ha estado siendo discutido allí durante los últimos seis años. Al momento de partir, ha sido aprobado tanto por el Comité de Medios y Arbitrios de la Cámara como por el Comité de Finanzas del Senado. Si se convierte en ley, durante los próximos meses, me temo que mi sucesor será un héroe en mi país.[10]

El reversar, aunque fuese parcialmente, la legislación norteamericana sobre migración de 1996, también fue otro de mis objetivos

[10]La paridad textil se convirtió en ley en mayo del año 2000.

principales. Alrededor de un 8% de la población dominicana vive en Estados Unidos y después de los mexicanos, los dominicanos son el segundo mayor grupo de inmigrantes legales hacia Estados Unidos, procedentes de nuestro hemisferio. El requerimiento del compromiso de apoyo ("affidávit of support"), por ejemplo, por parte del pariente auspiciante de una reunificación familiar, ha disminuido la migración legal dominicana hacia los Estados Unidos en un 40%, comenzando en 1998. También, después de México, la República Dominicana recibe el mayor volumen de deportados criminales y ésta ha sido una de las principales causas del aumento en la criminalidad en ciudades dominicanas. Debido a que muchos de esos deportados retornan ilegalmente a Estados Unidos, su reincidencia también contribuye allí al crimen. Las deportaciones de personas que cometieron ofensas menores, hace muchos años, ha sido un tema que ha provocado titulares en la prensa norteamericana, debido a lo injusto de la medida. Aunque pude aumentar el nivel de reconocimiento y concientización sobre éste y otros temas relacionados, incluyendo a través de la promoción de estudios y de conferencias por parte de "Think Tanks", no se ha podido lograr ningún cambio de envergadura, ni en las prácticas ni en la legislación. El único retroceso, de carácter positivo, ha sido en el nuevo otorgamiento de los beneficios de la seguridad social a los extranjeros.

El lograr un aumento en el reconocimiento de los derechos de los extranjeros en Estados Unidos, contemplados en la convención de Viena, es otro tema sobre el cual no hubo progreso. El lograr que nuestra comunidad fuese contada en el censo del año que viene fue otra prioridad, ya que el rediseño de los distritos electorales y la distribución de recursos financieros federales dependen de eso.

Aunque no hubo progreso en la renegociación de la deuda externa, dada la naturaleza limitada de iniciativas tales como el HIPIC, tuvo que venir un huracán de envergadura, como Georges, para que mi país obtuviese un aumento sustancial en el flujo de ayuda bilateral norteamericana, la cual, en un año normal, tan sólo promedia unos US$13 millones. Después de Nicaragua y Honduras, la República Dominicana fue el tercer país peor afectado por huracanes en 1998.

Las prioridades norteamericanas

Desde el punto de vista de Washington, el principal tema en su agenda bilateral con la República Dominicana tiene que ver con la extradición de alrededor de 25 criminales, todos dominicanos.

El progreso en la transición política dominicana ha sido tal que, junto con nuestro fuerte crecimiento económico (de acuerdo al FMI, nuestro país tendrá el más alto nivel de crecimiento en el mundo este año), ambos han creado un vacío, en cuanto a los temas de mayor preocupación para Estados Unidos. Como cada vez que los Presidentes o los Cancilleres se reúnen, o altos funcionarios del Departamento de Estado visitan la República Dominicana, se requiere elaborar una agenda bilateral, las solicitudes de extradición del Departamento de Justicia de pronto se convierten en el único tema sobre el cual una agencia del gobierno norteamericano evidencia mucho interés. Uno de nuestros esfuerzos fue tratar de ligar, de alguna forma, este tema con el de las deportaciones de criminales, o "marielitos al revés" como llegué a describirlos. Esta hubiese sido la forma de discutir efectivamente un tema de interés para los dominicanos en Washington, durante una reunión de alto nivel. Sin embargo, en la ausencia de acción por parte del Congreso norteamericano, luce que es poco lo que puede hacer la administración para disminuir los flujos de deportados criminales.

Lograr que Estados Unidos asuma mayor responsabilidad por el problema de las drogas, atacándolo más por el lado de la demanda, fue otro de mis objetivos, el cual es también compartido por los Embajadores de muchos otros países latinoamericanos y caribeños. Sin embargo, después de un tiempo, me di cuenta de que existen dos temas que, cuando son discutidos en seminarios o conferencias en Washington, no provocan o estimulan ningunas nuevas ideas, por lo que me abstuve de participar en ellos: las relaciones norteamericanas con Cuba y atacar el tema de las drogas más por el lado de la demanda. Son temas que están congelados.

Otra de mis preocupaciones tuvo que ver con la política norteamericana hacia Haití. Cuando, al fin, el mundo le puso atención a los problemas políticos de Haití y le ayudó a moverse hacia la democracia y el respeto de los derechos humanos, eso coincidió, en el tiempo, con la actitud más negativa hacia el tema migratorio, tanto en Europa (¿se recuerdan de Le Pen?) como en Norte América. A medida que los haitianos llegaban a la conclusión de que la libertad no necesariamente implicaba una mejoría en sus condiciones de vida, la urgencia por migrar devino obsesiva. Sin embargo, la política norteamericana ha colocado la isla Española en paréntesis, con la guardia costera ubicada tanto en el Canal de La Mona como en el de los Vientos, en un esfuerzo por impedir que los haitianos vayan a la Florida y los dominicanos (y haitianos también) vayan a Puerto Rico. Consecuentemente, los haitianos tan sólo pueden migrar hacia el otro lado de la isla. El peso del esfuerzo para ayudar a Haití a resolver sus problemas políticos y económicos ha caído, consecuentemente, mayormente sobre los dominicanos. Probablemente una de cada diez personas que viven en territorio dominicano son haitianos, o de origen haitiano. Dado que esta migración indocumentada no involucra los riesgos, ni el sensacionalismo, de los que migran por el mar, no produce los titulares que logran los "balseros" cubanos o los barcos llenos de haitianos. La migración de nicaragüenses hacia Costa Rica también está prácticamente ausente de los titulares internacionales. Pero la política norteamericana hacia Haití ha estado muy influenciada por el miedo de una migración ilegal haitiana masiva y, aún cuando nuestro derecho de deportar inmigrantes indocumentados fue y es, por supuesto, reconocido, no ha habido progreso en las discusiones sobre este tema de carácter triangular.

La política norteamericana hacia Cuba, la cual, por supuesto, está también altamente influenciada por preocupaciones migratorias, es otro de estos temas triangulares. En la medida en que la evolución política cubana tome la forma de una salida violenta, que incluya derramamiento de sangre y hasta una guerra civil y los "balseros" sigan siendo no bienvenidos en la Florida, en esa misma medida esos "balseros" huirán a las Bahamas, a las islas Caimanes, a Jamaica, a Haití y la República Dominicana. Consecuentemente, es del interés geopolítico de la República Dominicana que se evite una segunda fuente de migración ilegal dentro del Caribe. Pero, como ya hemos dicho, la política norteamericana hacia Cuba no está sujeta a nuevas ideas.

Los Estados Unidos como país de "bandera de conveniencia"

Uno de los objetivos de todos los Embajadores latinoamericanos y caribeños en Washington es promover la inversión norteamericana hacia nuestros países y una de las mejores formas de lograr eso es asegurándonos de que los inversionistas que ya operan entre nosotros no tengan problemas, ya que es muy probable que los potenciales inversionistas contacten a aquellos que ya están allí, para a través de ellos evaluar el clima de inversión. Los Embajadores, consecuentemente, actúan como "buenos componedores", tratando de resolver problemas existentes entre nuestros gobiernos e inversionistas norteamericanos. En cuanto a la República Dominicana los pocos casos existentes tienen que ver principalmente con atrasos en pagos de obligaciones gubernamentales.

Una de mis sorpresas en Washington fue averiguar que, bajo una ley pasada para ayudar a cubanos y nicaragüenses que posteriormente se hicieron ciudadanos norteamericanos, Estados Unidos se ha, de hecho, convertido en un país de "bandera de conveniencia". Un extranjero que invierte en un tercer país y tiene problemas allí, puede, subsecuentemente, convertirse en ciudadano norteamericano (los extranjeros adinerados tienen facilidades especiales para hacerse americanos) y, ex-post-facto, el gobierno norteamericano está obligado a apoyar los esfuerzos de esas personas por resolver sus problemas. El elemento retroactivo implícito en esa legislación tiene implicaciones que deja atolondrada la mente de cualquiera. Un europeo que en 1890 invirtió en acciones del canal de Suez, puede ahora hacerse ciudadano americano y lograr que Washington presione a Egipto, un país que recibe millones de dólares en ayuda norteamericana y que, consecuentemente, tiene dificultad en resistir una presión norteamericana. Los herederos de familias que fueron confiscadas bajo los regímenes de Lenin y Stalin también pueden hacerse ciudadanos norteamericanos y lograr el apoyo norteamericano, para no mencionar a los de Europa Oriental.

En mi caso, tuvimos a un europeo, quien subsecuentemente se hizo ciudadano norteamericano, y quien obtuvo el apoyo de ese gobierno en un asunto de atrasos de pagos. Pero, cuando mi Presidente visitó Europa, ese mismo inversionista buscó la influencia de políticos de su país de origen.

El lado positivo de esta historia

Si se me preguntase qué es lo que yo creo que hice mejor, probablemente diría que pude aumentar, en Washington, la percepción sobre mi país, aumentando su perfil, tanto en la Administración, como en el Congreso, el mundo académico, los Centros Orientadores de Política ("Think tanks"), y también entre los inversionistas y la alta sociedad de Washington. Me tracé como objetivo viajar por todos los Estados Unidos y me concentré particularmente en estimular a inversionistas norteamericanos y quedé satisfecho cuando vi que cuando privatizamos nuestro sector energético y nuestros aeropuertos, una proporción alta de la inversión estuvo representada por capital americano. Sin embargo, me di cuenta de que para un país cuya principal fuente de divisas lo es el turismo, su Embajador no es necesariamente efectivo promoviendo los flujos turísticos, ya que eso requiere de otros canales y otros actores.

Comiendo dos veces

A principios de 1997, el Presidente Clinton hizo una visita a nuestra región, con paradas en Centro América y el Caribe. Los

Presidentes de ambas regiones se reunirían en San José de Costa Rica y en Bridgetown, Barbados, para juntarse con él. ¿A cuál de esas dos ciudades sería invitado mi Presidente?

Nosotros los dominicanos hablamos español, estamos físicamente en el Caribe y somos predominantemente mulatos y católicos. Nos consideramos caribeños, pero, hasta hace muy poco, manteníamos contactos mínimos con los países angloparlantes de CARICOM. Además, nuestra población excede la población conjunta de todos los países de CARICOM. Consecuentemente, pensamos que somos un país "grande" cuando nos comparamos con ellos. Con relación a Centro América, consideramos que somos de un tamaño más igual y, además, compartimos la misma lengua, aunque un 10% de nuestra población ahora resida en un país angloparlante.

Durante siglos hemos sufrido ese trauma psicológico. Fuimos entregados por España a Francia y la bandera inglesa ondeó, aunque brevemente, sobre nuestros palacios y fortalezas. Un poeta dominicano del siglo XVIII lo expresó muy bien:

"Ayer español nací.
En la tarde fui francés.
En la noche etíope fui.
Hoy dicen que soy inglés.
No sé qué será de mí"

Pocos días después de asumir mi cargo de Embajador, un burócrata de nivel medio iba a decidir si nosotros éramos caribeños angloparlantes o centroamericanos hispano-parlantes. Escogió a Bridgetown, Barbados. Yo riposté escribiendo un "non paper",[11] que comenzaba con el antes referido poema. Consideré que aún esa modesta contribución literaria era mejor que una nota diplomática que

---

[11]Un documento que no puede ser citado oficialmente, como tampoco puede hacerse referencia a la persona, o la oficina, que lo redactó.

utilizase los términos y los textos tradicionales. Mi objetivo era lograr que mi Presidente fuese invitado a ambas reuniones. En la Casa Blanca se me preguntó si, de hecho, mi deseo era que mi país deviniese en un "Double Dipper" (uno que come, o se agacha dos veces). No estando muy seguro sobre las implicaciones totales de esa frase americana, contesté que yo simplemente lo que quería era que mi país deviniese en una "Belice" al revés. Belice está físicamente en Centro América y había sido invitada tanto a San José como a Bridgetown, mientras que nosotros estamos en el Caribe y queríamos participar en ambas reuniones. Ese funcionario debe haberse sentido aliviado de que yo hubiese citado un precedente, ya que eso le facilitaba su obligación de tomar una decisión. Desde entonces, nos hemos convertido en "double dippers" en todas las reuniones, incluyendo aquellas donde participa la Canciller de Estados Unidos con centroamericanos y/o con caribeños, así como en conferencias en ambas regiones que tienen que ver con el tema de las drogas.[12]

En algunos de mis trabajos publicados en la década de los sesenta había expresado el punto de vista de que la República Dominicana debía convertirse en un puente entre Centro América y el Caribe. El Presidente Leonel Fernández activó esa filosofía cuando se juramentó en 1996. Tan sólo "comiendo dos veces" podíamos nosotros mantener ese puente, que tiene que tener uno de sus extremos en Centro América y el otro en CARICOM.

Empoderamiento político

En Washington aprendí que "toda la política es local", incluyendo la política externa.

Los cubano-americanos, los haitiano-americanos, los judíos que son americanos, todos han influido en la política externa norteamericana hacia sus países, a través de congresistas originarios de sus

---

[12]La República Dominicana ha estado "comiendo dos veces" desde hace algún tiempo. Junto con el Caribe angloparlante y Haití, participamos tanto de los beneficios de la Convención de Lomé, con Europa, como de los beneficios de la legislación norteamericana sobre la iniciativa de la Cuenca del Caribe.

países, o afines a ellos. La legislación que mejoró la situación migratoria de los cubano-americanos, de los centroamericanos y de los haitianos se originó en el Congreso, no en la Casa Blanca, y precisamente por iniciativa de congresistas provenientes de Estados donde esos inmigrantes han logrado empoderamiento político.

Los dominicanos son el tercer mayor grupo de inmigrantes provenientes del hemisferio occidental, después de los cubanos y mexicanos, que se están haciendo ciudadanos norteamericanos y obteniendo así el derecho al voto. Lamentablemente, están concentrados en Estados que favorecen fuertemente a un partido, el Demócrata (Nueva York, Nueva Jersey, Massachussetts, etc.) y consecuentemente no gozan de la ventaja de los Centroamericanos, haitianos y cubanos localizados en la Florida, donde constituyen un "voto bisagra", entre republicanos y demócratas, muy importante. El huracán Georges golpeó a la República Dominicana dos meses antes de las elecciones congresionales norteamericanas. La delegación del Congreso norteamericano que visitó Santo Domingo, para evaluar los daños, estuvo constituida precisamente por una gran mayoría de representantes de Estados donde están concentrados los domínico-americanos.

Una de las primeras cosas que hice fue analizar la ubicación de los domínico-americanos por distrito electoral y localizar organizaciones de base de la comunidad dominicana dentro de esos distritos. Dos domínico-americanos ya han logrado convertirse en funcionarios electos, uno como Congresista del Estado de Nueva York y otro como miembro del Consejo que Administra la ciudad de Nueva York. Muchos domínico-americanos, ubicados en un Estado e interesados en involucrarse en el proceso político norteamericano, no sabían de la existencia de grupos similares en otros Estados. Nuestro objetivo fue identificarlos y llevarlos a Washington para que allí pudiesen conocer e intercambiar sus experiencias con organizaciones basadas en Washington que defienden los intereses de su comunidad y también para juntarse con funcionarios norteamericanos que tienen que ver con sus problemas. La migración, la seguridad social, el censo, la educación y las reformas de salud, son todos asuntos que preocupan a la comunidad domínico-americana y pueden cabildear a favor de eso mucho más efectivamente que cualquier diplomático extranjero. Mientras mejor viva la comunidad domínico-americana, mayores recursos podrá enviar a su país de origen, por lo que esto también es de interés directo de los que están residiendo en la República Dominicana. Igualmente, una legislación que ayude a la República Dominicana (como la paridad textil), en la medida que evite desempleo en el país de origen, también es algo que interesa a la diáspora, ya que muchos de aquellos que quedarían desempleados tienen familiares en Estados Unidos, quienes entonces tendrían menos recursos para gastar, pues incrementarían el valor de sus remesas a sus familias.

Hasta ahora han tenido lugar dos reuniones, a nivel nacional, de organizaciones que representan los intereses domínico-americanos en diez diferentes Estados de la Unión. El objetivo es establecer una oficina permanente en Washington, hacia finales de este año.[13]

Estos esfuerzos por involucrarse en la política norteamericana coexisten con el interés tradicional de muchos migrantes de mantenerse involucrados en la política dominicana. Casi todos los candidatos presidenciales dominicanos van a Nueva York a levantar fondos y a hacer promesas, pero no pueden prometer mejorar las condiciones de vida de aquellos domínico-americanos que residen en Estados Unidos.

Hay 65 jugadores de béisbol dominicanos en las Grandes Ligas norteamericanas. Consecuentemente, ya controlamos esa venerable institución norteamericana. El controlar la Casa Blanca es tan sólo un asunto de tiempo.

Rescate de la herencia cultural

El papel cultural de un Embajador es llevar a la capital donde está acreditado artistas y escritores de su país y promover la exhibición

---

[13]La oficina permanente fue establecida en mayo del 2000.

de las obras de sus pintores y escultores. Pero si usted está acreditado en Washington también puede jugar un papel inverso: rescatar parte del patrimonio cultural de su país que está almacenado en Washington. En la Biblioteca del Congreso hay muchos viejos noticieros y cintas con música folklórica de nuestros países. También, con la nueva técnica del escaneo, viejos mapas pueden ser reproducidos a todo color y en su tamaño original, de una forma tan perfecta que uno sólo puede darse cuenta de la diferencia entre el original y la copia, tocando el papel. Una nueva sección de nuestro Museo de Historia y Geografía está siendo preparada precisamente para exhibir los mapas que seleccioné durante un mes de verano cuando la diplomacia era menos activa y que pude lograr que fuesen reproducidos.[14]

Los Archivos Nacionales en College Park contienen documentos que proveen una nueva interpretación de la historia de nuestros propios países y durante algunos días de la semana están abiertos hasta las 9:00 de la noche, al igual que los sábados. Los Embajadores y sus ayudantes no tienen consecuentemente la excusa de alegar que no tienen tiempo para ir allí.[15]

Una Embajada también puede hace uso de los activos culturales de su país para promover una agenda política. Si su país es fuerte en jugadores de pelota, debe tratar de que sean invitados a sentarse al lado de la Primera Dama durante el discurso del Estado de la Unión.[16] Si sus cigarros son famosos, haga una lista (pero no la comparta con ningún otro Embajador) de personalidades políticas influyentes en Washington quienes también son fumadores de cigarros. Sus recepciones para gozar de los cigarros contarán

---

[14]La Sala de Mapas fue inaugurada a mediados de 1999.

[15]La obra del autor "Los Estados Unidos y Trujillo. Los días finales. 1960-61", cuya investigación fue parcialmente efectuada durante nuestra estadía en Washington, fue puesto a circular en enero del año 2000, en presencia tanto del Presidente Leonel Fernández como del Embajador norteamericano Charles Manatt. Tres meses después, ganaría el Premio E. León Jimenes de la Feria del Libro como la mejor obra publicada en 1999.

[16]Sammy Sosa fue invitado a sentarse al lado de la Primera Dama, Hillary Clinton, durante el discurso del Estado de la Unión de enero de 1999.

con la presencia de personalidades que es muy improbable que sean vistas aún en las recepciones de las Embajadas más prestigiosas. Y todavía es verdad que importantes decisiones en Washington se siguen tomando en habitaciones llenas de humo.

Cosas que aprendí mientras estuve en Washington

Mientras estuve en Washington aprendí por lo menos seis cosas:

1. El Congreso es todavía más importante que lo que uno originalmente pensaba y como se es Embajador de un país pequeño, sus visitas no serán consideradas por los congresistas como muy importantes. Consecuentemente, uno debe asegurarse de que el ayudante del Congresista especializado en los temas que a usted le interesan, sepa sobre sus preocupaciones. Es muy probable, de todas maneras, que sea él quien decida cómo el Congresista va a votar sobre un tema misceláneo como ese.

2. Ya han desaparecido los días cuando Sumner Welles concebía y decidía, después de chequear directamente con Franklyn Delano Roosevelt, cuál sería la política norteamericana hacia América Latina. Hoy día docenas de Departamentos están envueltos y como esa posición tiene que estar coordinada, la decisión final se verá ajustada y reducida para que refleje el común denominador de todos esos puntos de vista.

3. Los Embajadores de las grandes potencias no necesitan cabilderos, ya que ellos mismos tienen acceso a la gente clave, y allí no llegan esos cabilderos. Nosotros, por el contrario, muchas veces necesitamos cabilderos y no tan sólo porque no tenemos acceso, sino también porque el asunto es tan complejo que requiere de especialistas y no tan sólo de gente que nos logre citas.

4. Mientras más alto el nivel político en que se toman las decisiones en Washington, más se parecen a la forma en que las decisiones se toman en el tercer mundo. Los políticos son políticos en todos los lugares. Y la política devorará los tecnicismos.

5. La Policía tan sólo habla con la Policía. En la guerra contra las drogas los diplomáticos y las Cancillerías son mantenidas a oscuras,

hasta que ocurre un escándalo, "a la Casablanca" en México, cuando entonces el Departamento de Estado rápidamente solicitará su ayuda.

6. Para su sorpresa, usted encontrará que la gente en el Pentágono simpatiza más por sus preocupaciones geopolíticas, que los propios diplomáticos norteamericanos. No quieren que sea a ellos a quienes se les pida que resuelvan el asunto, bajo oscuras reglas de enfrentamiento.

Un barómetro del éxito

En Washington usted está constantemente bajo presión para actuar de una forma reactiva, respondiendo a presiones norteamericanas. Estas hasta tienen un cronograma predecible:

Enero:　el reporte sobre violaciones de derechos humanos.

Febrero: la certificación de drogas.

Marzo:　el reporte sobre presuntas violaciones a los derechos de propiedad intelectual.

Y así sucesivamente. Si usted sucumbe y se dedica a ejercer ese papel, pasará la mayor parte de su tiempo escribiendo memorándums a su Cancillería y a su gobierno, contestando cartas de Congresistas y siendo amonestado en el Departamento de Estado y en la Oficina del Representante del Comercio Norteamericano. Si usted tiene un buen Encargado de Negocios y buen equipo, deje que sean ellos quienes se encarguen de eso.

Usted tiene que jugar un papel pro-activo. Hasta existe un índice que compara su pro-actividad con relación a su papel reactivo: la proporción de su tiempo que pasa fuera de su oficina, promoviendo su país y haciendo contactos.

La falta del "carril expedito" ("Fast Track") significa que usted no puede ser pro-activo negociando asuntos comerciales y la ayuda bilateral es tan pequeña que sus posibilidades de ser pro-activo en ese campo también son muy reducidas. Sin embargo, temas como los peligros para la democracia en el hemisferio, las implicaciones de Kosovo para América Latina y el Caribe, etc., deben de recibir más atención, en adición al papel más tradicional de un Embajador promoviendo inversiones, visitando la mayoría de los Estados de la Unión.

El papel de un soltero

El haber estado soltero (viudo) mientras fui Embajador en Washington, ciertamente ayudó. Fui a muchas recepciones y cenas importantes en la Casa Blanca donde yo era el único Embajador. Lo mismo ocurrió con relación a pequeñas cenas con Senadores y gente famosa. Sin embargo, me casé poco tiempo antes de dejar el cargo. Eso tal vez me ha convertido en un activo devaluado, por lo menos desde el punto de vista de mi gobierno, pero los asuntos del corazón siempre prevalecen sobre las obligaciones oficiales.

Y aún cuando ya no estoy comprometido, sino casado, tengo la intención de mantenerme comprometido con Washington, pues planeo volver para participar en conferencias y, por supuesto, poder juntarme, de nuevo, con los muchos buenos amigos que he hecho mientras he estado aquí.

ANEXO VII

Tendencias migratorias hacia los Estados Unidos de dominicanos y otros ciudadanos caribeños

ANÁLISIS DE LAS TENDENCIAS DE LA MIGRACIÓN LEGAL E ILEGAL, LA DEPORTACIÓN DE CRIMINALES Y EL IMPACTO NEGATIVO DE LA LEGISLACIÓN MIGRATORIA NORTEAMERICANA DE 1996

S. E. Bernardo Vega,
Embajador de la República Dominicana ante la Casa Blanca,
y Roberto Despradel, Ministro Consejero,
mayo 1999.*

Exhortación

Cada vez más la política externa norteamericana está siendo determinada por consideraciones norteamericanas de carácter doméstico. La forma en que los ciudadanos norteamericanos piensan y la fuerza con la cual expresan sus sentimientos, determinan cómo sus congresistas votan sobre asuntos relacionados con la política externa.

La comunidad caribeña que reside en los Estados Unidos, y, particularmente la dominicana, está siendo afectada negativamente por legislaciones norteamericanas que limitan su capacidad de migrar legalmente, tener acceso a la seguridad social y a los servicios de educación y salud. Los miembros de esa comunidad tienen que expresar su opinión sobre estos temas. Para poder hacer eso, primero tienen que hacerse ciudadanos norteamericanos y luego votar en elecciones norteamericanas.

*Originalmente publicado por la Embajada Dominicana en Washington en inglés. Luego, en el 2000, FLACSO publicó en Santo Domingo la versión en español.

TENDENCIAS EN LA MIGRACIÓN LEGAL HACIA LOS ESTADOS UNIDOS
DESDE EL CARIBE INSULAR

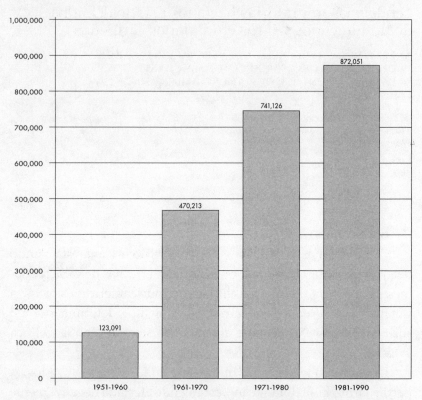

Durante la segunda mitad del Siglo XX, la migración legal caribeña hacia los Estados Unidos ha estado aumentando durante cada una de las últimas cuatro décadas. Durante los años sesenta, 470,000 caribeños migraron hacia los Estados Unidos, en comparación con tan sólo 123,000 en la década anterior.

Aún cuando la tendencia al crecimiento ha continuado, desde los años setenta la tasa de crecimiento ha estado disminuyendo. En los años sesenta la tasa de crecimiento fue de 282%, en comparación con la década anterior. La tasa de crecimiento se redujo en la década de los setenta a un 57%, y tan sólo un 18% en la de los ochenta.

Los años de crecimiento de la migración legal caribeña hacia los Estados Unidos están llegando a su fin, y puede que hasta representen una tendencia decreciente por primera vez en más de medio siglo.

MIGRACIÓN LEGAL DESDE EL CARIBE INSULAR
HACIA LOS ESTADOS UNIDOS

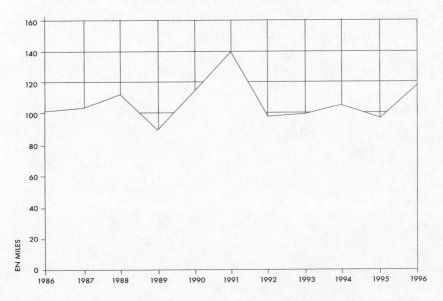

Contrario a lo acontecido en los últimos treinta años, durante la última década, la migración legal caribeña hacia los Estados Unidos se ha mantenido relativamente constante. Esto se ha debido a una política de migración norteamericana más estricta.

Los flujos anuales durante los últimos diez años han fluctuado entre 89,000 y 117,000, con la excepción del año 1991 cuando 140,000 emigrantes caribeños fueron admitidos legalmente, y esto se debió principalmente a un aumento en la cantidad de haitianos. Durante este período, un promedio de 107,000 personas ingresó a los Estados Unidos cada año.

Sin embargo, como por ciento de la migración legal total hacia los Estados Unidos, la migración caribeña ha disminuido. Entre 1986 y 1988 un 17% de todos los emigrantes admitidos a los Estados Unidos, provenía del Caribe. Esta proporción disminuyó a un 8% entre 1989 y 1990, subiendo a un 13% desde 1994.

Durante los últimos diez años, 1.17 millones de emigrantes legales llegaron a los Estados Unidos desde el Caribe, representando un 11% de la migración legal total.

MIGRACIÓN LEGAL DESDE EL CARIBE INSULAR
HACIA LOS ESTADOS UNIDOS 1986-1996

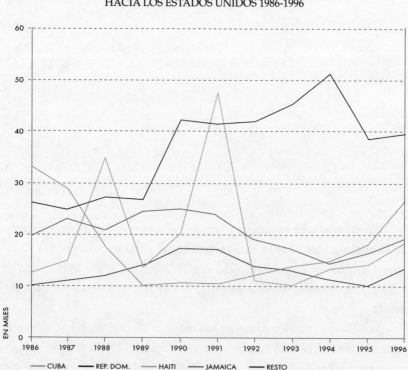

MIGRACIÓN LEGAL A LOS ESTADOS UNIDOS
DESDE LA REPÚBLICA DOMINICANA

En las ultimas seis décadas:

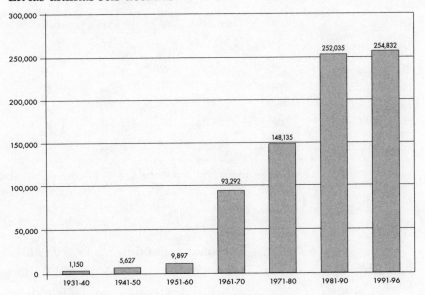

MIGRACIÓN A LOS ESTADOS UNIDOS DESDE El CARIBE INSULAR

Entre 1986 y 1996:

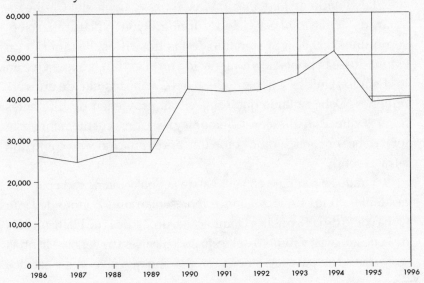

MIGRACIÓN A LOS ESTADOS UNIDOS DESDE EL CARIBE INSULAR

País	Población nacida fuera de los E.U.	Población ilegal estimada*	Total	Población total en el país	% de la población viviendo en E.U.
Cuba	913		913	10,440	9%
Rep. Dominicana	632	75	707	8,076	9%
Jamaica	506	50	556	2,574	22%
Haití	440	105	545	7,328	7%
Resto del Caribe	266	120	386	2,376	16%
Total del Caribe	2,757	350	3,107	30,794	10%

Fuentes: Foreign Born Population Jamaica, Haiti and Rest of Caribbean Census CPS 1996
Foreign Born Population Dominican Republic and Cuba Census CPS 1997
*INS
Poblacion: Interamerican Development Bank

De acuerdo a los datos del último censo, durante 1996 y 1997 la población nacida en los Estados Unidos, proveniente del Caribe insular, sumó 2.75 millones, 913,000 desde Cuba, 632,000 desde la República Dominicana, 506,000 desde Jamaica, 440,000 de Haití y 266,000 desde el resto del Caribe.

El estimado de la población ilegal proveniente del Caribe insular, de acuerdo al Servicio de Inmigración y Naturalización, sumó unos 350,000. Si sumamos estas dos cifras, llegamos a un estimado de la población total nacida en el extranjero que vive en los Estados Unidos y que proviene del Caribe insular, de unos 3.1 millones. Debe notarse que estas cifras provienen de diferentes fuentes, que usan diferentes metodologías. Consecuentemente, este total debe ser considerado como una aproximación y no como una cifra exacta.

Cuando se compara con el total de la población de cada país, los residentes en los Estados Unidos representan un 9% tanto de la de Cuba como de la República Dominicana, un 7% de la de Haití; un 22% de la de Jamaica; y un 16% del resto de los países caribeños. Mientras más grande un país, menor es la proporción que vive en los Estados

Unidos. Consecuentemente, la migración es común para todos los países del Caribe y la urgencia para emigrar es mayor mientras más pequeña la isla. Si fuésemos a agregar la migración hacia Europa, Canadá y Suramérica, la proporción, por supuesto, sería mayor.

ESTIMACIÓN DE LA POBLACIÓN DE INMIGRANTES ILEGALES SOBRE LA BASE DE LOS VEINTE PAÍSES DE ORIGEN DE MAYOR VOLUMEN PARA 1996

País de origen	Población
Todos los países	5,000,000
1 México	2,700,000
2 El Salvador	335,000
3 Guatemala	165,000
4 Canadá	120,000
5 **Haití***	105,000
6 Filipinas	95,000
7 Honduras	90,000
8 **Rep. Dominicana*[1]**	75,000
9 Nicaragua	70,000
10 Polonia	70,000
11 **Las Bahamas***	70,000
12 Colombia	65,000
13 Ecuador	55,000
14 **Trinidad & Tobago***	50,000
15 **Jamaica***	50,000
16 Pakistán	41,000
17 India	33,000
18 Irlanda	30,000
19 Corea del Sur	30,000
20 Perú	30,000
Otros	721,000
*Los 5 principales países Caribeños	350,000

[1]La estimación de la población ilegal provenientes de la Rep. Dominicana fue revisada de 50,000 (según el Anuario de 1995 del INS) a 75,000 después de una revisión de los estimados de Dominica y la República Dominicana.

INTERDICCIONES DE INMIGRANTES CUBANOS, HAITIANOS Y DOMINICANOS
POR PARTE DE LA GUARDIA COSTERA NORTEAMERICANA

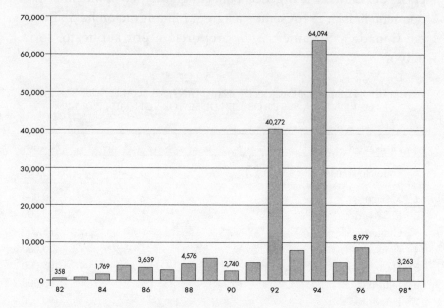

Las presiones para emigrar hacia los Estados Unidos se han mantenido altas durante las últimas dos décadas. La inestabilidad política y económica han sido las principales fuerzas tras estas tendencias.

Como ya se evidenció, el Servicio de Inmigración y Naturalización de los Estados Unidos estima que 350,000 ciudadanos caribeños están viviendo ilegalmente en los Estados Unidos. Sin embargo, esta cifra no luce tan alta cuando se le compara con el número de interdicciones llevadas a cabo por la Guardia Costera norteamericana, parando a gente en alta mar, o cuando llegan a los Estados Unidos, especialmente a la Florida y Puerto Rico.

Durante los últimos 16 años, entre 1982 y 1998, tan sólo en el caso de cubanos, haitianos y dominicanos, la Guardia Costera ha interceptado a 162,000 emigrantes ilegales, de los cuales 96,500 fueron haitianos, 48,200 cubanos y 17,500 dominicanos.

INMIGRANTES ADMITIDOS, PROVENIENTES DE LOS VEINTE PAÍSES DE ORIGEN
MÁS IMPORTANTES, PARA EL AÑO FISCAL 1995-1996

Ranking	País	1996	1995	Crecimiento	
				Monto	Porcentual
	Todos los países	915,900	720,461	195,439	27.1%
1	México	163,572	89,932	73,640	81.9%
2	Filipinas	55,876	50,984	4,892	9.6%
3	India	44,859	34,748	10,111	29.1%
4	Vietnam	42,067	41,752	315	0.8%
5	China Continental	41,728	35,463	6,265	17.7%
6	Rep. Dominicana*	39,604	38,512	1,092	2.8%
7	Cuba*	26,466	17,937	8,529	47.5%
8	Ucrania	21,079	17,432	3,647	20.9%
9	Rusia	19,668	14,560	5,108	35.1%
10	Jamaica*	19,089	16,398	2,691	16.4%
11	Haití*	18,386	14,021	4,365	31.1%
12	Corea del Sur	18,185	16,047	2,138	13.3%
13	El Salvador	17,903	11,744	6,159	52.4%
14	Canadá	15,825	12,932	2,893	22.4%
15	Polonia	15,772	13,824	1,948	14.1%
16	Colombia	14,283	10,838	3,445	31.8%
17	Reino Unido	13,624	12,427	1,197	9.6%
18	Taiwan	13,401	9,377	4,024	42.9%
19	Perú	12,871	8,066	4,805	59.6%
20	Pakistán	12,519	9,774	2,745	28.1%
	Otros	289,123	243,693	45,430	18.6%
	*Rep. Dominicana - Cuba Jamaica - Haití	103,545	86,868	16,677	19.2%

Fuente: INS

Aunque cuatro naciones caribeñas se encuentran entre los veinte
países que originan el mayor flujo de emigrantes legalmente admitidos a los Estados Unidos, su tasa de crecimiento es menor que la
tasa promedio de los Estados Unidos. Más aún, la migración legal
dominicana apenas aumentó un 2.8% en 1996.

EMIGRANTES A LOS ESTADOS UNIDOS EN 1996
BAJO EL MECANISMO DE UNIFICACIÓN FAMILIAR

Región	Migrantes totales	Auspicio familiar	%
Todos los países	915, 900	594,604	64.9%
Europa	147,581	47,296	32.0%
Asia	307,807	192,892	62.7%
Africa	52,889	21,282	40.2%
Oceanía	5,309	3,435	64.7%
Caribe Insular	116,801	84,494	72.3% ←
Centro América	44,289	34,361	77.6%
Sur América	61,769	49,292	79.8%
Norte América	179,397	161,519	90.0%

Fuente: 1996 Statistical Yearbook of the INS

Durante 1996 los Estados Unidos admitieron 915,900 emigrantes legales. De éstos, un 65%, es decir, 594,604 estuvieron ligados a programas de unificación familiar, a través del auspicio familiar. Cuando esto se analiza por región, un 72% de los inmigrantes del Caribe llegaron bajo programas de auspicio familiar. Esta cifra podría lucir muy parecida al promedio general, y es aún más baja que para Centroamérica, América del Sur y Norteamérica. Sin embargo, cuando se analiza en más detalle, se ve que, con la excepción de Cuba, la emigración caribeña a los Estados Unidos depende fuertemente de los programas de auspicio familiar.

MIGRACIÓN BAJO AUSPICIO FAMILIAR EN LA REGIÓN CARIBEÑA (1996)

País	Migrantes totales	Auspicio familiar	%
Rep. Dominicana	39,604	39,107	98.7%
Jamaica	19,089	17,893	93.7%
Dominica	797	724	90.8%
Otros Países del Caribe	3,285	2,807	85.4%
Barbados	1,043	882	84.6%
Grenada	797	635	79.7%
Haití	18,386	13,762	74.9%
Trinidad & Tobago	7,344	5,377	73.2%
Cuba	26,466	3,307	12.5%
Total	116,801	84,494	72.3%

Fuente: 1996 Statistical Yearbook of the INS

Aunque un 65% de todos los inmigrantes admitidos en los Estados Unidos llegaron bajo programas de auspicio familiar, esta cifra es de un 72% para todo el Caribe insular. Sin embargo, si excluimos a Cuba, donde tan sólo un 12% de sus emigrantes llegaron bajo este tipo de programa, la proporción aumenta a un 88%.

Para algunos países caribeños, virtualmente todos sus inmigrantes a los Estados Unidos llegaron bajo programas de auspicio familiar, como lo es el caso de República Dominicana, donde un 98.7% de todos los inmigrantes admitidos en 1996, llegaron bajo los mismos.

Sin embargo, este alto nivel de reunificación familiar entre países caribeños, y, especialmente entre dominicanos y jamaiquinos, está siendo muy afectado por la nueva ley de inmigración pasada en 1996 y, sobre todo, por un requisito que entró en efecto en enero de 1998.

PORCIENTO DE LA MIGRACIÓN LEGAL QUE ESTA SIENDO
AUSPICIADA POR FAMILIARES - 1996

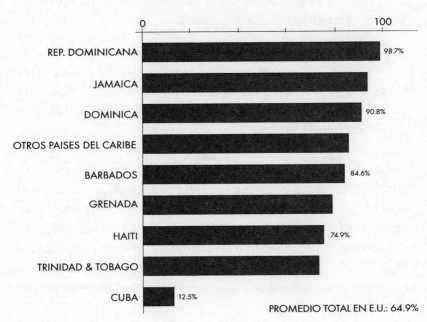

Esta es una representación gráfica del cuadro anterior. Muestra la dependencia de los emigrantes legales en programas de reunificación familiar.

Evidencia que, para los principales países caribeños, con la excepción de Cuba, más de las tres cuartas partes de sus inmigrantes llegaron bajo programas de auspicio familiar.

Para poder cumplir con la legislación norteamericana sobre migración de 1996 y, a partir de enero de 1998, el Servicio de Inmigración y Naturalización inició el requerimiento de un affidávit de apoyo que tiene que ser presentado por el pariente que vive en los Estados Unidos y que está solicitando una visa de inmigrante para un familiar que vive en el extranjero. Este documento tiene complicadas ramificaciones legales y requiere que la persona que hace la solicitud, evidencie tener ciertos niveles de ingreso, por encima de la línea de la pobreza.

Requisitos para el affidávit de apoyo del auspiciante

La nueva ley de inmigración establece de que cuando se solicita a un miembro de la familia:

"El que patrocina acuerda proveer apoyo para mantener al extranjero auspiciado a un nivel de ingreso que no es menor que el 125% de la línea de pobreza federal, durante el período en el cual el affidávit es ejecutable". (*Ley de Inmigración y Naturalización, Sección 213-A*).

En otras palabras, el que auspicia, alguien residente en los Estados Unidos, tiene que tener un nivel de ingreso anual por encima del 125% de la línea de pobreza federal, y ser responsable económicamente por ese familiar durante los próximos diez años.

La línea de pobreza federal está determinada de acuerdo con el tamaño de la familia. Los requerimientos de nivel de pobreza necesarios para cumplir con el criterio de poder auspiciar al familiar son los siguientes:

IMPACTO RD EN USA

Tamaño de la Familia	Nivel de Ingreso Anual Mínimo para cumplir con los requerimientos
Una Persona	$10,228
Dos Personas	$13,091
Tres Personas	$16,002
Cuatro Personas	$20,500
Cinco Personas	$24,225
Seis Personas	$27,357
Siete Personas	$31,002

El tamaño promedio de una familia dominicana (nacida en el extranjero) y que vive en los Estados Unidos, es de 3.7 miembros. Consecuentemente, en promedio, el tamaño de la familia dominicana se acerca más a los cuatro miembros, por lo que requeriría tener un ingreso anual por encima de US$20,500 para poder aplicar para una visa de migración para un miembro de su familia.

POBLACIÓN DOMINICANA (NACIDA EN EL EXTRANJERO).
DATOS DEL CENSO DE 1990 -
AJUSTADO POR EL ÍNDICE DE PRECIOS AL CONSUMIDOR

Ingreso familiar US$	Número de familias	%	% acumulado
Menos de 6,549	18,171	13.20%	13.20%
6,550 a 13,099	22,023	15.99%	29.19%
13,100 a 16,374	8,520	6.19%	35.37%
16,375 a 19,649	6,328	4.60%	39.97%
19,650 a 22,924	7,757	5.63%	45,60%
22,925 a 26,199	6,746	4.90%	50.50%
26,200 a 29,474	6,864	4.98%	55.49%
29,475 a 32,749	6,203	4.50%	59.99%

Continúa →

Continuación

Ingreso familiar US$	Número de familias	%	% acumulado
32,750 a 36,024	6,255	4.54%	64.53%
36,025 a 39,299	5,408	3.93%	68.46%
39,300 a 42,574	5,257	3.82%	72.28%
42,575 a 45,849	3,928	2.85%	75.13%
45,850 a 49,124	4,310	3.13%	78.26%
49,125 a 52,399	3,476	2.52%	80.78%
52,400 a 55,674	3,317	2.41%	83.19%
55,675 a 58,949	2,571	1.87%	85.06%
58,950 a 62,224	2,783	2.02%	87.08%
62,225 a 65,499	2,008	1.46%	88.54%
65,500 a 72,049	3,479	2.53%	91.06%
72,050 a 78,599	2,799	2.03%	93.10%
78,600 a 98,249	4,977	3.61%	96.71%
98,250 a 130,999	2,831	2.06%	98.77%
131,000 a 163,749	886	0.64%	99.41%
163,750 a 196,499	353	0.26%	99.67%
196,500 or more	459	0.33%	100.00%
Número total de familias	137,709		

Fuente: U.S. Census, 1990.
Data ajustada a 1998 usando el Indice de Precios del Consumidor
Cálculos realizados por el Dr. Héctor R. Cordero-Guzmán del New School for Social Research, New York.

El cuadro anterior muestra el ingreso familiar de la población dominicana residente en los Estados Unidos y que nació en el extranjero. El dato está basado en información del censo norteamericano de 1990 y que muestra el nivel de ingreso familiar para 1989. La cifra de ingresos ha sido ajustada por el índice de precios al consumidor para reflejar los niveles actuales de ingresos. Asumimos un aumento nominal en el ingreso de la población dominicana, igual al del índice de precios al consumidor.

POBLACIÓN DOMINICANA (NACIDA EN EL EXTRANJERO)
DATOS DEL CENSO DE 1990 - INGRESO FAMILIAR -
AJUSTADO POR EL ÍNDICE DE PRECIOS AL CONSUMIDOR

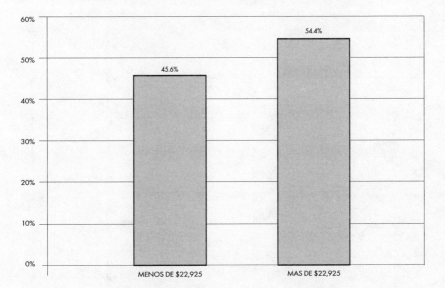

Como lo evidenció el cuadro anterior, y es enfatizado en esta gráfica, un 46% de la población dominicana nacida en el extranjero tiene un nivel promedio anual de ingreso familiar por debajo de $22,925.00. Más aún, un 40% de la población tiene un nivel de ingreso promedio por debajo de $19,650.

Como ya se dijo, la familia típica dominicana es de alrededor de cuatro personas, por lo que se requeriría que tuviese un promedio de ingreso anual mayor de US$20,500 para poder cumplir con el nivel de 125% por encima de la línea de pobreza, y lograr así cumplir con los requerimientos del affidávit de apoyo.

Como evidencian esta gráfica y el cuadro anterior, entre un 40% y un 46% de las familias dominicanas residentes en los Estados Unidos, **no** calificarían si solicitasen una visa de inmigración para un miembro de su familia.

PORCIENTO DE VISAS DE INMIGRACIÓN REHUSADAS EN LOS CONSULADOS
NORTEAMERICANOS EN LA REPÚBLICA DOMINICANA

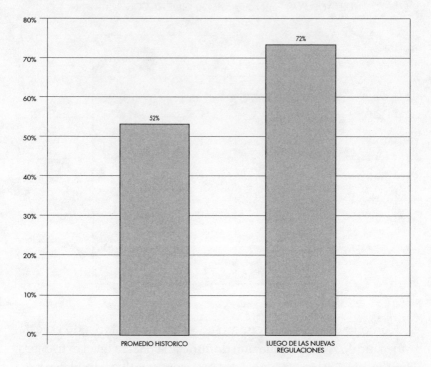

Históricamente, el Consulado norteamericano en la República
Dominicana ha rehusado un 52% de todas las visas de inmigrantes.
Funcionarios del Consulado norteamericano han expresado que virtualmente todas las visas de migración solicitadas caen bajo programas de unificación familiar. Esto comprueba las estadísticas del Servicio de Inmigración y Naturalización, que evidencian que un 98.7%
de todos los inmigrantes legales provenientes de la República Dominicana caen bajo este tipo de programa.

Desde enero de 1998, cuando las nuevas regulaciones de la Ley
de Migración de 1996 en lo relativo al affidávit de apoyo comenzaron a entrar en vigencia, y hasta septiembre de ese año, la tasa de
rechazo aumentó 20 puntos porcentuales, a un 72%.

En 1996, 39,604 dominicanos recibieron visas de inmigración
a los Estados Unidos y de esas 39,107, o sea un 98.7%, fueron

otorgadas bajo programas de reunificación familiar. Si trabajamos esos números hacia atrás, utilizando el dato histórico de un 52% para rechazos de visas, eso significa que durante 1996 aproximadamente 82,500 solicitudes de visas fueron sometidas. Si el affidávit de apoyo hubiese sido requerido ya en ese año, hubiese significado que un 72% de las 82,500 solicitudes hubieran sido rechazadas. Eso implicaría el otorgamiento de tan sólo 23,100 visas de inmigrantes.

En otras palabras, la cifra se hubiese reducido de 39,100 visas de inmigración otorgadas, a tan sólo 23,100, lo que representa una reducción de 16,500 visas de migración en tan sólo un año.

Pongamos esta cifra en perspectiva. Durante los últimos cuatro años (1993-1996) los Estados Unidos deportó 2,099 ilegales dominicanos, no criminales. En otras palabras, esto representa un promedio de 525 dominicanos no criminales deportados cada año desde los Estados Unidos. A este ritmo, se tomarían treinta años de deportaciones no criminales para igualar el nivel de las pérdidas en visas de inmigración legal otorgadas en tan sólo 1996, si el affidávit de apoyo hubiese sido requerido en ese año.

También podemos argumentar que tomaría a la Guardia Costera unos quince años para detener a ese mismo número de dominicanos tratando de llegar ilegalmente a los Estados Unidos.

Rápidamente se podrá uno dar cuenta del impacto negativo de este nuevo requerimiento sobre los dominicanos, tanto para los que viven en los Estados Unidos, como para los que residen en Santo Domingo. Una situación parecida está ocurriendo en otros países del Caribe.

Tres implicaciones importantes surgen a la mente. Primero, el impacto sicológico y las presiones que esto está imponiendo sobre familias que ven reducirse fuertemente sus esperanzas de reunificación. Segundo, al limitarse el número de inmigrantes legales, eso aumenta las presiones para la emigración ilegal a los Estados Unidos. El grueso de la migración ilegal por parte de dominicanos toma la forma de viajes en frágiles yolas a través del Canal de la Mona, hacia Puerto Rico. Finalmente, pero no menos importante, está el impacto negativo en la tasa de crecimiento de las remesas familiares hacia la República Dominicana. Después del turismo, esas remesas que el país recibe de su diáspora, representan la mayor fuente de divisas. Las mismas juegan un papel vital para la balanza de pagos, y, consecuentemente, para la estabilidad macroeconómica y el potencial de crecimiento. Si se reciben menos divisas, las importaciones se reducirían, lo que afectaría a las exportaciones norteamericanas. Más de un 60% de las importaciones dominicanas provienen de los Estados Unidos.

REMOCIÓN DE DEPORTADOS CRIMINALES A PAÍSES CARIBEÑOS POR AÑO FISCAL

País	1993	1994	1995	1996	1997	1998	Total 6 años
Antigua	14	13	19	14	18	26	104
Aruba	2	2	1	2	3	3	13
Bahamas	44	53	55	67	46	67	332
Barbados	27	28	23	33	43	46	200
Belice	83	72	53	76	90	109	483
Dominica	20	21	17	16	23	18	115
Grenada	12	7	12	12	9	15	67
Guyana	82	76	70	74	125	141	568
Haití	193	125	245	213	260	309	1,345
Jamaica	870	844	921	990	1,211	1,203	6,039
Rep. Dominicana	1,024	969	1,165	1,472	1,952	1,669	8,251
St. Kitts-Nevis	11	5	8	9	17	15	65
St. Lucia	12	8	7	12	13	22	74
St. Vince and Gren.	5	9	13	12	18	13	70
Suriname	2	1	0	0	3	2	8
Total	2,401	2,233	2,609	3,002	3,831	3,658	17,734

Fuente: INS

Aunque en el 1998 se evidencia una disminución en alrededor de 170 criminales, en comparación con 1997, el número de deportados criminales al Caribe insular se mantiene peligrosamente alto, en más de 3,600 al año. Un 45% es dominicano, 33% jamaiquino y 9% haitiano. El remanente 13% está distribuido entre 12 otros países.

Durante los últimos seis años, el Caribe insular ha recibido más de 17,700 deportados criminales, produciendo en varios países, y, específicamente en República Dominicana, un aumento en la criminalidad. La mayoría de esos países dependen del turismo como su principal fuente de crecimiento económico y divisas. Estos deportados, afectan negativamente la industria turística. En adición, promueven el tráfico y el consumo de drogas. La República Dominicana, el país con el mayor número de deportados criminales entre países caribeños, ha recibido más de 8,200 deportados criminales tan sólo durante los últimos seis años. Esto se hace aún más significativo, cuando comparamos esas cifras con las 12,000 personas encarceladas en toda la República Dominicana, y con los 23,200 miembros de sus Fuerzas Armadas. Algunos de estos deportados retornan ilegalmente a los Estados Unidos y reinciden en sus crímenes en territorio norteamericano.

PORCIENTO DE LA POBLACIÓN NACIDA EN EL EXTRANJERO Y QUE PROVIENE DEL CARIBE INSULAR QUE SE HACEN CIUDADANOS NORTEAMERICANOS

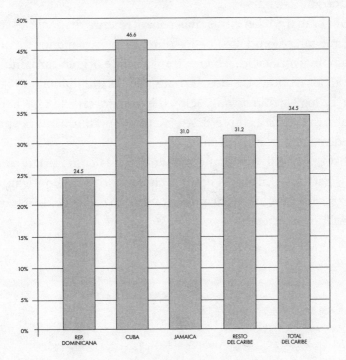

La nueva ley de inmigración crea nuevos obstáculos para los países caribeños y su diáspora que reside en los Estados Unidos. El hacerse ciudadano norteamericano no sólo permite a los inmigrantes mantener su acceso a los beneficios de la seguridad social, sino que también les otorga el derecho al voto. La diáspora cubana ha demostrado como su voto es muy importante para los políticos norteamericanos. Tan sólo durante los últimos diez años 1.2 millones de inmigrantes caribeños han ido a los Estados Unidos, 400,000 de los cuales provienen de la República Dominicana. La población nacida en el extranjero y proveniente del Caribe en los Estados Unidos, totaliza más de tres millones de personas.

La diáspora caribeña debe hacerse ciudadana norteamericana e involucrarse en el proceso político norteamericano. Los dominicanos, por ejemplo, recientemente modificaron su Constitución para permitir la doble ciudadanía, lo que elimina un gran obstáculo para que los dominicanos viviendo en los Estados Unidos se hagan ciudadanos de ese país.

Sin embargo, las cifras más recientemente disponibles, muestran que tan sólo un 25% de los dominicanos, y menos de un 13% de la población nacida en el extranjero y de origen caribeño y que vive en los Estados Unidos, ha obtenido la ciudadanía norteamericana. La legislación de migración norteamericana de 1996 hace que sea aún más difícil convertirse en ciudadano norteamericano, y la lista de espera es muy grande.

Este es el mayor desafío que enfrenta la comunidad caribeña en los Estados Unidos: el hacerse ciudadano norteamericano y organizarse. Tan sólo entonces tendrá una voz a la cual le harán caso los políticos norteamericanos.

ANEXO VIII

La ubicación geopolítica de la República Dominicana: Un documento sin atribución

"Ayer español nací.
En la tarde fui francés.
En la noche etíope fui.
Hoy dicen que soy inglés.
No sé qué será de mí."

(Poeta dominicano del siglo XVIII)

Cuando dos diferentes funcionarios del Departamento de Estado le preguntaron al Embajador dominicano en Washington que dónde creía él que le gustaría al Presidente Fernández conocer al Presidente Clinton, ya sea en Barbados o en Costa Rica, la respuesta fue en Costa Rica.

Cuando al Canciller dominicano se le hizo la misma pregunta en Santo Domingo, dio la misma respuesta.

¿Por qué contestaron de esa forma? Por varias razones.

1. **Tamaño.** La población total de los trece países miembros de CARICOM es de 5.6 millones y tan sólo la de la República Dominicana es de 7.2 millones. Uno se junta con países del mismo tamaño del de uno, o mayores.

2. **Cultura.** Uno naturalmente se siente más en ambiente con gente que habla el mismo idioma y que practican la misma religión.

3. **Historia común.** La República Dominicana y los países centroamericanos fueron colonias españolas y se hicieron independientes hace unos 150 años. Los países de CARICOM eran colonias

inglesas y se independizaron tan sólo hace 45 años, y algunos aún más recientemente.

Los aspectos antes citados predominan sobre los elementos comunes de lo que ha sido llamado "la caribeanidad": países insulares, economías de plantación (principalmente azúcar), la herencia africana, la rápida desaparición de la cultura pre-colombina indígena, etc.

Estos factores explican por qué la República Dominicana ha mantenido, por más de 50 años, embajadas en todos los países centroamericanos y, en la actualidad, no tiene embajadas en ninguno de los países de CARICOM, y también por qué votamos en las Naciones Unidas con el bloque latinoamericano (el GRULA) así como en otras organizaciones internacionales.

El gobierno norteamericano ha percibido esta situación. Cuando el Presidente Carter, por ejemplo, invitó a algunos gobiernos de la región a discutir el tratado del canal de Panamá, invitó al Presidente de la República Dominicana, pero no a ningún Jefe de Estado de CARICOM. Cuando el Presidente Clinton, en 1993, invitó a almorzar a los Jefes de Gobierno de CARICOM, no invitó al Presidente de la República Dominicana. El Presidente dominicano participa en las Cumbres Iberoamericanas, pero ningún Jefe de Gobierno de nuestro hemisferio de un país angloparlante o francófono participa en ellas.

Los objetivos de la política externa dominicana hacia Estados Unidos tienen más en común con la agenda bilateral entre Estados Unidos y Centroamérica que con la de Estados Unidos y CARICOM:

1. Paridad textil. Tan sólo Jamaica, en CARICOM, está interesada en ella.

2. La cuota azucarera norteamericana. Los países de CARICOM envían la mayoría de su azúcar a Europa.

3. Los temas migratorios son más comunes a Centroamérica y la República Dominicana que a CARICOM. Temas relacionados con la diáspora que reside en Estados Unidos también son más comunes a los centroamericanos y a la República Dominicana, debido a la cantidad de personas envueltas.

4. Temas como la ausencia de acuerdos "shiprider" (presencia a bordo) son mayores prioridades norteamericanas en los países de CARICOM que en la República Dominicana. La política dominicana hacia Cuba tiene más en común con el punto de vista centroamericano que con el de los países de CARICOM.

5. Centroamérica se ha movido mucho más rápido hacia la globalización económica que CARICOM. La nueva estructura tarifaria dominicana, que en la actualidad está siendo discutida en el Congreso dominicano, es más parecida a la del Mercado Común Centroamericano que el arancel común de CARICOM, el cual es más alto y más proteccionista.

6. La Comunidad Caribeña ha adoptado una política externa común a la cual la República Dominicana difícilmente podría adherirse en aquellos asuntos que afectan las relaciones con Estados Unidos (acuerdos "shiprider", Cuba, etc.). Si la República Dominicana se juntase con los Jefes de Estado europeos, entonces sí sería lógico que lo hiciese junto con los Jefes de Estado de CARICOM, ya que sería una reunión dentro del contexto de la Convención de Lomé, a la cual tanto CARICOM como la República Dominicana pertenecen.

Esa es la razón por la cual el Canciller de la República Dominicana, desde octubre pasado, ha sido observador permanente en las reuniones de Cancilleres centroamericanos y nunca ha sido invitado a las de CARICOM. El Presidente de la República Dominicana fue invitado el año pasado a participar en las reuniones de los Presidentes centroamericanos, la primera de las cuales tuvo lugar entre el 5 y el 6 de abril, en Panamá, donde la agenda para la reunión con el Presidente Clinton fue discutida. El mayor punto de convergencia entre la política externa dominicana y la de CARICOM tiene que ver con las relaciones con la Comunidad Europea.

La agenda dominicana

A la luz de lo anterior, no debió haber sorprendido el hecho de que cuando el Canciller de Costa Rica le preguntó al Canciller de la República Dominicana si al Presidente Fernández le gustaría estar presente cuando el Presidente Clinton visitase Costa Rica, la respuesta fuese positiva. En ese momento Barbados no había extendido una invitación a la República Dominicana. También es importante enfatizar las especialmente buenas relaciones que existen entre el Presidente Fernández y el Presidente Figueres, debido a circunstancias puramente históricas y personales. El Presidente Fernández es el "heredero" político del ex-Presidente Juan Bosch, como lo es el Presidente Figueres de su padre. Bosch y Figueres padre eran amigos íntimos cuando Bosch vivió exiliado en Costa Rica (1958-1961) y Figueres padre estuvo presente durante la inauguración del gobierno de Bosch en 1963.

La política externa del gobierno de Fernández

El objetivo básico de la política externa del Presidente Fernández es el de sacar a su país de un aislamiento auto impuesto y el de jugar un importante papel geopolítico. En breve, tiene la intención de ser un "jugador" en el escenario internacional. Para ese propósito, durante sus siete meses en el poder, ha hecho seis viajes al extranjero: Nueva York, Miami, Chile, Caracas, Nicaragua y Antigua, y ya ha anunciado visitas a México y Jamaica durante los próximos meses.

Se juntó con los Jefes de Estado de Centroamérica en el avión rumbo a Santiago de Chile para la cumbre Iberoamericana y cuando habló con ellos se convenció sobre la necesidad de un paquete de reformas económicas para su país, incluyendo la reducción de los impuestos aduanales, un paquete que sometió semanas después al Congreso dominicano. Se ha reunido con los Jefes de Estado de CARICOM en Antigua y se juntará de nuevo con ellos en Jamaica, durante el verano. También se ha juntado dos veces con el Presidente Preval, en Miami y en Antigua. También se había reunido previamente con él, cuando era candidato presidencial, a principios de 1996, en Santo Domingo. En Antigua ambos Presidentes pudieron estar solos y alejados de la prensa durante un buen tiempo, cuando los Jefes de Estado se trasladaron a una pequeña y aislada isla. El Presidente Fujimori ha visitado al Presidente Fernández dos veces durante este año.

Uno de sus objetivos básicos es convertir a la República Dominicana en un "puente político" entre Centroamérica y el Caribe, con vista hacia una situación de libre comercio entre ambas áreas. Como parte de esa estrategia, durante un momento a finales del año pasado la Cancillería dominicana pensó en invitar al Presidente Clinton a la República Dominicana para que se juntase allí con los Jefes de Estado de Centroamérica, CARICOM y Haití.

Objetivos con relación a CARICOM

1. El Secretariado de CARICOM fue autorizado a anunciar, a finales del año pasado, que la República Dominicana y CARICOM habían acordado negociar un acuerdo de libre comercio, siguiendo los lineamientos de los que ya existen entre Colombia y CARICOM y Venezuela y CARICOM.

2. La República Dominicana ha anunciado su intención de abrir embajadas y consulados en los principales países del Caribe.

3. Las relaciones dominicanas con la Comunidad Europea son manejadas en forma colectiva con CARICOM y Haití, previendo la existencia de un mundo post-Lomé (véase el discurso del Presidente Fernández sobre este tema, en Antigua). CARIFORUM es precisamente la organización a través de la cual CARICOM, Haití y la República Dominicana negocian colectivamente con la Comunidad Europea. No existe una organización paralela a través de la cual esos mismos países puedan negociar con Estados Unidos, ya que Cuba es miembro de la Asociación de Estados del Caribe. Muchas reuniones vinculadas a CARIFORUM han tenido lugar en la República Dominicana en meses recientes.

4. La República Dominicana (y también Haití) solicitaron ser miembro de CARICOM en la década de los setenta. CARICOM nunca contestó y, como consecuencia del reporte de 1992 de la Comisión de las Indias Occidentales, CARICOM decidió no ampliar su

membresía. Consecuentemente, el único posible marco de referencia para las relaciones políticas entre la República Dominicana y CARICOM es a través de esas organizaciones a las cuales ya pertenece. Las relaciones económicas pueden mejorarse a través del acuerdo de libre comercio que será negociado este año y a través de una eventual participación de CARICOM y la República Dominicana en el ALCA.

5. Hacia finales del siglo pasado importantes líderes políticos del Caribe hispano-parlante (Martí, Luperón, Betances) pensaron en la creación de una Federación Antillana tripartita. Sin embargo, el hecho de que Puerto Rico posteriormente se convirtió en una posesión norteamericana, junto al surgimiento de la revolución cubana en 1959, dejó a la República Dominicana como el único país hispano-parlante libre e independiente miembro de esa troika.

Objetivos con relación a Centroamérica

1. El Presidente Fernández no sólo se convenció de la necesidad de abrir la economía dominicana durante su viaje con los Jefes de Estado centroamericanos, con los cuales se juntó posteriormente durante la reciente toma de posesión en Managua, sino que también pudo anunciar el inicio de negociaciones para un acuerdo de libre comercio entre la República Dominicana y Centroamérica, según los lineamientos de los acuerdos que ya existen entre Centroamérica y Colombia y Centroamérica y Venezuela.

2. El Presidente Fernández también pudo lograr que los Presidentes centroamericanos acordaran otorgar la condición de observador permanente al Canciller de la República Dominicana, durante las reuniones de los Cancilleres centroamericanos.

3. Mientras el Presidente Fernández se ha reunido formalmente con los Jefes de Estado de CARICOM (en Antigua) todavía no lo ha hecho con los centroamericanos, aunque se ha reunido informalmente con ellos, rumbo a Chile y durante la toma de posesión en Managua.

La República Dominicana y el ALCA

La visita del Presidente Clinton a América Latina y el Caribe puede verse como un preludio a la reunión de Santiago y a una situación de libre comercio a más tardar en el año 2005. Existen estudios (ver anexos, especialmente la página 262-266) que sugieren una estrategia para la República Dominicana negociar su membresía ya sea en NAFTA o en el ALCA. Las alternativas son:

1. Negociar aisladamente con Estados Unidos.

2. Negociar junto con Haití.

3. Negociar junto con Haití y una Cuba libre.

4. Negociar junto con CARICOM.

5. Negociar junto con el Mercado Común Centroamericano.

La paridad textil es vista hoy día por la mayoría de los países centroamericanos como un preludio al ALCA y no como simplemente una ley textilera. Esta es otra razón por la cual la República Dominicana considera que debe estar en Costa Rica y no en Barbados, ya que en CARICOM el proyecto de ley de paridad tan sólo interesa a Jamaica. También, Centroamérica está más "lista" para el ALCA que CARICOM y, una vez el Congreso dominicano apruebe la nueva reforma arancelaria, el país quiere estar al frente y no en la retaguardia del movimiento hacia el libre comercio.

ÍNDICE ONOMÁSTICO

Índice Onomástico

Merriweather Post, Marjorie, 41
Messinger, Ruth, 439
Mintz, Sydney, 95, 102
Mirabal (hermanas), 53, 59
Mitchell, Andrea, 184, 334
Moynihan, Patrick, 105, 275, 345-346
Molina Morillo, Rafael, 254
Moliné, Juan Manuel, 215
Montalvo, Gabriel, 270
Montás, Rubén, 110
Montás, Temístocles, 238
Montesinos, Vladimiro, 108
Montolío (Sra.), 214
Moon (Reverendo), 39, 97
Moorfield, Richard, 133
Morales Troncoso, Carlos, 20, 34, 39, 166
Morel Cerda, Ramón, 118, 211-212, 215, 246, 250, 252, 255, 264, 272, 277, 294, 298
Moreno Fraginal, Manuel, 151
Moreno, Guillermo, 57, 126, 128
Morton, John, 151
Mota, Virgilio, 182
Mulkin, Mark, 196

N
Naranjo, Fernando, 54
Nazario (Coronel), 172
Nazir Tejada, Camilo Antonio, 43
Nixon, Richard, 65, 377
Noboa, Gustavo, 260
Núñez Collado, Agripino, 119, 122, 142, 254, 257, 268, 273, 277
Núñez, Manuel, 217
Núñez, María Elena, 133

O
O'Connor, John (Cardenal), 36
O'Reilly, Kevin, 193

Orfila, Alejandro, 263
Orozco, Cristóbal, 95, 111
Ortiz Bosch, Milagros, 90, 102, 146, 164, 186, 189, 199, 206, 284, 301

P
Páez, Bernardo, 68
Paniagua, Alfonso, 181
Pared Pérez, Sigfrido, 260, 262
Park, Ton Sung, 60
Pastor, Robert ("Bob"), 76, 162
Pastorino, Robert, 219
Pastoriza, Tomás ("Jimmy"), 214-215
Pastrana, Andrés, 223
Patterson, P.J., 407
Peguero Méndez, Rafael, 205
Peguero, Arturo, 182
Pellerano, Arturo, 135
Pellerano, Máximo, 135
Penn, Mark, 20, 35, 38, 42, 58, 108, 167, 193-194
Peña Gómez, José Francisco, 20-21, 23, 27, 55, 67-70, 74, 76, 78-79, 81, 89, 98, 108-109, 113, 116, 119, 122, 129, 136, 138-139, 143, 145-146, 148-150, 156, 170, 180-181, 183, 186, 230, 297
Peña, Diandino, 196
Pérez Germán, 205
Pérez, Andrés, 288
Pérez, Bienvenido, 278
Pérez, Juan Tomás, 136
Pérez, Moisés, 157
Peynado, Jacinto, 21, 145, 210
Piantini, Luis Manuel, 230
Piazzola, Astor, 145
Picado, Sonia, 54
Pina Acevedo, Ramón, 108
Pina Toribio, César, 66, 70, 132, 160, 170, 238, 240

PUBLICACIONES
Fundación Cultural Dominicana

- HISTORIA DOMINICANA
Bernardo Vega
    Imágenes del Ayer
    Los Estados Unidos y Trujillo 1930 (dos volúmenes)
    Los Estados Unidos y Trujillo 1945
    Los Estados Unidos y Trujillo 1946 (dos volúmenes)
    Los Estados Unidos y Trujillo 1947 (dos volúmenes)
    La Migración Española de 1939 y los Inicios del Marxismo Leninis-
mo
        en la República Dominicana
    Nazismo, Fascismo y Falangismo en la República Dominicana
    La Vida Cotidiana Dominicana a través del Archivo Particular del
        Generalísimo
    Unos Desafectos y Otros en Desgracia
    Control y Represión en la Dictadura Trujillista
    Los Trujillo se Escriben
    Un Interludio de Tolerancia
    Más Imágenes del Ayer
    Trujillo y Haití (1930-1937). Tomo I
    El 23 de Febrero de 1930 o La Más Anunciada Revolución de América
    Trujillo y el Control Financiero Norteamericano
    En la Década Perdida
    Eisenhower y Trujillo
    Kennedy y los Trujillo
    La Verdadera Ubicación del Golfo de las Flechas
    Trujillo y las Fuerzas Armadas Norteamericanas
    Kennedy y Bosch

Trujillo Ante una Corte Marcial por Violación y Extorsión en 1920
Trujillo y Haití (1937-1938). Tomo II
Trujillo y Haití (1930-1937). Tomo I, versión en francés
Los Estados Unidos y Trujillo. Los días finales. 1960-61
Almoina, Galíndez y otros Crímenes de Trujillo en el Extranjero
Bernard Diederich
Trujillo. La Muerte del Dictador
G. Pope Atkins
Los Militares y la Política en la República Dominicana
Carlos Esteban Deive
La Mala Vida. Delincuencia y Picaresca en la Colonia
Española de Santo Domingo
Las Emigraciones Dominicanas a Cuba, 1795-1808
Los Guerrilleros Negros
Las Emigraciones Canarias a Santo Domingo
Tangomangos. Contrabando y Piratería en Santo Domingo 1522-1606
Bruce J. Calder
El Impacto de la Intervención. La República Dominicana durante la
Ocupación Norteamericana de 1916-1924
Roberto Cassá
Movimiento Obrero y Lucha Socialista en la República Dominicana
Franklin J. Franco
La Era de Trujillo
Hugo Tolentino Dipp
Raza e Historia en Santo Domingo
Pablo A. Mariñez
Agroindustria, Estado y Clases Sociales en la Era de Trujillo
Diecinueve Intelectuales Dominicanos
El Debate sobre las Generaciones
Bernardo Vega y Emilio Cordero Michel (editores)
Asuntos Dominicanos en Archivos Ingleses
Michiel Baud
Historia de un Sueño: Los Ferrocarriles Públicos en la República
Dominicana, 1880-1930

• HISTORIA EN GENERAL
Bernard Diederich con Al Burt

Papa Doc y los Tontons Macoutes. La Verdad sobre Haití
- ANTROPOLOGÍA
Bernardo Vega
    Arte Neotaíno
    Santos, Shamanes y Zemíes
    Los Cacicazgos de la Hispaniola
    La Herencia Indígena en la Cultura Dominicana de Hoy
    Las frutas de los taínos
Carlos Esteban Deive
    Vodú y Magia en Santo Domingo
Bernardo Vega, Carlos Dobal, Carlos Esteban Deive, Marcio Veloz Maggiolo,
Rubén Silié, José del Castillo y Frank Moya Pons
    Ensayos sobre Cultura Dominicana

- SOCIOLOGÍA
Harry Hoetink
    Santo Domingo y el Caribe. Ensayos sobre Cultura y Sociedad

- LITERATURA
Evgueni Evtushenko
    Fukú
Marcio Veloz Maggiolo
    Materia Prima (Protonovela)
    Ritos de Cabaret (Novela Rítmica)
Vicenç Riera Llorca
    Los Tres Salen por el Ozama
José Alcántara Almánzar
    La Carne Estremecida
Bernardo Vega
    Domini Canes (Los Perros del Señor)
Anthony Lespés
    Las Semillas de la Ira
Manuel Rueda
    Bienvenida y la Noche (Crónicas de Montecristi)
Guillermo Piña-Contreras

Fantasma de una Lejana Fantasía
- TESTIMONIO
Virgilio Díaz Grullón
  Antinostalgia de una Era
Bernardo Vega
  La agenda pendiente

- ARTE
Bernardo Vega
  Camille Pissarro en Santo Domingo. 1850

Este libro
DIARIO DE UNA MISIÓN EN WASHINGTON
editado por la Fundación Cultural Dominicana,
terminó de imprimirse en el mes de febrero de 2002
en los talleres de la editora Amigo del Hogar.
Santo Domingo, República Dominicana.

258

feb 18 1999 -
Carnegie Institute Conf
pobre deportation NYC

228